MESSAGES DE NOTRE FAMILLE

AUX CRÉATEURS
D'UNE NOUVELLE RÉALITÉ

KRYEON

TOME V

ARIANE ÉDITIONS

Titre original anglais :
Letters from Home, Loving Messages from the Family
© 1999 par Lee Carroll
1155 Camino del Mar – #422, Del Mar, California 92014 USA

© 2000 pour l'édition française
Ariane Éditions Inc.
1209, Bernard O., bureau 110, Outremont, Qc., Canada H2V 1V7
Téléphone : (514) 276-2949, télécopieur : (514) 276-4121
Courrier électronique : ariane@mlink.net

Traduction : Alain Chanel, Mélissa Guichonnet
Traduction de la conférence de Montréal : Marie-Blanche Daigneault
Révision : Marc Vallée
Révision linguistique : Monique Riendeau, Marielle Bouchard
Conception de la page couverture : Ariane Éditions
Graphisme : Carl Lemyre

Première impression : février 2000

ISBN : 2-920987-41-0
Dépôt légal : 1er trimestre 2000
Bibliothèque nationale du Québec
Bibliothèque nationale du Canada
Bibliothèque nationale de Paris

Diffusion
Québec : ADA Diffusion – (514) 929-0296
www.ada-inc.com
France : D.G. Diffusion – 05.61.000.999
Belgique : Rabelais – 22.18.73.65
Suisse : Transat – 23.42.77.40

Imprimé au Canada

REMERCIEMENTS

C'est avec joie que nous remercions ceux qui ont généreusement participé à l'œuvre de Kryeon et qui m'ont apporté leur précieuse aide au cours de ces deux dernières années.

Garret Annofsky	Louise Hay
Linda Benyo	Barbara & Rob Harris
Zehra Boccia	Geoffrey Hoppe
Jennifer Borchers	Ann K. Hudec
Robert Coxon	Jill Kramer
Norma Delaney	Gary & Jan Lijegren
Peggy & Steve Dubro	Sarah Rosman
Trisha & Winston Elis	John Stahler
Janie Emerson	Marc Vallée
Jean Flores	Martine Vallée
Patricia Gleason	

Et, bien sûr, Jan Tober qui m'accompagne depuis le début dans la présentation des enseignements de Kryeon.

Table des matières

Table des matières

PRÉFACE

Quelques mots de l'auteur...

Bienvenue à tous à l'occasion du cinquième tome des œuvres de Kryeon, le plus volumineux. Je vous apprécie grandement ! Vous pensez probablement que je dis cela à tout le monde, n'est-ce pas ? C'est en effet le cas, mais cela ne diminue en rien ma gratitude et l'excitation que je ressens à la pensée que vous allez bientôt découvrir le nouveau livre de Kryeon. Je suis heureux que vos yeux se posent sur ces pages, car je communique personnellement avec vous.

Au moment où j'écris ces mots (mai 1999), il s'est écoulé une année et demie depuis la parution [en anglais] du tome IV de Kryeon, *Partenaire avec le Divin*. Je sais que vous êtes nombreux à avoir lu l'ensemble de l'œuvre de Kryeon et j'aimerais être en mesure de suspendre le vol du temps afin de pouvoir vous rencontrer chacun. Beaucoup d'entre vous ont également participé aux séminaires de Kryeon et nous ont rencontrés, Jan et moi, ainsi que toute notre équipe. Vous savez donc que je suis sincère et que nous sommes très proches de nos lecteurs !

Si vous n'êtes pas encore familiarisés avec les ouvrages de Kryeon, sachez que ce livre peut être lu indépendamment des autres. Il n'est pas nécessaire que vous lisiez, auparavant, le premier tome pour en comprendre le sens. Je pense que le livre favori d'un auteur est toujours son dernier-né, mais pour ceux d'entre vous qui découvrent les écrits de Kryeon et qui souhaitent quelques indications sur l'ordre suivant lequel les aborder, voici ma recommandation. Après avoir lu cet ouvrage, lisez *Le Retour* et le tome IV, *Partenaire avec le Divin*. Vous pouvez ensuite lire les autres, en commençant par le tome I, *La Graduation des Temps*. Bien que le tome I soit le plus ancien (écrit en 1989), il reste le best-seller incontesté de tous les livres de Kryeon et représente réellement la naissance des messages de l'énergie nouvelle.

Cependant, le tome IV fut probablement mieux reçu que tous les autres livres précédents, si l'on considère le succès qu'il remporta la première année suivant sa parution. La demande fut telle que nous fûmes amenés à procéder à quatre réimpressions dans les douze premiers mois, ce qui battit les records de vente établis par tous les autres ouvrages au cours de la même période [ventes similaires en français].

En ce qui concerne le présent livre, j'ai décidé de conserver la présentation du tome IV. Si vous avez lu et apprécié ce dernier, vous aurez alors, en lisant le tome V, l'impression qu'il s'agit d'une extension du précédent – perpétuant le flot d'amour et d'informations croissant à mesure qu'avance l'an 2000.

Dans *Partenaire avec le Divin*, un des chapitres s'intitulait « Les enfants indigo ». Jamais aucun sujet traité dans les écrits de Kryeon ne suscita autant de courrier et de commentaires divers que celui-ci. Jan et moi-même fûmes submergés de lettres de parents, d'employés de garderies et d'éducateurs disant : « Enfin, quelqu'un a remarqué ! Que pouvons-nous faire ? »

Je vous fais part de ceci, car de nombreuses personnes s'attendaient à trouver dans ce livre un chapitre étendu concernant les enfants indigo. Au lieu de cela, Jan et moi-même décidâmes, en 1998, d'approfondir le sujet et d'y consacrer un volume entier tout à fait indépendant. Nous n'étions pas spécialistes en matière d'enfants, nous n'avions pas non plus de références professionnelles dans ce milieu, mais nous eûmes l'impression de maîtriser parfaitement la situation au cours de nos recherches.

Nous nous mîmes en rapport avec des éducateurs, des universitaires, des pédiatres, des médecins, des écrivains et des parents afin d'obtenir le plus de renseignements possibles sur ce thème et nous récoltâmes rapidement les informations dont nous avions besoin. Nous pûmes ainsi établir l'existence de ces nouveaux enfants grâce aux témoignages concrets des employés de garderies et des parents et nous fûmes en mesure d'apporter les réponses sur ce qu'il convenait de faire devant cette situation. Nous reçûmes également de merveilleux conseils de santé au sujet du désordre du déficit de l'attention (que l'on diagnostique, fréquemment à tort, chez les enfants indigo…). Comme je l'ai dit, les résultats de nos recherches sont aujourd'hui réunis dans un ouvrage intitulé *Les Enfants indigo* et vendu en librairie.

Ce livre ne fait pas partie de la série des enseignements de Kryeon, même s'il a été en partie inspiré de ses *channelings*. Nous souhaitions que cet ouvrage soit aussi largement répandu que possible et que les parents y trouvent l'aide dont ils ont besoin, sans être effrayés par le fait qu'il puisse s'agir d'un livre spirituel ou d'inspiration Nouvel Âge. C'est la raison pour laquelle il ne figure pas parmi les tomes de Kryeon. Si vous avez de jeunes enfants, procurez-vous-le. Je pense que vous vous sentirez concernés.

Que trouverez-vous dans les pages suivantes ?

Comme d'habitude, l'essentiel de ce volume représente la transcription de séances de channeling en direct, d'un peu partout dans le monde. Cet ouvrage inclut les plus récentes d'entre elles. C'est en Europe que Jan et moi rencontrâmes les foules les plus étonnantes et les plus chargées d'énergie. Bien que nous nous soyons rendus également en Australie et en Asie depuis la publication de notre dernier livre, nos expériences en France les surpassèrent toutes. Par exemple, avec des assistances de plusieurs milliers de personnes, le *toning* du public au début des rencontres nous stupéfia littéralement ! Et à Périgueux, lorsque nous tentâmes de clore notre réunion, les participants ne bougèrent pas et restèrent assis. Puis, ils se mirent à chanter pour nous ! Il serait peut-être plaisant d'écrire un jour un chapitre relatant nos expériences à l'étranger.

Certains d'entre vous sont abonnés à notre magazine *Kryon Quarterly*. À vous qui êtes dans ce cas, nous avions promis que vous recevriez les channelings plusieurs mois avant que le grand public n'en soit informé. Il est donc possible que vous retrouviez dans ce livre une partie du matériel édité auparavant dans le magazine (n'êtes-vous pas heureux d'être abonnés ?) Geoff Hoppe mérite, une nouvelle fois, des félicitations pour permettre, grâce à son travail bénévole, la publication de cette revue trimestrielle internationale en couleurs... sans publicité !

Comme d'habitude, je souhaite également dire quelques mots à propos du style de Kryeon. Fréquemment, il délivre un message d'amour au cours des dix premières minutes de chaque séance. Cela est extrêmement vivifiant. Certains de ces messages concernent les nouveaux lecteurs, mais seraient redondants s'ils étaient répétés régulièrement au fil des pages. J'ai donc éliminé quelques répétitions afin de vous faire gagner du temps. Parfois, cependant, l'information centrale est réitérée d'une ville à l'autre. Dans ce cas, j'ai volontairement conservé ces informations essentielles, car il est nécessaire qu'elles soient reprises régulièrement.

Ce livre est le dernier ouvrage de Kryeon avant le prochain millénaire [dans sa version anglaise]. Avez-vous remarqué tout le marketing lié au grand changement qui va survenir ? « Ils » nous parlent de tout et de n'importe quoi, de la fin du monde, de la fin de la technologie, de la fin de la fin – j'en passe et des pires ! Ce volume est donc entièrement consacré au *changement* ! J'ai failli l'intituler « Se mettre en accord spirituel avec le bogue de l'an 2000 », mais j'y ai renoncé (n'êtes-vous pas contents ?). Voici ce que vous trouverez dans cet ouvrage.

Le premier chapitre est très spécial. D'abord, vous y découvrirez un court message de neuf pages ayant trait au Nouvel Âge. Certains de vos amis sont-ils préoccupés à votre sujet et se demandent-ils si vous avez quelque peu « perdu les pédales » ? Conseillez-leur alors de lire ces quelques pages. Elles sont inoffensives et ne font preuve d'aucun prosélytisme. Il s'agit simplement d'une explication permettant de mieux saisir qui nous sommes. Un petit conseil : peut-être ne souhaitent-ils pas posséder cet ouvrage bizarre qui donne le frisson, aussi photocopiez ces premières pages et offrez-les-leur (vous avez ma permission). Mais lisez-les d'abord vous-mêmes afin de vous sentir à l'aise et de comprendre qu'en réalité, c'est à vous que je m'adresse.

Ensuite, vous êtes-vous jamais demandé quelle est la position de Kryeon par rapport à la religion ? La voici. Vous serez peut-être surpris. Le channeling s'appelle « L'Intégrité de Dieu ». Il nous demande d'utiliser la logique spirituelle afin de faire la part des choses entre ce qui vient de Dieu et ce qui appartient aux êtres humains.

Le chapitre 2 contient la série de communications en cinq parties appelée « Messages de notre famille », qui a donné son titre à ce livre. Non seulement ces channelings expliquent qui *nous* sommes, mais la cinquième partie expose également le grand dessein auquel nous sommes intégrés. Très affectueusement, Kryeon nous offre ici le channeling intitulé « Le sens de la vie ».

Le chapitre 3 est particulièrement puissant. Il parle de transition. Cela ne signifie pas que les autres chapitres ne traitent pas de ce sujet, mais vous trouverez dans celui-ci certains passages très spécifiques particulièrement percutants.

Le chapitre 4 vous présente deux channelings très profonds portant sur l'énergie de l'univers appelée « Treillis cosmique » et un autre sur « la fin des ténèbres » et la « grille cristalline de la Terre ». Afin que cette information scientifique puisse être aussi mise en pratique et ne constitue pas un point d'interrogation pour chacun, nous avons inclus un article explicatif écrit par ceux qui ont découvert la façon d'utiliser cette énergie. À notre connaissance, la « Technique d'harmonisation EMF », par Peggy et Steve Dubro, est la première application approfondie du « Treillis cosmique ». Cette énergie fonctionne au niveau le plus élevé. Nous savons que d'autres informations suivront prochainement, car Kryeon nous l'a déclaré. Cependant, cet article est exceptionnel. Il est même tellement important que la NASA a souhaité en savoir davantage.

Le chapitre 5 s'intitule « Vers une réalité transformée ». Il présente les channelings de Montréal (Canada) et d'Amnéville (France) sur ce thème. Il présente également le channeling des Nations unies en 1998. Accrochez-vous ! Il s'agit peut-être de l'une des plus courtes mais des plus puissantes communications jamais accordées par Kryeon – et celui-ci décida de la délivrer en présence des délégués des Nations unies.

Le chapitre 6 est constitué d'une entrevue avec le magazine israélien *Haim Acherim* (Vie différente). Je souhaite honorer tous nos lecteurs juifs en diffusant certaines informations spécifiques sur leur héritage spirituel.

Le chapitre 7 offre les réponses personnelles de Kryeon aux questions les plus fréquemment posées par courrier ou durant nos séminaires depuis la parution du dernier volume.

Merci encore de votre attention. En lisant les pages qui suivent, vous ressentirez, vous aussi, je l'espère, le « bain d'amour » que j'ai moi-même ressenti en m'asseyant en compagnie de membres de la famille, dans de nombreuses villes autour du monde, lorsque Kryeon prononçait ces mots aujourd'hui célèbres :

Salutations, très chers, je suis Kryeon, du Service magnétique...

Lee Carroll
Juin 1999

CHAPITRE UN

LE NOUVEL ÂGE

Quelques mots de Lee Carroll...

Ce n'est pas un hasard si ce texte vient en premier. Je voulais que ce message figure en tête de l'ouvrage. Vous lirez bientôt les paroles de Kryeon, mais il s'agit ici d'une communication très humaine, d'une sorte d'exposé sur le Nouvel Âge qui aurait dû être présenté depuis longtemps et qui s'adresse essentiellement aux curieux (comme je l'étais moi-même).

Peut-être l'un de vos amis vous a-t-il conseillé de prendre connaissance de ce texte afin de vous aider à comprendre ce qui l'intéresse, lui, en ce moment. Peut-être êtes-vous inquiet à la pensée qu'il s'est affilié à une secte quelconque. Vous n'aurez pas besoin de lire l'ensemble de ce livre « dérangeant » pour bien saisir son cheminement. Par ailleurs, cette information n'est pas présentée dans le but de vous faire changer de religion, mais de vous informer et, peut-être, au cours de sa lecture, de modifier finalement votre seuil de tolérance.

Qui est l'auteur de ces lignes ? D'accord, je suis le *channel* et l'auteur de ce livre, mais avant de devenir « bizarre », j'étais ingénieur dans le domaine de l'audiovisuel depuis une vingtaine d'années, donc doté d'un esprit logique et cartésien. Aujourd'hui, je pense toujours être cartésien – mais un peu bizarre. Cependant, ma qualité d'ingénieur ne m'empêche pas d'avoir des pensées spirituelles, et mon intuition dans ce domaine finit par balayer ce que l'on m'avait enseigné à propos de Dieu depuis ma naissance. Le domaine spirituel devint une évidence, davantage encore que les mythes historiques.

En entendant les mots « Nouvel Âge », de nombreuses personnes sont submergées par des idées préconçues. Certaines pensent immédiatement aux soucoupes volantes, aux sectes, à l'astrologie, au tarot, aux autopsies d'extraterrestres, aux vies antérieures et à tous ceux qui font la queue pour aller consulter leur voyant. Je ne nierai pas que nombreux sont les sujets de ce genre qui ont une influence dans la mouvance du Nouvel Âge. Mais, au préalable, permettez-moi de vous présenter certaines autres perspectives.

Veuillez identifier la croyance commune qui s'attache aux événements suivants : Jonestown, les Davidiens de Waco, le suicide collectif du Heaven's Gate (qui devait permettre aux membres de cette secte de rejoindre une soucoupe volante dissimulée derrière la comète de Hale Bopp) et une secte de Denver qui vient de se rendre en Israël (mai 1999) pour attendre le changement de millénaire afin que son leader puisse mourir dans les rues de Jérusalem et ressusciter des morts trois jours plus tard.

Étrange, n'est-ce pas ? Mais quelle est la croyance associée à ces événements ? La chrétienté. Comment ? Vous ne l'aviez pas compris ? À l'origine, les sectes de Jonestown et de Waco suivaient des évangélistes chrétiens. La secte de Denver, en Israël, porte le nom de « Chrétiens concernés ». De même, les membres du Heaven's Gate n'étaient pas des adeptes du Nouvel Âge, bien que le contraire ait été soutenu par tous les médias. À mon avis, lorsque vous vous suicidez de façon à vous rendre à bord d'une soucoupe volante invisible dissimulée derrière une comète, vous devenez automatiquement adeptes du Nouvel Âge ! Les faits montrent pourtant qu'il s'agissait d'un groupe chrétien autoproclamé ! C'est également ce que prétendait leur site Internet, sur lequel étaient cités des passages de la Bible qui furent accessibles à tous pendant environ une semaine après leur mort.

Pourquoi vous dis-je tout ceci ? Parce que, visiblement, la chrétienté officielle **ne ressemble en rien** à tous ces groupes isolés et égarés. Les grands courants de la chrétienté prônent l'intégrité, ne font la promotion d'aucune secte et, au contraire, invitent chaleureusement à rejoindre une famille basée sur la religion de l'amour. Mais les déséquilibrés, eux, existent bel et bien !

Les croyances du Nouvel Âge n'ont rien à voir avec les sectes et les cinglés, mais du fait qu'il y en a effectivement dans ce mouvement, la presse ne rapporte, la plupart du temps, que leurs activités. Une raison précise explique le peu de résistance à ce genre d'informations.

Tout d'abord, nous ne faisons pas de prosélytisme. Si vous êtes quelqu'un de sceptique à qui un ami a demandé de lire cet ouvrage, sachez ceci : lorsque vous aurez terminé la lecture de ce chapitre, votre ami ne vous demandera pas d'adhérer à quoi que ce soit, de prendre un engagement décisif pour votre existence, de vous agenouiller et de méditer, de vous rendre à une séance de channeling, de vous faire prédire l'avenir ou même de terminer cet ouvrage ! Il sera sans doute tout simplement heureux si vous lui dites que, maintenant, vous le comprenez un peu mieux – et que vous l'aimez davantage.

Le Nouvel Âge n'est pas une religion et vous n'avez pas de doctrine à étudier. Il s'agit, en fait, d'une philosophie mondiale. Il n'y a pas de siège central au sein d'un immeuble que les adeptes du Nouvel Âge auraient construit grâce à leurs contributions financières. En fait, il n'existe aucun pouvoir centralisé ni quartier général. C'est la raison pour laquelle nous n'avons aucune influence politique qui nous permettrait de contrer ceux qui nous ridiculisent. Nous n'avons même pas d'organisation et nous ne disposons d'aucun groupe de pression au Congrès.

Aucune prêtrise, aucun ministère du culte, aucune école ou aucun cours spécialisé ne confère l'ordination des pasteurs du Nouvel Âge. Il n'y a ni ancien, ni diacre, ni aucun programme permettant à des enseignants d'être formés au sein des Églises. À ce sujet, vous ai-je dit qu'il n'existe aucune Église ? Cela signifie que nous n'avons aucune église paroissiale pour les enfants et que nous ne sommes influencés par aucun maître du Nouvel Âge. Nous n'avons aucun « guide » vers lequel nous tourner afin d'obtenir un conseil lorsque les choses deviennent difficiles. Nous n'avons aucun chaman secret, présent ou passé.

Il n'y a aucun groupe à intégrer, personne à suivre et aucun livre capital expliquant nos croyances. Il n'y a pas de réunions régulières, d'émissions télévisées syndiquées, de prêtres à aider ni de règles à suivre. Vous appelez cela un culte ?

Ah ! J'allais oublier – vous n'avez à envoyer d'argent nulle part.

Vous pensez peut-être que tout cela est un peu fade. Ouais. J'ai eu moi-même cette impression jusqu'à ce que je réalise ce qui se passait. La philosophie du Nouvel Âge implique une connaissance intuitive propre à tout être humain. Et, au sein de cette connaissance réside une incroyable singularité.

Quel que soit l'endroit où Jan et moi nous nous rendons, des milliers de personnes assistent à nos séminaires et sont totalement réceptives à cette « fade » philosophie, comme si elles se trouvaient au siège d'une organisation et que les maîtres étaient présents ! Il semblerait qu'il s'agisse d'une sagesse cellulaire incluant tous les concepts, même les plus étranges. Quels que soient la langue utilisée, la culture ou le nombre de personnes présentes, les gens, d'une certaine façon, « savent » intuitivement ce que nous enseignons. Ils « intègrent » ce message. Bribe par bribe, notre système de croyances possède une compréhension de groupe, comme si tout était écrit quelque part – en nous-mêmes.

Vous direz peut-être : « D'accord, vous me donnez une liste de ce que vous **n'êtes pas**. Mais alors, qu'**êtes-vous** vraiment ? »

Nous sommes un groupe d'humains détenteurs d'une philosophie selon laquelle nous traversons différents cycles de vie. En fait, il s'agit de vies antérieures. Selon nos croyances, rien n'arrive par accident ; il s'agit plutôt d'obstacles ou de leçons qui nous aident à atteindre un certain niveau spirituel. En d'autres termes, nous croyons en notre responsabilité vis-à-vis de chacun de nos actes. Un adepte du Nouvel Âge authentique ne s'affiliera à aucune secte, ne suivra jamais un guide le poussant au suicide et ne critiquera pas les autres. Un tel adepte sait qu'il existe un pouvoir immense en tout être humain. L'autovalorisation est enseignée, de même que la manière de surmonter la peur et l'incertitude. Les capacités humaines représentent la clef, et « l'intention de créer un changement positif dans notre vie » est notre mantra.

À notre avis, des forces sont à l'œuvre qui peuvent équilibrer les humains recourant à leur énergie. Régulièrement, nous obtenons la guérison par l'imposition des mains et utilisons la puissance des énergies pour équilibrer les autres et les aider à se soigner. Nous prions pour les autres, méditons pour la paix dans le monde et nous efforçons d'atteindre la sagesse qui nous permettra de nous aimer les uns les autres. Et les soucoupes volantes, alors ? Même Shirley MacLaine en a parlé.

Qu'elles existent ou non n'a pas vraiment d'importance. Se passionner pour les soucoupes volantes, se faire enlever par l'une d'elles n'est pas une caractéristique de la philosophie du Nouvel Âge ; en fait, la plupart des personnes enlevées ne sont pas des adeptes de ce mouvement. Nous sommes nombreux à croire qu'il y a d'autres formes de vie dans l'univers et de fortes chances que nous soyons dépositaires d'une partie de leurs caractéristiques biologiques. Plutôt curieux, non ? (À propos, les scientifiques commencent à admettre qu'il y a de bonnes chances qu'existent certains « échanges vitaux » entre les planètes, grâce au contact entre les corps astraux, comme les comètes, les astéroïdes et même les météorites.) Nous ne sommes pas plus en mesure de prouver la réalité de ce phénomène que les chrétiens ne le sont de démontrer l'existence du paradis et de l'enfer ou l'infaillibilité pontificale. Bien entendu, il ne s'agit que d'une comparaison et non pas d'un jugement.

Nous estimons que l'étrange d'aujourd'hui sera la science de demain et peut-être même la doctrine religieuse d'après-demain si quelqu'un s'en inspire pour édifier une Église. Il y a une décade, la science déclarait encore que Dieu était mort et que rien ne prouvait l'existence d'une autre forme de vie dans l'univers. Aujourd'hui (selon le magazine *Newsweek*, voir page 274) la science « a trouvé » Dieu ! Des preuves flagrantes établissent que la vie existe ailleurs dans l'univers et, au moment où j'écris ces mots, les astronomes ont déjà découvert douze planètes à l'extérieur de notre système solaire. L'insolite du Nouvel Âge de 1980 est devenu la science officielle de 1999. Ainsi, nous pensons qu'une bonne partie de nos enseignements intuitifs seront confirmés dans le futur, car ce phénomène se produit en permanence, même au moment de la rédaction de ce livre.

Nous ne portons pas de jugement. Nous estimons que

« s'aimer les uns les autres » représente la vraie tolérance. Nous respectons les croyances d'autrui. Nous honorons l'authentique quête divine, quelle que soit la voie qu'elle emprunte, quel que soit « le nom inscrit sur la porte du bâtiment ». De nombreux adeptes du Nouvel Âge participent aux offices religieux de façon régulière. En adopter les croyances n'implique pas non plus qu'il faille oublier l'amour que l'on porte à Jésus, à Élie ou à tout autre maître (au cas ou quelqu'un vous aurait dit le contraire). Nous sommes heureux lorsque règne l'harmonie et nous nous joignons volontiers à quiconque (quelle que soit sa croyance religieuse) prie avec nous pour la réalisation d'un but humanitaire commun. Nous n'accusons personne. Nous ne déclarons pas à nos adeptes que nous sommes les seuls bénéficiaires de la grâce divine et nous encourageons la quête vers la nature essentielle de Dieu !

Nous estimons que chacun doit assumer sa propre spiritualité, qui représente le catalyseur permettant de changer le monde. En effet, nous ne pensons pas que notre tâche consiste à transformer les autres : chacun doit personnellement décider d'agir dans ce sens. De nombreuses personnes ayant jeté un regard superficiel sur nos croyances estiment qu'elles sont difficiles à assimiler du fait de l'inexistence de structures, de règles et de doctrines. Certaines nous ont surnommés « l'Église de toutes les nouveautés », une critique ironique soulignant notre « flexibilité ».

Celle-ci s'explique par le fait que, d'après notre croyance, aucune structure humaine n'est bâtie autour de Dieu. On ne trouve pas de compartiments bien distincts, facilement identifiables. Nous présumons que l'être humain est habilité à prendre, de lui-même, d'importantes décisions spirituelles. Cette approche est très différente de celle des religions actuelles, où tout obéit à un système. Au fait, Jésus enseigna le même précepte. Selon les spécialistes ayant étudié les manuscrits de la mer Morte, les prêtres juifs appelaient Jésus « le prêtre pernicieux ». La raison de ce surnom vient de ce qu'il enseignait aux foules que le pouvoir se trouvait en elles-mêmes et n'était pas conféré par les cérémonies religieuses. Il déclarait que chaque individu lui était semblable (un enfant de Dieu). C'est également ce que pensent les adeptes du Nouvel Âge

– aucun bâtiment d'importance ni aucune doctrine restrictive, uniquement la responsabilité individuelle.

Bien avant le développement extraordinaire des boutiques spécialisées dans les articles angéliques, nous croyions déjà en des guides et des anges. Nos différents messages reçus par channeling s'accordent avec la plupart des prédictions des peuples indigènes de la planète. Il y a dix ans, notre source d'information intuitive avait prédit les changements climatiques que nous constatons aujourd'hui. Pendant des décennies, nous vous avons offert des techniques alternatives de guérison. Soudain, tout récemment, beaucoup d'entre elles furent confirmées grâce à des études scientifiques, comme celle rapportée dans le n° du 11 novembre 1998 du *Journal de l'Association médicale américaine* (cité par la revue Times de novembre 1998).

De même, notre vision du futur de l'humanité est très éloignée d'Armagedon ou des prédictions catastrophistes de Nostradamus. Nous estimons que ce qui se produit dans le monde actuel est beaucoup plus proche de ce que nous vous avons annoncé par rapport aux scénarios basés sur la peur présentés par certains. Nous vous invitons à examiner attentivement tout ceci non pas pour crier victoire, mais plutôt pour vous aider à comprendre qu'il existe peut-être une conception de Dieu beaucoup plus grandiose que vous ne l'imaginez. Peut-être l'être humain est-il plus noble que vous ne le pensez. En fait, peut-être sommes-nous plus stables qu'il n'y paraît.

Croyez-vous en une vie après la mort ? Selon un article du magazine *Time* de 1998, 85 % de la population mondiale épouse cette croyance. Nous aussi. Cela signifie que la plus grande partie des habitants de notre planète pensent que, d'une certaine façon, l'Homme est éternel. Nous croyons également qu'un être éternel est créé à l'image de Dieu, ce qui veut dire que nous sommes, peut-être, *une parcelle* de Dieu. Nous pensons aussi que tel fut le message délivré par Jésus – que chaque être humain est à l'image de Dieu, qu'il est divin, qu'il possède son libre arbitre et qu'il est éternel.

Nous vous saluons ! Et peu importe que vous décidiez de nous rejoindre ou non ! Nous enseignons qu'il n'existe ni ciel ni enfer et qu'à notre mort, nous retournons à notre état spirituel originel. Nous regagnons notre foyer. Nous pensons que nous sommes tous membres d'une même et grande *famille*. Si vous lisez la suite de ce livre, vous découvrirez que l'information par channeling que nous vous offrons concerne la *famille*.

Qu'attendons-nous de vous ? Que vous pensiez comme nous ? Non. Nous réclamons votre tolérance et votre compréhension. Les adeptes du Nouvel Âge qui se réunissent, qui assument leurs propres responsabilités spirituelles et qui pratiquent l'autovalorisation et le pardon ne sont pas des êtres bizarres et inquiétants, déconnectés de la réalité. Nous n'avons pas perdu les pédales, nous n'avons pas été victimes d'un lavage de cerveau. Nous représentons un groupe de braves gens sans structure spirituelle, et il importe peu que vous épousiez nos croyances ou non. Toutefois, nous serions déçus si nous vous inspirions de la crainte. Cette dernière provient-elle du fond de votre cœur ou est-elle provoquée par ce que les autres vous ont raconté ? Nous recherchons votre amour et, en échange, le lien qui nous unira surpassera toutes les doctrines, sans nous entraver d'aucune manière.

Permettez-moi de clore cet exposé par un exemple observé par des millions de personnes du monde entier et matérialisé par le film le plus populaire jamais réalisé. J'ignore si le réalisateur, James Cameron, a eu conscience de la métaphore qu'il a créée dans la dernière scène de *Titanic*. Mais je faillis tomber de mon fauteuil lorsque je réalisai ce qu'il était en train de faire. Je ne veux pas gâcher le plaisir de ceux qui n'ont pas vu ce film – mais je dois vous le dire, le bâtiment sombre (désolé).

Vous vous souvenez probablement de la dernière scène au cours de laquelle une vieille femme, accoudée au bastingage de la poupe d'un moderne vaisseau de recherches sous-marines, est sur le point de jeter quelque chose par-dessus bord. En réalité, cette dernière scène est la déclaration métaphysique selon laquelle **nous sommes tous éternels** ! Elle clame à nos oreilles qu'après la mort, il y a la prise de conscience que « la représentation est terminée » et qu'alors, les méchants se tiennent au côté des héros, souriants, accueillant le dernier membre de la famille. L'ensemble des acteurs applaudissant la dernière personne rentrée au bercail. Quelle déclaration ! Quel amour !

Merci, James Cameron. Votre intuition cellulaire nous a fait comprendre ce qu'est, véritablement, le Nouvel Âge. C'est l'amour réciproque. C'est l'égalité spirituelle. C'est la *famille*.

C'est ce que nous sommes.

Merci de votre attention !

Avec amour,

Lee Carroll

L'INTÉGRITÉ DE DIEU
Salt Lake City, Utah

Au sujet de ce qui va suivre...

La réalisation de ce livre correspond au dixième anniversaire de Kryeon, qui commença à me délivrer ses messages en 1989. J'étais timide (c'est le moins qu'on puisse dire) et ne publiai ses écrits qu'en 1993. Aujourd'hui, c'est de l'histoire ancienne.

Il me fallut quatre ans pour faire une synthèse de toutes ces communications et accumuler les preuves de la réalité de Kryeon. Tel est le processus de mon cerveau, de même que ma logique spirituelle. Une partie de ma tâche consista à concilier ce qui m'arrivait avec ce qui m'avait été enseigné depuis ma naissance au sujet de Dieu. Je dus « tout oublier » et repartir à zéro. Tout au long de ses contacts, Kryeon me demanda seulement de conserver un esprit et un cœur ouverts. Il me déclara que « la vérité cherche à atteindre son niveau le plus élevé ». À de nombreuses reprises, lorsque j'étais sur le point de sombrer dans l'un de mes tourments religieux, il me rappela que Dieu n'est pas religieux ! Il m'encouragea à « suivre le chemin de l'amour » alors que je lui demandai qui avait raison. Ce n'est que quelques années plus tard que je compris pleinement ce qu'il voulait dire. L'homme est religieux. Dieu est amour.

Jamais auparavant Kryeon n'avait parlé de religion au cours d'une séance de channeling. Il avait laissé ce sujet à mon appréciation (voir le chapitre 6 – intitulé « Jésus-Christ » – dans le premier livre de Kryeon, *La Graduation des temps*). Puis il m'exhorta à ne plus m'en soucier. Il me dit : « Sois patient et laisse les manuscrits accomplir leur œuvre. » De toute évidence, le moment est maintenant venu de divulguer certaines informations dans ce domaine et, parallèlement, Kryeon nous a donné son premier message concernant ce que j'appellerais « les problèmes et les mystères des différences spirituelles sur terre ».

Donc, ce qui suit constitue le message de Kryeon sur l'intégrité divine, message délivré au cours d'un séminaire à Salt Lake City, Utah. C'est là un drôle de nom pour une séance de channeling sur les religions du monde, n'est-ce pas ? Le mot *intégrité* fut utilisé comme une prière adressée à notre intention afin de nous inciter à considérer la globalité de ce que Dieu représente et la façon dont nous devons intégrer les différences. Comme je l'ai dit dans la préface, il s'agit de recourir à la logique spirituelle pour différencier ce qui se rapporte à Dieu et à l'être humain.

Ce livre ne fait pas de prosélytisme. Il ne vous incite pas à changer de religion. Au contraire, il explique la précieuse intégrité de Dieu et vous demande « d'ouvrir les yeux », de comprendre, d'user de votre sagesse et de commencer à vous aimer véritablement les uns les autres.

L'Intégrité de Dieu

Salutations, très chers, je suis Kryeon, du Service magnétique. Que l'on enregistre que cette soirée sera mémorable ! Car, comme au cours des channelings passés, nous vivons des instants où la *famille* de ce côté-ci du voile se fond avec la *famille* de votre côté. Présentement, des entités arrivent en grand nombre dans cette salle ; elles connaissent vos noms – des noms sacrés qui ont toujours existé. Ces noms sont véritablement gravés dans le cristal de la grotte de la création. Ils possèdent le caractère sacré d'un contrat. Ils appartiennent seulement aux humains et désignent la *famille* !

Cette réunion représente un moment sacré. L'énergie qui se déverse dans cette salle et sur ceux qui lisent ces lignes constitue le pouvoir spirituel de l'être humain. Elle vous montre également que, de cette estrade, vous est adressé autre chose que de simples mots. Que l'on sache que ces entités peuvent transformer votre vie. Pour nous, tout se situe dans le *maintenant*. Le temps nécessaire à la transcription et à la publication de ce message est sans importance, car, en cet instant même, nous sommes face aux lecteurs, nous vous saluons et vous disons : « Nous savons qui vous êtes. » Même si ce concept temporel vous semble étranger, nous vous demandons : « N'est-il pas temps pour vous de lire ces mots ? » Nous demandons à ceux qui sont assis dans cette salle : « N'est-il pas temps pour vous d'être ici présents afin de ressentir tout l'amour qui va tous nous submerger au cours de cette réunion ? » Tout est dans *l'instant présent*.

Cet après-midi, les informations délivrées seront particulières et inédites. Certains sujets n'ont jamais été abordés auparavant, car le moment est venu que la *famille* parle à la *famille* de sujets sensibles.

Tout d'abord, nous souhaitons vous faire comprendre ce qui est en train de se passer en cet instant précis. Nous aimerions expliquer à certains d'entre vous la raison pour laquelle ils ressentent d'inhabituelles pressions (physiques) et autant d'amour, alors que nous commençons à baigner vos pieds. Vous savez que c'est pour cela que nous sommes venus, n'est-ce pas ? Nous le répétons à chacune de nos réunions. Au cours de toutes ces années, chaque fois que notre cortège est venu vous honorer et se présenter devant l'humanité, nous nous sommes agenouillés pour baigner vos pieds. Nous avons agi ainsi, car vous représentez ceux par qui l'œuvre est accomplie. Notre cortège est constitué d'aides, peut-être même d'êtres aimés du passé. Pour ceux d'entre vous qui ressentent ce sentiment, sachez que tout est bien réel. Nous sommes ici, métaphoriquement, pour marcher parmi vous – et peut-être même nous asseoir sur vos genoux ou simplement vous enlacer – parce que vous nous manquez !

Maintenant, nous nous adressons à la famille. Nous nous adressons à ceux d'entre vous qui savent, au plus profond d'eux-mêmes, que c'est la dernière fois, en vertu de leurs contrats respectifs, qu'ils éprouvent cette passion à être présents. C'est vous qui avez décidé des conditions de tout ceci. Et vous voilà maintenant, Lémuriens pour la plupart, sachant parfaitement que vous n'auriez pas manqué cette réunion, la conclusion de votre plan. Quoi qu'il ait pu arriver, vous ne l'auriez pas manquée. Ceci parce que le test arrive à sa fin. Aujourd'hui, le temps du changement est venu. Les potentialités sont illimitées.

Commençons à baigner vos pieds, et que le message de l'énergie de cette journée soit présenté d'une façon sacrée – d'une façon compréhensible et équilibrée. Nous allons aborder des sujets qui ne l'ont jamais été auparavant – qui n'ont jamais été transmis par mon partenaire. Car il est temps pour vous de comprendre qu'il existe une relation que nous appelons « conscience et intégrité entre l'homme et Dieu ». Nous définissons Dieu comme la *famille*, mais, au cours de ce message particulier, nous utiliserons souvent le mot « Dieu » dans l'acception communément employée par les êtres humains de cette planète.

Nous parlons maintenant de l'intégrité de la relation entre Dieu et l'homme. Nous allons vous expliquer ce que cela signifie.

Il est temps que l'humanité commence à comprendre ce qu'est Dieu, en réalité. Un défi impressionnant, n'est-ce pas ? Certains humains ont l'impression de faire partie d'un groupe spirituel « particulier » – le seul groupe auquel Dieu apporte sa bienveillance. Quelqu'un parmi vous pense-t-il que la sagesse de la famille terrestre et la spiritualité divine peuvent être confisquées par un seul groupe ? Bien sûr que non ! L'Esprit, pas plus que l'amour de la famille, ne peut être accaparé au profit de quelques-uns. L'amour est universel ; il appartient à l'humanité entière. Chaque humain est membre de la famille et nous est familier. Chaque être humain est aimé au-delà de toute mesure.

L'humanité vit dans un schéma temporel qui exige presque toujours que ses aspects spirituels soient compartimentés. Et ceci parce que les hommes et les femmes ne parviennent pas à placer leurs perceptions de Dieu dans l'instant présent. Vous évoluez dans un système de valeurs historiques et de différenciations culturelles où des milliards d'humains réunissent leurs informations spirituelles et les organisent selon des systèmes fonctionnels pour eux. C'est ce qui est survenu au cours des âges, et Dieu n'en est pas surpris. Peut-être n'avons-nous jamais dit ceci auparavant : Tout système qui possède une intégrité élevée et qui recherche « le divin en soi » est grandement honoré. Rien n'est plus important que la recherche du « Moi divin ». Cette quête a lieu sur l'ensemble du globe, et c'est le vœu de la famille d'en savoir davantage au sujet de la *famille*.

Cependant, au cours de ce processus de recherche, et tout en restant dans le cadre historique, les humains ont décidé de « diviser » Dieu. La pensée linéaire se saisit de la splendeur et de l'omniprésence de Dieu puis les compartimente en différentes petites boîtes – et celles-ci sont nombreuses, vous savez. Dans chacune d'elles, on trouve fréquemment l'adhésion (reconnaissance de l'appartenance), la croyance (reconnaissance du sacré) et la prêtrise (reconnaissance du guide). On y trouve également des règles à observer créées par certains humains pour aider les autres à se concentrer sur leur quête spirituelle. Parfois, on y trouve une intégrité élevée, et parfois non. L'existence de ces boîtes ne surprend pas Dieu. En réalité, dans la dualité qui existe au sein de l'humanité, un équilibre entre le spirituel et l'humanité a été atteint. Et cela est approprié.

Cependant, à l'intérieur de ces boîtes, de ces chapelles, s'intègre un attribut intéressant et totalement créé par les hommes (l'humanité). Souvent, au sein de chaque boîte (croyance spirituelle ou religieuse), existe un système qui stipule : « Nous sommes les seuls à bénéficier de la protection divine. Les milliers d'autres boîtes sur terre n'ont aucun sens. Seule la nôtre est digne d'attention, car Dieu ne se penche que sur elle. » De plus, et afin de se rendre encore plus attrayantes, certaines boîtes déclarent : « Ne regardez pas ailleurs ! Les autres boîtes ne sont pas pour vous ! Elles sont mauvaises, vous tromperont et ne représentent pas le *vrai* Dieu. »

La joie et la passion de la naissance
La métaphore de l'arrivée sur terre

Une femme donne naissance à des jumeaux : un garçon et une fille. Une naissance constitue véritablement un événement extraordinaire. Au niveau cellulaire, la femme comprend profondément ce qui est en train de se passer. Même ceux qui assistent à l'événement sont émus aux larmes. Rien n'est plus beau qu'une mère qui presse ses bébés sur sa poitrine et contemple leurs yeux pour la première fois. Au niveau cellulaire se produit alors un échange d'informations. Non seulement la mère ressent la valeur d'un tel événement, mais elle sait qui elle tient dans ses bras. Souvent, il s'agit là d'une réunion spirituelle. Elle sait qui furent ses bébés. Elle contemple les yeux d'âmes anciennes, pleines de sagesse, comme pour leur dire : « Bienvenue pour votre retour sur cette planète. » Quelle fête lorsqu'une mère tient ses enfants dans ses bras pour la première fois. Je sais que beaucoup d'entre vous s'en souviennent.

Si vous avez déjà assisté à une naissance, il vous a pratiquement été impossible de retenir vos larmes de joie, car il s'agit vraiment d'un heureux événement. Il signifie : nouveaux débuts, nouvelle vie, objectif, fraîcheur, pureté, innocence, contrat sacré, pur bonheur ! C'est un réel moment de réjouissances.

Amour sélectif ?

Une femme donne naissance à des jumeaux : un garçon et une fille. *Maintenant, à votre avis, quel sera son bébé préféré et quel sera celui qu'elle délaissera ? Peut-être direz-vous : « Kryeon, elle ne délaissera ni l'un ni l'autre ! Ils représentent tous deux de précieuses âmes. Ils seront aimés également – intensément. Ce sont ses enfants – son bien le plus précieux. Ils sont sa famille. »*

Et vous avez raison ! Dieu, père/mère, ne bénit pas qu'une seule boîte, éliminant ou morigénant les autres. L'humanité est l'humanité. Il s'agit d'une seule famille dont tous les membres sont aimés de façon égale, universelle et inconditionnelle.

Peut-être vous demanderez-vous : *« Comment se fait-il qu'autant d'humains soient ridicules au point de penser que Dieu n'accorderait ses faveurs qu'à leur propre boîte spirituelle ? »*

Et voici où cela devient intéressant. Car, très chers, ces personnes ont bénéficié de miracles dans leur boîte. Elles y ont ressenti l'amour de l'Esprit et ont eu l'absolue conviction de l'existence de l'intensité de l'amour qui les a submergées. Par conséquent, Dieu leur a accordé sa grâce. En fait, elles ont raison ! La famille leur a adressé son amour et elles l'ont ressenti !

Cependant, je souhaite vous dire ceci : si elles regardaient dans les autres boîtes avec objectivité, elles constateraient les mêmes miracles ! Elles y trouveraient la même intégrité et la même « densité d'amour ». L'Esprit est universel parce que chaque être est un membre de la famille. Naturellement, selon l'hypothèse des leaders de toutes les boîtes, les bénédictions dont ils ont bénéficié dévaluent, en quelque sorte, les autres boîtes. En réalité, c'est l'opposé qui est vrai. Chaque fois que l'Esprit distingue un membre de la famille par un miracle, il distingue l'individu – pas une religion.

D'après vous, comment l'Esprit considère-t-il ceux qui accaparent la croyance en Dieu et disent : « Dieu n'accorde sa bienveillance qu'à notre boîte » ? Qu'en pensez-vous ? Je vais vous le dire. L'Esprit les aime démesurément parce qu'ils sont membres de la famille.

Ne vous méprenez pas. Je ne porte aucun jugement. Il s'agit simplement d'une information, d'un appel à la tolérance et à la compréhension concernant la manière dont les choses fonctionnent. L'amour de la famille est total. Quel jumeau sera favorisé, quel jumeau sera délaissé ? La réponse ? Les deux seront intensément aimés. *C'est cela, la relation d'intégrité entre l'humanité et l'esprit.* Et cela, très chers, représente le but des relations entre les humains et entre les différentes boîtes. Cette intégrité relationnelle spirituelle devra se transformer de façon à vous permettre d'atteindre ce que l'on appelle la *Nouvelle Jérusalem.*

Cette relation fut illustrée par la parabole du fils prodigue qui vous fut offerte il y a si longtemps. Relisez-la. Le fils ingrat fut honoré exactement comme le bon fils ! Les dons que le père offrit au fils prodigue furent dilapidés. Ils furent mal utilisés et ne permirent aucun progrès. Cependant, ce fils fut accueilli à bras ouverts à son retour. C'est ce que nous voulons dire lorsque nous déclarons que les membres de la famille sont honorés de la même façon, quelle que soit la chapelle à laquelle ils proclament appartenir ou quoi qu'ils racontent à propos de la vôtre. C'est le voyage et la quête qui sont honorés et pas uniquement la « manière » dont on agit.

Il est temps pour l'humanité de s'inspirer de cette parabole. Cela deviendra nécessaire si vous souhaitez amener la Terre à un niveau plus élevé.

Logique spirituelle – Qu'en pensez-vous ?

Permettez-moi de vous parler des « chapelles » sur ce continent (le continent nord-américain). Cela, afin de vous permettre d'appliquer « l'intégrité de l'Esprit » à votre situation. Faites preuve de discernement en ce qui concerne la famille – puis jugez par vous-mêmes de ce qui se rapporte à Dieu ou à l'homme dans ce qui va suivre.

Quelques-uns affirment que Dieu est amour – et ils auront raison. Ceux-là auront parfaitement compris ce qu'est l'amour de l'Esprit. Dieu aime chaque être humain. Dieu est l'absolue « perfection » de l'amour. Cependant, dans la foulée, ils vous déclareront que certains êtres humains – hommes, femmes, petits enfants (même trop jeunes pour parler) – seront jugés à la fin de leur vie, envoyés dans un endroit horrible et tourmentés pour toujours par leur Dieu « affectueux ». Chaque individu sera torturé pour l'éternité parce qu'il n'aura pu trouver une clef, un livre ou une bribe d'information salvatrice ! Mais s'il a la chance de les découvrir, il sera alors expédié dans un endroit merveilleux où règnent l'amour et la sécurité. C'est pour cela que certaines chapelles développent une attitude évangéliste – afin de sauver le maximum d'entre vous de l'éternelle damnation divine.

Pensez-vous que l'Esprit souffle sur tout ceci ? Est-ce là le Dieu qui vous aime infiniment et dont le véritable nom est *amour* ? Avez-vous l'impression d'appartenir à un foyer tendre et affectueux, à une famille qui vous chérit comme un nouveau-né ?

Les humains créent des « boîtes d'isolement spirituel » afin de protéger leur culture. Il s'agit là d'une attitude commune, simple réminiscence de l'ancienne énergie. Je ne porte aucun jugement sur ce que les hommes (et les femmes) ont fait avec le fondement spirituel – l'amour de Dieu. C'est le résultat des efforts qu'ils ont déployés pendant de nombreuses années pour protéger leur culture et, très chers, cela n'a que très peu de rapport avec Dieu. Par contre, cela a tout à voir avec les humains. Le moment est venu d'utiliser « l'intégrité de votre discernement ». Ce dernier vous permettra de faire la part des choses et de distinguer ce qui est humain de ce qui provient de la *famille*.

Ainsi, ces chapelles furent créées dans un but de protection culturelle, sans grande valeur spirituelle. Au sein de ces chapelles, certaines personnes, celles qui définirent les règles à suivre, vous disent de ne pas vous intéresser aux autres chapelles, car elles incarnent le mal ! Ces personnes ajoutent également qu'elles sont les seules à qui Dieu accorde ses grâces ! Tourner vos yeux vers une autre chapelle vous créera des problèmes, selon elles. Sur une planète peuplée de milliards d'êtres humains, tous créés par Dieu, ces personnes affirment être les seules spirituellement « correctes ». Ces propos vous semblent-ils empreints d'amour familial ? Si Dieu est le « Père », pourquoi rejetterait-il la plupart de ses enfants et ne sourirait-il qu'à quelques-uns ?

D'autres éléments montrent encore que votre perception de la famille est fragmentée. Au sein même du principal système de croyances de votre continent, il existe trois ou quatre cents sous-chapelles (sous-boîtes), chacune d'elles possédant ses propres règles et concepts vitaux supposés représenter « la voie de l'Esprit ».

Voici la preuve essentielle montrant que cette protection culturelle, imbibée d'une ancienne énergie, fut à l'origine des différenciations spirituelles : les guerres sur cette planète, spécialement celles des temps anciens, furent souvent provoquées au nom de Dieu. Le saviez-vous ? Ces guerres avaient pour but de forcer les humains des autres chapelles à penser comme vous. À qui Dieu accordait-il ses bienfaits ? Au nom de l'amour de Dieu, des humains furent massacrés par dizaines de milliers. Ceux qui n'intégraient pas la bonne chapelle étaient tués. Tous ceux qui étaient suspectés d'appartenir à une « mauvaise boîte » étaient éliminés par ceux qui faisaient partie de la « boîte » la plus puissante. Estimez-vous que tout cela soit empreint de l'incroyable amour divin ?

Une femme donne naissance à des jumeaux : un garçon et une fille. Ils sont langés, gardés au chaud, et ils sont précieux. Leur mère les contemple intensément. Lequel pensez-vous qu'elle rejettera parce qu'il ne pense pas comme elle ? Je vais vous le dire : bien entendu, elle ne fera rien de tout cela. Au contraire, elle les aimera de la même façon, de tout son cœur parce que, pour elle, ils sont égaux. Tous deux possèdent une essence spirituelle. Tous deux sont des anges ! Tous deux sont également membres de la famille – comme ils l'ont choisi.

Aimez-vous les uns les autres

Comment les humains peuvent-ils créer un tel amour équilibré ? Nous avons, à votre intention, des instructions précises que vous emporterez avec vous. Voilà la clef, et j'espère que vous êtes prêts. Il s'agit de six mots qu'il est temps pour vous d'entendre : « **Aimez-vous les uns les autres**. » Avec ces instructions et une ferme intention, je vais vous dire ce qui va vous arriver.

« Kryeon, êtes-vous en train de nous dire que les religions de cette planète vont devoir sortir de leurs boîtes ? Vont-elles disparaître ? C'est beaucoup demander ! »

Ce n'est pas du tout ce que nous entendons. Nous comprenons les différentes cultures de la Terre. C'est pourquoi Kryeon a neuf principaux channels sur terre. L'un d'entre eux, sur ce continent, s'adresse à vous dans le cadre de votre culture, car il a été élevé ici. Les autres possèdent les mêmes attributs, mais vivent sur d'autres continents et s'expriment dans d'autres langues. Nous savons ce qu'est une culture. Nous comprenons également que naître dans certaines cultures signifie naître au sein d'un système de croyances déterminé. Mais ce n'est pas le cas en ce qui vous concerne. Cela devrait vous permettre de comprendre que Dieu (l'Esprit) est conscient de ce qui se passe à chaque niveau culturel. C'est pourquoi des miracles se produisent dans chaque chapelle ! Nous respectons et honorons chaque effort sincère tendant vers la « recherche de la vérité ». Mais c'est à vous de jouer, maintenant ! C'est la raison pour laquelle vous êtes présents ici ce soir (comme nous l'avons déjà expliqué un peu plus tôt). Votre quête est bénie.

Le besoin de tolérance

Voici ce qui pourrait arriver. Un jour, peut-être, tous les prêtres, les magiciens, les gourous, les moines, les rabbins, les chamans, les pasteurs et autres leaders de cultes divers se réuniront – non pas pour former une coalition religieuse, pour étudier leurs dogmes respectifs ou pour altérer leurs propres croyances, mais pour se regarder mutuellement dans les yeux, lever les mains vers

Dieu et dire : « Nous sommes tous membres de la même famille. Nous donnons à tous les autres membres la permission d'épouser les croyances de leur choix ! Ensemble, nous choisissons l'amour ! Ensemble, nous choisissons la tolérance. »

Voici ce qui devra se passer lorsque vous atteindrez et dépasserez 2012 : une tolérance mutuelle pour le culte de votre choix, sans jamais condamner les autres ni évangéliser ceux qui n'acceptent pas vos propres croyances. Cela exigera le respect des autres cultures et des autres points de vue, un accroissement de la spiritualité et de la sagesse, un cri d'amour vers les autres !

Vous pourriez nous demander : « *Kryeon, quel passage des Écritures prédit un tel rassemblement ?* »

Il n'y en a pas. Les Écritures s'arrêtent à 2012. Le saviez-vous ? Vous êtes sur le point d'écrire les nouveaux chapitres spirituels de la Terre, les chapitres écrits par les nouveaux humains évolués, auréolés d'une couleur spirituelle bleu foncé.

« *Kryeon, est-ce possible ? Certaines cultures et certains systèmes de croyances ont des doctrines basées sur le fait que les autres ne sont pas aimés de Dieu. Que doivent-ils faire ?* »

Considérez votre histoire. Nous venons de vous dire que les hommes définissent eux-mêmes les règles. Cela signifie que les nouveaux humains spirituels peuvent les changer grâce à l'autorité que leur confère leur nouveau statut et que ces changements peuvent être considérés comme une amélioration des doctrines précédentes. Cela n'est pas nouveau. Certaines de vos religions ont modifié les « règles de Dieu » au cours de votre vie présente.

Cela est-il possible ? Oui ! Nous nous attendons à ce que tout cela se produise, puisque c'est la direction que vous prenez grâce à votre potentiel énergétique. Non pas brusquement, mais au fil du temps. C'est comme l'énergie de la paix. Lorsque les bienfaits sont perçus, l'intuition sait exactement comment agir.

D'autres aspects à développer

Et il existe d'autres aspects dont nous n'avons pas encore parlé et qui méritent toute votre attention. Parlons de l'intégrité du sexe.

Chaque être humain est persuadé d'appartenir à un sexe déterminé. Vous naissez avec les attributs de votre sexe et appartenez définitivement à cette catégorie. Vous ne pouvez même pas imaginer qu'il puisse en être autrement. Pourtant, vous avez tous été différents, à une certaine époque ! Il vous est arrivé, dans vos vies antérieures, d'appartenir au sexe opposé. Vous avez tous participé aux énergies précieuses liées au sexe masculin et au sexe féminin, et à leurs attributs caractéristiques. Vous savez, nous avons volontairement créé ces distinctions entre les hommes et les femmes. C'est l'un des attributs qui déterminent le processus karmique. C'est souvent ce qui définit les leçons et provoque les épreuves. Pensez-y. L'écart entre les deux sexes fait partie d'un jeu et, le plus drôle, c'est que, contrairement à ce que vous imaginez, vous êtes fréquemment passés d'un état à l'autre au fil du temps.

Cependant, certains êtres humains, dans certaines *boîtes,* prétendront que la prêtrise n'est réservée qu'à un seul sexe. Ils vous citeront des précédents historiques pour appuyer leur point de vue et vous diront que l'autre sexe ne possède pas les qualités nécessaires. Bien que Dieu soit asexué, ils vous affirmeront qu'un des deux sexes a davantage de potentiel spirituel que l'autre. Ce genre d'affirmations vous semble-t-il béni par l'Esprit ?

Une femme donne naissance à des jumeaux : un garçon et une fille. Bien sûr, dès que la mère aperçut sa fille, elle se désintéressa d'elle ! Elle savait que seul un garçon pouvait prétendre à l'illumination. Cela vous semble-t-il correct ? Croyez-moi, cette attitude n'est pas inspirée par l'Esprit ! Car le garçon et la fille sont réputés égaux et sont tous deux précieux aux yeux de leur mère. Et si vous comprenez cette métaphore, la mère se situe de l'autre côté du voile. C'est le cortège (la *famille*) qui vous visite en cet instant et qui vous considère comme une famille asexuée – chacun d'entre vous étant également aimé ! Bien entendu, la mère ne va pas abandonner sa fille ! Selon vous, qui a établi ces règles ? Ayez recours à votre discernement spirituel et décidez s'il s'agit de la famille, de Dieu… Cette attitude est-elle empreinte d'intégrité ?

Nous vous déclarons donc que le moment est venu et que, grâce à l'amour, à la sagesse de l'Esprit et à la compréhension de l'intégrité d'une relation empreinte de spiritualité, vous devez commencer à comprendre la façon de **vous aimer les uns les autres** ! Ceux qui parviendront les premiers à cette compréhension découvriront qu'ils bénéficieront d'une énergie totalement pure. Ils vivront plus longtemps. Ils émettront des vibrations plus élevées. Ils pénétreront au sein d'une énergie où aucun sexe ne sera avantagé et perçu autrement qu'un membre de la famille, au même titre que les autres.

Mais il y a plus.

Certains d'entre vous semblent être venus au monde avec le désir forcené de détruire l'autre sexe ! C'est ce que l'on appelle une « leçon ». Permettez-moi de vous dire ceci : il faut être deux pour qu'une leçon soit profitable. Vous toutes, les femmes, m'écoutez-vous ? Il faut un bourreau et une victime pour créer l'énergie d'une leçon karmique ! Qu'allez-vous faire de celui que vous haïssez ? La nouvelle énergie consiste à résoudre ce genre de problème bien particulier. Cette énergie concerne l'accomplissement et l'amour. Les instructions ? **Aimez-vous les uns les autres.** Comprenez-vous qu'il faut être deux pour qu'une épreuve surgisse ? Peut-être cela vous permettra-t-il d'interpréter d'une façon différente l'expression « être au bon endroit au bon moment ».

Il est important que vous compreniez que Dieu n'est pas concerné par les différences entre les sexes. Dieu est à la fois homme et femme ! Ce que vous éprouvez vis-à-vis de l'autre sexe n'est qu'une partie de votre leçon. C'est pourquoi vous êtes nés avec ce sentiment. À propos, l'un des sexes est en fait conçu pour régulièrement irriter l'autre – mais cela, vous le saviez déjà.

Des défis différents

Parlons maintenant d'un sujet auquel vous avez peut-être déjà réfléchi. Vous savez être les planificateurs de votre venue sous votre personnalité actuelle, exactement tels que vous êtes aujourd'hui. C'est votre contrat. Certains arrivent avec des défis importants au niveau cellulaire, parfois même avec leur chimie intérieure prédisposée aux craintes ou autres caractéristiques psychologiques. Certains d'entre vous ont peur facilement, d'autres, sont dépressifs. D'autres encore recherchent la compagnie de ceux qui compliquent les choses et rendent ainsi leur vie encore plus pénible. Certains, enfin, sont nés dans des régions qui augmentent la difficulté de leur leçon. C'est ce que l'on appelle la « prédisposition cellulaire », et cela concerne les défis de votre propre existence. Souvenez-vous ! c'est vous qui l'avez déterminée.

Une femme donne naissance à des jumeaux : un garçon et une fille. Elle est remplie de sagesse et, en contemplant ses enfants, elle peut voir que l'un d'entre eux devra relever des défis particulièrement élevés. Aussi décide-t-elle que celui-là doit être détesté, car il est mauvais, et elle doit donc le rejeter. Cette attitude vous semble-t-elle correcte ?

De même, bénis sont ceux qui naissent avec les caractéristiques physiques d'un sexe et la conscience de l'autre sexe. En effet, ils sont intensément aimés, tout comme vous. Ils sont membres de la famille ! Ils ont choisi un défi difficile, et *vous* en faites partie !

Dieu n'a point de haine. Vous êtes tous membres de la *famille* et il est temps que vous compreniez, très chers, que certains d'entre vous doivent franchir des obstacles considérables. Ceux-là possèdent un corps physique dont les caractéristiques sont celles d'un sexe donné, mais dont la conscience est celle de l'autre sexe, et il s'agit là d'un défi élevé. Certains autres prétendent que Dieu n'aime pas ces individus. À les entendre, Dieu déplore leur comportement et les a en horreur. Est-ce là l'attitude d'un Dieu père/mère ? Est-ce là l'attitude d'une vraie *famille* ? D'après vous, qui a établi ces règles, il y a fort longtemps – et pour quelle raison ?

Voici les instructions que nous vous destinons, à vous, membres de la famille : **Aimez-vous les uns les autres**. Comprenez bien ce qu'est véritablement la *famille*. Comprenez bien quel est votre défi et prenez conscience que ce n'est pas l'Esprit qui a décidé de ces règles. Elles ont été faites par les hommes et les femmes isolés dans leurs *boîtes* respectives, leurs chapelles protégées par des murs élevés de crainte et de méfiance, les hauts murs de protection culturelle. Il est temps pour eux de comprendre le grand dessein et de **s'aimer les uns les autres**.

L'abondance

Parlons maintenant d'un sujet qui vous semblera peut-être hors de propos dans ce texte, mais qui ne l'est pas. Il s'agit de l'*abondance*. Nous la définirons comme l'action de sustenter. Nous avons déjà décrit l'oiseau qui se réveille le matin sans réserve de nourriture. Chaque jour, sa survie dépend du résultat de sa quête et, chaque jour, il trouve son vermisseau. C'est sa nourriture. Et celle-ci se transforme en abondance, car ce phénomène se répète systématiquement. Si, brusquement, vous gagniez un concours qui vous fournisse votre pain quotidien pour le restant de vos jours, refuseriez-vous votre prix en prétendant qu'il est insuffisant ? Non ! Il s'agit d'une fortune, d'une véritable abondance.

Le faucon ? Lui a un défi plus élevé à relever. Au lieu d'un ver, il doit trouver une souris. De ce fait, il a besoin de plus de nourriture et donc, d'une abondance supérieure. Néanmoins, il s'agit toujours d'aliment et, bien que certains oiseaux soient plus grands que d'autres, la quantité de nourriture nécessaire est proportionnelle à leur taille. Par contre, chacun de ces défis nécessite la même quantité d'énergie spirituelle, même si l'un d'eux paraît beaucoup plus important que l'autre. Chaque effort est identique parce qu'il correspond à une création d'énergie grâce à la synchronicité. En vérité, chacun des oiseaux fournit les mêmes efforts, quoique proportionnels au défi que représente sa quête de nourriture.

Nous vous donnons cet exemple pour deux raisons : la première afin de vous faire comprendre qu'être sustenté signifie l'abondance ; la seconde afin que vous saisissiez parfaitement le concept selon lequel il n'existe aucune différence entre la subsistance individuelle ou celle d'une famille. La *quantité* ne représente aucun problème pour l'énergie qui la crée.

C'est votre culture qui place l'énergie autour de votre argent.

Certains d'entre vous ont déjà subi des échecs, souffert de dépression et ressenti de la peur face à ce problème de subsistance. Pourtant, lorsque vous comprendrez la véritable signification d'être sustenté, vous assimilerez également celle de l'abondance. Il s'agit de synchronicité. Parmi vous, combien maîtrisent l'énergie ? Vous déclarez : « Je peux guérir les gens. Je peux créer de l'énergie ici ou là, mais je n'arrive pas à gagner ma vie. » En effet, vous vous bloquez. Vous avez décidé que l'argent est difficile à gagner mais qu'il est simple de travailler avec l'énergie. Certains d'entre vous pensent qu'afin de parvenir à l'illumination, il ne faut pas gagner d'argent ! De ce fait, vous ne bénéficiez d'aucune abondance. D'une certaine façon, cette attitude n'est pas spirituelle. À votre avis, qu'est-ce que Dieu souhaite pour vous ?

Une femme donne naissance à des jumeaux : un garçon et une fille. La maman contemple ses enfants avec tout son amour et dit : « Chers jumeaux inestimables qui êtes profondément aimés, je souhaite que vous vous vautriez dans la boue de la terre, que vous ne possédiez aucun bien matériel. J'espère que vous aurez faim, que vous serez revêtus de haillons, que vous vous ferez beaucoup de souci et que vous connaîtrez de nombreux problèmes financiers. »

Est-ce là l'attitude d'un Dieu père/mère ? Est-ce là l'amour familial ? Non.

Je m'adresse aux guerriers de la lumière qui ne souhaitent pas réclamer de rémunération en échange de leur travail. Peut-être certains d'entre vous ont-ils décidé que cette attitude était la seule honorable. Permettez-moi de vous poser la question suivante : « Vous souvenez-vous d'avoir été moines ? Vous souvenez-vous de vous être vautrés dans la boue au cours de vies antérieures où vous abandonniez toute possession matérielle ? À ces époques, il s'agissait de la seule façon spirituelle d'agir. Cela concordait avec votre culture du moment. À cette époque, vous avez donné, sans cesse. Aujourd'hui, les résidus du passé vous incitent à agir de même, mais l'énergie de cette planète ne supportera plus longtemps les restes de vos vies antérieures.

D'un point de vue métaphysique, vous émettez un message très puissant. Mais vous pensez vous « valoriser » dans la pauvreté, alors que vous ne pouvez aider personne de cette manière ! En refusant toute rémunération pour votre travail, vous déterminez la valeur de vos actes ! Votre corps, votre esprit et ceux qui vous entourent reçoivent tous ce message. Et, effectivement, vous ne récoltez que ce que vous avez semé, car vous n'avez cessé de répéter à votre entourage que votre travail n'avait aucune valeur ! Ainsi, votre intention est établie, et gagner votre subsistance va devenir plus difficile, car vous l'avez voulu ainsi.

Voici ce que vous devriez savoir. Votre subsistance sera assurée ! Vous bénéficierez de l'abondance de façon équilibrée. Dans certains lieux prétendument hautement spirituels, il existe un dicton selon lequel un homme aisé ne sera jamais illuminé – comme il est impossible de faire passer un chameau par le chas d'une aiguille. Voilà un défi à relever pour ceux d'entre vous qui sont universitaires. Tâchez de retrouver l'origine de cette phrase dans les anciens manuscrits. Vous découvrirez alors que ces paroles n'ont jamais été réellement prononcées. En réalité, cette phrase fait référence aux énergies de cette époque dont la signification était très différente de la nôtre, aujourd'hui. Mais comme c'est pratique pour ceux qui, enfermés dans leurs *boîtes*, veulent vous maintenir dans la pauvreté, n'est-ce pas ? Cela leur permet, véritablement, de prendre le contrôle de l'abondance. Cette attitude est-elle celle d'une famille aimante ? Est-ce là l'amour de Dieu ? Est-ce là une relation d'intégrité entre l'Esprit et l'homme ? Il ne s'agit pas là d'un jugement, mais d'une simple information pour votre gouverne, afin de vous permettre de découvrir où se situe l'amour.

La notion d'abondance et tout ce qui se rapporte au problème de subsistance au sein de votre culture deviendront plus clairs quand vous comprendrez vraiment que vous les méritez ! Quand vous les *posséderez* et les *laisserez circuler*, alors attendez-vous à recevoir davantage. Cela se produira lorsque vous comprendrez également que les attributs avec lesquels vous êtes venus au monde – qui sont précieux, spirituels et significatifs – peuvent à coup sûr être utilisés pour aider les autres. Pratiquez un échange si vous pensez que cela est utile. Si ce que vous possédez n'a pas de valeur, alors, abstenez-vous. Souvenez-vous ! Il peut y avoir un échange, et, par conséquent, un échange d'énergie peut également se produire. Peu importe que vous soyez rémunérés ou non, n'ayez plus l'impression que vous devez tout donner gratuitement. Soyez convaincus que vous possédez quelque chose de valeur. Puis, vous verrez alors les autres attendre en ligne pour échanger leur valeur avec la vôtre. On appelle cela l'équilibre de l'énergie.

La synchronicité est présente dans l'abondance et dans l'échange des valeurs. Nous en avons parlé dans le passé – le mouvement du *chi* lui-même permet d'équilibrer tous les domaines, y compris la subsistance et l'abondance. Il est temps pour vous de bien saisir que cette nouvelle forme d'« esprit d'abondance » est honorée par Dieu. Cela fait partie de l'intégrité de l'Esprit – l'équilibre dans chacune de vos actions.

Une femme donne naissance à des jumeaux : un garçon et une fille. La maman regarde ses enfants et, bien entendu, déclare : « Je vous souhaite une vie riche et abondante. Je ne veux pas que vous connaissiez la faim. Chaque jour vous apportera votre abondance. Je serai à vos côtés aussi longtemps que vous vivrez. Je vous aiderai aussi longtemps que je vivrai. Je ferai l'impossible. Je suis votre mère. » Très chers, voici ce qu'est votre famille. L'intégrité de l'Esprit veille sur vous de la même façon.

Ne perdons pas de vue l'utilité des guides et celle de la famille. Du fait que nous nous tenons à vos côtés et que nous traversons avec vous les diverses étapes de votre existence, nous vous aidons à provoquer la synchronicité. Lorsque vous vous considérerez avec estime – quand vous direz, en fixant un miroir, « JE SUIS CE QUE JE SUIS » –, lorsque vous commencerez à vous valoriser, alors l'abondance circulera dans votre vie.

La compétition – un concept de l'ancienne énergie

Il y a encore un dernier détail dont nous aimerions vous entretenir. Un guerrier de la lumière en rencontre un autre. Ils réalisent tous deux avec horreur qu'ils travaillent dans le même domaine. Chacun d'eux s'aperçoit brusquement que ce qu'il pensait être « son » énergie ou « son » projet est également accaparé par d'autres. Que se passe-t-il alors, à votre avis ? L'un décide de dépasser l'autre. Après tout, ils ne peuvent travailler ensemble – l'un des deux doit partir. Chacun établit alors des plans pour décourager l'autre, peut-être même pour le discréditer : « Je sais ce que je vais faire. Je vais dire qu'il incarne le mal. Ça marchera. Cela créera le doute dans les esprits, et nombreux seront ceux qui le fuiront. Ainsi, pourrai-je continuer seul mes travaux et développer mes propres idées. »

Cela vous semble difficile à croire ? Et pourtant, c'est un fait. Il s'agit d'un concept de l'ancienne énergie qui reste inscrit dans l'ancienne structure cellulaire. Selon ce concept, il doit y avoir un gagnant et un perdant en toute chose. La pensée que les deux adversaires pourraient gagner n'est même pas envisagée – et cette étrange idée est encore ancrée en vous aujourd'hui, même parmi les guerriers de la lumière.

Une femme donne naissance à des jumeaux : un garçon et une fille. Ils sont précieux et infiniment aimés. Leur maman veille sur leur existence et constate qu'ils présentent tous les deux des dons artistiques. Mais ils se chamaillent pour les crayons et les pinceaux. La mère décide alors que seul l'un d'entre eux peut devenir un artiste et elle empêche l'autre de développer ses talents. À nouveau, est-ce que cette attitude vous semble raisonnable dans le cadre d'une famille aimante ? Non. Ce que vous venez d'entendre (et de lire) n'est pas la réaction d'une famille aimante, mais bien plutôt le comportement agressif de l'humanité dans le passé. Cela représente la façon de penser de l'ancienne énergie – comme si l'autre guerrier de la lumière pouvait, d'une manière ou d'une autre, dévaloriser la tâche du premier tout en faisant la même chose que lui. C'est la preuve criante de la crainte du manque et des limitations. Cette approche présume que deux individus ne peuvent posséder la même chose – et elle ne célèbre pas la vraie conscience de l'amour de la famille *envers* les membres de la famille.

Lorsque la mère découvrit que ses enfants avaient les mêmes

centres d'intérêt et qu'ils se chamaillaient pour utiliser les crayons, savez-vous ce qu'elle fit ? Elle alla acheter une autre boîte de crayons ! Elle laissa ses enfants grandir ensemble, et tous deux créèrent ainsi cinq fois plus d'énergie que s'ils avaient été isolés. Guerriers de la lumière, entendez-vous ? Lorsque vous trouverez celui qui paraîtra entrer en compétition avec vous, faites-lui savoir que la synchronicité doit être prise en considération. Que pourrez-vous lui offrir ? Qu'aura-t-il à vous offrir ? Peut-être qu'en coexistant sur la planète tout en accomplissant la même œuvre créerez-vous ensemble cinq fois plus d'énergie, puisque l'Esprit permettra à chacun d'obtenir les mêmes bienfaits. Ceci concerne également l'équilibre et le mouvement de l'énergie. Surveillez ce qui se passe lorsque vous partagerez avec l'autre ce que vous possédez et que vous retournerez chacun à votre existence respective – baigné d'une harmonie que vous n'avez jamais connue auparavant. C'est la sagesse d'un nouveau paradigme qui créera davantage de synchronicité et d'abondance pour chacun de vous. **Vous gagnez tous les deux ! Vous êtes tous les deux valorisés. Vous êtes tous les deux membres de la famille.**

Cette situation illustre le nouveau paradigme consistant à coopérer avec l'islam, le christianisme, le judaïsme, le bouddhisme, l'hindouisme et toutes les autres croyances, y compris celles des indigènes répartis sur l'ensemble du globe. Que représentent ces croyances ? La quête individuelle pour l'amour de Dieu, la quête culturelle pour trouver Dieu en soi. Elles font toutes partie de la famille ! Que vous demandons-nous ? Qu'un jour, grâce à une nouvelle conscience, vous réunissiez toutes les croyances dans une salle et que vous leviez tous vos mains au ciel en proclamant : « Nous nous aimons les uns les autres ! Nous possédons nos propres croyances, mais ne considérons pas les autres comme une menace. Nous honorons les autres comme nous nous honorons. Il est temps que les parois des boîtes s'abaissent. Nous sommes tous membres de la même famille. »

J'ajouterai également que, dans cette pièce, se trouvent ceux qui se font appeler « adeptes du Nouvel Âge » ou « métaphysiciens ». Ils sont alignés avec les autres, permettant à chaque croyance d'exister, n'entrant pas en compétition avec eux mais les célébrant. Tous se regroupent en disant : « Finalement, n'est-il pas grandiose que les membres de la famille puissent s'aimer les uns les autres – abattre les parois des boîtes ? » Impossible, dites-vous ? Aujourd'hui, le champ magnétique de la planète s'est modifié suffisamment pour que tout ceci soit manifeste par l'intermédiaire de la transformation cellulaire de l'humanité – mais cela nécessitera une intention consciente. Peut-être vous, qui entendez ces paroles, ou vous, qui lisez ces lignes, contribuerez-vous à cette tâche ? Quelle est votre intention ?

Une sagesse nouvelle se répand sur la planète, même si, parfois, vous vous interrogez lorsque vous considérez la bataille que se livrent les énergies anciennes et nouvelles en ces quelques années précédant 2012. Un profond équilibre règne entre ces deux énergies, et des étincelles jailliront lorsque les différences commenceront à apparaître et décideront de quel côté doit pencher la balance. Vous rappelez-vous ce que nous vous avons dit en 1989 concernant le possible chaos qui submergerait certains leaders mondiaux déséquilibrés en 1999 ? Reportez-vous aux transcriptions passées (voir page 377).

Les dictateurs disparaîtront peu à peu et seront remplacés par des personnes choisies – mais cela ne s'effectuera pas sans remous. L'ancienne énergie ne disparaîtra pas facilement. Les murs sont épais. Les tribus qui se combattent aujourd'hui trouveront l'occasion de définir de nouvelles frontières au sein des pays existants qui n'ont pas changé depuis des siècles et entameront un processus d'assimilation qui supplantera le processus d'annihilation. Il s'agit là, bien sûr, de potentialités, et non pas de certitudes. Ce sont vos défis, car, contrairement à toute autre époque, l'heure est venue aujourd'hui de créer une profonde différence grâce à vos nouvelles capacités. Votre intention est la clef du processus.

Savez-vous ce qui pourrait se passer ? La paix sur terre. Rien ne peut s'opposer à l'évolution d'une planète dont les habitants ont appris à s'aimer réciproquement ! C'est un vieux message, n'est-ce pas ? Vous pouvez le trouver dans les Écritures ainsi que dans les textes sacrés très anciens répartis sur les divers continents, parce que ce message vous a été offert, très chers, il y a des milliers et des milliers d'années, simultanément, dans différents endroits. Ce message n'a pas changé et ne changera point parce que votre famille ne change pas. L'amour est absolu. La seule différence entre ces temps anciens et aujourd'hui est la « *transformation* » de la famille terrestre. Aujourd'hui, vous disposez du pouvoir vous permettant de créer quelque chose qui n'a toujours représenté qu'une notion fort vague, soit la vraie tolérance, la capacité d'abattre les murs de la protection culturelle, ce qui représente le début d'une ère de paix.

Une femme donne naissance à des jumeaux : un garçon et une fille. Ils sont tous les deux infiniment aimés. Ils sont une parcelle du Dieu père/mère. Ils sont membres de la famille. C'est ce que vous êtes également – un fragment divin. Il n'y a pas de favori, et les membres de la famille ne se moquent pas les uns des autres, car tous sont égaux à nos yeux, tous restent dans l'attente des dons extraordinaires qu'ils recevront dans l'abondance et dans la paix. Comme la maman au moment de la naissance, nous vous serrons dans nos bras et disons : « *Bienvenue pour votre retour sur cette planète.* »

Il faudra toute la sagesse d'un chaman pour saisir pleinement ce qui est véritablement en train de se passer sur la Terre d'ici les prochains mois et les années à venir. Beaucoup suivront une voie « d'effacement des ténèbres » (un concept de mémoire cellulaire concernant l'ancienne théorie de la fin de la Terre et qui incite un grand nombre de personnes à suivre « l'ancienne énergie » – voir page 282.). Nombreux sont ceux qui ne concevront pas les potentialités dont nous parlons et qui ne percevront que la façon dont les choses furent. C'est le choix qu'il vous appartient de faire. Souvenez-vous du mantra de ce temps nouveau : « Les choses ne sont pas toujours ce qu'elles semblent être. » Les échecs présumés d'aujourd'hui seront les enseignements de demain. La blessure d'aujourd'hui sera la guérison de demain. En fait, les potentialités d'aujourd'hui sont infiniment plus grandioses que tout ce que vous avez pu voir en votre qualité d'humains. La Terre est une maison en rénovation – et bien des murs devront être abattus pour permettre un nouveau départ.

Comment y parvenir ?

« Aimez-vous les uns les autres. »

Et les parois s'écrouleront.

Et il en est ainsi.

Kryeon

Amour

« L'amour est la plus grande force de l'univers. Vous trouverez
cette force dans les plus infimes particules de matière, en
suspension près du noyau de l'électron où l'amour la
maintient ! Voilà de quoi vous êtes faits. L'amour possède cette
puissance. Lorsque vous libérez celle-ci, *rien* ne peut vous
nuire ! Aucun mal, rien d'obscur ne peut vous approcher parce
que vous avez libéré l'énergie dont vous êtes constitués. L'ange
assis dans le fauteuil de votre vie, qui est à votre image, agit
quand vous permettez à cet amour
de se répandre en vous et de créer la paix.
Le JE SUIS
commence à apparaître et se fond dans l'humain. »

Extrait du tome IV, chapitre 3
« Paix et puissance durant le Nouvel Âge »

CHAPITRE DEUX

MESSAGES DE NOTRE FAMILLE

Partie 1

LES ATTRIBUTS DE LA FAMILLE
Idaho Falls, Idaho
Sydney, Australie

Salutations, très chers, je suis Kryeon, du Service magnétique. Au cours des prochaines minutes, certains d'entre vous devront s'habituer au son de la voix de mon partenaire, alors que la fusion se produit. Ils se demanderont également comment une telle chose est possible – comment la conscience et le message en provenance de l'autre côté du voile peuvent leur parvenir ainsi par l'intermédiaire d'un être humain. D'autres ressentiront la chaleur émise par cette énergie et éprouveront la douce pression de l'amour lorsque nous nous promènerons entre vos chaises et autour de ceux qui lisent ces mots. Car tout ceci est très réel, et nous vous informons que vous êtes à l'origine de l'énergie qui vous entoure tous. Cela n'exige que *l'intention* de l'être humain.

Votre intention autorise une visite de la « famille » dans une région précieuse et spéciale. Et lorsque nous vous déclarons, très chers, que vous êtes infiniment aimés, jamais, jamais il n'exista une époque où ce sentiment fut plus profond. Car nous parlons, en cet instant, de la « famille » qui descend en ce lieu et s'approche de votre siège pour vous rendre visite. Nous faisons référence aux entités en provenance de l'autre côté du voile et dont vous avez peut-être oublié les noms parce que beaucoup de temps s'est écoulé depuis que vous êtes ici sur la Terre. Votre foyer vous rend visite ! L'information dont il sera question ce soir provient de la famille, la *famille* !

Nous allons maintenant détailler les attributs de la famille, tels que nous les distinguons. Mais, avant cela, nous souhaitons vous expliquer pourquoi nous connaissons si bien cette salle et même l'endroit où vous avez choisi de lire ce livre. Vous pensez que vous êtes venus nous rendre visite, n'est-ce pas ? Vous imaginez que vos yeux parcourent ces lignes par hasard ? Peut-être souhaitiez-vous acquérir un peu de sagesse ou certaines connaissances ? Eh bien, nous vous déclarons que cette « réunion » possède un énorme potentiel énergétique. En réalité, vous aviez *rendez-vous* ici ! Et je vais vous en expliquer la raison. Voyez-vous, nous savions que vous veniez ! Cela n'a rien à voir avec la prédestination. Seules les potentialités et l'énergie de votre conscience ont guidé vos pas jusqu'ici. Nous connaissons la synchronicité qui vous a permis de prendre connaissance de la tenue de cette réunion et de nos messages. Nous nous attendions à votre présence, exactement à l'endroit où vous vous tenez présentement. Nous savons précisément *qui* vous êtes et nous connaissons vos noms, car vous êtes *membres de la famille* ! Nous honorons pleinement votre nom, qui que vous soyez – que vous soyez convaincu ou non par ces paroles, cela n'a pas d'importance.

Nous sommes tous réunis ici pour vous annoncer que vous êtes infiniment aimés, que votre vie a un but et que votre existence sur cette planète était connue, planifiée, qu'elle est considérée comme précieuse et sacrée ! Bien après que cette réunion sera terminée, la question suivante vous viendra peut-être à l'esprit : « *Y a-t-il la moindre chance que la vie soit autre chose que simplement le fait d'exister et de faire ?* » Nous vous déclarons qu'avec la ferme intention d'en découvrir davantage, vous trouverez à l'intérieur de vous l'extraordinaire semence spirituelle. Vous découvrirez des outils pratiques qui valoriseront votre existence quotidienne. Vous trouverez aussi la paix où, apparemment, elle n'existait pas. Vous hériterez une compréhension et une sagesse pour affronter les diverses situations de votre existence, vous résoudrez l'insolvable et gagnerez une vision globale de la vie humaine qui vous permettra de vous détendre, car tout sera en ordre. Ainsi, vous atteindrez peut-être la connaissance intérieure qui vous permettra d'affirmer enfin : « *Je suis ici chez moi. Il* existe une raison et un dessein bien plus grands que je ne l'imaginais. Je suis un membre de la famille. » Voilà ce que vous allez comprendre.

Et, bien entendu, cela signifie que tout au long du chemin, vous trouverez des solutions. Comme mon partenaire le dit, ces solutions peuvent venir de façon inhabituelle, mais elles n'en sont pas moins réelles, car vous les avez créées. Quel est le secret que vous transportez et que vous n'avez avoué à personne ? Le secret qui vous ronge ou que vous craignez ? Vous voyez, nous sommes au courant. C'est pourquoi nous vous aimons tant. Pensez-vous devoir supporter tout seuls ce fardeau ? *Vous n'êtes jamais seuls !* Jamais ! Vous détenez le pouvoir d'effacer n'importe quel problème ! Équilibrez l'aspect négatif de chaque situation avec l'aspect positif de la divinité qui réside dans chacune d'entre elles. Réunis ensemble, ces éléments émettent une énergie appelée « la solution par l'amour ». Pour ceux qui lisent ou entendent ces mots, il n'existe aucun problème sans solution ! Cela ne requiert qu'une intention pure. Une telle intention libère une grande force qui représente la puissance de l'esprit humain, et c'est de cela dont nous parlons dans cette série de messages.

Très chers, que l'énergie en provenance de l'autre côté du voile circule librement et vous fasse comprendre qu'il s'agit d'une véritable énergie dispensée aussi bien aux lecteurs qu'aux auditeurs. Nous allons nous accroupir et, pour ceux qui le souhaiteront, nous baignerons vos pieds l'un après l'autre, avec soin. Cette cérémonie est notre façon d'honorer l'être humain. Nous vous avons répété ceci à maintes reprises, chaque fois que la famille vous a rendu visite. Peut-être souhaitez-vous savoir comment nous savions que vous seriez présents ici ce soir ? C'est que vous en avez manifesté *l'intention* il y a quelque temps. Devinez qui a attendu ici, de l'autre côté du voile, que vous occupiez le siège portant votre nom ? Non pas le nom que vous pensez avoir, mais le nom qui est *réellement* le vôtre – celui qui vous rattache à la *famille* ! Je vais vous le dire. Savez-vous ce que cela représente pour nous, de vous rendre visite ? Vous pensez être venus nous voir, mais vous avez tort ! Vraiment. Nous sommes honorés de pouvoir être en votre compagnie au cours des brefs instants pendant lesquels nous vous enlaçons, afin de vous amener à communiquer avec vos guides et de vous donner les semences de la compréhension et les dons que vous avez réclamés. Nous honorons votre intention de changer de vie, sans doute grâce à votre potentiel. Il est temps. C'est la raison pour laquelle vous êtes ici. Nous vous attendions. L'endroit où vous êtes assis est très spécial. Nous vous attendions.

Ce chapitre sera divisé en cinq parties délivrées sur deux continents. La *famille* est la famille de la Terre ! Elle représente la famille humaine... pas celle des nations. Vous qui entendez et lisez ceci, en cet instant, découvrirez *plus tard* la suite de ce message dans les autres parties. « Plus tard » et « demain » sont des concepts intéressants à nos yeux. Votre temps linéaire vous fait « attendre », mais nous, nous le vivons « dans l'instant présent ».

Très chers, parmi ceux qui lisent ces informations en ce moment précis et qui se situent dans votre futur, certains sont en train de vivre des changements dans leur existence. Nous connaissons les potentialités liées au fait qu'ils découvrent cette information pour la première fois. Nous connaissons aussi leurs noms, parce qu'ils sont également membres de la famille ! C'est ce que signifie le concept du « maintenant ». Nous voyons également autre chose : nous constatons de profonds changements chez ceux qui sont présents ici ce soir et ceux qui lisent ces mots, changements qui vont affecter leur existence. C'est la raison pour laquelle nous vous affirmons, droit dans les yeux : « Vous n'avez aucune idée de l'étendue de vos pouvoirs en votre qualité d'êtres humains. Vous modifiez votre conscience, vous provoquez des transformations sur les divers continents, vous altérez les lois physiques, et votre entourage réagit à ces changements. » Ceux-ci entourent l'être humain, car l'être humain est le centre de tout, et nous souhaitons vous parler de certains des attributs qui caractérisent le centre. Nous voulons vous parler davantage de la *famille*.

La première partie de cette série concerne « les attributs de la Famille ». Nous vous présenterons par la suite quatre autres concepts intitulés « Les tâches de la Famille », « Le pouvoir de la conscience de la Famille », « La rénovation de la Famille » et « Le sens de la vie ». Certaines de ces informations seront répétées afin de bien insister sur leur importance.

Tous les hommes sont créés égaux

Examinons ici certains des attributs des membres de la famille. Nous avons déjà parlé de ceci auparavant, mais il est important que vous l'entendiez à nouveau. Tous les humains sont créés *égaux*. Quelques-uns vous diront peut-être : « *Ce n'est pas exact, Kryeon. Nous n'avons qu'à regarder autour de nous. Visiblement, nous ne sommes pas tous égaux.* » Si c'est ce que vous pensez, votre vision des choses est incorrecte, et vous ne portez pas le même regard que nous sur les membres de la *famille*. Bien sûr, les enveloppes physiques sont très différentes, mais ce n'est pas de cela dont nous parlons. Vous avez déjà entendu ce propos, et nous vous le répétons une fois encore : il n'existe aucune différence de classe dans *notre* famille. Maintenant, regardez qui s'adresse à vous depuis sa chaise. Cette énergie, que nous appelons Kryeon, représente une énergie fraternelle, sans aucune hiérarchie, aucune structure de classe et aucun genre masculin ou féminin. Je vous le déclare : l'égalité représente votre *centre spirituel*. Chaque être humain né sur cette planète possède un ange à l'intérieur de lui-même. Cet ange a la même splendeur et possède la même aura colorée que le plus élevé d'entre vous. Il provient du même endroit que vous, il a le même objectif, il est l'égal de tous les autres et porte votre nom. Il fait partie de *vous* ! Vous tous qui vous sous-estimez et qui êtes désespérés, voici venu le temps de votre révélation !

Si vous le permettez, nous allons vous offrir un présent. Ce cadeau est l'assurance que vous *appartenez à ce monde* et que chacun d'entre vous est l'égal de l'entité spirituelle la plus élevée qui soit. Voici quelque chose que je vous ai déjà déclaré à chaque séance de channeling : vous et moi nous sommes déjà rencontrés ! Votre frère (Lee) est assis devant vous et s'adresse à vous, une fois encore, avec autant d'amour que lorsqu'il vous a vus la dernière fois dans le Grand Hall d'Honneur. Il vous déclare : « C'est si bon de vous revoir. » Notre visite parmi vous n'est que temporaire, alors que vous êtes confrontés à votre dualité. Je sais qu'il vous faut faire un effort intellectuel pour réaliser que notre présence est bien réelle, mais nous vous affirmons que la preuve réside dans l'énergie qui se dégage ici et dans les événements qui suivront – les transformations qui surviendront dans votre vie. Car le changement d'énergie est là, à la disposition de ceux qui manifestent leur intention, qu'ils soient assis sur leur chaise... qu'ils écoutent... qu'ils lisent... qu'ils éprouvent des émotions. Tous les membres de la famille sont créés égaux ! Et si vous êtes enclins à prier, vous feriez mieux de commencer à vous regarder dans le miroir. Car nous vous disons avec le plus d'amour possible : « Regardez en vous-mêmes et trouvez le sanctuaire que certains d'entre vous ont vainement cherché à l'extérieur toute leur vie. » Rien n'est plus sacré que l'essence de l'homme. Si vous pouviez vous contempler comme je le fais moi-même, vous seriez confondus par la beauté de ce spectacle.

Mais ce n'est pas tout. Bien que cela soit difficile à concevoir, vous appartenez à un ensemble entrelacé, incomplet sans votre présence. C'est là un concept interdimensionnel. Il prouve que l'esprit est composé d'une grande variété de parties et que chacune d'elles est indispensable à l'ensemble. Lorsqu'elles se combinent les unes aux autres, ces parties individuelles constituent le Tout. Chaque composante est d'égale importance et est connue de toutes les autres. Ces dernières ne peuvent exister par elles-mêmes et appartiennent à l'ensemble. En ce qui vous concerne, il s'agit de la *famille*. Cette famille va bien au-delà de la conception terrienne. Votre véritable famille est formidable ! Elle est composée d'une multitude d'anges qui vous connaissent et que vous connaissez. Je suis l'un d'eux et, de ce fait, je suis exactement comme vous. Je suis membre de la famille, je suis l'une de ses composantes... tout comme vous. La différence – qu'il est impossible de vous faire comprendre – est que votre énergie complète l'Esprit ! Sans l'individu, l'ensemble n'est pas complet. Ce concept constitue la signification du « JE SUIS ». Le JE est la partie et le SUIS représente l'ensemble. Affirmer « JE SUIS » revient à déclarer à l'univers : « Mon existence *est* Dieu. Dieu *est* mon existence. Dieu, le Tout, est ma *famille* ! » Ainsi, le premier attribut de la famille est véritablement que vous êtes tous égaux.

Aucun pouvoir centralisé sur terre
Aucun centre dans votre dimension

Un autre attribut de la famille terrestre est le suivant : vous êtes tous issus du même « endroit ». Cette famille dont nous parlons est la famille de l'Esprit. Vous et moi en sommes membres, et elle provient de la « Grande Source centrale ». Mais il ne s'agit pas du tout d'un lieu au sens où on l'entend généralement. Vous ne possédez aucun mot qui puisse décrire de quoi il s'agit réellement, car ce lieu transcende le temps. Le mot « endroit » n'est pas exact, car il sous-entend un espace à trois dimensions (hauteur, largeur et profondeur) ainsi qu'un espace temporel. Un mot plus précis serait « foyer ». Voyez-vous, une sensation est rattachée à cette notion. C'est là où se tient la famille. Le foyer ne possède aucune dimension physique. Il est imprégné d'énergie, de sentiment et possède même une couleur. Cependant, ce n'est pas ce que vous pensez. Il s'agit d'une construction de conscience.

Dans votre monde à trois dimensions, mon partenaire parlera également du mouvement du Nouvel Âge en ces mêmes termes. Un mouvement qui n'a pas de gouvernement central, de bâtiments, de prêtres, ni même de livre sacré – et aucun « endroit » où vous pouvez envoyer votre argent ! Ce système de croyances sur la Terre se rapporte à la *famille* ! Il ne nécessite aucune autorité hiérarchique, aucun centre. Sa source se trouve dans une chaîne ou grille d'énergie unissant chaque être humain – constituant le Tout. Par conséquent, le Tout est également le centre !

L'Esprit fonctionne de la même manière. Il n'y a pas de portail central. Aucun endroit sur cette planète ne peut être considéré comme la source du pouvoir spirituel. Je répète qu'il s'agit là d'une notion interdimensionnelle qu'il est difficile pour mon partenaire de vous expliquer. L'être humain recherche les structures en trois dimensions. Vous espérez trouver des niveaux hiérarchisés dans toutes choses. Souvent, vous « percevez » les choses à l'envers. Parfois, vous imaginez des spirales, ou des cercles concentriques, indiquant peut-être des niveaux de contrôle, d'autorité et d'importance. Chaque structure organisationnelle terrestre requiert quelque chose de cet ordre, mais pour la famille, rien de tout cela n'existe. Vous êtes partie intégrante d'une conscience qui est uniquement dans sa globalité et dont toutes les composantes sont actives. Vous êtes donc un « fragment du centre » et vous êtes toujours actifs au sein de la famille. *Voilà pourquoi nous disons que vous pouvez toujours parvenir au centre en vous tournant vers l'intérieur de vous-mêmes.* Nous donnerons davantage d'explications à ce sujet en abordant le quatrième attribut.

La conscience crée le pouvoir

Le premier attribut concernait l'égalité des hommes à leur naissance. Le deuxième expliquait qu'il n'existe pas de centre dimensionnel. Le troisième, lui, se rapporte à une conscience centrale individuelle. Parlons maintenant de vous, en tant que membres de la famille et êtres humains.

Certains d'entre vous demanderont peut-être : « *Kryeon, dans quelle partie de mon corps cette graine spirituelle se trouve-t-elle ? Où se situe l'Ange doré en moi ?* »

Je vais répondre à cela. Il existe sous forme de conscience à la base de chaque molécule de la moindre cellule de votre corps. Votre biologie est spéciale. Votre partie spirituelle est étroitement associée à votre corps physique. Beaucoup d'entre vous commencent à découvrir où se trouve cet ange et ne seront pas surpris d'apprendre qu'il réside dans le code de leur ADN. Cela signifie, très chers, que le plan spirituel de votre existence est dans chacune de vos cellules. Une partie du code de votre ADN représente cette combinaison spéciale entre votre spiritualité et votre biologie. Il s'agit de l'essence même de votre dualité où se dissimule votre nature véritable. Tout ceci est fait à dessein – un dessein qui se manifeste chez celui qui écoute et lit ceci.

Voici ce que vous devez savoir au sujet de votre biologie : chacune de vos cellules possède, imprimée en elle, l'ensemble des données spirituelles. En d'autres termes, chaque cellule renferme, stockées en elle, une conscience totale et la connaissance requise. Ceci va beaucoup plus loin que l'ancienne façon de penser selon laquelle vous êtes « ignorants jusqu'au jour où vous êtes illuminés » ; ou qu'une énergie quelconque qui tombe un beau jour du ciel vous inonde de sa sagesse et vous transforme instantanément en une créature meilleure. Le centre (tel que vous souhaitez le voir) est situé au plus profond de vos cellules. Tous vos secrets – le plan détaillé de votre spiritualité, des couleurs qui vous appartiennent, de votre nom, de votre apparence et de la raison de votre présence ici – sont localisés dans chacune des cellules de votre corps. Dans chacune d'elles ! C'est exactement l'inverse de ce que certains d'entre vous pensaient jusqu'ici. Alors que cette révélation vous surprend et que vous revendiquez avec intention vos nouveaux dons, votre spiritualité s'élève. En réalité, cette information « secrète » vous est délivrée lentement et vous êtes à l'origine de ce processus. Est-il étonnant que nous déclarions que dans les « statuts de l'ascension », vous devez « prendre en compte votre biologie » ? C'est là où sont dissimulés les secrets !

Ceci peut vous donner une vision complètement différente des miracles et de la guérison. Saviez-vous qu'aucune source extérieure n'est à l'origine de votre guérison ou des miracles que vous observez ? *Aucune source extérieure.* En fait, une révélation se produit grâce à l'équilibre et à la conscience – une unité globale qui vous guérit miraculeusement. Toutes les guérisons et les miracles proviennent de vous ! Ils émanent de l'essence même de vos cellules, comme par « magie ». Permettez-moi de définir cette « magie » : c'est le « Moi » intérieur sacré – la partie de vous-mêmes la plus élevée qui gère des concepts interdimensionnels, qui maîtrise les niveaux les plus complexes de la physique et de la biologie. C'est la partie de vous-mêmes qui crée la matière et qui connaît les plus grands secrets de l'amour : elle est capable d'accomplir des miracles au sein de votre organisme grâce à votre intention et à votre haut niveau de connaissance. Cette partie de vous-mêmes qui a toujours existé. Ainsi, toute prière pour que Dieu vous accorde un miracle n'est, en réalité, qu'une demande que vous adressez à votre propre structure cellulaire.

Certains nous ont demandé : « *Où les guérisseurs interviennent-ils dans ce scénario ? Je parie qu'ils n'apprécient pas ce nouveau concept selon lequel notre pouvoir intérieur est à l'origine des miracles que nous observons.* »

En fait, ce concept n'est pas nouveau. Les guérisseurs authentiques vous diront *qu'ils ne guérissent pas – en fait, ils équilibrent.* Leur tâche consiste à aider les êtres humains à s'équilibrer eux-mêmes afin de réinstaurer leur santé. Par conséquent, la santé est créée par l'*être humain*, grâce au pouvoir spirituel interne de son « Moi » divin. Le guérisseur procure les méthodes, les moyens, le matériel, les produits et les informations nécessaires afin de permettre de retrouver l'équilibre. Pensez à ceci la prochaine fois que vous serez assis devant de l'un d'eux. Il faut être deux pour guérir ! Les guérisseurs vous donnent le petit coup de pouce nécessaire pour vous aider. Tout d'abord, vous permettez à l'équilibre de s'instaurer, puis *vous* provoquez vous-mêmes la guérison ! Voilà quel est le pouvoir d'une intention pure. Que pensez-vous de cette révélation ? Il s'agit là d'une véritable prise de conscience. Avez-vous jamais envisagé d'entourer le processus de guérison d'un certain rituel ? Peut-être devriez-vous examiner cette idée, car cela consoliderait votre action. L'amour que vous donnez au cours d'une telle cérémonie est un catalyseur énergétique !

Voulez-vous savoir comment la conscience manifeste son pouvoir au bénéfice de la planète ? Laissez-moi vous donner un exemple actuel. La conscience au niveau cellulaire se produit automatiquement lorsqu'on émet une intention pure et spirituelle. Cela ne devrait pas vous surprendre. Lorsqu'un être humain dit sincèrement : « *Je veux en apprendre davantage sur moi-même et sur la raison de ma présence ici* », il devrait pouvoir entendre un grand bruissement d'ailes ! Aucune quête semblable à celle-ci n'existe. Aucune ! Vous êtes nombreux à savoir comment ce phénomène se produit. Pour certains, cette quête s'effectue spontanément parce qu'ils se trouvent baignés d'une lumière spirituelle et que leur karma (les potentialités de leurs vies passées appliquées au cours de leur vie actuelle) est clair. Pour d'autres, cela ne se produit qu'après avoir touché le fond, spirituellement et physiquement, en raison des circonstances ou par la faute d'une autre personne. Dans un cas comme dans l'autre, cela ne se produit qu'à dessein et avec votre accord. Au cours des prochains enseignements (« Les tâches de la Famille »), nous expliquerons plus explicitement les « dons » qui vous sont offerts avec amour par les autres êtres humains, soit par leur action, soit, fréquemment, par leur mort. Il s'agit là de l'un des plus grands dons qui soient.

Lorsque les êtres humains acceptent de devenir plus conscients de leur existence, ils utilisent une *intention pure*. Celle-ci représente le catalyseur indispensable à une transformation d'énergie. Peut-être pensez-vous que cette énergie ne concerne que vous-mêmes et les entités qui vous entourent, comme nous l'avons déclaré au cours de channelings précédents. En réalité, cette énergie est libérée de différentes façons et votre planète est particulièrement touchée par ce phénomène. Nous avons déjà parlé de l'équilibre des énergies et de leur transfert grâce à l'illumination personnelle. Devinez pourquoi votre planète est soudainement plus active et moins prévisible que d'habitude ? Pourquoi les champs magnétiques se déplacent ? Pourquoi les potentialités dont je vous ai parlé, il y a même de cela huit ans, sont maintenant en vigueur ? *Parce que vous avez transformé la Terre !*

La simple prise de conscience de votre « Moi » spirituel a fini par provoquer le bouleversement planétaire nécessaire pour atteindre la vision d'une terre illuminée. Avez-vous récemment constaté des changements dans le comportement de vos politiciens ? Ne vous avions-nous pas conseillé d'y prêter attention ? Ne vous avions-nous pas annoncé qu'un aspect de la transformation de la conscience humaine résulterait dans la demande qu'il n'y ait plus de secrets ? Et que dire de votre économie et des efforts collectifs en vue de rétablir de plus en plus un équilibre mondial ? Nous avions annoncé toutes ces choses, et aujourd'hui, vous assistez à leur réalisation ! En d'autres termes, c'est vous qui libérez votre énergie sur cette planète.

Il existe une formidable puissance dans la prise de conscience humaine ! Nous vous en dirons davantage à ce propos dans un autre channeling (troisième partie).

Votre lignée stellaire

Je veux vous entretenir ici du caractère sacré d'un des attributs de la famille. Vous avez *tous* la même origine. En faisant allusion au deuxième attribut, nous vous avons simplement expliqué où la source *ne se trouvait pas*. Nous vous avons demandé de regarder en vous et nous vous avons révélé que cette source n'est pas un lieu réel, bien qu'il *soit* en vous. Si vous pouviez l'identifier, vous l'appelleriez la « Source centrale ». Chacun de vous descend de cette lignée sacrée qui vous identifie tous comme membres de la famille. Je peux vous annoncer, très chers, que votre entité n'a jamais eu de commencement et ne connaîtra pas de fin. Peut-être ne me comprendrez-vous ou ne me croirez-vous pas. L'énergie de votre origine est bien plus importante que la Terre ; elle transporte avec elle une gigantesque conscience cellulaire. C'est la raison pour laquelle nous avons intitulé ces communications « Messages de notre famille ». Une raison explique votre présence ici – une raison particulièrement bien cachée afin de vous permettre d'accomplir la tâche pour laquelle vous êtes venus sur terre.

Laissez-moi vous en dire davantage sur cette lignée sacrée. Voici quelque chose que nous n'avons divulgué qu'à très peu de personnes : votre planète est uniquement peuplée d'entités en provenance de ce que nous appelons la Grande Source centrale. Il s'agit d'une métaphore, car aucun mot ne serait suffisamment grandiose pour vous expliquer ce qu'est cette source et où elle se trouve. Comme nous l'avons déjà indiqué en parlant du deuxième attribut, le mot « centrale » est erroné, de même que le mot « source ». En fait, le seul terme approprié est «grande»! « Grande Source centrale » sous-entend l'existence d'un centre, mais ce « centre » a les mêmes proportions que l'ensemble. Voici ce que nous souhaitons vous faire savoir à propos de vous-mêmes : aussi grandiose et étrange que cela puisse paraître, la Terre est le seul endroit de l'univers où cet attribut existe.

« *Kryeon, voulez-vous dire qu'il n'existe aucune autre planète dotée de vie dans l'univers ?* » Non, ce n'est pas du tout ce que je veux dire. La vie abonde dans l'univers. Et nous espérons qu'avant que vous quittiez cette planète, quelle que soit la date de votre départ, votre science sera en mesure de le prouver. Vous pouvez même constater ce phénomène actuellement. La preuve réside dans les dossiers et dans les enregistrements photographiques et électroniques des astronomes. Cette preuve est là, en attente. Et lorsque les astronomes finiront par vous fournir ces éléments (nous traiterons de cela au cours des pages suivantes de ce livre), souvenez-vous que je vous ai dit où leur attention devrait se porter. Cette planète Terre est spéciale. C'est la seule qui soit uniquement peuplée d'êtres en provenance de la Grande Source centrale et où aucune autre entité n'est admise. Vous avez un but qui est unique dans cet univers, un but dont certains d'entre vous sont conscients et d'autres pas.

Peut-être direz-vous : « *Un instant, Kryeon. Je sais intuitivement qu'en réalité je viens d'une autre planète et que j'ai des souvenirs stellaires d'un type de vie totalement différent. Que pouvez-vous me dire à ce sujet ?* »

Je vous demande de considérer la population terrestre dans son ensemble. Chaque jour qui passe, de nombreux membres de votre famille sont réunis de tous les coins de l'univers afin de peupler cette planète. « Les élus sont actuellement rassemblés depuis les cieux. » Bien que vous ayez la même origine, vous travaillez, en fait, dans de multiples endroits. Une partie du travail effectué est consacrée à la biologie des autres planètes. Une autre partie consiste à trouver des lieux pour installer des points d'ancrage à des portails d'énergie, là où ils sont nécessaires. Mais rien de ceci n'est important dans le cadre du vrai message délivré ici. Cela montre simplement que nous avons davantage de membres de notre famille sur terre aujourd'hui que jamais auparavant et que tous les humains qui ont un jour vécu sur cette planète sont de retour. Quel que soit l'endroit où vous fûtes appelés, vous êtes ici, aujourd'hui, et vous êtes membres d'une famille issue d'une même source originelle. Comme les autres, vous connaissez le but poursuivi – et c'est la raison pour laquelle vous êtes venus ici remplis d'allégresse.

Ce but est connu de votre structure cellulaire, mais en ce qui vous concerne, l'épreuve cachée consiste à le découvrir, et nous allons vous en dire davantage, bien que cela puisse vous sembler par moment incompréhensible. Je vous expliquerai tout cela lentement, afin que mes explications soient le plus précises et complètes possible – car il s'agit d'une véritable splendeur. Ce qui se passe et que vous appelez un défi énergétique consiste à déterminer où les ténèbres et la lumière s'équilibrent. Très chers, ce qui se passe ici et le résultat de votre travail créeront le modèle et le moule destinés à quelque chose de beaucoup plus grandiose qui se met en place dans l'univers à plus de douze milliards d'années-lumière d'ici. Vos astronomes ont déjà noté ce phénomène. Le saviez-vous ? L'énergie humaine rendra visite, pour ainsi dire, à une autre zone de l'univers en création actuellement, et c'est pourquoi vous êtes ici. Je dois cesser d'aborder ce sujet pour l'instant, mais j'y reviendrai en détail dans la cinquième partie (voir page 131).

Certains d'entre vous sursauteront au mot « expérience ». Cela leur fait penser à des animaux dans un laboratoire. Sachez, très chers, que c'est *vous* qui êtes les expérimentateurs – les scientifiques angéliques. L'expérience actuelle que vous êtes en train de mener a trait à *l'énergie*. Voilà pourquoi nous vous disons : « *En votre qualité de membres de la famille et d'expérimentateurs, vous êtes tous égaux aux yeux de l'Esprit et honorés pour votre visite sur terre et ce qu'elle représente.* » Nous ne parlons pas de ce que vous faites ici, mais bien de ce qui survient à l'énergie présente et, plus précisément, de ce qui est déjà survenu à cette énergie.

Cela peut vous sembler paradoxal. Aussi, reportez-vous à nouveau à la parabole du fils prodigue. C'est l'histoire de la famille. Dans cette parabole, le père organise une fête en l'honneur du retour de son fils – quoi que ce dernier ait pu faire avec les biens hérités de la famille. Cette parabole porte sur la *famille* et non pas sur des actes. Nous vous célébrons ainsi que l'œuvre que vous entreprenez, alors que tant de choses vous sont encore cachées. Vous provenez d'une source universelle particulière. Toutes les entités ne sont pas issues de cet endroit, mais toutes celles qui vivent sur cette planète en sont originaires. Vous êtes ma propre descendance et je connais chacun d'entre vous.

Bien que ce ne soit pas le sujet de ce channeling (et qu'il n'en sera peut-être plus jamais question), vous devriez savoir que toutes les planètes biologiques **ne** bénéficient **pas** de l'énergie d'une destinée hors du commun et ne sont pas peuplées d'un seul genre d'entités. Peut-être pensiez-vous que toutes les planètes étaient semblables à la vôtre ? Non. Peut-être découvrirez-vous un jour à quel point vous êtes exceptionnels. Voici un indice : la plupart des planètes dotées d'une vie biologique se situent à proximité de systèmes comprenant deux soleils. En effet, le développement de telles planètes est plus fréquent autour de **soleils doubles**. Voici pourquoi la Terre est si bien « cachée ». Même ceux qui ont découvert votre existence ne pourront pas venir s'installer ici en masse. Ils ne sont pas membres de votre famille, et bien qu'ils ne la comprennent pas vraiment, ils constatent votre puissance (le plus drôle, c'est que *vous* ne la voyez pas). Nous avons déjà mentionné ce fait à de nombreuses reprises. La logique voudrait que vous vous demandiez pourquoi une race d'êtres extraterrestres, apparemment fort en avance technologiquement, a visité la Terre depuis plus de soixante ans, a même eu de multiples contacts avec les humains et ne s'est jamais officiellement présentée. Pourquoi ? Parce que ces êtres ne le peuvent pas. Ceux d'entre vous qui passent leur vie à attendre ce moment seront déçus. De même que ceux qui persistent à prédire de tels événements. Peut-être devriez-vous modifier le sens de votre quête et commencer à chercher l'extraterrestre (ET) en vous ? (Humour de Kryeon.) En vous se trouve une entité indescriptible beaucoup plus extraordinaire que tout ce qui pourrait venir un jour de l'espace et atterrir sur votre pelouse !

Vous êtes tous remarquables, également aimés et honorés.

Vous êtes éternels

Inutile de préciser que vous êtes également immortels. Votre corps physique ne l'est pas, mais *vous* l'êtes. Ce fait vous est parfaitement dissimulé, mais il n'en reste pas moins bien réel. Cet attribut est important, et c'est ainsi que nous vous percevons. Pouvez-vous accepter cette vérité ? Voici un sujet de réflexion : Au moment de votre dernier soupir, pensez-vous vraiment que votre vie s'arrêtera définitivement ? Dans chaque être humain, une « étincelle de vérité intuitive » connaît cette réalité. Examinez attentivement les religions terrestres et les diverses écoles mystiques qui cherchent Dieu. La plupart d'entre elles ne proposent-elles pas une « vie après la mort » réservée à une certaine partie de votre conscience ? Oui. Pourquoi ce sentiment serait-il perçu avec autant de force s'il ne reflétait pas la vérité ?

Vous représentez tous un fragment de divinité qui a toujours existé et qui existera toujours. Certains humains ressentent très profondément ce sentiment sur leur lit de mort et sont tout à fait sereins au moment de leur transition. D'autres combattent cette idée jusqu'à la dernière minute, puis commencent à « ressentir » un sentiment familier qui leur inspire quelques craintes. C'est la proximité de la famille et de toutes les célébrations du retour au *foyer*. Vous souvenez-vous de la parabole originale de « l'Histoire de Wo ? » Toute sa vie, Wo redouta l'approche de la « famille », car on lui avait toujours affirmé qu'elle incarnait le mal. Tel est le paradoxe de l'humanisme – qui considère souvent votre véritable famille comme une entité maléfique.

Nous mentionnons ceci uniquement afin d'insister sur le fait que vous ne mourrez jamais. L'enveloppe charnelle peut se désagréger, mais *vous* serez à jamais. La prochaine fois que vous vous sentirez délaissés ou méprisés, pensez à ceci : **vous êtes éternels** ! Dans votre esprit, cet attribut est uniquement réservé à Dieu. Cela devrait vous donner une idée de qui vous êtes réellement !

Double citoyenneté

Voici un attribut auquel vous n'avez probablement pas pensé. Vous appartenez à un groupe d'entités qui vous soutiennent sur cette planète. Par conséquent, vous êtes dotés d'un cortège dont une partie vous accompagne toute votre vie. Vous appelez ces entités anges ou guides, mais aucun mot dans votre langue ne peut décrire ce qu'elles sont réellement. Elles sont plus que simplement « attachées » à votre service. En réalité, elles sont partie intégrante de votre *signature personnelle*. Le saviez-vous ? Ces entités sont présentes au sein de votre organisme – elles représentent une partie de vous-mêmes et ne sont pas liées par l'amitié ou par l'amour. Certaines ne vous quittent jamais, d'autres changent en fonction de vos propres transformations. Au fur et à mesure de votre illumination, une entité vous quitte, une autre la remplace, et ainsi de suite... Ces changements vous affectent au plus profond de votre être ; vous ressentez de la peine et un sentiment de perte. Ces entités font partie de votre organisme ; elles font partie de vous-mêmes et sont l'aspect sacré de ce que vous appelez vos « cellules ». Pourtant, cette description ne s'applique qu'à une partie de votre cortège. Seul le mot *entité* permet de décrire ces êtres spirituels, mais de façon fort imprécise. En effet, diverses nuances de cette force vitale se trouvent au sein de votre planète, et certaines d'entre elles portent même votre nom ! Comme nous vous le répétons depuis des années, vous êtes beaucoup plus *présents* que vous ne le pensez. Certains d'entre vous ont aperçu ces diverses formes de vie dans le ciel (il ne s'agit pas des extraterrestres), et elles seront bientôt révélées au grand jour. Votre science devra résoudre cette énigme et la réponse se trouvera dans l'atmosphère, ce qui vous incitera à vous pencher sur la signification du mot « vie ». Tout ceci fait partie de l'aide apportée aux êtres humains.

Souvenez-vous que *vous* êtes l'expérimentateur. Pouvez-vous parcourir cette planète et découvrir ces autres « fragments de vous-même » ? Que ferez-vous si vous y parvenez ? Dans quelle direction permettrez-vous à l'énergie de circuler ? Vers l'obscurité ? Vers la lumière ? Le résultat de l'action de l'énergie revêt une grande importance pour l'univers, et c'est pour cela que je suis ici. Kryeon ne serait pas avec vous ce soir dans cette salle, ou avec vous qui lisez ces lignes, si ce n'était pour mesurer la convergence harmonique de la fin des temps. La fin des temps existe bel et bien, très chers, mais ce n'est plus celle qui a été prophétisée. Non. La fin dont nous parlons est celle de *l'ancienne énergie.* Il s'agit également de l'avènement d'une nouvelle espèce d'êtres humains. Il y aura une autre mesure en 2012, et nous vous répétons ceci : l'attribut le plus grandiose de la famille – le plus grandiose – est que vous n'êtes *pas seuls* ! Vous êtes infiniment aimés par ceux qui sont passés par l'ouverture dans le voile afin d'être présents avec vous en cet instant précis et de s'asseoir à vos côtés, qui que vous soyez !

En définitive, bien que vous existiez sur le plan physique, il reste une partie de vous-mêmes pour laquelle ce n'est pas le cas – c'est ce que nous appelons votre double citoyenneté. Vous êtes des créatures de l'univers sacrées et aimées, ainsi que les citoyens biologiques de votre planète. Il s'agit de l'un des attributs les plus remarquables de la famille et, comme nous l'avons déjà dit, il *est peu répandu* parmi les autres formes de vie de l'univers.

Le retour

Cet attribut n'est pas vraiment le dernier, car il imprègne et comprend tous les autres. C'est le plus évident de tous, bien qu'il reste dissimulé à vos yeux. Pour le démontrer, nous allons rester silencieux pendant une minute et nous contenter de vous aimer – et nous terminerons de baigner vos pieds. Nous souhaitons que vous ressentiez l'amour qui vous submerge littéralement. Nous voulons vous faire savoir que vous n'êtes pas seuls. Voyez-vous, nous parlons d'une énergie que nous n'emporterons pas avec nous lorsque nous vous quitterons, une énergie qui pourra vous accompagner lorsque vous quitterez cette salle et à laquelle vous pourrez faire appel. Une énergie familiale en provenance de votre vrai foyer et qui peut « coller à vous », comme une deuxième peau.

Elle vous apportera une aide nouvelle, augmentant ainsi la synchronicité dans votre vie grâce à votre intention, et vous offrira, au niveau cellulaire, certaines révélations concernant votre véritable personnalité. Elle permettra à cette lumière sacrée de briller un peu plus, jusqu'à votre retour. Ce dernier attribut a trait à votre retour au foyer, quelle que soit la durée de votre séjour sur terre, quelles que soient vos réalisations concrètes, quelles que soient vos découvertes. Le retour au sein de votre famille est inévitable et cela vous est arrivé à maintes reprises, bien que vous n'en conserviez aucun souvenir.

Vous ne pouvez distinguer cet attribut, mais pour nous, il est essentiel... car vous nous manquez. *Vous nous manquez* ! Considérons encore une fois la parabole du fils prodigue. Mon énergie n'est ni masculine ni féminine. Elle est exactement semblable à la vôtre, qui possède l'essence des deux sexes. À votre retour, vous serez accueillis à bras ouverts. De grandes célébrations auront lieu et aucune entité présente ne vous fera la moindre remarque quant à la façon dont vous avez utilisé vos anciennes ressources humaines. Vous êtes aimés, en votre qualité de membres de la famille, et c'est pourquoi nous savons *qui* vous êtes – car vous appartenez à un ensemble, vous représentez une partie de notre famille et nous gardons précieusement votre place parmi nous pour votre retour.

Rien ne peut modifier la fonction de cet attribut – et nous nous efforçons de la préserver.

Mon partenaire est saisi d'émotion à la vue des potentialités de « l'instant présent ». Nous ne voyons pas les choses dans le même cadre temporel que vous. Par exemple, nous pouvons percevoir les potentialités et les réalisations qui auront lieu dans le futur. Nous apercevons les possibilités offertes par les changements intervenant dans votre vie et le potentiel que réserve la grande guérison qui se produit en ce moment. Nous voyons la vie s'allonger. Nous pressentons les grandes joies qui n'existent pas encore. Nous découvrons l'amour et la mise en œuvre d'un plan plus grandiose pour ceux d'entre vous qui parviendront à se débarrasser de l'inquiétude et qui, de leur fauteuil, proclameront haut et fort : « JE

SUIS ! » Et parce que je permets à mon partenaire de partager cette joie, il lui arrive souvent de pleurer à chaudes larmes. Voilà ce que la fusion provoque, très chers, lorsque vous pénétrez dans cet espace où l'esprit peut coopérer avec vous. Vous voyez, c'est en ces instants que vous comprenez pleinement le sens du mot *famille*. Et voici maintenant venu l'instant de quitter ce lieu sacré, ce lieu que vous avez créé avec nous. Voici maintenant venu le moment de reprendre ces récipients que nous avons utilisés pour baigner vos pieds et qui sont remplis de nos larmes de joie. Au moment de refranchir la fente du voile, nous vous déclarons : « Ce n'est pas notre dernière réunion ». Nous vous connaissons et vous de même. Vous et moi sommes membres de la même *famille*. Un jour viendra où vous vous souviendrez de cette réunion et, à nouveau, de façon figurée et symbolique, nous nous enlacerons. Et, lorsque ce moment privilégié arrivera et nous permettra de mêler une fois encore nos énergies, je pourrai vous dire en face :

« Bienvenue au sein de la famille. »

Il en est ainsi.

Kryeon

Partie 2

LES TÂCHES DE LA FAMILLE
Idaho Falls, Idaho
Melbourne, Australie

Salutations, très chers, je suis Kryeon, du Service magnétique. Désolé de rentrer aussi vite dans le vif du sujet, cher partenaire, mais il est temps de diffuser ce message. (Ces paroles furent prononcées par Kryeon aussitôt après la méditation, bien avant son intervention habituelle.) Beaucoup d'entre vous réalisent déjà que ces paroles ne sont plus celles de mon partenaire : il s'agit plutôt d'un message dicté par l'Esprit – que vous appelez Dieu –, lequel est éternel tout en faisant partie de vous-mêmes. Il vous faudra quelques minutes pour vous habituer à cette réalité, pour comprendre que l'énergie qui se trouve dans cette pièce, à l'endroit où vous lisez ces lignes, est en train de se modifier. Elle est en train de changer grâce à l'intention de tous ceux qui sont présents ici et des autres qui lisent ce message.

Vous avez choisi d'être ici. Vous avez volontairement choisi de vous asseoir, de nous écouter ou de nous lire. Que ressentez-vous en apprenant qu'il existe un cortège, un groupe de travail spirituel qui possède la même énergie que la vôtre, qui connaît vos noms et qui est venu ici simplement pour célébrer cet événement (votre intention d'en savoir davantage sur la *famille*) ? Cette époque est intéressante, très chers ; elle nous offre un attribut permettant ce genre de visites éphémères. Vous savez, ce ne fut pas toujours le cas !

Aujourd'hui, vous affrontez problèmes, inquiétudes, défis, secrets, soucis et craintes. Nous sommes au courant de tout. Ce que vous n'avez partagé avec personne est comme un phare destiné à votre *famille* spirituelle. Nous savons qui vous êtes, nous connaissons ce que vous avez traversé et distinguons tout ce qui vous regarde. Nous vous disons tout ceci avec la plus grande affection, car l'énergie qui apporte les solutions aux problèmes attend de se manifester par l'intermédiaire de votre intention. Dans cette salle, nous percevons des défis plus ou moins difficiles à relever. Certains d'entre vous sont à un croisement, à un point zéro – c'est la raison de leur présence ici. C'est la raison pour laquelle leurs yeux se posent sur cette page. Certains d'entre vous poursuivent une quête à long terme commencée il y a fort longtemps et qui aboutira cette année, très chers.

La dernière fois que nous fûmes ensemble, nous parlâmes des attributs des humains (les attributs de la *famille*) et, aujourd'hui encore, nous vous répétons ceci : les informations complémentaires concernant la famille qui vous seront présentées ce soir s'intitulent toujours « Messages de notre famille ». Cette information sera transcrite à l'intention de ceux qui ne sont pas ici, tout en étant, cependant, vraiment présents ! (Après tout, chers lecteurs, n'êtes-vous pas en train de lire ces lignes ?) Car nous parlons en cet instant de ceux qui, dans votre futur, liront ces mots que vous êtes en train d'entendre. Et, grâce à leur intention de lire cette transcription dans leur *maintenant*, des changements surviendront dans leur vie. L'énergie qu'ils acceptent de recevoir *maintenant* possède les potentialités nécessaires pour créer certains événements dans leur vie humaine et pour leur permettre de comprendre qui ils sont réellement et à quelle œuvre ils participent.

Tout ceci peut sembler compliqué à ceux d'entre vous habitués à leur dimension temporelle linéaire, mais nous déclarons qu'un grand potentiel est enfoui dans l'énergie des humains présents ce soir, énergie qui dépasse largement le cadre de cette salle. Vous tous, présents, qui recevez ce message, prendrez des décisions importantes, et des changements, sinon des guérisons potentielles, surviendront dans votre vie. Je le sais, ainsi que mon partenaire. (Il est parfois difficile à Lee de s'empêcher de se réjouir, car, lorsqu'il est dans cet état, il « voit » l'ampleur des potentialités dont peuvent bénéficier ceux qui, plus tard, quitteront cette salle – ou qui lisent ces lignes – en emportant avec eux davantage d'énergie qu'au départ). Cette énergie, appelée « amour », vous est accordée grâce à votre intention.

Je souhaite vous dire par quoi cela se traduit. Cela s'exprime par de la **puissance** pour l'humanité et cela représente une modification de l'équilibre entre les ténèbres et la lumière. Peut-être direz-vous : « *Quelle différence cela fait-il ?* » Nous vous l'avons déjà expliqué la dernière fois que nous nous sommes rencontrés, mais nous allons le faire à nouveau, bien que cela vous paraisse incroyable, même si chacune de vos cellules en est consciente. Il s'agit d'une mesure – de l'étalonnement d'une énergie – que Dieu ne peut effectuer. Tout provient d'un endroit où l'énergie est concentrée et que nous appelons la « Grande Source centrale ». En fait, il ne s'agit pas exactement d'un lieu, mais plutôt d'un concept interdimensionnel qui se situe hors des limites de votre champ de conscience et que vous appelleriez votre *foyer* si vous parveniez à imaginer un tel attribut de pur amour là où vous habitez. Je vous déclare également ceci : l'univers que vous contemplez est infini et le sera toujours ; il possède une énergie qui n'est pas prédéterminée par l'amour collectif que vous appelez Dieu – cela serait une erreur de le croire. Tout comme votre planète est libre de définir son équilibre énergétique, l'univers possède la même caractéristique. Simplement, cette dernière procède différemment et plus lentement.

Il a été question, dans le passé, des potentialités dont vous bénéficieriez en étant ici ce soir et du fait que nous avons longtemps « attendu » votre arrivée. Peut-être vous demanderez-vous : « Pourquoi l'Esprit serait-il ici avant nous ? » Vous pensez être venus nous voir ou être tombés sur cette transcription par hasard – et nous trouvons cela réjouissant ! L'Esprit a également le sens de l'humour. Cette remarquable émotion vous est transmise dans toute sa pureté. À la base de toute célébration humoristique se trouve la joie. Elle est ici présente. Vous êtes les seules créatures de la planète à pouvoir rire de certains concepts. Le saviez-vous ? Cela devrait vous éclairer au sujet de votre personnalité. Nous vous attendions ici depuis plusieurs jours, car vous représentez la *famille* ! Vous-mêmes parcourez de grandes distances pour retrouver un être aimé que vous n'avez pas vu depuis longtemps. Et lorsque vous l'apercevez, votre regard s'illumine et vous vous précipitez pour l'enlacer. Au plus profond de leur cœur, certains se demandent combien de fois encore cette situation se renouvellera et pendant combien de temps ils pourront vivre ces instants, car les humains ne sont présents sur terre que pour un bref laps de temps. C'est ce qui se passe dans les familles et c'est ce qui est en train de se produire ici. Bien que votre « Moi réel » divin soit éternel, « vous » avez quitté depuis longtemps votre famille spirituelle. Contrairement à nous, vous ne vous souvenez pas de tout ceci, et c'est pourquoi cela ne vous affecte pas autant que nous. En vérité, notre regard s'illumine également et nous sommes submergés par l'amour lorsque nous reconnaissons ceux à qui nous nous adressons en cet instant. Peu importe ce que vous pensez de vous-mêmes, vous êtes membres de la *famille* ! Vous tous. Chacun d'entre vous. Chacun de ceux qui lisent ces lignes.

La Famille – IIe partie

Voici l'information d'aujourd'hui au sujet de la *famille*. Au cours de notre dernière réunion, nous vous avons communiqué certains postulats se rapportant aux attributs qui définissent la *famille*. Nous vous avons annoncé que vous êtes tous créés égaux. Nous vous avons révélé que la véritable « Source centrale » est en vous. Nous vous avons entretenus de la conscience résidant dans chacune des cellules de votre corps et de la perfection de chacune d'entre elles. Nous vous avons appris que le plan divin qui vous est réservé est issu de vous-mêmes. Nous avons évoqué les changements terrestres et votre héritage spirituel. Nous vous avons expliqué que la Terre est peuplée d'êtres humains angéliques – la seule planète de l'univers habitée par des créatures totalement divines originaires de la Source centrale – et nous en avons déjà longuement parlé.

Nous avons également traité d'un autre attribut de l'éternité – le fait que vous êtes tendrement aimés et que, comme à l'accoutumée, nous baignons vos pieds. Nous souhaitons maintenant aborder certaines autres caractéristiques concernant la *famille*. Nous les intitulerons les « tâches de la Famille ». Ces informations seront présentées deux fois. La transcription constitue la synthèse de ces deux séances, rehaussant, de ce fait, la qualité de ce message à partir de deux énergies de la planète.

Les tâches

Ces tâches existent en puissance. Elles sont des manifestations et des réalisations potentielles des êtres humains lorsqu'ils atteignent ce que vous appelez le « statut ascensionnel ». À notre avis, ce statut consiste simplement à créer un seuil vibratoire plus proche du *foyer* permettant aux humains d'avoir un pied dans le « maintenant » et l'autre dans le schéma temporel linéaire à trois dimensions. Ce statut montre l'être humain instaurant la paix, quel que soit son environnement, confiant que l'avenir saura créer une situation positive à son bénéfice et à celui de la planète. Très chers, lorsque nous parlons d'une situation positive, celle-ci ne correspond pas toujours à ce que l'être humain considère comme « positif ». Pour comprendre pleinement ceci, vous devez ouvrir votre esprit au concept interdimensionnel. Vous devez revêtir votre manteau de sagesse pour les connaissances à venir, car certaines d'entre elles sont difficiles à appréhender. Je veux vous parler des tâches de la famille et de la raison pour laquelle les êtres humains sont sur terre. Ces tâches ne s'adressent pas spécifiquement à ceux qui se trouvent dans cette salle ou à ceux qui lisent ces lignes. Elles sont des informations destinées à **tous** les humains de la planète. Elles ne représentent pas des obligations, mais plutôt des potentialités.

Le changement

La première tâche de tous les humains, dans la mesure où ils parviennent à un seuil plus élevé de conscience, est de transformer « qui ils sont ». Lorsque nous disons « transformer », nous le pensons littéralement ! Si vous pouviez apercevoir les attributs dont sont dotées les cellules de votre corps, vous constateriez que vos guides spirituels font également partie de votre organisme (comme nous vous l'avons déjà dit). C'est la raison pour laquelle celui-ci souffre tant lorsque vos guides vous quittent, car votre aspect spirituel trouve l'essence de son origine au sein de la structure que vous appelez ADN. Il doit en être ainsi. Il s'agit de l'union et de la fusion qui équilibrent votre dualité. Un être humain ne pourrait survivre sans ce type de structure sacrée. Certains d'entre vous l'aperçoivent dans les nombres et les formes, en découvrant l'infiniment petit.

La première mission consiste donc à transformer la structure par le désir et l'intention, et l'intention doit être pure. Nous connaissons la différence et vous aussi. Vous vous demandez comment l'Esprit fonctionne ? « *Kryeon, comment pouvons-nous vaincre les problèmes et la mort ? Les épreuves que nous traversons semblent n'avoir aucune solution !* » Je vous déclare que tout ce qui incite l'être humain à se recueillir et à se tourner vers la spiritualité représente un pas vers l'avant – une situation gagnante – parce que c'est la raison de votre présence ici ! Au sein de cette nouvelle vibration, certains d'entre vous avaient un contrat qu'ils ont transmuté par l'intention pour aller de l'avant avec un autre. Il s'agit là d'une des nouvelles prérogatives que vous offre le Nouvel Âge, comme nous en avons déjà parlé bien souvent. Grâce à cela, quelques-uns franchissent des étapes karmiques, mais suivant la perspective de leur nouvelle voie. À ces moments-là, il est possible que vous ressentiez un malaise sans savoir pourquoi. Voici ce qui en est. Vous venez juste de traverser un karma que vous avez volontairement choisi de dépasser – une étape qui aurait pu vous laisser sur les genoux. Mais ce ne fut pas le cas, car vous avez fermement émis l'intention de la franchir. Saviez-vous cela ? En choisissant une nouvelle voie, vous avez émis l'intention de vider votre ADN du karma avec lequel vous êtes venus au monde. En agissant ainsi, vos cellules « ont compris » et réagi.

Certains de ceux qui ont agi ainsi ont dit : « *J'ai émis l'intention de me nettoyer de mon karma et de m'écarter de l'ancienne voie, et actuellement, ma vie me convient, mais je ne constate pas de grands changements.* » Vous autres humains n'avez qu'une vision partielle de la situation. Vous ne prêtez attention qu'à *ce qui vous arrive.* Vous n'avez aucune idée de *ce qui ne vous est pas arrivé* et de ce qu'impliquait l'ancienne voie – celle que vous avez abandonnée. Voyez-vous, cet ancien contrat est annulé. Mais peut-être vous attendez-vous à ce que certains événements d'importance se produisent dans votre vie. Je vous déclare que de grandes choses sont déjà survenues, simplement par l'absence d'effets négatifs ! Peut-être le moment est-il venu de célébrer cet événement si c'est la première fois que vous en prenez conscience. Parce que **vous** êtes vivants – et qu'autrement, vous seriez peut-être morts ! Vous êtes ici parce que vous avez reconnu le don qui vous est fait au moment opportun et que vous l'avez accepté. C'est un miracle. Une transformation ! Voici la première tâche de l'être humain. Ne soyez pas surpris, lorsque vous réclamez un changement spirituel, que celui-ci se manifeste d'abord dans votre organisme.

Brandir le flambeau !

Voici une autre tâche, et je m'adresse, cette fois, aux guerriers de la lumière en vous. Il s'agit d'une tâche destinée aux humains qui ont émis l'intention de s'éloigner de la voie de l'ancienne énergie. Brandir le flambeau peut vous sembler banal, mais comme nous vous l'avons dit auparavant, les humains détiennent l'explication complète de leur présence ici au niveau cellulaire et cette information spirituelle personnelle est bien dissimulée. Toute leur vie durant, cette information est active, mais ils n'en ont pas conscience. Cependant, elle peut leur être révélée s'ils en font la demande par une intention spirituelle d'une grande pureté. Nous vous avons également expliqué que votre organisme se modifie grâce à cette intention manifestée au niveau cellulaire parce que vous autorisez ainsi vos cellules à diffuser cette information (ce qui est exactement le cas).

Mon partenaire (Lee) vous a rappelé plus tôt que ce phénomène crée un état énergétique au sein duquel se maintient votre lumière d'une façon tout à fait profonde. L'énergie irradie de vous, où que vous alliez. Comme dans la parabole de la fosse à goudron (une parabole de Kryeon adressée aux Nations Unies), vous représentez un phare pour les autres, qui finissent par remarquer l'amélioration de votre comportement et tirent bénéfice de vos connaissances. En somme, vous « brandissez véritablement le flambeau » et cela aide les autres. Nous vous avons également déclaré que maintenir cette lumière – simplement en la vivant – attire littéralement l'énergie sur cette planète et que vous vous intégrez ainsi au catalyseur permettant sa transformation. C'est là une tâche élevée !

Je vous propose un défi : en vous rendant dans un nouvel endroit, je veux que vous regardiez ce qui se passe autour de vous. Vous remarquerez alors que les gens vous considèrent de façon différente. Pendant un instant – juste un seul –, lorsque, par exemple, vous pénétrerez dans une pièce, ils se retourneront pour vous regarder. Vous vous demanderez pourquoi. Mais je vais vous dire ce qui se passe : pendant un bref moment, il y a une reconnaissance, au-delà même de la dualité. Semblable à un message de bienvenue d'un humain à un autre, cette reconnaissance signifie : « Je sais qui vous êtes et ce que vous avez accompli » (à propos de votre intention de tenir haute la lumière). Puis, les regards se détourneront. Après cela, il n'y aura plus ni souvenir ni reconnaissance. Guerriers de la lumière, soyez sensibles à cela. Ces regards signifient quelque chose. Vous irradiez « l'énergie », et la structure cellulaire des autres « le sait ».

Lorsque vous rencontrez d'autres guerriers de la lumière, la lumière que vous irradiez vous procure le sentiment de la famille. Celui-ci se fond avec la lumière émise par les autres et vous savez alors que vous êtes au bon endroit. Vous vous sentez comme dans votre vrai *foyer*. Je vous le déclare, il ne s'agit pas d'un hasard. C'est la raison de votre présence ici. C'est la raison pour laquelle nous vous encourageons à vous réunir plus souvent afin de discuter ensemble de l'impression ressentie lorsque l'on sait que l'on n'est plus seul et qu'il existe d'autres personnes exactement semblables à nous. Chacun de vous possède une empreinte absolument unique et dispose d'un potentiel qui n'appartient qu'à lui. Certains d'entre vous sont en train d'éliminer les anciennes potentialités et de créer les nouvelles. C'est cela, être dans le « maintenant » ! C'est cela, la cocréation ! Brandir le flambeau ! (Vous trouverez davantage de détails sur ce sujet dans la IIIe partie.)

Ancrer l'énergie

La tâche suivante ressemble aux précédentes tout en étant différente. Elle se situe sur un autre plan et nous prendrons certaines précautions en vous la présentant. Je veux qu'elle soit exposée de manière succincte et clairement. Lorsque nous énumérons les tâches de la famille, nous nous situons sur le plan général et nous ne nous adressons pas à vous particulièrement. Chaque être humain est appelé à remplir une tâche, à condition qu'il choisisse de la remplir. Le **choix** est *toujours* là. Vous tous, y compris ceux qui vibrent à un niveau supérieur, comprenez-vous que vous avez constamment la possibilité de refuser ? Nous avons abordé ce sujet dans le passé, mais nous allons en reparler. Vous avez toujours le choix de reculer, si vous le souhaitez. Mais nous voulons vous faire part d'un axiome – un postulat –, d'une règle concernant la biologie humaine et dont nous n'avons pas beaucoup parlé jusqu'à présent. Comme nous venons de vous le dire, le plan cellulaire de l'être humain réagit à une modification vibratoire de la conscience spirituelle. Donc, selon vous, que se passe-t-il lorsqu'un être humain décide de reculer et de régresser jusqu'à un niveau d'énergie inférieur ? Le déséquilibre s'installe ; voilà ce qui arrive. Vous devriez être conscients de ceci avant de suivre tout cheminement spirituel. Vous avez toujours le choix de faire ce que vous désirez, mais ayez conscience que vos cellules le sauront également. Votre organisme possède une connaissance spirituelle de ce qui se passe !

Une information complète portant sur l'ancrage de l'énergie vous a été donnée par channeling il y a quelque temps. Au cours de ce channeling, nous vous avons annoncé que certains d'entre vous étaient « appelés » à vivre dans des zones géographiques précises. Il s'agit de contrats qu'ils ont choisis dans le cadre de la nouvelle

énergie, et ils vivent dans des régions où la planète a *besoin* d'eux.
Ils ancrent un tube d'énergie lumineuse dans le sol de la planète,
un partenaire de l'être humain, un membre réel de la famille. En
cet endroit, ce tube retient une énergie divine, la vôtre. De ce fait,
vous ancrez l'énergie là où vous vivez ; *vous* changez la région où
vous vous trouvez. Quelques-uns parmi vous savent exactement à
quoi je fais référence, parce qu'ils savent qui ils sont. Certains qui
écoutent ces paroles et lisent ces lignes peuvent être appelés dans
des régions apparemment étranges. Ils vivront en cet endroit
pendant quelque temps, en sachant qu'ils sont là-bas afin d'ancrer
l'énergie jusqu'à ce qu'ils déménagent ailleurs. Certains membres
de la famille sont véritablement ce que nous pourrions appeler des
« nomades spirituels », et la tâche de ces esprits vagabonds
consiste à se déplacer puis à ancrer l'énergie, sans cesse.

D'autres parmi vous vibreront si profondément pour la région
de leur naissance que rien ne pourra les attirer ailleurs. Ils diront
à leurs amis : « *Quoi que je fasse, je ne quitterai pas cette ville.* »
Dans ce cas, il s'agit également d'ancrage. Ceci s'explique par le
fait qu'ils ont conscience d'appartenir à cette région, qu'ils ont la
sagesse d'y rester parce qu'ils savent qui ils sont, ce qu'ils font et
qu'une voix intérieure leur dit : « *Si tu pars, rien ne sera plus
jamais comme avant.* » Si vous ressentez cette intuition, très chers,
je peux vous affirmer qu'effectivement vous êtes *ancrés*. Au cours
d'un prochain channeling, je vous expliquerai en détail ce qu'un
« ancrage » est capable d'accomplir. Il s'agit d'un concept très
puissant ! Ce que nous venons de voir constitue la troisième tâche.

L'achèvement

Les quatrième et cinquième tâches sont difficiles à expliquer.
Si nous vous entretenons ce soir de cinq tâches, c'est qu'il existe
une raison précise à cela. Si vous étudiez la numérologie et
examinez l'énergie du nombre 5, vous remarquerez que celle-ci
concerne la **transformation** (la première tâche). Ce n'est pas par
hasard si les méthodes que nous offre l'Esprit – le nombre
d'attributs et de tâches présentés, ainsi que la façon dont ils le sont

– ont toutes une double signification. Peut-être l'avez-vous remarqué. L'Esprit délivre souvent un message sur plusieurs plans à ceux qui souhaitent rechercher d'autres significations qui se rapportent *toujours* à l'amour et aux capacités humaines. Parfois, les sens cachés sont simplement destinés à vous faire comprendre combien nous vous glorifions. C'est pour cela que l'Esprit vous fournit des informations !

Les deux dernières tâches sont difficiles à présenter et à comprendre pour les humains. Avant de les aborder, nous tenons à vous dire que le moment choisi pour baigner vos pieds est venu. Nous n'avons encore jamais traité ces sujets auparavant, car nous tenions à ce qu'ils vous soient présentés pour la première fois au cours de cette soirée. Nous allons maintenant parler de la mort. Pour l'être humain qui vibre à un seuil élevé de conscience, il est insupportable de penser au chagrin, aux souffrances et à la mort de ses semblables. Cependant, je dois préciser que certaines des tâches destinées à l'humanité sont étroitement liées à ces tristes aspects de l'existence ! Voilà pourquoi nous allons consacrer un peu de temps à baigner chacun de vos pieds, l'un après l'autre – symboliquement. Ainsi serez-vous entourés d'une bulle d'amour – la tunique de l'Esprit, la sagesse de Dieu. Cela vous permettra de comprendre plus facilement ce qui suit, vous qui avez émis l'intention de recevoir une information interdimensionnelle. Même pour mon partenaire, cette présentation est difficile.

Certains humains naissent sur cette planète simplement pour « achever une tâche ». Dès leur naissance, ils savent qu'ils doivent accomplir cette tâche ; ils le pressentent au niveau cellulaire. Que ressentez-vous, très chers, en apprenant qu'en cet instant même, répartis sur l'ensemble de cette magnifique planète, existent d'autres membres de la *famille* dotés de la même structure spirituelle cellulaire que vous – potentiels guerriers de la lumière comme vous –, animés par un seuil vibratoire élevé, pouvant bénéficier d'une vie longue et harmonieuse – et qui ont, au contraire, volontairement choisi de naître et de mourir brutalement, individuellement ou en groupes. Ils savaient avant leur venue sur terre qu'ils seraient marqués par la souffrance et la mort – qui leur seraient infligées afin de leur permettre d'extirper une énergie négative de la région où ils habiteraient – pour que la Terre puisse se diriger vers une nouvelle ère que nous avons appelée la « Nouvelle Jérusalem ».

D'une certaine manière, vous connaissez le nom de ces humains, car ils sont membres de la *famille* ! À votre retour, vous célébrerez en leur compagnie ce qu'ils ont accompli, et certains d'entre vous posséderont la sagesse divine de procéder à une célébration spirituelle durant les afflictions de l'humanité. Je veux que **vous vous souveniez d'eux**, car eux vous connaissent. Nous parlons ici de conclusion et d'équilibre nécessaires et volontaires. Je veux que vous pensiez au cadeau extraordinaire que cela représente pour vous ! Ce cadeau est destiné à votre culture, à votre divinité. C'est l'essence même de l'amour émis par une *famille* spirituelle. Il existe un mot dans votre vocabulaire pour le définir, mais il n'est malheureusement pas tout à fait exact. En effet, il n'exprime pas l'énergie véritable de ce qu'accomplissent les membres de la *famille* pour vous et pour la planète. Ce mot est *sacrifice*. Mais il ne s'agit pas de l'essence foncière de ce dont ces êtres s'acquittent, car ils œuvrent dans l'amour pour accomplir la tâche de l'achèvement. Vous souvenez-vous de ce que nous vous avons dit à propos de leur groupe de travail, il y a neuf ans ? Tentez de vous en rappeler.

Le service

Si vous pensez que la tâche précédente était difficile à accomplir, permettez-moi de vous entretenir de la cinquième, le *service*. Elle va vous émouvoir. Nous en avons déjà parlé à diverses reprises, parce que vous devez absolument comprendre de quoi il s'agit en réalité. Je m'adresse maintenant aux membres de la *famille* présents dans cette salle et à ceux qui lisent ces lignes. Cette tâche porte sur les morts apparemment injustifiées de ceux qui vous entourent, les « départs » qui vous emplissent de solitude et de chagrin, qui vous laissent brisés et vous poussent à demander à Dieu : « *Comment avez-vous pu laisser faire cela ?* » Nous avons déjà expliqué ceci auparavant : cela a trait à votre voyage. Cela concerne votre contrat. C'est pourquoi, très chers, tout en baignant vos pieds, nous tenons à vous apprendre quelque chose de fondamental se rapportant à vos chers disparus, qu'il s'agisse d'enfants ou d'adultes. Leur disparition constitue un lourd fardeau sur vos épaules. Mais ces personnes viennent au monde nimbées de grandeur, de divinité et de bénédiction – afin d'effectuer une tâche qui représente leur « cadeau » à votre intention. En effet, dissimulé au sein de cet événement à l'apparence tragique se trouve un don caractérisé non pas par *leur* acte, mais par *votre* réaction. Voyez-vous, leur mort ne compte pas, car ils sont morts pour *vous*. Vous qualifierez cette attitude de sacrifice, mais ce n'en est pas un. Ce mot est erroné. Il s'agit d'*amour*, d'un contrat établi de façon appropriée – de la manifestation du cadeau qu'ils vous offrent. Et je vais vous dire ce qu'est ce cadeau : vous perdrez beaucoup si cet événement ne vous fait pas tomber à genoux, car c'est à ce moment-là que vous apprendrez qui vous êtes vraiment. Le catalyseur permettant d'atteindre l'illumination est fréquemment provoqué par le début de ce processus. Et si ce n'est pas le cas, il est temps que cela le soit, sinon ce don aura été inutile ! Peut-être cette révélation vous perturbera-t-elle et peut-être souhaiteriez-vous que nous ne soyons pas si directs, mais tout ceci est absolument exact ! Ces événements apparemment déchirants vous affectent **vous**, et non pas eux. Si vous en doutez, regardez autour de vous. Où sont-ils et où êtes-vous ? Prenez conscience que toute l'énergie ainsi créée **vous** était destinée. Qu'en avez-vous fait ? Avez-vous sombré dans la colère ? La culpabilité ? Le chagrin permanent ?

Nous vous invitons à considérer cet événement d'un regard neuf et à prévoir une célébration ! Je vous invite, en votre qualité d'êtres humains, à avoir la sagesse de célébrer leur anniversaire et le don que représenta leur naissance. Sachez que ces humains très particuliers sont venus sur terre pour une tâche unique destinée à vous offrir quelque chose d'extraordinaire appelé **service**. Quelle tâche !

Ce service ne s'arrête pas au moment de leur disparition, très chers. En effet, les potentialités qui entourent l'énergie provoquée par ce service très spécial sont incroyables ! Elles incitent à l'autoexamen et à la recherche de la vérité. Au sein du cœur des êtres humains reposent les semences de la grandeur. Le chagrin et la peine engendrent une pureté que l'on ne peut obtenir actuellement par aucun autre moyen. Beaucoup d'entre vous comprennent ceci. Ils comprennent également que leur illumination est le résultat de ce genre d'événements – qui vous permirent, en définitive, de séparer l'important de l'accessoire et de trouver la divinité qui réside en vous. Est-il surprenant que nous vous aimions à ce point ?

Nous allons finir de baigner vos pieds. Nous circulons parmi vous et remplissons cette pièce d'une énergie que nous vous prions d'emporter chez vous. Votre Moi divin se trouve dans votre foyer, c'est-à-dire dans votre cœur. Imprégnez-vous de cette énergie à l'endroit où vous vous trouverez et emportez-la avec vous. C'est pour cela que nous sommes ici.

La seule raison pour laquelle nous vous rendons visite ainsi est que nous vous aimons. Avant tout, vous êtes membres de la *famille*. Vous représentez un élément de l'ensemble et accomplissez la tâche nécessaire. Pendant quelques instants, l'ouverture dans le voile s'élargit afin que vous puissiez ressentir notre présence et, dans quelques instants, elle se refermera – et il vous restera le souvenir de cette réunion et de son rayonnement.

Nous vous invitons à quitter cette salle en paix. Nous utilisons même le mot *protection*. Savez-vous ce qu'est la protection ? Elle provient du plus profond de vous-mêmes et irradie avec la lumière que vous transportez. Elle est présente alors que vous brandissez le flambeau et que vous ancrez l'énergie, grâce à votre connexion avec la famille. C'est cela, la protection. Peut-être pensiez-vous qu'elle émanait de nous ? Non. Elle est créée par les attributs qui vous caractérisent. La lumière est éternelle, les ténèbres ne peuvent la ternir. La lumière est sacrée, elle est émise par les anges les plus élevés de la planète – les êtres humains. **Vous.**

Tout est consommé et nous reprenons les bols remplis de nos

larmes de joie avec lesquelles nous avons baigné vos pieds. Baigner vos pieds symboliquement possède une signification bien précise que nous vous transmettons à nouveau : « **Honneur** ». Honneur. Dans quelque temps, vous serez capables de mêler vos énergies lorsque vous retournerez à la grandeur dont vous êtes issus. Nous vous faisons la promesse que nous nous reverrons. Chacun d'entre vous est éternel. Chacun d'entre vous est infiniment aimé. Chacun d'entre vous appartient à la *famille*.

Mes frères et sœurs, cette entité se retire mais laisse derrière elle l'énergie de la *famille* qui irradie une flamme éternelle de souvenir et d'amour.

Et il en est ainsi.

Kryeon

Partie 3

LE POUVOIR DE LA CONSCIENCE
Portland, Oregon
Adelaïde, Australie

Salutations, très chers, je suis Kryeon, du Service magnétique. Cher partenaire, voici à nouveau venu le moment de la fusion que vous appelez le bain d'amour. Celui-ci nous permet de nous infiltrer au sein de votre essence véritable alors que vous élevez votre seuil de conscience et nous offre la possibilité d'agir ainsi pour chacun de ceux qui assistent à cette réunion ou qui lisent ces lignes. Nous parlons ici d'une situation que nous avons déjà décrite dans le passé et avec laquelle vous allez vous familiariser. Les mots que chacun des êtres précieux assis dans les fauteuils de cette salle entendra sont également placés sous les yeux des êtres précieux qui lisent ces lignes en cet instant. Car, selon nous, les potentialités de celui qui écoute nos paroles et de celui qui les lit sont identiques. La dimension temporelle dans laquelle tout ceci s'inscrit peut vous surprendre, mais elle est tout à fait normale à nos yeux. Et, de ce fait, nous nous adressons maintenant non seulement à ceux qui ont conscience d'être présents ici, mais également à ceux qui lisent ces mots et qui ont l'impression d'être avec nous. Et vous, lecteurs, sachez ceci : ce message s'adresse autant à vous qu'à ceux qui m'écoutent.

Il s'agit d'un transfert d'amour, d'un amour incroyable en provenance de ma dimension vers la vôtre et qui peut s'écouler en vous, si vous le souhaitez. Il peut vous submerger. Il peut vous procurer une harmonie que vous n'avez pas ressentie depuis des mois, une sérénité face aux problèmes insolubles et aux situations apparemment sans issue.

En toute affection, nous vous déclarons ceci : dans cette

assemblée, aucun problème ne restera sans réponse. Nous sommes ici pour vous répéter, comme nous l'avons fait maintes et maintes fois, que les solutions sont celles que vous avez déterminées vous-mêmes. Pourtant, certains d'entre vous ne comprennent toujours pas. Vous savez, vous êtes tous membres de la famille – chacun de vous. Et lorsque Kryeon rencontre un groupe comme celui-ci, il s'adresse à *chaque participant, individuellement*, et non pas au groupe dans son ensemble. *À chacun d'entre vous*. Vous écoutez et ressentez les intonations de la voix d'un frère/d'une sœur qui vous connaît bien parce que vous êtes membres de la famille ! Que le bien-être du *foyer* vous envahisse en écoutant ou en lisant ces mots – alors que je vous transmets l'énergie de la paix. Que la paix de Dieu vous emplisse de compréhension. Que le scepticisme qui, peut-être, vous habitait, se métamorphose en acceptation afin que les graines de la vérité puissent finalement être semées. Vous savez pourquoi vous êtes ici, n'est-ce pas – vous qui lisez ces lignes ?

Aujourd'hui, aussi, notre message sera telle une lettre en provenance de votre « chez-vous ». Une lettre s'intègre dans un système que vous avez déterminé vous-mêmes. Vous ressentez une attente lorsque vous êtes sur le point d'ouvrir votre enveloppe. Puis, lorsque vous lisez cette lettre, si celle-ci provient d'un être cher – un membre de la famille, quelqu'un qui vous manque affectivement –, son message vous réchauffe le cœur. Souvent, les mots qu'il contient vous font pleurer de joie. Très chers, comprenez bien que la situation présente n'est guère différente. Ici, vous êtes assis et prêts à accepter une lettre en provenance de votre véritable foyer, grâce à un système de livraison que vous avez déterminé. À moins que vous n'estimiez que ce channeling représente une forme d'énergie totalement hors de votre portée – que certains pourraient même appeler « magie » –, nous sommes ici pour vous dire : « Il s'agit du système que *vous* avez mis au point. » Ce transfert d'énergie implique un expéditeur (l'Esprit) et un destinataire (vous) qui ouvre l'enveloppe, comme vous êtes sur le point de le faire, à cet instant. Peut-être pleurerez-vous de joie en prenant connaissance de ce message qui se répand dans votre espace.

Cette lettre concerne l'éveil de votre ange intérieur. Il existe, en tout être humain, une très belle entité qui défie toute description. Si je vous la montrais maintenant – si je pouvais assouplir les règles que vous avez vous-mêmes établies et vous la dévoiler –, vous reculeriez sous l'effet d'une admiration craintive. Vous seriez peut-être abasourdis par son apparence – son énergie –, par la lumière qui émane d'elle. Cependant, je suis ici pour vous dire à tous que la mémoire va vous revenir instantanément et totalement. Vous saurez ce que j'entends par là lorsque j'utiliserai le mot *famille*. Jamais auparavant le message « Vous êtes membres de la famille ! » ne fut plus profond et plus chargé de signification. Car vous êtes avec moi dans le *maintenant*, et certains d'entre vous ressentent des transformations très importantes. C'est la raison pour laquelle nous sommes tous ici réunis pour entendre le troisième message portant sur la *famille*.

Dans les réunions précédentes, nous vous avons communiqué des éléments d'appréciation sur la famille. Ce soir, notre message s'applique à l'être humain sur la Terre et à l'entité spirituelle que je distingue en chacun de vous. Même en cet instant, alors que vous êtes baignés par cette énergie, j'aperçois cette entité en vous. Mon partenaire garde les yeux clos au cours de ces réunions afin d'éviter toute distraction. Mais mes yeux sont ouverts et je vois qui vous êtes.

Le moment est venu pour nous de baigner vos pieds. Vous savez, c'est le début du message. Pourquoi agir ainsi, vous demanderez-vous peut-être ? Pourquoi Kryeon lave-t-il les pieds des humains ? Qu'est-ce que cela signifie ? Lorsque nous disons symboliquement que nous allons baigner vos pieds l'un après l'autre, nous souhaitons que vous compreniez réellement la signification de cet acte. Il exprime un sentiment *d'honneur*. Chaque entité qui agit de la sorte depuis l'autre côté du voile a été désignée pour cette tâche.

Certains parmi vous assistent à ces réunions ou lisent ce genre de texte afin de recevoir un message « d'ailleurs » . Ensuite, ils se lèvent et vaquent à d'autres occupations – peut-être même font-ils des courses. Cette fois-ci, cette expérience sera différente. Nous voulons que vous compreniez que l'énergie qui circule dans cette salle est destinée à votre intention. Une telle opportunité peut ne jamais se représenter, très chers. Le moment est venu, et c'est la raison pour laquelle vous lisez ces mots en cet instant. Lorsque vous vous lèverez, essayez, pendant un moment, de célébrer le fait que la famille vous aime suffisamment pour communiquer avec vous et connaître vos potentialités. Mais avant cela, adressez-vous à elle en lui disant : « Je vous aime » et imprégnez-vous de cette énergie. **Nous vous entendrons**, vous savez !

Ainsi, les effusions de ceux qui circulent parmi vous, qui s'agenouillent et baignent vos pieds sont une marque d'honneur. Comment se fait-il que vous soyez tellement honorés ? Nous allons vous répéter ce que nous affirmons sans cesse : ce cortège, qui inclut l'énergie de Kryeon ainsi que celle du seigneur Michaël, n'a jamais, jamais été humain. Cependant, nous avons quelque chose en commun avec vous. Nous sommes des membres de votre famille en provenance de « l'autre côté » et nous vous apportons tout notre soutien. Nous sommes des êtres n'ayant pas les mêmes obligations et ne vivant pas en pleine dualité, comme vous. On ne se déplace pas dans un corps limité afin d'affecter une autre partie de l'univers et aucune partie de nous-mêmes n'est dissimulée. Cependant, nous tous, membres de votre famille, vous contemplons et nous rendons compte de la grandeur de la tâche que vous accomplissez. Nous avons conscience de tout l'amour qu'il vous a fallu pour revenir à diverses reprises et nous pleurons de joie en constatant qu'un tel événement s'est produit. Et certains d'entre vous doutent encore ! Voilà pourquoi nous vous aimons. Nous vous aimons parce que vous êtes en train de vivre cette expérience énergétique jusqu'à la fin – une fin qui sera bientôt définie. Et nous vous le répétons : celui qui quittera cette salle ce soir non convaincu de ce qui se sera passé au cours de cette séance sera aimé par nous autant que les autres. L'important n'est pas ce que vous faites, mais bien votre présence ici.

Laissez-moi vous faire part d'une éventualité. Un jour, peut-être, un enfant vous montrera du doigt et vous dira qui vous êtes, car il vous reconnaîtra. Cette nouvelle génération *sait*. Et votre collaboration avec elle sera beaucoup plus profitable si, vous aussi, *savez*. Réclamez donc votre don dès maintenant. Cela est nécessaire à cette nouvelle génération. Elle souhaite vous regarder et apercevoir la même lueur de compréhension que la sienne. Parents, écoutez-vous ? En quittant cette salle, soyez conscients de « l'ange intérieur » et soyez imprégnés du but qui vous incita à venir ici ce soir. Les enfants se demanderont ce qui vous est arrivé. J'espère que vous serez prêts et disponibles pour eux. Ils vont tout changer. L'espoir de la planète ? C'est en eux qu'il réside – en ces jeunes êtres dotés de l'énergie indigo. Ces enfants viennent au monde avec des outils dont vous n'avez jamais disposé. Lorsqu'ils auront grandi, ils transformeront profondément cette planète.

Tout repose sur leurs choix et sur l'utilisation qu'ils feront de leurs tout nouveaux outils : détermination, estime de soi et conscience de sa valeur – ils ne laisseront pas cette planète s'écrouler, et vous non plus. Je sais tout cela, car vous êtes de ma famille, et je connais vos sentiments ; je sais pourquoi vous êtes présents ce soir. Il n'y a aucun mystère. Nous ne sommes pas seuls, vous savez. Lorsque ce message « d'ailleurs » sera entièrement livré et que vous quitterez cette salle, pensez-vous que nous ne serons pas à vos côtés ? Nous sommes si nombreux à vous accompagner ! Nous avons parlé de la famille dans le passé et au cours de channelings précédents. Et, dans cette série d'informations que nous vous avons communiquées, certains attributs, certaines tâches de la famille indiquaient que vous avez tous été créés égaux, et cela, bien entendu, fait allusion à votre ange intérieur. Nous vous avons parlé de votre ascendance et nous vous avons expliqué qui vous êtes. Nous avons traité de votre dualité. Nous avons défini la remarquable lignée de vos ancêtres, tous issus de la Source centrale. Nous avons déterminé l'endroit où cette dernière est située et, simultanément, nous vous avons déclaré qu'il ne s'agit pas d'un lieu physique. Nous vous avons affirmé que vous êtes exceptionnels. Nous avons dit que votre planète est la seule où le libre arbitre s'exprime en toute liberté de cette façon et c'est réellement le cas. (Reportez-vous à la Ve partie de cette série pour davantage d'informations à ce sujet.) Nous vous avons expliqué en quoi vous connaissez ceci au niveau cellulaire et que vous êtes tous conscients du caractère exceptionnel de cette planète – ce que vous prétendez ignorer du fait de votre dualité.

Répétons que vous, humains, prétendez ignorer cette réalité en vous cachant derrière vos postulats et votre logique scientifique. Selon les scientifiques, la Terre est seule, dans tout l'univers, à abriter la vie ! Même avec des probabilités écrasantes prouvant le contraire, ils continuent d'affirmer que vous, humains, représentez la seule forme de vie de l'univers. Permettez-moi de vous dire que, d'une certaine façon, ils ont raison ! Vous possédez la seule planète peuplée entièrement de créatures qui, comme vous, possèdent un ange intérieur. Il devait en être ainsi. Il ne pouvait pas s'agir d'un monde hybride, comme il en existe tant. L'univers grouille de vie, mais votre planète est la seule qui soit pure et qui peut s'élever uniquement par choix et à partir de son intention. Ceux qui tentent de venir ici et de détruire cette pureté ne peuvent même pas prendre pied sur terre, car vous êtes extrêmement puissants. Et lorsque cela se produit, ils ne peuvent rester très longtemps. Nous avons mentionné ce fait auparavant, et cette situation se prolongera jusqu'à ce que les temps changent – jusqu'à ce que vous décidiez qu'il en soit autrement. Vous savez, la famille effectue les choix, mais c'est *vous* qui composez la *famille*.

Le pouvoir de la conscience

Au cours de nos communications passées, nous vous avons annoncé quelque chose de remarquable : le corps humain, au niveau cellulaire, possède un système codé qui englobe toute chose. Et lorsque nous disons « toute chose », nous le pensons vraiment. Toute chose ! Nous avons déjà abordé le pouvoir de la conscience. Maintenant, nous allons développer ce sujet en parlant de la « conscience du niveau cellulaire du corps humain » et vous communiquer un certain nombre d'attributs se rapportant à cette conscience. Certains de ces attributs paraîtront bizarres aux sceptiques et leur fourniront un prétexte pour nous ridiculiser. Si vous êtes dans ce cas, nous vous aimons. Votre attitude n'a pas d'importance. Quelles que soient vos croyances, la vérité reste la vérité, et nous allons vous la révéler ici même. Que l'énergie de la vérité s'exprime en se manifestant. En d'autres termes, que la vérité des informations que nous allons vous communiquer apparaisse et se reflète dans l'usage que vous allez en faire.

Vous êtes une espèce en mutation. Lorsque vous parlez d'évolution, cela implique également l'évolution spirituelle que vous subissez présentement. Les choses que vous ne pouviez réaliser il y a dix ans – et même il y a cinq ans – sont désormais à votre portée. Vos cellules possèdent une conscience étonnante. Comme je l'ai déclaré dans la première partie, l'ensemble de vos pouvoirs miraculeux provient de l'*intérieur*. Et à l'intention de ceux d'entre vous qui souffrent de malaises, de déséquilibres, de craintes et même de haine, nous déclarons que toutes les solutions, tous les remèdes se trouvent déjà en eux. La guérison ne viendra pas d'une sorte d'éclair céleste. Elle émanera d'un éclair intérieur – grâce à la conscience, au pouvoir de réalisation et à la révélation des secrets que possède cette énergie intérieure. Nous souhaitons vous faire découvrir des attributs nouveaux dont vous ne soupçonnez probablement pas l'existence. À nouveau, nous vous répétons que certains d'entre eux vous paraîtront miraculeux.

Nous allons vous présenter ces attributs sous forme d'aide-mémoire, comme l'appelle mon partenaire. En fait, il ne s'agit pas ici d'une liste, mais d'un cercle. Malheureusement, ce cercle doit s'inscrire dans un cadre temporel linéaire afin que vous puissiez assimiler chaque attribut l'un après l'autre. Lorsque nous sommes dans un lieu différent, vous et moi communiquons de façon tout à fait différente grâce à l'information instantanée et simultanée. Ainsi, vous comprenez l'interactivité de cette « méthode » ainsi que son véritable sens. Mais dans le cas présent, nous ne pouvons procéder ainsi dans cette salle, et c'est pourquoi nous devons utiliser une liste. Il existe sept attributs, mais le premier d'entre eux les englobe tous (voilà encore cette notion de cercle).

Nous allons d'abord vous entretenir du miracle que constitue la conscience cellulaire. C'est le sujet de cette « lettre ». Ce miracle comprend sept révélations. Lorsqu'en votre qualité d'êtres humains vous décidez de choisir le statut que nous appelons « ascension », vous sollicitez l'ascension (ou l'élévation) de votre vibration cellulaire. Grâce à votre intention pure, la conscience de votre structure cellulaire commence à s'élaborer. Chaque cellule de votre corps détient le plan global de l'ensemble. Ce plan se trouve au sein du code de votre ADN et dans celui qui entoure votre ADN (voir « Le Treillis cosmique, chap. 4). Le nom de ce code provient de la réaction chimique qui se produit dans deux des filaments, mais il est inapproprié, car l'ADN renferme bien davantage que ce dont vous êtes conscients. Nous n'allons pas donner de nom à ce code, mais nous vous informons qu'un jour quelqu'un le fera. Et ce nom reflétera alors tous les éléments que vous ne pouvez distinguer ainsi que les formules chimiques que vous connaissez. Il signifiera « code de la vie ».

Le contrat avec lequel vous êtes venus au monde, soit la connaissance de votre véritable identité – votre empreinte magnétique –, tout cela est localisé dans le code. Ceci devrait vous intéresser. Vous souhaitez savoir ce que les nouveaux enfants ont de différent ? Si vous pouviez examiner les fragments d'ADN qui ne sont pas chimiques, vous constateriez qu'ils présentent des altérations que nous appelons *évolution* – une évolution spirituelle autorisée par les humains de la planète ! Ces nouveaux enfants représentent le niveau supérieur de la conscience spirituelle, exactement comme vous l'avez voulu. Et si vous aviez la possibilité de vous imprégner du code génétique de ces enfants, vous réaliseriez que la conscience (composante non chimique de l'ADN) a été modifiée. C'est à la fois l'élément spirituel et physique.

Tout ce qui fut, toutes les données des Archives akashiques – les éléments concernant votre existence sur la Terre, vos vies antérieures –, tout est enregistré dans ce code. Les décisions conscientes de votre contrat y figurent également. Tout ceci ne devrait pas surprendre ceux qui sont venus au monde pleins d'anxiété et de craintes inexplicables. D'où proviennent ces caractéristiques qui vous sont propres ? Cela devrait être évident : elles émanent de toutes vos vies antérieures.

À la fin de cette réunion, certains d'entre vous sortiront peut-être de cette salle en redoutant le changement spirituel. D'autres, à la lecture de ces lignes, ressentiront peut-être une certaine incrédulité. Dans les deux cas, ces personnes réagiront aux graines déjà plantées dans leur conscience cellulaire. Il s'agit là de la dualité également enfouie avec beaucoup de soin dans votre ADN. Voyez-vous, *tout* est là, et lorsque viendra le temps d'une guérison miraculeuse, vos cellules seront informées – spécialement celles qui sont malades – qu'il est temps de « partir », et c'est ce qu'elles feront ! Je vous déclare que même les guérisons miraculeuses faisant apparaître des os, de la peau ou de la chair là où il n'y en avait pas auparavant proviennent de l'intérieur de vous-mêmes ! Parfois, des problèmes congénitaux sont ainsi corrigés, des guérisons inespérées surviennent et les médecins sont muets d'étonnement, se demandant ce qui s'est passé. Je vais vous le dire : les cellules qui renferment les connaissances nécessaires à la régénérescence des tissus – ce qu'il faut faire ou ne pas faire et quelle est l'énergie appropriée – se sont « réveillées ». C'est ainsi que vous obtenez un miracle. Celui-ci provient de l'intérieur. Vous voulez une preuve scientifique ? Considérez les « suicides de cellules ». Il s'agit de la destruction programmée à partir de l'intérieur du noyau des cellules qui, d'une façon ou d'une autre, « savent » qu'elles sont « déséquilibrées ». Votre science vous expliquera que ces cellules explosent de l'intérieur vers l'extérieur – comme si elles étaient « conscientes ». Vous savez quoi ? C'est la divinité en *vous* qui est responsable de ce phénomène. Ceci est la preuve de la conscience que vous renfermez. Vous voulez remercier Dieu pour cela ? Alors, vous feriez mieux de le chercher à l'intérieur de vous-mêmes plutôt qu'à l'extérieur, parce que c'est là qu'il se trouve – à l'intérieur de vous-mêmes.

Vous abritez en vous sept miracles de la conscience.

La relation avec le Treillis cosmique

Le premier miracle, qui renferme tous les autres, est représenté par votre connexion avec le Treillis cosmique [sorte de réseau énergétique vivant qui connecte toutes choses dans l'univers]. Nous avons déjà défini ce concept auparavant et, à nouveau, nous répétons qu'il s'agit de l'énergie de l'univers. Cette énergie est si réelle qu'aujourd'hui, vous allez prendre conscience de sa réalité et puiser dans ses potentialités. Elle ne se rapporte pas seulement aux lois physiques puisqu'elle est également ésotérique. Il s'agit de l'énergie de la transmission des informations en partance d'ici et à destination des zones les plus lointaines de l'univers – et ce, instantanément –, car elle est vivante d'une façon que vous ne soupçonnez pas encore. Sa transmission ne requiert aucun *temps*, parce qu'il s'agit de la pensée d'une conscience unique. Elle appartient à la famille et vous êtes membres de cette famille ! Votre connexion avec cette énergie permet aux six autres attributs d'exister.

En d'autres termes, vous éveillez les parties de vos cellules connectées au Treillis cosmique. Certains vont se demander : « *Comment faire ? Comment faire ?* » Lorsque cette séance de channeling sera terminée, vous vous direz : « *Il y a des choses que je viens de lire et que j'aimerais réaliser. Comment puis-je m'y prendre ?* » Il existe de multiples façons d'éveiller vos cellules. Certaines font appel aux énergies, utilisant les dernières techniques que vous connaissez déjà (la Technique d'harmonisation EMF des Dubro utilise ce Treillis cosmique). D'autres ont recours à la physique (aux travaux du docteur Todd Ovokaitys, qui a découvert une certaine forme de rajeunissement des cellules). Enfin, d'autres encore sont issues intégralement de vous-mêmes (de votre propre pouvoir intentionnel).

La relation au Treillis cosmique vient en premier, car elle est la plus importante. Maintenant que nous vous avons expliqué ce phénomène, il nous est plus facile d'aborder les six autres attributs.

En effet, certaines de vos nouvelles capacités proviennent directement du Treillis cosmique. Après les avoir étudiées, quelques-uns ajouteront : « *Je le savais. Je le faisais déjà.* » D'autres diront : « *C'est vraiment très différent !* » Tout dépend de celles que vous avez comprises, assimilées et utilisées. Nous allons les passer en revue en commençant par la plus évidente.

La santé

Que ne faites-vous pas pour rester en bonne santé ? Mais dans votre culture, on ne vous apprend pas à prendre conscience de votre structure cellulaire. Vous passez d'un guérisseur à un autre, dans l'espoir que quelqu'un sera capable de vous guérir. C'est pourquoi nous vous aimons tant, très chers. Votre dualité éclipse votre pouvoir ! Cet élixir miraculeux, ou cette fontaine de jouvence, existe déjà dans chacune de vos cellules et attend que vous recouriez à lui.

Vous pouvez gérer votre santé de différentes façons et je ne vous apprendrai rien de nouveau. Tout d'abord, vous pouvez la protéger grâce à la chimie et à la physique. Au cours de l'année écoulée, vos scientifiques vous ont communiqué de merveilleuses informations sur la manière d'améliorer le processus de rajeunissement. Ces informations sont diffusées dans le monde entier afin d'augmenter la durée de votre vie.

Cependant, vous pouvez personnellement gérer votre santé au-delà de ce que vous pouvez imaginer. Même les systèmes fonctionnant automatiquement au sein de votre organisme peuvent être contrôlés. Le véritable pouvoir permettant d'y arriver est en vous. Il est temps que vous organisiez des réunions entre vous et vous – c'est-à-dire avec les entités situées entre les cellules de votre organisme et qui ont hâte de communiquer avec ce que vous appelez votre conscience. Je peux vous assurer qu'il existe une conscience spirituelle dans chacune des cellules de votre corps. Et, comme nous l'avons expliqué auparavant, il faut cesser de dire : « *Mon orteil me fait souffrir* » et déclarer, au contraire : « *Nous souffrons.* » Ne pensez plus : « *Je vais soigner telle ou telle partie de mon corps.* » Affirmez plutôt : « *Je vais soigner l'ensemble.* » Il est temps de considérer l'ensemble de vos cellules comme une *cellule unique* à laquelle vous pouvez vous adresser et avec laquelle vous pouvez avoir des réunions spirituelles positives. Entretenez-vous avec elle, fondez-vous en elle et adressez-vous à votre structure spirituelle personnelle au niveau cellulaire. Purifiez votre Moi intérieur et ne soyez pas surpris par les guérisons qui surviendront.

Une telle attitude requiert une « musculature » spirituelle que vous n'avez pas utilisée récemment. Vous devez vous représenter comme « ne faisant qu'un avec votre organisme ». Les anciens yogis connaissaient cette pratique. Aujourd'hui, celle-ci est également à votre portée. Interrogez quotidiennement votre corps : « Est-ce cela que *nous* voulons (à propos de telles douleurs ou maladies) ? ». En affirmant votre volonté, votre conscience libérera alors la composante spirituelle de chaque cellule et les choses commenceront à changer. Nous parlons ici d'une capacité et d'un pouvoir que vous ne devez pas sous-estimer. Afin de prolonger votre existence sur cette planète, vous *devez* apprendre à ressentir ce phénomène et à comprendre son fonctionnement. Pouvez-vous imaginer votre corps réagissant de cette façon ? Votre organisme « sachant » ce que vous savez ? Pouvez-vous imaginer votre orteil aussi illuminé que votre esprit ? C'est pourtant le cas. Conservez précieusement cette vérité en vous.

L'intention de la substance

Le miracle suivant est remarquable, bien que difficile à décrire. Il concerne l'attitude de l'être humain face aux produits médicinaux. Votre pouvoir est formidable ! Le Treillis cosmique permet à votre pure intention spirituelle de dépasser largement le cadre « normal » de votre structure cellulaire. L'intention est semblable à une antenne de radio par rapport à une lumière. En effet, une antenne de radio impressionne un récepteur selon une fréquence déterminée, et votre intention fonctionne de la même manière. Cependant, elle n'affecte pas votre entourage, à moins que celui-ci ne se branche spontanément sur elle par l'intermédiaire de la synchronicité. La même chose se produit dans le domaine de la physique, avec les éléments terrestres. Vous disposez de certains des plus extraordinaires médicaments jamais mis au point sur cette planète et vous avez la possibilité d'en extraire l'essence véritable de l'intention qui fut à l'origine de leur création, simplement en les tenant dans vos mains. La guérison peut ainsi s'insinuer dans votre corps sans que vous n'ayez jamais besoin d'injecter ces produits ou de les ingérer. On appelle cela « l'intention de la substance ».

Ne vous détournez pas de la science médicale parce que vous pensez qu'elle n'est pas spirituelle. Vous savez, la science est partie intégrante du schéma global de la vie sur terre et vos découvertes médicales s'incorporent dans ce plan. Certains ne sont pas capables d'utiliser l'énergie pour se soigner eux-mêmes, car ils ne vibrent pas encore à un seuil suffisamment élevé. La chimie et la science médicale représentent ce que Dieu a offert à cette planète pour les aider. Parfois, une sage combinaison de lois physiques et d'énergie spirituelle offre aux guerriers de la lumière les plus élaborées des guérisons ! Souvenez-vous de cela la prochaine fois que vous refuserez de recourir à une substance destinée à vous guérir !

Cependant, certains d'entre vous disent : « *Je voudrais employer tel ou tel produit pour me soigner, mais il provoque chez moi des réactions secondaires.* » Nous vous avons demandé de vibrer à une fréquence plus élevée au cours de ce que vous appelez « l'ascension ». De telles vibrations sauront vous éviter de prendre les produits chimiques entrant dans la composition des médicaments. Plutôt, elles vous rendront sensibles et vous feront réagir à de nouveaux éléments qui ne vous affectaient pas lorsque la fréquence de votre énergie était moins élevée. Cela signifie-t-il que vous ne pouvez pas profiter de votre chimie moderne ? Non. Il existe un autre moyen : « l'intention de la substance ».

Encore une fois, nous vous encourageons à faire l'expérience suivante : quelle que soit sa forme, serrez dans votre main le médicament dont vous avez besoin et méditez avec l'intention qu'il se répande dans votre organisme. Mettez à profit les attributs du second pouvoir de la conscience que nous venons de vous révéler – en faisant appel à votre cellule *unique*. En agissant ainsi, vous permettez la réalisation d'un miracle physique : les propriétés curatives du médicament se répandront dans votre organisme !

Dans quelques instants, certains d'entre vous se lèveront et verront ce phénomène se produire, car ils l'auront souhaité. Ce sera le début d'une toute nouvelle ouverture de leur conscience. Certains autres riront et déclareront : « *Ce n'est pas possible, ce n'est pas possible. Kryeon va trop loin !* » Voyez-vous, l'intention, c'est la primauté de la conscience sur le physique. L'*intention* est ce qui a provoqué des miracles dans l'organisme de l'être humain pendant des siècles. Les événements les plus miraculeux qu'il vous ait été donné de constater furent reliés à l'intention pure, et les guérisons furent initiées *de l'intérieur* ! L'intention voyage au sein des molécules. L'intention a la puissance d'un système spirituel de livraison qui circule partout. Vous souvenez-vous que nous vous avons déclaré : « Soyez attentifs aux essences naturelles de plantes » ? Aujourd'hui, vous savez pourquoi : l'intention manifestée dans ces essences est efficace, car elle est branchée sur votre « désir de les voir agir ».

Récemment, nous avons diffusé certaines informations par channeling au sujet des cinq fossés du Nouvel Âge (voir le chapitre 3), et l'une d'elles concernait les substances avec lesquelles vous coopérerez afin de guérir votre corps. Comme nous vous le disions, ceux qui ne comprennent pas le changement vibratoire qui est en train de se produire ingéreront les mêmes substances que vous sans obtenir aucun résultat. Vous serez peut-être guéris, mais pas eux. Et ceci se produira grâce à l'intention dont je vous parle – et que je considère comme un pouvoir de la conscience au sein de vos cellules –, grâce au Treillis cosmique et à la possibilité qui vous est offerte de vous brancher sur lui.

Voyez-vous, vous êtes tous extrêmement puissants ! Chaque élément physique de cette planète comprend et « connaît » votre ange intérieur. Saviez-vous cela ? Certains d'entre vous se lamenteront : « *Mon existence est désolante ! Il m'arrive des tas de choses négatives malgré moi. Que dois-je faire ? Je suis une victime de la Terre !* » En fait, c'est exactement l'opposé ! Votre dualité est à l'œuvre en permanence, très chers. C'est la Terre qui réagit à *votre* attitude. Autrement, de quelle façon les guerriers de la lumière pourraient-ils ancrer l'énergie afin de contenir un tremblement de Terre, d'atténuer la violence des éléments ou d'éviter l'éruption d'un volcan ? C'est véritablement ce qu'ils font, vous savez. Nous vous avons déjà parlé de cette réalité. La Terre « sait » qui vous êtes.

4 ➤ Purification de la nourriture ingérée

Certains d'entre vous agissent ainsi depuis longtemps et quelques autres ignorent tout de cette faculté. Vous vivez au sein d'une société où se pose le problème du « traitement » des aliments que vous achetez. Peu d'entre vous ont le choix, à moins de cultiver leurs propres produits. Certains craignent les adjuvants chimiques ajoutés à leur nourriture et à l'eau. Vous n'êtes pas les seuls. Les autres sociétés humaines ont également leurs problèmes, mais ils sont différents. Ils sont même complètement à l'opposé des vôtres. Ces sociétés consomment une nourriture totalement brute dont les impuretés sont ingérées par les populations et provoquent diverses maladies.

Nous sommes ici ce soir pour vous informer que la moindre bouchée de nourriture peut-être purifiée grâce à votre intention. Croyez-moi ! Au cours de votre prochain repas, fixez votre assiette et adressez-vous à votre nourriture – en silence, si vous préférez – ou imposez vos mains en disant : « Reçois ma vibration. » Votre ange intérieur, qui accomplit le miracle consistant à contrôler les lois physiques, purifiera les molécules afin que seuls les éléments positifs soient appliqués à votre organisme.

Vous pouvez vous alimenter avec de la nourriture d'une faible valeur nutritive et l'enrichir d'une façon tout à fait miraculeuse ! Nous vous le répétons : certaines personnes ingéreront la même nourriture que vous et tomberont malades, alors que vous serez réconfortés. Ceci provient de votre conscience et du pouvoir que vous possédez sur les lois physiques. Pendant plus de huit ans, j'ai parlé des lois physiques de l'amour. Aujourd'hui, vous pouvez commencer à comprendre pourquoi l'œuvre de Kryeon se situe à la fois sur les plans mécanique et spirituel. La physique est spirituelle !

Savez-vous ce qui finira par se produire lorsque vous serez

capables de consommer une nourriture que d'autres ne supporteront pas ? Ou alors, lorsque vous prendrez des médicaments qui vous soulageront alors que d'autres resteront malades ? Il ne se passera guère de temps avant qu'un conflit n'éclate entre vous et eux. Pensez-vous que ces personnes vous interrogeront pour savoir ce que vous possédez et ce dont elles-mêmes sont dépourvues ? Non. La majorité d'entre elles succomberont à la peur et vous cataloaueront parmi les « différents ». Aussi bizarre que cela puisse paraître et aussi illogique que cela soit sur le plan spirituel, elles vous assimileront aux « ténèbres » parce que vous accomplissez certaines choses qu'elles sont incapables de réaliser. Et lorsque vous perdrez ces amis, n'en continuez pas moins à les aimer ! Car en vous brille la lumière et ces amis auront toujours le choix d'être illuminés par elle ! Ne rejetez personne ! Aucun membre de la famille ne le mérite. Ne rejetez personne dans votre esprit. Votre structure cellulaire connaît chacun et le considère comme un membre de la *famille*.

Maintenir la lumière

Nous vous avons déjà expliqué comment vous pouvez affecter le champ d'énergie qui vous entoure (dans la IIe partie de ce chapitre). Ce processus indique votre connexion au Treillis cosmique et la connaissance que vous avez au niveau cellulaire. Ainsi, vous avez la possibilité d'affecter les choses autour de vous et, très chers, je ne parle pas ici de plier le manche d'une cuillère, mais de transformer le cœur humain.

En maintenant la lumière, ce qui signifie « le choix d'élever son seuil vibratoire et d'éveiller sa conscience au niveau cellulaire », vous seuls pouvez **stimuler** l'énergie, où que vous vous trouviez. Et, très chers, cette énergie est harmonisée « grâce à votre intention ». S'il m'était possible de vous expliquer ce qu'est le Treillis cosmique, je vous parlerais de ses multiples points d'accès énergétiques, sortes de récepteurs spécifiques qui attendent l'arrivée d'énergies complémentaires. Comme il ne s'agit pas d'une leçon sur le Treillis, nous attendrons une autre occasion, mais ce labyrinthe énergétique est bien vivant, conscient et reconnaît la *famille* ! (Voir chapitre 4.)

    Cette « harmonisation » explique pourquoi une personne peut, véritablement, modifier l'énergie d'une pièce. Chaque niveau d'intention et de fréquence est semblable à un jeu d'instructions complexes destinées au Treillis cosmique. Chaque humain doté d'une énergie vibratoire élevée peut s'y accorder à sa façon. La structure cellulaire humaine comprend le schéma d'harmonisation au Treillis et, au cours de son périple sur cette planète, chacun d'entre vous disposera de dons spécifiques afin de libérer de l'énergie. Il suffit à certains de pénétrer dans une pièce pour sentir les regards de tous les autres se porter sur eux – c'est ce que vous appelez le charisme. Mais, en réalité, il s'agit de tout autre chose, soit d'un « réglage » du Treillis qui voit son énergie transformée par une personne et dont le changement est pourtant ressenti par tous. Par ailleurs, certains d'entre vous pourront imposer leurs mains au-dessus de personnes sensibles à leur aide. Dans ces moments-là, ils seront appelés « guerriers de l'énergie ». Ils seront des vecteurs d'aide. Nombre d'entre vous comprendront que les mains sont beaucoup plus efficaces lorsqu'elles ne touchent pas le corps qu'elles veulent soulager. En agissant ainsi, ces personnes influenceront leur environnement ainsi que celui des gens qu'elles soulageront de leurs maux. Ce nouvel accord qui se produit ainsi au cours de la guérison modifie l'énergie du Treillis grâce à une communication extraordinaire entre les cellules du patient – les filaments de l'ADN où toutes les connaissances sont stockées. Ce phénomène déclenche non seulement la permission de guérir, mais également la libération du pouvoir de guérison, grâce à l'utilisation d'informations qui ont toujours existé dans l'ADN.

    Vous avez connaissance de ce don depuis un certain temps, mais attendez-vous à ce qu'il soit amplifié. Ceux d'entre vous qui sont des guerriers de l'énergie et, de ce fait, familiarisés avec cette notion, savent parfaitement que leur environnement peut être modifié. Alors, cherchez à intensifier cette énergie. Testez-la, prenez des notes, trouvez des réponses : il s'agit de science, vous savez, la science de l'énergie. Elle possède des caractéristiques que vous pouvez ressentir et qui peuvent vous aider à mieux la *syntoniser* et l'accorder à votre besoin.

Nous vous l'avons déjà dit : ce processus dépasse largement le cadre de la guérison énergétique. Cette stimulation d'énergie se rapporte à l'abandon de ce que vous avez appelé dans le passé « vos boucliers protecteurs » et que vous pouvez maintenant laisser tomber. Aucune entité obscure ne pourra vous atteindre – pas avec le niveau d'énergie que vous avez atteint ! Au contraire, vous créez autour de vous une bulle de poussée énergétique parfaite ! Il s'agit de la divinité, et aucune vibration inférieure ne pourra l'affecter ! Cela concerne aussi la physique élémentaire. L'eau remonte-t-elle le lit des rivières ? Que peut faire la faible énergie d'une pile contre celle d'un éclair ? La pénombre existe-t-elle dans la lumière ? Non. Les ténèbres sont chassées par la lumière.

Écoutez ceci, très chers, car ce message est destiné à ceux d'entre vous qui craignent l'obscurité. Soyez attentifs, car il ne s'agit pas seulement de lois physiques, mais aussi de logique spirituelle. De nombreux magiciens puissants travaillent avec les ténèbres, car ils ont découvert qu'elles possèdent une énergie propre. Ils ont raison. Cela aussi fait partie de l'équilibre de l'univers. Et ils peuvent vous attaquer grâce à leurs sortilèges (leur puissante intention obscure), en vous ébranlant avec l'énergie dont ils disposent. Tout d'abord, vos cellules prennent conscience de cette énergie (bien réelle) et adressent à votre esprit un message de *peur*. Celle-ci accentue alors l'effet de cette énergie et, bientôt, votre équilibre physiologique et votre comportement se mettent à coopérer avec les énergies du sortilège. C'est ainsi que se produit ce phénomène. Beaucoup d'entre vous sont « conscients sur le plan énergétique » depuis des années et se sont protégés avec leur propre « bouclier ». Mais cela n'est plus nécessaire.

Nous vous déclarons maintenant que votre nouveau seuil vibratoire et votre intention peuvent produire une stimulation d'énergie, où que vous soyez. (Lecteurs de Kryeon, vous souvenez-vous de la parabole de la fosse à goudron ?) Cette énergie est semblable à un phare dont la lumière chasse la pénombre. Aucune énergie obscure ne peut exister. Les boucliers représentent un vieux concept, chers guerriers de la *lumière*. En définitive, vous devez faire front sans bouclier, car les flèches des ténèbres s'évanouissent avec la lumière – et la stimulation de l'énergie que vous provoquez *est* la lumière. Voilà un attribut amusant. Le bouclier représentera toujours une défense contre l'obscurité. La lumière est une énergie offensive contre les ténèbres. Imaginez-la comme un « destructeur des ténèbres ». Je vais vous expliquer ce qui se produira lorsque vous rencontrerez une personne essayant d'utiliser l'énergie des ténèbres : vous finirez par l'influencer ! Voilà ce qui va se passer. Le don que vous offre le Treillis et qui vous permet de maintenir haute la lumière est très précieux. Ceux d'entre vous qui sont parés de la sagesse de Dieu n'en abuseront pas, car cela leur sera impossible. Dieu est prédisposé à l'amour. La sagesse permettant l'usage approprié de la lumière vous est fournie en même temps que la capacité de brandir le flambeau. L'énergie qui vous anime est celle de l'amour – et elle est divine.

Contrôler ses émotions

Le sixième miracle – grâce à votre connexion et à votre harmonisation avec le Treillis cosmique – est représenté par votre capacité à créer la paix dans une situation déterminée, ce qui, dans votre dualité, ne s'est jamais produit auparavant. Nous faisons ici référence à l'être humain émotif. L'Émotion, miracle numéro six, avec sa connotation présente, s'écrit avec un « É » majuscule. Je parle ici de choses qui vous sont très proches, de la transformation de la haine, de la jalousie, des drames et de la peur. De l'élimination du chagrin !

Nous nous sommes déjà trouvés devant un groupe comme le vôtre en compagnie de notre cortège : nous vous tenons par la main, nous vous enlaçons, tout comme nous l'avons fait lorsque nous vous avons entretenus de la peine provoquée par la mort et des tâches incombant aux humains qui sont nés pour vous offrir ce don du chagrin (voir « Les tâches de la Famille »). Nous avons parlé du grand dessein dont il est question et de la raison pour laquelle une telle tragédie, apparemment incompréhensible, est fréquemment liée à un enseignement spirituel et correspond à un but précis – c'est-à-dire à un don intentionnel en provenance de celui ou de ceux qui sont partis. Nous avons abordé tout cela et nous avons plaidé pour que vous compreniez que, grâce au Treillis et à votre conscience cellulaire, vous pouvez transformer votre chagrin en sagesse – la sagesse procurée par la compréhension de ce don qui vous fut offert pour votre illumination. Cela ne touche pas ceux qui vous ont quittés. Ils sont partis ! C'est pour vous qu'ils ont accepté leur sort. Quelle tragédie représenterait la mort de l'un de vos proches – un cadeau qu'il vous offrirait avec votre permission –, si vous deviez vous lamenter toute votre vie au lieu de célébrer l'intention et l'amour qui auraient dû présider à cet événement. Quelle tragédie cela serait ! Car ce cadeau vous est destiné dans le but de vous faire accéder à la conscience du Treillis en vous-mêmes – le ou les disparus apportant leur aide à celui ou ceux qui restent.

Il s'agit de la transmutation du chagrin, de la haine, de tout état émotionnel qui vous paralysent. Je vais vous apprendre quelque chose d'important : cela concerne la transmutation de l'**inquiétude**, sœur jumelle de la peur. Disparue ! Voilà le cadeau. Cette crainte ne couvera plus au niveau cellulaire. Certains demanderont : « *Qu'est-ce que l'inquiétude a à voir avec mes cellules ?* » Je répondrai : Lorsque vous vous faites du souci, êtes-vous conscients des transformations intervenant dans vos cellules mêmes ? Certains d'entre vous perdent l'appétit. C'est un indice. Vos cellules savent ! Elles connaissent vos soucis et vos peurs. Très chers, écoutez : si vos cellules sont au courant de vos soucis et de votre peur, ce qui est constamment démontré, comprenez-vous alors qu'elles connaissent également vos joies et vos illuminations ?

La transmutation de l'inquiétude en sérénité représente l'un des dons les plus importants pour l'homme sage qui brandit la lumière. Pour certains d'entre vous, assis ici, il s'agit là du plus grand des miracles. Et je vous le déclare en tant que membre de la famille : tout cela est bien réel !

Le changement

Septième miracle : Peut-être n'appellerez-vous pas ce miracle un don, mais il a trait à la structure cellulaire et à la conscience : il s'agit du changement. Au moment où vous finirez par vous sentir spirituellement différents, un changement se produira. Parmi vous, certains parcourent la planète pour parvenir à « l'éveil », pleinement conscients de leur essence spirituelle. L'une de vos caractéristiques intéressantes réside dans le fait que, tout en vous éveillant à la spiritualité, vous continuez à être anxieux !

Nombre d'entre vous attendent la fin de ce processus. L'anxiété atteint un certain seuil parce que rien n'est plus comme avant. Et ils ressentent cette situation au niveau cellulaire, bien entendu. C'est ici que réside le changement. Il est temps que vous compreniez la théorie du *changement permanent de structure cellulaire*, qui représente l'état normal d'un être humain évoluant spirituellement. Cette évolution ne s'arrêtera plus. On l'appelle *ascension* parce qu'elle implique une élévation, une évolution constante et régulière. Ce processus de changement perpétuel indique la façon dont les choses se dérouleront pour vous dorénavant.

Ce que vous ne pouvez réaliser aujourd'hui, vous le ferez demain. Ce que vous avez accompli dans la journée, vous l'effectuerez encore mieux dans le futur. Vous découvrirez quelques-unes des raisons expliquant votre présence sur cette planète. Ceux qui ressentiront un « appel » urgent à changer de lieu de résidence seront grandement honorés. C'est cela, le changement ! Il s'agit de brandir le flambeau lumineux afin de maintenir l'énergie dans des zones géographiques données, et certains d'entre vous seront particulièrement responsables de cette « tâche ». Votre dualité est toujours présente ; elle vous parle parfois la nuit, durant ces moment cruciaux aux environs de trois heures du matin, et vous dit : « Tu es un idiot. » Et, aussi longtemps que vous vivrez, je vous le répéterai : la partie la plus sombre de votre dualité sera toujours en vous-mêmes, vous adressant généralement ses arguments durant vos périodes de demi-sommeil, lorsque vous êtes le plus vulnérables. Mais, dans votre « moi » profond, quelque chose vous apaise et vous dit : « Tout ira bien ». Il s'agit de cette nouvelle et paisible partie de vous-mêmes qui, dorénavant, porte la lumière. Elle connaît la vérité, elle sait que vous êtes désormais revêtus du manteau de l'Esprit. Vous êtes maintenant conscients de la présence de l'ange en vous-mêmes et rien ne pourra plus vous en faire douter.

Le changement représente le septième miracle, très chers – le véritable miracle. Il concerne l'évolution spirituelle des humains, ceux que nous appelons membres de la *famille*, qui sont assis ici, qui écoutent présentement ce message et qui lisent ces lignes. Les membres de la famille sont ceux dont nous baignons les pieds depuis quelques minutes. Si vous ne vous en étiez pas rendu compte, il est temps que vous le réalisiez, parce que nous allons bientôt terminer ce message. Mais nous n'allons pas tous partir. Le cortège présent ici ce soir et qui vous a délivré ces sept perles de sagesse possède un potentiel d'énergie bien spécifique. Lorsqu'il retraversera le voile, cette quantité d'énergie sera plus réduite ! En effet, cette dernière sera en partie déversée dans cette salle et vous l'emporterez avec vous en partant ! Tout cela porte sur *l'intention* et la transmission d'énergie spirituelle. Vous savez maintenant pourquoi vous lisez ces lignes. L'avez-vous ressenti ? Avez-vous réagi à ces vérités ? Avez-vous manifesté votre intention ? Si c'est le cas, certains des « amis » assis autour de vous resteront en votre compagnie pour accélérer le processus de votre évolution spirituelle. Et ne vous trompez pas – vous qui ne comprenez pas ce qui se passe et qui pensez que tout ceci est bizarre ou effrayant –, ce processus existe parce que vous l'avez réclamé. Vous vous êtes trouvés au bon endroit, au bon moment et nous connaissions vos capacités de compréhension et votre certitude que la famille est ici, avec vous, en cet instant.

Vous êtes tous formidables ! Nous célébrons la possibilité de vous appeler frères et sœurs – de vous rendre visite au cours de votre vie humaine. Voilà un autre miracle ! Il y a dix ans, cette communication n'aurait pas été possible parce que l'évolution survenue aujourd'hui, et permettant d'accepter tout ceci, n'existait pas encore. Ce miracle a trait à la manière dont vous avez modifié l'énergie qui vous entoure et dont vous brandissez le flambeau.

En définitive, nous reprenons symboliquement les bols remplis de nos larmes de joie que nous avons utilisés pour baigner vos pieds – les pieds de chaque être ici présent ou lisant ces lignes. Personne n'a été oublié. Les petits, les sages, les sceptiques sont tous infiniment aimés.

Nous connaissons chacun par son nom. Vous êtes tous membres de la famille. Nous ne vous demandons pas d'adhérer à quelque groupe que ce soit, car nous sommes déjà tous membres de la famille. Il ne s'agit pas de prendre un engagement quelconque, car vous êtes déjà ici, en train de remplir votre promesse faite à la famille et d'effectuer le test destiné à l'humanité. Il ne s'agit pas non plus de nous offrir quelque chose, car vous avez déjà volontairement fait le don de quantités considérables de temps et d'énergie afin d'être présents sur cette planète. Tout est basé sur l'amour. Nous autorisez-vous finalement à vous aimer ? Permettrez-vous à la conscience de la famille de Dieu de pénétrer votre conscience ? Manifesterez-vous l'intention de découvrir votre *moi réel* ?

Ainsi allons-nous quitter cet endroit en sachant que nous venons de partager un moment très particulier d'écoute et de lecture. Mais, en réalité, cela a représenté encore davantage. En effet, cela a été pour nous le moment d'être à nouveau avec vous et de vous aimer. En ce qui nous regarde, l'essentiel est d'avoir pu vous enlacer. Nous sommes votre *famille*.

Vous n'êtes jamais seuls.

Et il en est ainsi.

Kryeon

Partie 4

LA RÉNOVATION DE LA FAMILLE
Breckinridge, Colorado
Perth, Australie

Salutations, très chers, je suis Kryeon, du Service magnétique. Nous allons aujourd'hui vous amener à mieux comprendre comment fonctionne l'interaction entre l'Esprit et l'être humain. Cette connexion familiale – cette énergie en provenance de votre « foyer » qui circule ici – devrait vous en apprendre beaucoup sur nous, entités de l'autre côté du voile. Mon partenaire (Lee) vous a parlé de partenariat. Il a également attiré votre attention sur les potentialités de l'esprit humain. Peut-être parviendrez-vous alors à comprendre que vous et la famille êtes partenaires en toute chose ! Très chers, vous ne pouvez pas dissimuler la lumière que vous irradiez. Nous avons appris une chose intéressante aux autres groupes que nous avons rencontrés dans ce pays. Nous leur avons expliqué qu'un cortège vous accompagne depuis votre naissance et reste à vos côtés au cours de votre vie – que les membres de ce cortège qui vous aident sur le plan énergétique sont beaucoup plus nombreux qu'il n'existe d'êtres humains sur cette planète. De plus, ces membres sont extrêmement nombreux à être activés lorsque vous formulez une intention spirituelle. Vous pouvez sentir leur présence, et quelques-uns parmi vous savent parfaitement de quoi je parle. Parmi eux, certains deviennent vos guides intuitifs et favorisent l'émergence de sentiments que vous devez apprendre à reconnaître. Ces intuitions vous aident à déterminer la bonne direction, vous incitent à avancer, à reculer ou à rester sur place. Vous les appelez les anges – les guides –, ceux qui vous aiment infiniment et qui sont à vos côtés pendant toute votre existence. Ils sont également présents ici ce soir.

Les défis que vous affrontez, tels que ceux décrits par mon partenaire, recèlent tous une solution. Et vous ne devriez pas être surpris d'apprendre que ces solutions viennent de vous ! Les humains sont persuadés qu'ils naissent sur le plan terrestre et sont mis à l'épreuve afin de déterminer où se situe l'équilibre des énergies. Ils acceptent ce fait. Ils s'imaginent qu'au cours de leurs différentes vies, ils seront soumis à des tests sans fin, et les plus sages d'entre eux déclarent : « *Nous savons que nous sommes à l'origine de ces tests. Nous comprenons comment les choses fonctionnent. Nous saurons les surmonter grâce à ce nouveau partenariat.* »

Je veux vous expliquer pourquoi les choses se produisent de cette façon – car les épreuves que vous traversez ont toutes une raison d'être. Très chers, comme nous l'avons déjà expliqué, vous vous trouvez dans une situation d'équilibre sur la Terre. Ce message vous est délivré avec énormément d'amour, parce que nous souhaitons que vous ayez la révélation suivante : chaque épreuve que vous rencontrez possède une solution élaborée par vous ! L'une et l'autre sont inséparables. Bien que nous ayons abordé ce sujet à maintes reprises, une certaine confusion subsiste toujours. Sachez que tout au long de votre vie, les solutions seront toujours présentes. Cet équilibre épreuves/solutions crée un scénario positif qui défie votre imagination.

Nous insistons sur ce point parce que vous êtes nombreux à avoir besoin de cette aide. Et nous vous demanderons affectueusement : « Pensez-vous que nous ignorons vos épreuves ? » Sachez que vous n'êtes jamais seuls. Parfois, vous êtes convaincus du contraire, mais nous vous le répétons : « Ce n'est pas le cas ! » Vous n'êtes jamais sans protection, même durant le changement de guides ou en période de transition. Ne l'oubliez pas, vous êtes protégés. Ce nouveau concept concerne ce que nous avons abordé au cours de notre dernière réunion, lorsque nous avons parlé de la puissance de votre conscience. Nous avons expliqué ce qui se passe lorsque vous brandissez votre flambeau lumineux, c'est-à-dire la réaction de l'ensemble du royaume angélique qui vous entoure. Nous avons évoqué ce sujet parce que, dans ce cas, un processus de protection entre en action et vous évite de commettre des erreurs. C'est ainsi. Cette protection fait partie de la nouvelle énergie, des nouveaux dons et des nouveaux outils. Elle est intégrée à la carte que Michaël Thomas avait en sa possession dans l'histoire que nous vous avons racontée (voir *Le Retour*, un autre livre de Kryeon). C'est le don de la sagesse qui vous est offert par ceux qui vous entourent et qui composent la famille !

Vous vous demandez pour quelle raison Kryeon et son cortège deviennent fébriles ? Vous vous demandez pourquoi l'émotion est si intense, pourquoi mon partenaire pleure parfois de joie au cours d'instants comme celui-ci ? Je vais vous le dire. Nous ne sommes pas venus uniquement pour vous livrer certaines informations. Nous sommes également parmi vous pour vous faire ressentir l'émotion du foyer, pour vous faire prendre conscience de votre personnalité véritable. Par ailleurs, il existe une autre raison commune à chacune de nos réunions : nous profitons de ces occasions pour baigner vos pieds. Ne les gaspillez pas, car, comme nous l'avons déclaré aux autres groupes que nous avons rencontrés et à tous ceux qui lisent ces lignes, les potentialités regroupées ici et destinées à la conscience et au pouvoir humains sont incroyables ! Nous ne parlons pas seulement des êtres humains assis ici « maintenant », comme le définit votre schéma temporel linéaire, mais également de ceux qui lisent ces lignes en cet instant.

Permettez-moi de m'adresser à ceux qui sont présents dans cette salle (à Perth) : nombreux sont ceux qui, au-delà de ces murs, entendront et liront ce message. Peut-être ressentiront-ils ce que vous ressentez vous-mêmes en ce moment. Ils seront conscients de l'énergie qui emplit cet espace et de l'amour de Dieu qui vous enveloppe en ce moment, car la même chose se produira autour d'eux. Et, très chers, alors que l'amour vous entoure et que son tourbillon évolue entre vos chaises, nous souhaitons vous rappeler que le même phénomène se manifestera en présence de ceux qui lisent ce livre. Aussi, alors que vous êtes assis dans cette salle et que vous écoutez, sachez que d'autres membres de la famille sur d'autres continents « voient » ce qui se passe ici dans leur « maintenant ». Cet événement est donc véritablement interdimensionnel, car je m'adresse à vous personnellement, dans votre schéma temporel linéaire, bien qu'à tous, simultanément.

Nous souhaitons que vous reconnaissiez tous cette émotion, car vous l'avez déjà ressentie auparavant. Ce sentiment représente l'énergie de votre véritable « foyer » qui vient jusqu'à vous, très chers, et qui devrait vous rappeler qui vous êtes réellement. Sous son influence, vous devriez vous lever et vous écrier : « JE SUIS », car en chacun de vous réside une énergie angélique bien dissimulée. La dualité veut vous rabaisser, vous persuader que vous n'êtes bons à rien, mais votre famille est là pour vous convaincre du contraire, car, dans cette pièce, nous accueillons ceux qui nous ressemblent. La seule différence entre vous et les entités qui se sont glissées dans cette salle pour vous féliciter, vous honorer et célébrer l'aspect sacré et précieux de cet instant est celle-ci : vous avez accepté de venir au monde sur cette planète en sachant que votre magnificence vous serait dissimulée. Certains d'entre vous dans cette pièce se demandent si cela se peut. La dualité est efficace pour dissimuler une telle grandeur, n'est-ce pas ? Pourtant, chacun de vous possède un formidable spectre de couleurs.

L'énergie dans cette salle est précieuse ; elle va vous permettre de recevoir un présent – que je vais placer symboliquement sur vos genoux en cet instant même. Il s'agit d'une petite boîte avec un couvercle et, avant que nous nous séparions, vous aurez la possibilité de l'ouvrir. Nous allons maintenant vous révéler ce qu'elle contient. Tout comme les lecteurs de ces lignes, vous allez recevoir notre aide puisque vous l'avez réclamée. Nous ne nous adressons pas aux foules, très chers ; nous nous adressons au cœur de chacun de vous et nous savons qui vous êtes personnellement. La boîte placée sur vos genoux, et que vous ouvrirez plus tard, est à votre intention à tous. Son contenu est nécessaire pour votre énergie afin de renforcer votre fréquence vibratoire. Et ceux qui choisiront de partir d'ici sans l'ouvrir seront honorés et aimés tout autant que les autres. Vous êtes tous aimés en votre qualité de membres de la famille. Si vous considérez la parabole du fils prodigue, vous comprendrez ce que je veux dire. En effet, la célébration organisée en son honneur n'avait aucun rapport avec ses actes ; elle était plutôt liée à son retour. Seul comptait ce dernier !

Un jour viendra où nous nous retrouverons dans un endroit encore plus extraordinaire que celui-ci, un endroit suffisamment vaste pour que vos énergies puissent croître et se multiplier à volonté. Pour le moment, si vous faisiez tous appel à vos énergies, simultanément, cette pièce deviendrait vite encombrée (humour de Kryeon). Mais c'est pourtant ce que nous faisons en cet instant même en emplissant cette pièce de l'amour que nous ressentons pour vous. Nous sommes également présents avec ceux qui lisent ceci maintenant. Nous en dirons davantage à ce sujet dans un instant, car il est temps que la leçon commence.

Comme nous l'avons déjà dit, cette réunion concernait l'avenir de l'humanité. En effet, parlons de cet avenir. Nous allons vous annoncer quelque chose qui vous semblera peut-être étrange : l'époque où l'Esprit pouvait prédire vos actions et le futur de la planète est révolue, de même les jours où un potentiel puissant pouvait conduire un devin à une conclusion basée sur l'énergie. Disparue également l'époque où un prophète pouvait se dresser devant vous et proclamer : « Voici ce qui va se passer. » Et je vais vous dire pourquoi. Les humains sont en train de vivre ce que nous appelons une « période de rénovation ». Et en rénovant le cœur même de votre existence, vous allez cocréer une nouvelle énergie que même nous, ne pouvons définir. Rénovation ! En cet instant même, votre avenir est en rénovation.

Nous souhaitons vous fournir une liste de différents éléments auxquels je vous demande de réfléchir (malheureusement, nous devons vous la présenter selon un certain ordre linéaire). Cette liste contiendra un message à votre intention. C'est pour cela que vous êtes venus. C'est la raison de votre présence ici. Et, lorsque nous aurons terminé, vous serez nombreux à estimer que cette influence vous était personnellement destinée. Nous savons la raison pour laquelle vous lisez ou écoutez cette information. Pensez-vous qu'il s'agisse d'un hasard ?

La rénovation de la famille

L'être humain de ce Nouvel Âge est en période de rénovation. Aussi devez-vous comprendre que votre propre rénovation n'est pas encore terminée ! Et, dans votre état d'inachèvement, vous devriez reconnaître certains attributs. Familiarisez-vous avec cette situation. Ne l'oubliez pas, la prochaine fois que vous vous sentirez frustrés. Je m'adresse maintenant aux guerriers de la lumière présents ici ce soir – à ceux qui ont exprimé l'intention de s'améliorer et qui affirment : « *J'accepte cet amour en provenance de l'autre côté. Je reconnais ma famille et je suis prêt.* » Mais d'autres diront : « *Je suis prêt depuis longtemps. Que se passe-t-il ?* »

Il reste encore treize à quatorze mois de rénovation avant que certains d'entre vous ne comprennent vraiment ce qui se passe (ceci fut déjà déclaré en septembre 1998). Cette rénovation est due au fait que les choses changent beaucoup plus rapidement que vous n'en avez conscience. Nous parlons de la conscience spirituelle au niveau cellulaire. Certains éprouvent des difficultés chaque jour – se réveillant et se sentant différents de la veille. Ils n'ont pas le temps de s'arrêter, de relaxer et de s'habituer à cette nouvelle sensation... qu'une autre surgit déjà. Tout semble aller très vite !

Le bouleversement cellulaire

Parlons en priorité de ce qui se passe au niveau cellulaire, car c'est ce que vous ressentez le plus profondément en ce moment. Nous avons déjà dit qu'une liste vous serait fournie selon un ordre linéaire. En fait, elle devrait vous être remise globalement, mais seuls ceux d'entre vous qui comprennent ce qu'est le troisième langage pourraient assimiler ce message tel quel. Dans cette pièce, certains penseront, lorsque tout sera terminé, qu'ils se sont assoupis. Si tel est votre cas, c'est que vous aurez reçu cette information d'une manière beaucoup plus efficace ! Pour la transcription, nous vous fournissons ces informations de façon successive, mais nous vous répétons qu'aucune d'entre elles n'est plus importante que les autres : l'ordre dans lequel nous vous les présentons n'a rien à voir avec leur importance respective. En fait, cela concerne l'aspect interdimensionnel de l'énergie. Certains d'entre vous se réveillent avec une étrange sensation au niveau cellulaire. Leur corps se transforme, et ils le savent. Un bouleversement vibratoire quelque peu inconfortable est en train de se produire, et je veux vous présenter une métaphore afin de l'illustrer. Combien d'entre vous ont un jour décidé de rénover l'intérieur de leur maison tout en continuant d'y vivre ? Quelques-uns diront : « *Oui, je me souviens. C'est affreux et je ne recommencerai jamais.* » Eh bien, devinez où vous en êtes à cet instant ? Vous vous trouvez dans une maison biologique en pleine rénovation. Vous tentez d'atteindre des choses qui, au niveau cellulaire, se trouvaient auparavant à un certain endroit, et vous réalisez qu'elles n'y sont plus ! Cette situation est déconcertante et vous déstabilise. Vous êtes habitués à certaines sensations que vous n'éprouvez plus. Cette rénovation est « cellulaire », et ce mot signifie ADN.

« *Kryeon, êtes-vous en train de nous dire que l'ADN des êtres humains se modifie ?* »

« *Oui.* »

« *Comment se fait-il que mon ADN soit relié à mon être spirituel ?* »

C'est cela que provoque le bouleversement magnétique (la raison de la tâche de Kryeon). Nous vous l'avons déjà dit, votre illumination est reliée à votre biologie. Chacune de vos cellules est consciente de ce fait et aussi illuminée que les autres. Elles réagissent toutes au magnétisme. Comprenez-vous que certains des changements et des situations terrestres que vous craignez surviennent aujourd'hui selon un plan établi, avec votre permission, pour votre ADN ? Ces phénomènes se produisent afin que votre niveau cellulaire puisse se transformer – soit amélioré – et croître en conscience.

Je vais vous apprendre quelque chose sur l'ADN de l'être humain. Des tas d'enfants viennent de naître dotés d'un ADN différent du vôtre. Cette différence ne réside pas simplement dans les deux filaments biologiques, mais touche l'évolution des capacités de la cellule spirituelle. Ces enfants ne vous ressemblent pas, et le magnétisme (la grille magnétique entourant la Terre et qui se transforme) les affectera de façon tout à fait particulière. Ils sont pourvus d'outils dont vous ne disposez pas et que vous devrez créer vous-mêmes – ce qui représente l'une des raisons pour lesquelles vous lisez ceci. Le saviez-vous ? Ce n'est pas par hasard si ces enfants de couleur bleu foncé (la couleur de la force vitale) que vous appelez les « indigo » sont nés en telle abondance. Leur âge moyen (en 1998) se situe entre trois et douze ans, et il y a une excellente raison à cela. Tout fut parfaitement synchronisé et planifié en fonction des mesures spirituelles de la Terre. Vous pensez que les indigo sont des êtres extraordinaires ? Surveillez ce qui se passera avec leurs propres enfants. Ces derniers naîtront aux environs de 2012 et nous vous conseillons de vous préparer à leur arrivée, car ils vous surprendront. Ils seront vraiment très différents des indigo d'aujourd'hui.

Il s'agira de la prochaine étape évidente, à condition que vous lui permettiez de survenir. En d'autres termes, vous avez toute latitude pour stopper ou favoriser cette évolution. À vous de jouer. L'énergie de cette planète dépend de vous, uniquement de vous. Nous nous contentons de vous fournir les potentialités – celles que nous constatons aujourd'hui et celles basées sur les formidables réalisations du passé. Les enfants des indigo seront spéciaux. Ils disposeront d'attributs que n'ont pas reçus les indigo et, en les contemplant, vous penserez : « *S'il s'agit là des réalisations d'une seule génération, qu'accomplira la suivante ?* » Imaginez quel sera le futur de l'humanité ! En arrivant à la fin de cette liste, vous comprendrez beaucoup mieux ce dont nous parlons. Nous allons également vous fournir une bien meilleure compréhension du *pourquoi* de cette programmation lorsque nous aborderons la cinquième partie de cette série.

Donc, quelle attitude devriez-vous adopter si vous ressentez ces sentiments de malaise dont il a été question plus tôt ? Éprouvez-vous davantage de difficultés qu'auparavant à vous « connecter » ? Le changement cellulaire entraîne certaines modifications du cycle du sommeil et des habitudes alimentaires. Il provoque en vous une étrange « inquiétude » concernant votre santé. Honorez ces sensations et calmez-vous. Célébrez-les et comprenez ce qui est en train de se passer. Et souvenez-vous que dans toute rénovation survient le moment de l'achèvement. Recherchez-le. Attendez-le. Mais toute rénovation s'accompagne également de changements. Le résultat en vaut la peine.

La conscience

L'élément suivant a trait à la conscience. Pendant des millénaires, la conscience des êtres humains fut celle de suivre le groupe. Dans l'élaboration actuelle de votre nouvelle structure cellulaire, vous n'êtes plus simplement des **observateurs** (métaphore), mais des **constructeurs**. Par conséquent, vous êtes **responsables** des rénovations en cours. En fait, vous êtes à la fois l'architecte et le maçon.

Vous êtes nombreux à vous être contentés de vivre vos vies antérieures en suivant le mouvement. Vous pensiez qu'il devait en être ainsi – que c'était ce que l'on attendait de vous, que c'était spirituellement correct. Vous avez donc agi dans ce sens. Quelqu'un se présentait avec un nouveau concept et vous disait : « *Voici ce que vous devriez faire maintenant.* » Et c'est ce que vous faisiez. Et certains d'entre vous ont éprouvé une longue suite de déceptions durant ce processus passif. Nous allons maintenant vous annoncer quelque chose d'étonnant : nous vous informons que la conscience grégaire est en train de se transformer et nous vous demandons désormais d'être les bergers et non plus les moutons. Nous sommes réunis ici, tous membres de la famille, pour discuter d'un sujet important. Vous, guerriers de la lumière, représentez l'avant-garde de la vague qui s'avance. Chacun de vous se considère comme un guerrier de la lumière – brandissant le flambeau – ancrant la lumière. Chacun de vous peut quitter cette salle aujourd'hui doté du potentiel du berger. Il n'aura plus besoin de se comporter en mouton grâce au nouvel éveil de sa véritable personnalité.

Laissez-moi vous dire ce qu'accomplit la conscience et ce qui est en train de se passer. La transformation qui va survenir sera inconfortable. Peut-être ressentirez-vous une certaine instabilité. Il s'agit du même sentiment que la rénovation de la structure cellulaire, et la conscience en éprouve des émotions. Cela dépend de votre manière de réagir. Certains d'entre vous ressentent un déséquilibre et même de la peur. Dans le passé, cette sensation de déséquilibre signifiait que quelque chose n'allait pas. Cette fois-ci, c'est exactement le contraire ! Votre sensation d'instabilité devrait vous emplir de joie ! Soyez en paix, sachez que *vous* êtes Dieu et prenez conscience que JE SUIS appartient à l'être humain rénové. Il s'agit de la transformation des adeptes en guides, de ceux qui recherchent la connaissance et qui la trouvent peu à peu, au fur et à mesure que les éléments nécessaires leur sont fournis. Il s'agit de la prise de conscience que vous pouvez réclamer la connaissance et vous la voir accorder. C'est nouveau et vous devrez vous y habituer. Vous êtes en train de rénover votre conscience et vos cellules biologiques d'une façon spirituelle.

« Kryeon, je me sens mal à l'aise sur le plan émotionnel, diront certains. Je m'éveille le matin en ignorant ce qui va se passer. Les choses semblent normales, mais je me sens mal à l'aise. Je n'ai aucune certitude concernant ma vie. Je n'ai pas de direction précise vers laquelle me diriger. Je ne sais pas où aller. Je suis perturbé émotionnellement. Je pense que ma conscience est en train de changer, mais je ne sais que faire. Parfois, cela me déprime, et d'autres fois, je suis fatigué. Cela ne me ressemble pas. »

Très chers, je vous le demande : pensez-vous que nous ignorons ce que vous ressentez ? Nous savons tout. La rénovation de la conscience nécessitera un certain délai et nous vous demandons de faire preuve de patience, de sang-froid et de vous réjouir. Vous avez le temps. Vous éprouvez un sentiment d'urgence, mais vous avez le temps ! Certains d'entre vous vibrent à une fréquence plus élevée, et cette vibration les indispose. Ils ont l'impression de devoir faire ceci ou cela très rapidement. Ils ont tort. Ils ont tout leur temps. Aussi leur demandons-nous de célébrer ce sentiment.

Sachez ceci : quand la rénovation atteindra le stade où pourra intervenir la synchronicité, comme vous l'avez demandé, vous recevrez également les réponses que vous avez réclamées. Vous les aurez méritées, car vous les aurez définies grâce à votre conscience. Et jusqu'à ce que cela se produise, soyez en paix. Reconnaissez ce processus de rénovation et accueillez-le en ami. Le matin, lorsque vous vous sentez dans un état étrange, je vous invite à penser : « *Dépression, malaise, je vous reconnais. Je change parce que j'en ai manifesté l'intention. Je vais célébrer cet événement tout le temps que durera cette transformation, jusqu'à ce qu'elle soit achevée.* »

Votre voie spirituelle

Voici le troisième élément de la liste. Certains ont affirmé ceci : « *J'ignore tout de ma voie. Kryeon, tu nous as parlé du grand dessein qui est le nôtre. Eh bien, tu ne devineras jamais ! Je suis perdu ! Je ne sais pas quelle direction prendre. J'ai trop d'options. Mon esprit est confus.* » D'autres ont dit : « *Je n'ai guère de choix. Je suis bloqué. Que dois-je faire ? Kryeon, tu es venu avec ce grandiose message. J'en ressens tout l'amour et je sais qu'il est réel. J'ai formulé l'intention de trouver ma voie, mais je ne vois rien venir.* » Voici une métaphore concernant la voie, très chers. Certains d'entre vous réaliseront qu'il s'agit de la métaphore que nous leur avons proposée lorsque nous avons évoqué le « partenariat » avec votre Moi divin.

Nous vous le répétons donc : pendant des années, vous avez été les passagers d'un canot de sauvetage – ballottés sur l'océan de la vie. Ainsi, vous êtes nombreux à vous être adressés à Dieu et à lui avoir demandé de prendre la barre afin de vous guider vers un havre de sécurité. D'autres vivent leur existence épisode par épisode, orage après orage, convaincus que la vie va ainsi. Vous pensez que tel est votre destin. Certains autres ont l'impression de patauger lamentablement et se cognent contre les murs, jusqu'à ce que Dieu intervienne et leur vienne en aide.

Un nouveau paradigme apparaît et vous êtes invités à vous

familiariser avec lui. Très chers, beaucoup d'entre vous sont habitués à être des passagers ; aujourd'hui, le moment est venu pour eux de se transformer en conducteurs. Au lieu d'être les passagers d'un canot de sauvetage que Dieu dirige et guide, ils doivent lui demander quelle direction prendre, installer le moteur et prendre les commandes. Et durant cette métamorphose des passagers en conducteurs se produisent un changement et son cortège d'incertitudes. La voie à suivre paraît souvent incertaine. Car, pour tous ceux qui disent « *je n'ai pas le choix* », il en existe d'aussi nombreux qui affirment au contraire « *j'en ai trop* ». En fait, tout ceci peut prêter à confusion. Quel est le bon chemin ?

Vous a-t-on déjà conduit quelque part en voiture ? Vous traversez peut-être un lieu inconnu, mais le conducteur connaît le chemin. Celui-ci est le responsable et vous vous contentez d'être le passager. Lorsque vous parvenez à destination, vous ne savez pas très bien comment vous êtes arrivé là, car le conducteur était aux commandes. La même chose se passe dans votre vie lorsque vous ne la dirigez pas vous-même et que vous ne prêtez guère attention au trajet qu'a suivi le conducteur pour vous mener à destination. Puis, soudain, vous apprenez que c'est *vous* qui allez devenir le chauffeur. À partir de cet instant, vous commencez à vous faire vraiment du souci ! Vous ne savez pas où aller ! Vous n'avez jamais observé l'itinéraire suivi !

« *Kryeon, que dois-je faire sur les plans professionnel, relationnel et au sujet de ma santé ? Quelle est ma voie ? Je n'ai jamais dirigé ma vie spirituellement jusqu'à ce jour !* »

D'abord, il vous faut apprendre à utiliser la carte qui fut offerte à Michaël dans *Le Retour*. Cette carte permet de libérer tellement d'énergie ! Elle représente symboliquement l'intuition et le discernement et vous procurera la sérénité indispensable pour vous diriger en terrain inconnu – un peu comme une carte routière. Ce que vous acceptiez passivement dans le passé est, maintenant, devenu votre responsabilité. Au début, cette situation vous semblera pénible, mais elle deviendra très gratifiante avec l'habitude. Souvenez-vous ! Dieu, votre partenaire, connaît parfaitement la route, et vous pourrez lire cette carte grâce à votre discernement et à votre intuition.

Ensuite, quelle que soit l'énergie qui vous inonde, frayez-vous un chemin à travers la crainte environnante. Chassez-la, grâce à la présence du JE SUIS ! Sachez qu'il est possible de procéder à une célébration, même dans l'incertitude. Célébrez l'incertitude ! Puis, demandez une guidance directe afin de vous en débarrasser définitivement. Dorénavant, vous tenez le gouvernail du bateau avec la guidance divine pour vous assister !

À ceux d'entre vous qui apprécient la métaphore du canot de sauvetage, je veux expliquer ce que cette nouvelle vision peut représenter. Je veux que vous vous accrochiez bien à la barre. Puis, au même moment, formulez l'intention d'obtenir une guidance. Adressez-vous à haute voix à l'Esprit et dites : « *Grâce à l'assistance divine, je veux trouver refuge dans les havres de paix de la vie.* »

Laissez-moi vous dire ce qui se passera lorsque vous prononcerez ces mots : les mains géantes de l'Esprit se lieront alors aux vôtres et, ensemble, membres de la même famille, vous guiderez ce bateau vers la sécurité. En votre qualité de conducteur sur le chemin de votre existence, attendez-vous à ce que, là aussi, des mains enlacent les vôtres. Ce genre de collaboration est nouveau, et il vous faudra un certain temps pour vous y habituer. Jusqu'à présent, vous vous êtes laissé guider mais, maintenant que vous disposez de ce nouveau pouvoir, il vous faudra prendre vous-mêmes vos décisions. Avec l'action apparaît la conscience, et votre *intention* trouvera les solutions avec l'aide d'une énergie affectueuse et familière appelée la famille.

J'espère que vous comprenez. Nous vous honorons pour votre présence en ces lieux d'incertitude. Réalisez-vous l'honneur dont vous bénéficiez lorsque nous baignons vos pieds ? Nous connaissons les difficultés que vous traversez et celles accompagnant les changements qui s'annoncent.

L'énergie

Parlons d'énergie pendant quelques instants. Vous êtes tellement nombreux à travailler avec elle. Vous avez suivi les protocoles et les disciplines spirituelles qui font appel à l'énergie et vous savez comment celle-ci fonctionne. Vous êtes familiarisés avec les sensations qu'elle provoque, les directions qu'elle prend, la façon dont elle se déploie et avec les résultats qu'elle entraîne chez les autres. Et, soudain, tout change. Voici ce que nous avons dit à d'autres personnes récemment mais qu'il vous faut également entendre à propos de l'énergie spirituelle : les solutions proposées par l'énergie d'hier ne sont pas nécessairement celles de demain. Et ce que vous ressentez en cet instant – ce qui marche aujourd'hui – peut ne pas fonctionner demain. Cela risque de frustrer un grand nombre d'entre vous qui travaillent avec cette énergie, et je souhaite vous expliquer pourquoi les règles diffèrent. Certaines pièces du puzzle énergétique se déplacent autour de vous afin de compléter votre nouveau pouvoir. Vos anciens outils n'ont pas disparu. Au lieu de cela, ils attendent que vous découvriez leur nouvelle vocation, ce qui leur permettra de mieux s'adapter à la rénovation de votre biologie et de votre conscience. Très chers, le charpentier expérimenté dispose de meilleurs outils que l'apprenti. Le chef cuisinier possède une nouvelle batterie pour confectionner ses recettes. De même, l'être humain rénové reçoit une énergie nouvelle afin d'améliorer l'œuvre qu'il accomplit sur la planète !

À ceux d'entre vous qui travaillent avec l'énergie, je déclare que les outils sont plus affûtés aujourd'hui, bien qu'ils ne s'en rendent peut-être pas compte. Une fois encore, nous vous conseillons de célébrer le fait que votre pouvoir est en train de croître. Vous allez obtenir dans votre travail des résultats beaucoup plus impressionnants que jamais auparavant dans votre vie ! Soyez attentifs à certaines de ces nouvelles énergies qui se présentent, ainsi qu'à l'information intuitive communiquée qui se « fondra » avec ce que vous savez déjà. Très chers, quelques-uns d'entre vous méditent avec des énergies et espèrent des émotions et des voies de connaissance leur annonçant qu'ils sont en harmonie avec l'Esprit. Ces énergies très communicatives ont été modifiées pour leur permettre davantage d'intuition et de discernement, et certains auront subitement l'impression qu'ils ne sont plus en phase. Ils s'interrogeront : « *Que s'est-il passé avec les ondes de médita-tion ? Que sont devenues les émotions que je ressentais aupa-ravant ?* » Lorsque la communication se transforme, ne craignez rien. Arrêtez-vous et célébrez le fait que vous avez transcendé la peur et que vous êtes maintenant à la recherche de la meilleure utilisation possible des outils rénovés. Demandez à l'Esprit de vous guider, de vous indiquer quelles voies emprunter dans le cadre de votre travail sur l'énergie, de vos méditations, de votre communication. Ne soyez pas surpris ou choqués lorsque des intuitions jailliront dans votre esprit, semblables à celles ressenties par mon partenaire au cours de ce channeling.

Il n'existe aucun problème qui ne puisse être résolu par l'énergie. Permettez-moi de reformuler cette affirmation : jamais vous ne serez confrontés à un problème trop difficile à résoudre. Les réponses sont là, attendant d'être trouvées, et, sur le plan énergétique, les modifications sont spectaculaires. La nouvelle énergie jouera un rôle très important dans la rénovation de votre existence.

Ainsi allons-nous développer ce sujet pendant encore un moment afin qu'il devienne tout à fait clair à vos yeux. Toute personne qui recourt à l'énergie dans un but quelconque sait qu'elle va se transformer. Je m'adresse également aux praticiens pour leur communiquer de nouvelles informations. Recherchez les changements, les transformations. Modifiez votre protocole d'enseignement afin d'intégrer les nouvelles informations au fur et à mesure que votre intuition vous les communique. Offrez à vos étudiants les informations les plus récentes au fur et à mesure que vous recevrez les révélations concernant les disciplines énergé-tiques. Puis, apprenez les nouvelles formes de sensations. Même les plus anciens systèmes spirituels de la planète seront améliorés. L'énergie qui imprègne la partie spirituelle de l'humanité se transformera, encore et toujours.

Enfin, nous souhaitons vous communiquer un autre « détail énergétique » sur la communication avec l'Esprit. Chaque jour, choisissez quelques instants pour vous asseoir et vous détendre. Ne méditez pas. Asseyez-vous et détendez-vous. Cela est nouveau.

Nous souhaitons que vous vous asseyiez tranquillement et vous contentiez d'être aimés. Découvrez à quoi ressemble le fait d'être enlacés par l'Esprit simplement pour vous-mêmes. Ne demandez rien, ne faites aucun bruit et n'interrompez pas le flot d'énergie. Ne faites rien, contentez-vous de ressentir les bras de la famille qui vous enlacent. Puis, vaquez de nouveau à vos occupations. Nous vous invitons à prendre conscience de la globalité. Soyez calmes, et laissez-vous aimer !

Le but

Maintenant, nous allons vous entretenir du but. Quelle est la raison d'être des humains sur la Terre ? Le paradigme ancien voyait ce but comme une suite de leçons, et peut-être avez-vous entendu cette assertion durant toute votre vie. Ceux d'entre vous qui ont suivi cette philosophie spirituelle, qui ont compris qui ils sont réellement et le caractère grandiose des changements, ont également compris que cette vie a trait à l'apprentissage, et uniquement à l'apprentissage. Soudain, on vous déclare que même ceci est en train de changer. Alors que vous vous êtes toujours considérés comme des étudiants au sein de l'humanité, on vous déclare aujourd'hui que vous allez être diplômés. Plus encore : vous êtes dorénavant les enseignants.

Ainsi, votre condition dans l'existence passe, métaphoriquement, de l'état d'étudiants à celui d'enseignants. Et les attributs novateurs dont nous parlons sont véritablement en train de transformer votre but sur la Terre. Oh, vous passerez encore des tests, très chers, mais une des raisons pour lesquelles vous les réussirez est que vous êtes prêts maintenant à enseigner aux autres. Ainsi, nous vous invitons, vous, enseignants, à prêter attention à cette nouvelle façon d'être alors que le dessein de l'humanité se transforme. Demandez aux nouveaux enfants de vous faire connaître le but de leur vie. Ils fourniront certaines réponses alarmantes. Pourquoi êtes-vous ici ? Allez-y, demandez-leur. Ils vous apporteront des réponses si sages et si profondes qu'elles redéfiniront votre but. Ne soyez pas surpris s'ils vous parlent également de l'amour qui les accompagne ! Vous savez, l'Esprit n'existe pas dans le vide. Nous comprenons combien ce bouleversement et ce changement peuvent paraître déconcertants. Nous vous demandons de ne pas permettre à cette transformation de vous rejeter hors de votre voie. Restez concentrés sur votre travail, même durant un bouleversement au niveau cellulaire de la conscience et de l'énergie. Si vous comprenez ce qu'est la rénovation, alors vous comprendrez ce qu'est le changement. Même durant les périodes de confusion ou de déconnexion apparente, nous vous invitons à rire et à prendre conscience que tout cela finira par s'arranger, grâce à un simple effort d'intention visant à découvrir où se trouve le nouveau « centre ». Célébrez le changement, car il ne se produirait jamais si vous n'en étiez pas dignes !

L'interaction

Nous allons maintenant aborder le sixième élément de la liste. Il se rapporte au premier élément, lui-même relié au quatrième, car il a trait au niveau cellulaire et à l'énergie. Il concerne l'avenir des interactions entre les êtres humains, domaine dans lequel vous constatez d'ores et déjà un changement considérable. Si vous souhaitez assister à une transformation de la conscience, sachez qu'elle apparaîtra d'abord chez les êtres humains, car il s'agit là de sa manifestation la plus évidente. Combien êtes-vous à ressentir un changement passionnel ? Cela fait partie de la modification de votre conscience et de vos buts qui – le saviez-vous ? – sont étroitement liés. Une rénovation se produit dans les relations humaines et dans la manière dont chacun considère l'autre. Nous ne parlons pas simplement des guerriers de la lumière, car cette rénovation se développe à l'échelle planétaire. Elle correspond au changement que l'ajustement de la grille magnétique procure à l'ensemble de l'humanité. Je vais maintenant définir les caractéristiques de ce changement à l'usage des guerriers de la lumière qui lisent et écoutent ces paroles tout en brandissant leur flambeau.

Au cours des dernières années, certains d'entre vous ont vu

leur passion se transformer. En effet, vous êtes nombreux désormais à considérer les autres habitants de la planète sous un angle nouveau, très différent du passé. Auparavant, bien sûr, vous vous souciiez d'eux, mais pas autant qu'aujourd'hui. C'est nouveau pour vous. Vous vous « branchez » sur la famille.

Les humains se feront mutuellement des dons spirituels. Normalement, certains de ces dons seraient perçus comme des tragédies, mais vous allez maintenant les percevoir différemment grâce à une nouvelle perspective pleine de sagesse. Tout en éprouvant du chagrin, vous réaliserez que vos émotions ont changé. Car la modification de la grille magnétique apporte avec elle un nouveau potentiel d'humanisme et amène les gens à se voir véritablement comme une famille. Quel que soit l'endroit où un phénomène se produit sur la planète, quels que soient le langage des participants et leurs croyances, la passion de votre cœur rejaillira sur eux. Vous prononcerez une prière et leur transmettrez votre énergie en disant : « *Ceci est nouveau pour moi, jamais cela ne s'était produit auparavant.* » Vous commencez maintenant à vous soucier réellement de la famille.

Je vais vous dire ce qui se passe chez les êtres humains, phénomène que vous constatez d'ores et déjà chez les enfants qui tentent de rétablir l'harmonie au sein de leur famille. Soyez-y attentifs. S'il existe des dissensions entre les parents, entre frères et sœurs, vous pouvez vous attendre à voir ces enfants intervenir et jouer le rôle de conciliateurs. Très chers, les êtres humains vont passer du statut d'observateurs à celui de pacificateurs. Sachez qu'il existe un énorme potentiel d'espoir et de promesses, même lorsque vous scrutez la Terre et dites : « *La Terre est surpeuplée et les risques de désaccords, de conflits et de guerres sont trop élevés.* » Il s'agit là de l'ancien paradigme.

Nous avons fait allusion aux enfants des enfants indigo : l'un des attributs des êtres humains qui naîtront des enfants indigo sera la médiation ! Cette dernière surgira aux environs de l'année 2012. Tous ces êtres posséderont la sagesse de vivre ensemble en paix. Ils bénéficieront également de systèmes immunitaires plus efficaces. Ils seront beaucoup plus tolérants que vous et cela vous surprendra. Les potentialités qui en découleront seront immenses. Chacun de ces enfants sera un pacificateur. Il s'agit là du potentiel de l'humanité et de l'avenir du pouvoir du septième élément de la liste que nous allons aborder.

La conscience

L'un des attributs essentiels du nouvel humain est la conscience. Auparavant, nous avons développé ce sujet selon les sept pouvoirs dont cette conscience vous dote. Voyons maintenant le septième élément de la liste, que l'on appelle également *conscience*. Nous y revenons à nouveau parce qu'il est très important et qu'il englobe tous les autres. La conscience, c'est l'action manifestée grâce à l'intention. Illumination est un synonyme de conscience. La conscience procure le pouvoir : considérez son énergie, remarquez qu'elle réagit à l'intention et vous disposerez alors d'une clef vous permettant, si vous le décidez, d'activer le Treillis cosmique (l'énergie de l'univers) et de vous y brancher. Saviez-vous cela ? Le quatrième élément était l'énergie, et nous allons maintenant en reparler. L'énergie de la communication avec l'Esprit est directement reliée au Treillis.

« *Pourquoi parler autant de cette énergie maintenant, Kryeon ? Le Treillis cosmique n'a-t-il pas toujours existé ?* »

Bien sûr que si. Cependant, les humains ne possèdent ce pouvoir que depuis quelques années, grâce à la conscience qui leur permet d'atteindre spirituellement ce Treillis. C'est la présence du JE SUIS qui permet la réalisation d'une telle chose (la conscience illuminée et sacrée en vous). C'est le partenariat dont nous avons déjà parlé. C'est l'étincelle de la divinité qui s'exprime en vous. C'est la présence du JE SUIS qui prévaut. La conscience !

Plus tôt, nous avons déposé une boîte sur vos genoux. Je sais bien qu'il s'agit d'une métaphore, mais certains d'entre vous peuvent néanmoins ressentir sa présence, sa vibration ou la chaleur qu'elle dégage, car elle détient des potentialités. Et je vais vous dire ce qu'elle contient : le catalyseur de votre conscience que vous allez devoir affronter pour découvrir qui vous êtes réellement. Il s'agit de ce que vous allez devoir intégrer afin d'élever votre conscience – pour que tout se mette en place, comme nous en avons parlé auparavant. Et la boîte est fermée.

Dans cette boîte se trouve une manifestation de votre énergie en vue d'une libération ultrarapide. Certains d'entre vous quitteront cette salle sans comprendre le sens de cette boîte, sans vouloir la posséder, sans même l'apercevoir. D'autres l'accepteront avec joie. Ceux qui souhaitent l'ouvrir peuvent le faire dès maintenant, et je veux leur dire ce qui va en sortir – et les submerger. C'est quelque chose dont vous avez tous besoin depuis un certain temps : le catalyseur ultime de la conscience, « l'estime de soi ». Ce don est finalement à votre disposition et vous allez vous sentir beaucoup plus grands que vous ne l'avez jamais été auparavant parce que ce don, tout imprégné de votre essence, est vôtre. Et il va finalement vous permettre d'obtenir tout ce que vous avez émis l'intention de recevoir ! Vous vous êtes peut-être demandé ce qui vous manquait pour pouvoir agir spirituellement dans votre vie. Certains d'entre vous ont déclaré à l'Esprit : « *Je veux arrêter de me faire du souci. Je veux comprendre le processus de guérison. Je veux des directives.* » La clef réside dans l'estime de soi ! Elle va vous fournir un élan spectaculaire, car elle permettra à la conscience de se manifester.

Le moment est venu, n'est-ce pas ? Il est temps pour vous d'éprouver cette sensation. Et je vais vous expliquer ce qu'est l'estime de soi. C'est la prise de conscience de faire partie de la famille. Elle vous permet de ressentir, d'une certaine façon, tout l'amour dont vous êtes comblés lorsque nous baignons vos pieds. L'estime de soi vous fera comprendre et ressentir que vous « n'êtes pas seuls ». Vous êtes protégés. Vous êtes baignés d'une énergie très particulière, alors que vous « transmettez » votre lumière à ceux qui vous entourent.

Rien d'inopportun ne sera jamais en mesure d'altérer cette « émanation » de votre lumière. En d'autres termes, l'énergie de votre spiritualité – de la lumière issue de votre connexion avec le Treillis – est si puissante que, désormais, vous n'avez plus besoin de boucliers de protection. Vous *êtes* la lumière alors que vous évoluez dans votre espace, au sein de votre famille, dans votre cadre professionnel et dans votre vie. Votre propre estime, nouvelle et puissante, va amplifier la lumière que vous transportez en vous à un degré qui vous permettra de transmettre sincèrement cette énergie sacrée à partir de maintenant. Où que vous alliez, cette lumière sera suffisante pour pouvoir se propager partout. Et aucune énergie inadéquate ne sera capable de l'altérer. Vous pouvez évoluer parmi les énergies les plus sombres avec un sourire sur votre visage et la joie au cœur, car vous savez qu'elles ne peuvent vous atteindre. Vous disposez de l'estime de soi qui représente le catalyseur de votre conscience et qui permet votre connexion avec le Treillis cosmique.

Certaines des choses que nous venons d'aborder peuvent vous sembler interdimensionnelles et étranges, car nous parlons, peut-être, par énigmes. Certains d'entre vous ont peut-être cette impression, mais vous êtes aussi nombreux à commencer à comprendre parfaitement pourquoi vous avez émis l'intention de recevoir ce message.

[pause]

En tant que membres de votre famille, nous nous réjouissons à l'occasion de cette guérison nouvelle ! Car certains qui entendent ces paroles et lisent ces mots en comprennent parfaitement le sens. Nous nous réjouissons, et la famille vous félicite pour les remarquables changements qui vont apparaître chez certains de ceux qui reçoivent ce message. Car le moment n'est-il pas venu ? Voilà pourquoi vous lisez ces lignes et entendez ces paroles.

Très chers, je veux vous communiquer une autre vision qui concerne votre dualité. Elle a trait aux peurs qui vous assaillent régulièrement et qui vous soufflent que rien de ceci n'est réel. Elle se rapporte à cette conscience qui vous éveille au milieu de la nuit, généralement vers trois heures du matin, et qui vous déclare : « *Faisons-nous un peu de souci.* » Je vais partager avec vous une vision : vous conduisez un véhicule, confiant en vos capacités. La lumière vous accompagne. Toutefois, la partie de votre dualité qui provoque la peur est bien présente. Elle fait partie de l'équilibre que vous avez défini. Mais dorénavant, cette peur doit s'installer à l'arrière ! Elle doit quitter les commandes et se contenter d'être passagère. Vous voyez, maintenant, vous êtes le conducteur. Aussi, la prochaine fois que la peur surgira dans votre vie, dans toute sa laideur et avec toute son énergie, nous voulons que vous l'affrontiez et lui déclariez : « *Salut, ma vieille, je te reconnais ! Tu vas t'installer à l'arrière parce que, désormais, c'est moi qui conduis. Assieds-toi derrière moi ; à partir d'aujourd'hui, tu ne me dicteras plus ma conduite ! Jamais plus !* » Car c'est ce qu'elle fait, vous savez ! Elle dirige votre vie. Elle vous emmène ici ou là, vous déçoit, vous fait trébucher, vous attriste, vous décontenance et vous rend malade.

« *Peur, assieds-toi à l'arrière maintenant. Je ne veux plus jamais entendre parler de toi.* »

Voilà votre vision. Savez-vous comment y parvenir ? Tout simplement en utilisant ce qui se trouvait dans votre boîte. Et je vous invite à célébrer cette démonstration de volonté. Ressentez la présence du JE SUIS qui vous submerge. Célébrez les guides qui vous ont aidés, car il y a tellement d'amour ici, à votre intention. Sentez la présence de la famille qui vous enlace, avant qu'elle ne se retire – alors que nous reprenons les bols remplis de nos larmes de joie et que nous finissons de baigner vos pieds. Sentez la caresse de votre famille qui vous dit : « Le moment était venu pour vous d'assister à la réunion de ce soir. » La famille est si présente ce soir, avec tous ceux que vous avez connus et avec lesquels vous avez passé des éons. Toutefois, vous quitterez peut-être cette salle sans même vous rendre compte de leur présence ! Telle est votre dualité. C'est pour cela que nous vous aimons tant. Quelle tâche vous avez choisie pour vous-mêmes ! Quel défi à relever !

Laissez-moi vous dire ce que nous avons décidé de faire : nous allons vous aimer. Chaque mois qui passe sur cette terre, visualisez le voile en train de s'ouvrir davantage et plus fréquemment. Le message que vous entendez et lisez maintenant va s'intensifier. Et chaque fois que cela se produira, nous vous demandons de rechercher la preuve de sa réalité. La preuve ? C'est l'amour qui s'en dégage. Ce dernier est palpable et vous le ressentez.

Maintenant, il est temps que nous nous retirions. Très chers, aucun autre moment ne sera exactement semblable à celui-ci. Vous ne retrouverez plus jamais exactement les membres de la famille présents ce soir, ainsi que ceux qui vous accompagnent alors que vous lisez ces lignes. Bien sûr, d'autres réunions seront organisées, d'autres occasions de lire ces lignes se présenteront, mais l'instant présent est particulièrement profond. Il s'agit d'un moment précieux pour cette famille. Même lorsque vous quitterez cette salle et retournerez à vos occupations, nous voulons que vous ressentiez et compreniez l'exception de cet instant. Il s'agit véritablement d'un moment précieux au cours duquel l'Esprit peut apparaître et la famille, vous effleurer – parce que vous en avez formulé l'intention. Et que dire du sentiment qui domine ? C'est celui du *foyer* ! C'est une énergie que vous connaissez bien, mais dont vous ne parvenez à capturer l'essence qu'occasionnellement, durant des instants privilégiés tels que celui-ci, lorsque la famille vous entoure.

Ainsi, très chers, nous nous retirons de cette énergie. Comme nous l'avons dit au cours des autres réunions, certains d'entre vous vont bénéficier d'un don supplémentaire : grâce à cette séance d'enseignement, nous connaissons ceux qui ont manifesté leur intention de recevoir des informations, qui ont accès à des connaissances et à un seuil de compréhension, ceux qui ont procédé à des changements au cours de cette courte période de temps. Et c'est ainsi, très chers, que les entités qui retraverseront le voile en repartant seront moins nombreuses qu'en arrivant. Nous voulons dire par là que quelques-unes resteront avec vous – celles à qui vous avez accordé cette permission. Les changements de guides ont eu lieu, ici et maintenant – la vérification des couleurs a été effectuée. Car voyez-vous, très chers, cela vous était nécessaire et vous savez ce que j'entends par là.

N'est-il pas temps pour vous de savoir exactement qui vous êtes ? Vous avez passé beaucoup de temps à attendre cet instant. Tout cela est-il vraiment possible ? Une réunion familiale ici même ? Oui, il s'agit bien d'une réalité, de même que l'amour qui vous a rendu visite en ce lieu – comme, aussi, le sentiment que nous éprouvons alors que vous nous manquez déjà au moment de vous quitter. Nous savons fort bien qu'un jour viendra où nous nous reverrons, très chers. Oui ! Et nous nous reconnaîtrons mutuellement par nos couleurs respectives. Et vous me direz chacun : « Salutations ! N'avons-nous pas vécu un moment exceptionnel lorsque nous nous sommes rencontrés pendant quelques instants, alors que j'étais un humain, au cours de cette année où tant de choses se passèrent et où vous m'avez rappelé qui j'étais ? »

Et je vous demanderai : « Qui êtes-vous ? »

Et vous me répondrez : « JE SUIS celui QUI EST ! »

Et je vous accueillerai alors dans votre foyer.

Et il en est ainsi.

Kryeon

Partie 5

LE SENS DE LA VIE
Laguna Hille, Californie

Avant de passer au texte suivant... lisez ceci !

De nombreux lecteurs de la série des livres de Kryeon savent que la mystérieuse activité des rayons gamma, dont on parle actuellement beaucoup dans les bulletins d'informations, fut annoncée par Kryeon dans son deuxième livre, *Aller au-delà de l'humain* (page 67) et fut diffusée par channeling en août 1993. À cette époque, Kryeon nous affirma que nous devions nous attendre à cette découverte et y être attentifs. Dans le troisième livre, *Alchimie de l'esprit humain*, ce sujet fut également aux pages 178 et 182. Enfin, il en fut également question dans le quatrième tome, *Partenaire avec le Divin*, à la page 352.

Beaucoup se souviennent qu'au cours de la réunion qui se tint à Sedona (Arizona) en mars 1995, Kryeon nous apprit que le big bang n'avait jamais eu lieu. Au cours d'un surprenant channeling scientifique (publié dans le troisième livre), il nous fournit une autre explication concernant la création de l'univers et invita les scientifiques à l'explorer par eux-mêmes. Il déclara alors : « La vérité, c'est que de multiples phénomènes expansifs (de nombreux « bangs ») se déroulèrent au cours d'une durée considérable. Que votre planète est le résultat d'un grand nombre de phénomènes créateurs imbriqués les uns dans les autres, certains bien antérieurs à la création de la Terre. » En 1995, ce concept était encore considéré comme inacceptable par la science officielle qui était, à cette époque, absolument convaincue que l'univers résultait d'un « bang » originel. Puis, peu à peu, l'idée que cette théorie puisse être sujette à caution commença à se répandre dans le monde scientifique, en particulier parmi les astronomes. Dans un nouveau magazine intitulé *Magnificent Cosmos* et publié par le groupe de presse Scientific American, parut récemment un article écrit par Andrei Linde, un professeur de physique russe enseignant aujourd'hui à l'université de Stanford. Il y développait la théorie d'un cosmos se reproduisant lui-même, théorie aujourd'hui étudiée un peu partout pour son originalité et sa pertinence. D'après son postulat, l'univers fut créé à la suite d'un petit phénomène créateur qui, au fil du temps, en produisit un autre, puis un autre – ce qui explique ce que nous observons avec nos télescopes. Cette théorie soulève également le paradoxe de la datation mis en évidence l'an dernier [1999], lorsque le télescope *Hubble* découvrit des étoiles plus jeunes que la Terre, à l'extrême limite de notre univers connu ! (En effet, si la théorie du big bang avait été correcte, elles auraient dû être plus âgées.)

Le docteur Linde déclara : « Si mes collègues et moi-même sommes dans le vrai, nous devrons alors bientôt abandonner l'idée que notre univers ne fut qu'une simple boule de feu créée par le big bang. La théorie de l'évolution inflationniste (de multiples "bangs") a donné naissance à un paradigme cosmologique entièrement nouveau qui diffère considérablement de la version originelle. » (Volume 9, n° 1, 1998.)

Je vous rapporte ces faits, car les informations qui suivent nous apprennent que l'activité gamma observée par les astronomes et qui se situe à presque douze milliards d'années-lumière d'ici est, en fait, un autre phénomène créateur universel (un autre « bang »). Qu'observent-ils ? Voici une information publiée dans le magazine *Science News* : « Les astronomes appellent cette explosion de rayons gamma, l'explosion la plus puissante depuis le big bang originel. "Cette explosion fut aussi lumineuse que l'ensemble de l'univers", déclare George Djorgovski de l'Institut californien de technologie de Pasadena. » (Volume 153, n° 19, 9 mai 1998.)

Je souhaitais que vous preniez connaissance du point de vue scientifique avant de lire ce que Kryeon a à dire sur le « sens de la vie ».

Lee Carroll

Le sens de la vie

Salutations, très chers, je suis Kryeon, du Service magnétique. Vous pensiez peut-être ne rencontrer que moi ce soir, mais je suis également ici pour vous présenter votre entourage spirituel ? En cet instant, nous nous adressons à tous ceux que nous appelons membres de notre « famille » – une famille que nous connaissons parfaitement.

L'information spécifique qui sera diffusée au cours de cette soirée spéciale concerne, en effet, la famille. Elle s'appliquera à *vous*. Nous vivons des instants, très chers, au cours desquels l'énergie du cortège se répand dans cette salle. Elle se répand parmi vous, autour du lecteur solitaire, et elle vous connaît, car vous êtes membres de la famille. Elle connaît le message à venir et sa profondeur. Et cette énergie sait que vous entendrez ce message pour la première fois, peut-être – mais que vous ne l'oublierez jamais !

Certains d'entre vous, qui écoutent ces paroles ou lisent ces lignes, ressentiront la caresse du Saint-Esprit avant que ce message ne soit entièrement délivré. Ils en prendront conscience parce qu'ils en ont exprimé l'intention. Que ceux parmi vous qui souhaitent être submergés par cette énergie reçoivent la preuve que tout ceci est bien réel. Chacun de vos noms nous est connu. L'énergie de chaque créature terrestre est présente ici. Cet endroit est sacré ! Nous vous l'avons déjà dit : vous vous asseyez dans ces fauteuils en prétendant être des humains – tous, autant que vous êtes. Vous ignorez comment tout ceci peut exister, car rien n'est évident. Votre dualité dissimule le fait que chacun de vous est un membre important de la famille – exactement semblable à moi.

Ce que nous allons vous offrir ce soir, c'est votre histoire. Nous vous dirons de façon succincte qui vous êtes et pourquoi nous vous aimons tant.

Il a fallu beaucoup de temps pour que ce message vous parvienne. Nous vous avons déclaré un jour que nous le partagerions avec vous et, depuis lors, certains d'entre vous l'attendent. Nous pouvons maintenant nous adresser très librement aux membres de la famille présents ici ce soir – et avec une telle intensité ! Vous et moi avons quelque chose en commun. Quelque chose de plus important que vous ne l'imaginez.

Mais avant d'aller plus loin, baignons vos pieds ! Que l'entourage se répande, ici et maintenant, afin de célébrer l'humanité ! Nous connaissons ceux qui sont présents ici ce soir, qui écoutent ces paroles ou lisent ces lignes. Nous savons les désirs de votre cœur ainsi que les épreuves que vous avez traversées et nous vous répétons que certains de vous quitteront cette salle avec davantage d'essence spirituelle qu'en y pénétrant. L'énergie que nous emporterons avec nous en vous quittant sera moins importante qu'à notre arrivée en raison de l'intention que vous manifestez – une intention merveilleuse et sacrée.

Soyez calmes et attentifs. L'information qui va suivre est sacrée. Si vous n'avez pas encore ressenti la présence de la famille, cela ne tardera guère. Si vous en manifestez l'intention, vous ressentirez notre présence. Que soit exaucé celui qui est venu en espérant apercevoir un signe pour le guider. Que soit guéri celui qui est venu avec l'espoir d'une guérison, animé d'une intention pure, car il s'agira d'un miracle humain, créé par vous, pour vous, avec votre puissance. L'être humain est un instrument incroyablement puissant – une entité éveillant le pouvoir spirituel de la Terre –, une entité tout à fait exceptionnelle dans l'univers. Voilà à quoi sera consacrée notre soirée.

Sachez que nous abordons la cinquième lettre de la série des **messages de notre famille**. Ceux d'entre vous qui connaissent la numérologie savent que le hasard n'existe pas quand il s'agit des nombres. Le 5 se rapporte au changement, et il est tout à fait approprié que ce chiffre soit l'explication des changements que connaît l'humanité. Et, finalement, nous possédons certaines réponses concernant notre présence ici. Lorsque nous vous annoncerons le titre de cette cinquième partie, certains d'entre

vous n'en reviendront pas. Ce titre est « *Le sens de la vie* ».
« *Kryeon, voulez-vous dire que dans quelques instants vous nous parlerez du sens de la vie ?* »
« *Oui.* »
C'est pourquoi je vous déclare : « Restez calmes. Silencieux. » Jamais une telle révélation ne fut faite auparavant. Il s'agit d'une information sacrée, débordante de vérités profondes, de desseins et de souvenirs.

Lorsque nous aurons terminé, vous saurez la raison de votre présence ici. Vous comprendrez quel est le calendrier et vous discernerez beaucoup plus clairement ce qui se passe – ce qui vous a été caché – et dans quelle direction vous vous dirigez. Nous avons de telles informations à vous révéler en cet instant même, que nous ne pouvons commencer sans célébration. Nous sommes sereins et respectueux. Mon partenaire, sachant ce qui va vous être communiqué, est submergé par l'émotion. Très chers, rien n'est plus sacré que lorsqu'une entité de ce côté-ci du voile franchit ce dernier et s'adresse à vous. Savez-vous qui se trouve dans cette salle et qui lit ces mots ? La famille ! Vous n'avez pas souvent l'occasion d'être au sein de votre véritable foyer.

Récapitulation

Nous parlons de la famille depuis des mois. Tous les channelings ayant trait à la famille furent programmés pour 1998, et celui-ci est le dernier (décembre 1998). Nous avons détaillé les attributs de l'être humain et de son ange intérieur. Il a été question de votre pouvoir. Nous vous avons informés de ce qui est en train de se passer dans chaque cellule de votre organisme. Nous avons examiné le fait que chacun de vous, au niveau cellulaire, connaît l'intégralité de l'histoire. Je vous l'ai dit : vous manquez à la famille. Nous vous avons fourni des informations étonnantes en vous rappelant qu'il n'existait aucune autre planète semblable à la vôtre, et nous allons continuer à développer ce sujet.

Nous vous l'avons dit : chacun des participants à cette soirée, chaque lecteur de ces lignes, est un éclaireur – attiré par l'énergie de ce message, par quelque chose dont il se souvient. Aucun de vous n'est ici par hasard, pas même les nouveaux venus. Ce n'est pas un hasard. Une force vous a attirés ici. Autrement, vous ne seriez pas présents ici ce soir ou en train de lire ce message. L'intention que vous avez manifestée est perçue par l'Esprit, en cet instant même. (Un enfant se fait entendre.) Nous allons également parler de vous très bientôt, petits êtres.

Au cours de ces derniers mois, nous avons décrit les attributs de la famille – ses responsabilités, ses desseins, ses pouvoirs. Mais rien de semblable à ce dont nous allons parler ce soir ne vous a été présenté auparavant. Il est temps maintenant de vous révéler la raison exacte de votre présence dans cette salle. Nous allons dévoiler ce qui est en train de se passer ici, et certains d'entre vous rentreront chez eux incrédules, car la dualité est forte ce soir, comme il se doit.

Avant même d'amorcer quoi que ce soit, mon partenaire est submergé par l'énergie qui pénètre en ce lieu. Il perçoit votre reconnaissance, votre amour et l'honneur que vous ressentez par votre présence ici. Je vais parler de *vous*, de ceux qui écoutent ces paroles ou lisent ces mots, en cet instant même, alors que notre cortège s'installe dans cette pièce. Il ne s'agit pas des autres, mais bien de *vous*.

Que la vérité apparaisse et résonne au niveau cellulaire.

Avant de commencer, nous devons effectuer un petit voyage symbolique en direction d'un lieu très éloigné qui vous permettra de comprendre votre véritable rôle. Vous tous – les anges – écoutez attentivement ! L'essentiel de ce message fera écho dans votre cœur, au fur et à mesure que je vous raconterai l'histoire de l'humanité et ce que vous avez accepté d'accomplir – vos raisons et vos buts. Cela retentira au niveau de votre cœur. Il doit en être ainsi parce que vous êtes déjà conscients de tout ceci. Je ne suis ici que pour réveiller ces souvenirs enfouis au sein de vos connaissances actuelles.

Je veux vous transporter en un lieu physique de l'univers situé à douze milliards d'années-lumière d'ici. Je veux vous entretenir d'un événement qui se déroule là-bas, en ce moment, en ce lieu où la matière n'existe pratiquement pas. Il est situé à une distance inimaginable, bien que s'en dégage, en temps réel, l'énergie qui frappe la Terre en cet instant et qui vous intrigue.

Il est important pour vous de comprendre que cet événement se déroule en ce moment précis. Il ne date pas de douze milliards d'années, comme vous le pensez peut-être. Il s'agit de temps réel. Il y a déjà quelque temps, nous vous avons expliqué combien la vitesse de la lumière est lente comparée à celle de l'énergie. Cette notion est fondamentale, mais, pour l'instant, contentez-vous de savoir que ce qui vous est « montré » l'est selon vos critères temporels... tel qu'attendu.

Vos scientifiques perçoivent-ils ce phénomène ? Oui. Je vais vous dire ce que les meilleurs d'entre eux pensent de cet événement en cours de réalisation, à douze milliards d'années-lumière de distance. Depuis des années, nous vous déclarons (tout ceci ayant été publié dans les livres de Kryeon) que l'activité des rayons gamma qui frappent votre planète est importante et possède une signification spirituelle. En effet, les scientifiques commencent à apercevoir cette énergie et l'activité des rayons gamma qui l'accompagne. Ils sont stupéfaits de ce qu'ils constatent et tentent de saisir ce phénomène. Selon leurs propos, une gigantesque explosion est en train de se produire dans cette zone reculée de l'espace, à douze milliards d'années-lumière, dégageant la plus énorme quantité d'énergie jamais constatée dans l'univers connu ! Ils expliquent, au sein de leurs revues spécialisées, que cette explosion provoque, à elle seule, une quantité de lumière équivalente à l'ensemble de la lumière émise dans l'univers connu et visible. Voilà ce qu'ils affirment. Et c'est la réalité. C'est là ce qui se passe réellement. Il ne s'agit pas d'un phénomène uniquement métaphysique – constaté seulement par ceux qui croient, ou « perçu » par les seuls chamans ou prophètes. NON ! Il s'agit véritablement de quelque chose que chaque être humain peut constater par lui-même.

Pourquoi vous emmener là-bas, si loin ? Pourquoi vous faire découvrir tout ceci, chers anges ? Humains, assis sur vos chaises, pourquoi Kryeon, membre de cette famille, vous emmène-t-il là-bas ? Parce que, dans cette immensité, se produit un phénomène qui possède l'énergie de votre espèce. Je vais vous laisser en cet endroit quelques instants et vous expliquer la raison de son importance.

Pourquoi pensez-vous que certains changements s'effectuent actuellement avec le passage du nouveau millénaire ? Quels sentiments éprouvez-vous, que vous avez déjà ressentis dans le passé ? D'après vos météorologues, cette période est exceptionnelle et unique – du moins dans le cadre des observations faites au cours de l'histoire de l'humanité. Et ils ont raison.

Vous demandez-vous pourquoi vous recevez, en ce moment même, les dons de l'Esprit ? Pourquoi les informations diffusées par channeling se multiplient actuellement ? Pourquoi de grandes tragédies humaines sont éventuellement possibles ? Certains estiment peut-être que le temps est venu. D'autres croient qu'il s'agit simplement de l'aboutissement de la race humaine dans l'histoire.

Je suis ici pour vous informer qu'un dessein, un plan, sous-tend ces phénomènes, qu'une programmation est à l'œuvre ici : une conscience existe derrière chaque événement qui surgit. L'accroissement des pouvoirs constatés par les guérisseurs n'est pas le fruit du hasard. De même en ce qui concerne la recrudescence des découvertes en biologie et dans le domaine des sciences physiques. Les changements considérables de la conscience de la planète ne sont pas dus au hasard. Quelque chose est en train de se passer, et beaucoup le ressentent. Quelque chose est en train d'arriver et nombreux sont ceux qui célèbrent cette réalité. Certains commencent à prendre peur, mais nous vous déclarons que la programmation est, en réalité, terminée. Nous allons tout vous dire à ce sujet.

Les grandes lignes du temps

Parlons des *lignes temporelles* du cosmos qui sont inscrites dans chacune des cellules de votre corps. Je sais de quoi il s'agit, parce que je connais chacun de vous. Je connais la famille. Nous prenons place dans le salon, si je puis dire, et formons un cercle rempli d'affection où les membres de la famille peuvent discuter entre eux. C'est exactement ce qui advient en cet instant précis où vous lisez ces lignes. Nous voulons que vous *ressentiez* cette discussion familiale, parce que vous allez réaliser la raison de votre présence ici. Même s'il s'agit d'informations nouvelles, il y aura toujours un élément vous permettant de comprendre pourquoi vous êtes ici, et c'est parce que chacune de vos fibres résonnera lorsque vous saisirez ce qui se passe.

Les grandes lignes du temps révèlent que votre présence ici s'inscrit dans un grand dessein – un but dissimulé derrière l'histoire spirituelle elle-même. Certains ont appelé cela la « grandiose expérience de cinq milliards d'années ». Savez-vous en face de qui je me tiens ? Je vais vous le répéter. Je suis assis devant des Lémuriens, c'est-à-dire la plupart d'entre vous. Telle est la raison de votre présence ici ce soir. C'est ce qui vous permet d'entendre ces paroles ou de lire ces lignes. Cette période de l'histoire vous appelle et vous attire vers nous, car vous ressentez à nouveau l'énergie lémurienne. Vous êtes sur terre depuis très longtemps. Vous êtes membres de la *famille*, des âmes anciennes, vous qui êtes présents ce soir ou qui lisez ces pages. Depuis longtemps maintenant, vous ne vous attardez jamais dans votre véritable foyer – mon foyer, votre foyer. Vous arrivez et repartez très rapidement ! Et nous vous apercevons parfois un bref moment au cours duquel vous choisissez une couleur – symbole d'honneur et d'amour – puis, des profondeurs de votre sagesse, vous retournez sur terre afin de recommencer un autre cycle.

Certains d'entre vous ont vécu plus de mille expériences semblables, que l'on appelle des incarnations, et le savent. Ici, vous êtes assis – guérisseurs entendez-vous – sur le seuil d'un potentiel de fin collective ou d'une grande émancipation collective. La plupart d'entre vous naquirent en des années où les prédictions annonçaient la fin du monde – cependant, chacun décida néanmoins de naître à ce moment-là. Vous êtes venus au monde spontanément et remplis d'amour, car vous saviez la raison de votre présence sur terre. Nous vous avons dit, de façon imagée, que vous « faisiez la queue » pour venir sur cette planète. Quel genre d'entité pouvait agir ainsi, alors que les prophéties annonçaient une telle grisaille ? Pourquoi auriez-vous désiré revenir, créer des familles et rester sur terre ? La raison est simple : vous saviez que vous étiez parvenus au terme de votre voyage. Vous ne vouliez pas rater la finale, quelle qu'elle soit. C'est pour cela que vous avez travaillé. C'est cela, la famille.

La fin de l'Atlantide et le déluge sont les événements qui activèrent l'énergie de votre dualité de façon qu'un grand test puisse se dérouler. La plupart d'entre vous qui sont ici ou qui lisent ces lignes étaient présents. Vous avez également programmé les balises en cristal. Écoutez, membres de la famille ! Nous allons vous révéler le plan grandiose. Nous allons vous parler du test et vous faire part des grandes lignes du déroulement.

Cette terre ne fut pas créée par hasard. L'humanité ne fut pas issue d'un accident. Les magnifiques entités spirituelles qui se dissimulent sous la forme humaine ne sont pas non plus le résultat du hasard. Les grandes lignes temporelles et le grand test furent connus de vous avant votre venue sur terre – ils sont imprégnés d'amour et d'Esprit. Et vous êtes ici, sur la seule planète où s'exerce le libre choix. C'est cela, la clef. Ce n'est pas la première fois que vous entendez l'expression « la seule planète où s'exerce le libre choix ». Elle fut utilisée, à votre intention, il y a des éons. Aujourd'hui, son sens vous apparaîtra plus clairement à la fin de ce message. Mais maintenant, nous allons revoir avec vous la trilogie de l'énergie qui a pris place dans vos vies. Nous avons déjà parlé de cela, mais nous allons néanmoins revoir ces notions de façon approfondie, avec davantage d'informations concernant les trois choses qui apparurent il n'y a pas longtemps et qui modifièrent la conclusion de cette période temporelle.

Très chers, vous avez vécu pendant des éons (un bébé pleure dans l'assistance), même le « petit enfant » qui revient, pleinement conscient de l'énergie qu'il apporte avec lui. Et il revient, cette fois-ci, sachant parfaitement qu'il s'agit, en réalité, de la fin de la programmation.

La Convergence harmonique – l'avant-dernière mesure

En août 1987, durant la Convergence harmonique, certains d'entre vous comprirent pour la première fois qu'une série de mesures était en cours. Ceux-là, intuitifs et sensibles aux concepts métaphysiques, surent que l'Esprit procédait à certaines mesures sur la planète. Nous avons parlé de cela auparavant : le résultat de ces mesures s'avéra supérieur au potentiel déterminé par les mesures précédentes. Les vibrations terrestres ne diminuaient pas ; elles augmentaient ! Elles étaient considérablement plus élevées que celles relevées précédemment.

Certains parmi vous se demanderont : « *De quelles mesures précédentes s'agit-il ?* »

Voici des informations que certains connaissent déjà, mais qui n'ont encore jamais été transcrites. L'énergie et le seuil vibratoire de cette planète ont été évalués tous les 25 ans, à partir du jour où l'humanité spirituelle apparut sur la Terre. Cela est vrai – tous les 25 ans depuis l'aube de l'humanité, des mesures ont été effectuées. Aux yeux de l'Esprit, ce laps de temps représente une génération humaine, c'est-à-dire la durée nécessaire pour qu'un être humain grandisse et procrée à son tour. Vingt-cinq ans. Si vous faites l'addition théosophique du nombre 25, vous obtenez l'énergie sacrée du nombre 7 ce qui explique le choix de cette durée.

Cela signifie que les mesures précédant celles de 1987 furent prises en 1962. Cette année-là fut une « année 9 », et le 9 possède l'énergie de « l'achèvement ». Les trois dernières prises de mesures menant l'humanité à la fin de cette ligne temporelle déterminent le résultat du test auquel vous avez participé. L'énergie du nombre 3 concerne « l'action ». Les mesures effectuées en 1962 indiquèrent ce que pourraient être l'aboutissement de l'humanité et celui du test en cours.

En 1987, la plupart d'entre vous expérimentèrent la Convergence harmonique, qui représenta l'avant-dernière mesure. Il s'agissait d'une « année 7 » – une année sacrée dont la mesure indiqua le niveau de votre énergie spirituelle. La dernière mesure aura lieu 25 ans après 1987, soit en 2012 : ce sera l'échéance du test, la fin de certains calendriers humains. En effet, 2012 est une « année 5 », qui reflète l'énergie du changement.

Ces trois dates – 1962, 1987 et 2012 – forment une trilogie d'énergie et de potentialités extrêmement importantes pour l'univers comme pour l'humanité. Ensemble, elles concrétisent l'énergie du nombre 3, qui symbolise l'action. Si vous additionnez « l'année 9 » (1962), « l'année 7 » (1987) et « l'année 5 » (2012), vous obtiendrez à nouveau le nombre 3. Cette trilogie, la trilogie de l'action, très chers, signifie la fin du grand test – la fin de la tâche qui vous fut assignée à votre naissance. Nous autres, de l'autre côté du voile, n'ignorons rien de tout cela, tout comme vous. C'est pourquoi vous étiez impatients de revenir. Certains d'entre vous prirent même la décision de décéder prématurément pour revenir sur terre aujourd'hui – afin d'être présents pour la finale.

La plupart d'entre vous vivent depuis des éons et ont traversé tant d'épreuves au fil de leurs diverses incarnations ! Cependant, vous étiez tous impatients de revenir parce que ce retour signifiait le but ultime de votre tâche. Cette ligne temporelle fut prédéterminée. En ce sens, vous connaissiez tous la durée du test et ses potentialités. Malgré tout, vous êtes venus – et vous êtes ici ce soir.

Lorsque l'avant-dernière mesure fut effectuée au cours de la Convergence harmonique, en 1987, une révélation fut dévoilée : on découvrit que la fréquence vibratoire de la Terre s'élevait. La conscience humaine s'était grandement modifiée, de façon beaucoup plus spectaculaire que ce qui avait été prévu au cours des 25 années écoulées. L'importante mesure de 1987 provoqua la concrétisation d'une nouvelle série d'événements destinés à vous préparer à l'accession de potentialités non révélées jusqu'alors !

La « permission » et la « transmission du flambeau » n'étaient pas dans les prévisions suite à la mesure de 1962, mais elles étaient présentes à partir de celle de 1987. La « permission » fut appelée la fenêtre de permission 11:11 (11 janvier 1992). Cela n'aurait pu se produire si la Convergence harmonique n'avait pas montré que la Terre était en phase d'accélération. Certains d'entre vous ont étudié le 11:11 et pensent savoir de quoi il s'agit. Mais je me demande s'ils ont vraiment compris. Selon les règles de la numérologie, cette date correspond à l'équation suivante : (1) + (11) + (21) = 33 (en matière de dates, additionnez séparément l'énergie du nombre du mois, celle du jour et celle de l'année), et 33 représente un maître nombre de grande signification.

Quelques rappels sur le 11:11

Pour certains parmi vous, cette notion sera quelque peu difficile à appréhender, car il s'agit d'une information interdimensionnelle. Chaque être humain de la planète, chacun d'entre vous, en sa qualité d'ange (ce que vous êtes tous réellement), fut interrogé pour savoir si le moment était venu pour lui d'accéder au seuil suivant de son évolution. La raison pour laquelle l'obtention de votre permission était nécessaire s'explique par le fait que votre organisme était sur le point d'évoluer fortement et qu'une discussion s'imposait dès lors afin d'obtenir votre accord. Ce serait la première fois qu'une évolution spirituelle et biologique de l'humanité interviendrait, et vous avez dit « oui ». Tous les humains de la planète participèrent à ce sondage, et celui-ci fut effectué à la fois aux niveaux cellulaire et spirituel. Vous ne vous souvenez probablement pas d'avoir été interrogés – mais vous le fûtes tous. Inutile de préciser que ce fut là un événement excitant et que cet émoi fut universel – c'est-à-dire que vous l'avez tous ressenti. Votre Moi divin, qui connaît toute chose, en était parfaitement conscient. La planète était sur le point de subir de profonds bouleversements.

Certains se sont demandé : « *Si nous sommes véritablement des fragments de Dieu et des êtres angéliques, tout en possédant la dualité de notre humanité, pourquoi fut-il nécessaire de nous interroger ? N'était-il pas entendu que nous dirions "oui", puisqu'il s'agissait là de l'énergie de l'Esprit ?* » La réponse vous prouve à quel point nous honorons l'être humain, car il vit véritablement sur une planète de libre arbitre. Ce libre arbitre qui vous a conduits où vous en êtes aujourd'hui. Et, du fait que vous êtes toujours humains, une partie du processus de l'évolution spirituelle nécessitait votre permission, alors que vous accomplissiez votre tâche au sein de votre dualité.

Voici un autre point important : combien d'entre vous savent qu'au moment du 11:11, de nombreux groupes étaient d'accord pour mourir au cours de la génération suivante ? En effet, certains groupes d'êtres humains, membres de la famille que vous et moi connaissons, estimèrent que le « raccourci » menant à la masse critique nécessaire à une élévation de la fréquence vibratoire de la Terre était la mort (qui leur permettait ainsi de revenir rapidement sous la forme d'enfants indigo). Ils réalisèrent que pour élever le seuil vibratoire de la planète, certaines communautés devraient se sacrifier. N'est-ce pas là une preuve éclatante de votre amour pour Dieu ? Je vous ai dit que ce message serait difficile à assimiler. Pourtant, ce concept n'est pas nouveau, car on en parle dans les Saintes Écritures. Vous pouvez également retrouver ces allusions dans les channelings de Kryeon depuis dix ans et dans les anciennes prophéties. Tout était prêt pour que certains donnent leur force vitale afin que les autres puissent élever plus rapidement la fréquence vibratoire de la planète. Et c'est très exactement ce qui est en train de se passer. C'est la raison pour laquelle le 11:11 possède une telle énergie.

Arrêtez-vous un instant et détendez-vous. Comprenez-vous la signification de tout ceci ? Lorsque vous entendez parler de génocides et d'atrocités dans le tiers-monde, quelle est votre réaction ? La plupart d'entre vous sont indignés, affligés et effondrés. Permettez-moi de vous poser la question suivante : Combien fêtent, au contraire, ces informations et remercient la famille qui a permis ces événements ? Non pas pour célébrer leurs morts, non pas pour glorifier l'horrible façon dont beaucoup moururent – mais pour se réjouir du fait qu'ils ont donné leur accord pour aider la planète ! Voilà ce qu'est la *famille* ! C'est ainsi que la *famille* voit la planète. Cette partie de la famille, si éloignée de vous, est connectée à votre tâche par des liens profonds ! Célébrez ses membres au lieu de pleurer leur mort. Glorifiez le fait que vous bénéficiez spirituellement de ce qu'ils ont décidé et qui fut approprié, dans la sagesse de Dieu. Puis, rendez grâce aux enfants qui vivent aujourd'hui et dont beaucoup représentent l'extension et la réincarnation des âmes précieuses qui disparurent prématurément. J'espère que ceci vous offre une perspective plus sage de certains événements qui furent, peut-être, considérés comme des erreurs « non voulues par Dieu ». Les choses ne sont pas toujours ce qu'elles paraissent être.

Quelques rappels sur le 12:12

Le 12:12 (12 décembre 1994) a également revêtu plus d'importance que vous ne l'imaginez. Nous faisons appel, là aussi, à la numérologie et constatons que cette date (12) + (12) + (23) représente une somme de 11 qui, vous le savez, est un autre maître nombre, caractéristique de l'énergie de Kryeon. Il n'y a pas de hasard dans les nombres.

La « transmission du flambeau » définit l'événement du 12:12. D'abord, il y eut la prise de mesures (la Convergence harmonique de 1987). Puis il y eut la permission (le 11:11 de 1992) et, enfin, l'action (le 12:12 de 1994). Grâce à vos potentialités et à vos vibrations, certaines entités sur cette planète ont maintenu, pour vous, l'équilibre de l'énergie. Elles sont ici depuis l'aube de l'humanité, et toutes les potentialités mesurées dans le passé indiquèrent qu'elles resteraient probablement avec vous. L'équilibre de l'énergie spirituelle de la planète (comme nous l'avons vu auparavant dans d'autres channelings) doit rester constant. Ainsi, lorsque l'humanité s'accroît en nombre, les entités détenant une partie de cette énergie quittent ce monde. Mais même dans un futur potentiel de huit ou neuf milliards d'individus sur la Terre, il était prévu que ces « entités d'équilibrage » resteraient suffisamment nombreuses pour atteindre divers buts spirituels.

Or, au moment du 12:12, elles partirent. Elles partirent toutes. Certains d'entre vous ressentirent cet événement. Par exemple, les entités des profondeurs sacrées des forêts et les gardiennes des canyons aux roches rouges disparurent. Elles n'y sont plus. Si vous vous rendez dans ces lieux aujourd'hui, vous découvrirez que l'énergie qui en émanait auparavant a changé. Peut-être certains parmi vous ont-ils ressenti ce changement comme négatif ? Certains sites ont changé de nature et ne « semblent » plus aussi sacrés. Cependant, comprenez ce qui s'est passé, car voici venu le moment où ces entités ont passé le flambeau à l'humanité, au moment voulu, comme prévu, selon les mesures de la Convergence harmonique et de la permission du 11:11.

Il est important que vous compreniez *pourquoi* les entités qui équilibraient la planète obtinrent la permission de vous quitter. Avec le 11:11, vous avez accepté le pouvoir spirituel qu'elles avaient gardé pour vous. Comme nous l'avons déjà déclaré au cours de channelings précédents, ce passage de flambeau ne fut pas simplement symbolique, car 144 000 humains ont réellement vu un accroissement de leur conscience spirituelle. De même, nous l'avons déjà dit : la plupart de ces êtres (les 144 000) ne vivent pas sur le continent américain.

D'une façon incroyable, le 12:12 fut ressenti par l'ensemble de la communauté spirituelle universelle (pas l'univers physique visible, mais l'univers spirituel). Ce fut un moment de joie, parce que nous savions ce que serait l'étape suivante. Nous en connaissions les potentialités. Très chers, les événements qui auraient pu se produire sur terre n'ont pas eu lieu. Les anciennes prophéties qui définirent certaines potentialités au sein de vos coordonnées temporelles ne sont plus appropriées aujourd'hui, grâce à ce que vous avez accompli. Mais ce n'est pas tout, et nous en reparlerons très bientôt.

Les vérités qui font « bang »

Tout au long du voyage représenté par les channelings de Kryeon, on vous a communiqué des informations capitales sur ce qui est en train de se passer. En mars 1995, mon partenaire dirigea une séance de travail à Sedona, dans l'Arizona, au cours de laquelle une communication scientifique fut délivrée. Ce n'était pas la première fois que nous présentions des révélations scientifiques avant même que les savants ne les découvrent, mais, à Sedona, ce jour-là fut capital aux yeux de l'univers physique. Au niveau cellulaire, on perçut véritablement une grande compréhension de la part des participants, car, comme nous l'avons déclaré à de nombreuses reprises, la structure cellulaire humaine connaît toutes ces choses. À cette occasion, nous vous annonçâmes que ce que vous appelez le big bang n'avait jamais eu lieu. En réalité, il n'existe rien de semblable. Nous persistons à inviter vos scientifiques à avoir une perspective plus large dans leurs mesures des énergies de l'univers, de considérer d'autres plates-formes de mesure. Au cours de ce channeling, nous les invitâmes à abandonner leurs idées préconçues. En effet, on découvre beaucoup plus de choses en scrutant le ciel si l'on n'est pas limité à un paradigme établi à partir d'un simple phénomène créateur. Les scientifiques pensent qu'il n'y a qu'un seul domaine en physique – le leur – correspondant à ce qu'ils peuvent constater autour d'eux. Par conséquent, d'après leur hypothèse de base (selon laquelle il n'existe qu'un univers *visible*), seul cet univers est réel. Il s'agit là d'un point de vue erroné, communément répandu. Bien que l'un des plus importants de vos penseurs tridimensionnels ait expliqué la dimension temporelle, les scientifiques persistent à croire que le temps « local » est le même partout. En examinant et en analysant la vie qui les entoure, ils sont convaincus que seules les formes de vie terrestres existent dans l'univers.

Enfin, ils n'admettent qu'un seul événement à l'origine de la création. Ils ont découvert un « résidu » révélant l'énergie d'un certain « bang » et, bien qu'ils ne l'aient analysé qu'à partir d'un point de vue unique, ils ont conclu que ce « résidu » se trouve partout... uniformément. Ils déclarent que toute chose visible fut conçue à partir d'un seul événement créateur – celui qui est perceptible –, celui dont l'énergie peut être mesurée et que l'on trouve, apparemment, partout.

Très chers, que penseriez-vous si vous étiez capables d'interroger les cellules de votre organisme et de les inviter à examiner les milliards d'autres cellules qui les entourent ? Demandez-leur quelle fut l'origine du Tout : elles vous répondront que ce fut la naissance de l'être humain. Elles vous diront qu'il n'y eut qu'une naissance – une seule – et que tout ce qui est visible aujourd'hui en découle. Ceci s'explique par leur appartenance à un système clos, un système profondément complexe composé de milliards d'éléments, tous issus de cette naissance originelle. Une cellule n'est reliée biologiquement qu'aux cellules de son propre système, pas à celles d'un autre ensemble. Ainsi, de telles cellules seraient choquées d'apprendre qu'il existe d'autres systèmes humains ! La vérité serait révélée uniquement si vous pouviez trouver d'autres cellules au sein d'autres systèmes humains et les interroger en présence de vos propres cellules. Alors seulement vous et elles comprendriez qu'il se trouve peut-être une preuve indiquant l'existence d'au moins deux naissances. Vous comprenez ?

Il est temps, pour la science, d'ouvrir les yeux sur la singularité de la création et de bien saisir qu'il existe des événements créateurs doubles, triples et quadruples, même au sein de l'univers que vous pouvez aujourd'hui observer et mesurer. Toute chose observable est caractérisée par certaines variables – physiques, temporelles, et même relatives au vieillissement de la matière – qui prouveront enfin que toute matière ne provient pas du seul phénomène créateur auquel vous vous référez. Il est temps que les scientifiques abandonnent leurs idées préconçues stipulant que ce qui est invisible n'existe pas. Qu'ils postulent au-delà des apparences et se penchent davantage sur ce qui pourrait être. Quelles hypothèses peuvent-ils bâtir à partir de ce qui est constatable ? Déjà, des observations contradictoires émergent, résultant de l'utilisation de nouveaux instruments en astronomie qui nous fournissent des indications attestant la probabilité de l'existence d'une série de multiples « bangs » – événements créateurs multiples au sein de votre propre univers physique observable.

Certains de vous pensent : « *Ainsi, Kryeon, la science est utile. Mais en quoi concerne-t-elle un plan grandiose destiné à l'être humain ?* » Vous allez le voir, car, maintenant, je vais vous dévoiler ce plan.

Le plan grandiose

Je vais vous révéler quel est ce « plan grandiose ». Il s'agit d'un plan élaboré il y a cinq milliards d'années et à l'aboutissement duquel vous participez. Je veux vous parler de l'univers physique et de la notion d'équilibre. Comme je vous l'ai dit auparavant, vous étiez des anges en provenance du Grand Soleil central – vous tous présents ce soir et vous qui lisez ces lignes. Le mot « ange » n'est pas tout à fait exact, mais il exprime votre caractère sacré. Nous vous avons déjà appris que la Terre est pure et que chacun d'entre vous est issu du Grand Soleil central. Nous vous avons expliqué que nous vous avions dissimulés dans un système ne possédant qu'un seul soleil. Ceux d'entre vous qui se souviennent de cette information réaliseront maintenant que ces messages sont en réalité des indices. Qu'entendons-nous par « dissimulés » ? Des indices ? Nous vous avons donné un soleil. Or, la plupart des formes de vie de l'univers disposent de deux soleils. Lorsque vous aurez assimilé le sens de tout ceci, vous comprendrez. Nous vous avons dissimulés parce que vous avez une tâche à accomplir.

Très chers, l'univers – l'univers physique – n'est pas l'endroit où se situe le Grand Soleil central. Celui-ci représente le « foyer » : le vôtre et le mien. C'est l'endroit où je vous reverrai un jour, l'endroit où nous organiserons une grande fête. Nous nous remémorerons alors la soirée d'aujourd'hui et nous nous souviendrons de l'Esprit qui soufflait sur cette salle. Vous direz : « C'est le soir où Kryeon nous a appris qui nous étions et la raison de notre présence sur terre. C'est le soir qui résonna si longtemps dans nos cœurs. »

L'univers physique, tout comme votre planète, doit être en équilibre, et cet équilibre est établi grâce à diverses nuances d'énergie. Ces nuances dont nous parlons sont celles de l'amour – exactement comme sur la Terre. Certains d'entre vous considéreront une partie de ces nuances comme négatives, mais tel n'est pas le cas. Tout équilibre est constitué des nuances de l'amour. Certains parmi vous ont lu le récit des luttes auxquelles sont confrontés ceux qui ne sont pas humains sur d'autres mondes ou d'autres planètes. Les voyants et les parapsychologues ont écrit des histoires à ce sujet et ont raconté des choses dramatiques et merveilleuses survenues en dehors de votre monde. L'existence de ces autres entités fut révélée par channeling au cours des âges. C'est un indice, vous savez ! C'est l'indice que l'univers physique est un système en équilibre. Les interactions entre les diverses nuances de l'amour sont très importantes dans l'univers, exactement comme sur la Terre. Ces channelings le prouvent.

Un autre événement créateur se prépare, très chers, un autre « bang » situé à douze milliards d'années-lumière et qui est prévu pour « maintenant ». D'ailleurs, sa réalisation a toujours été prévue pour maintenant. Comme nous l'avons indiqué au début de cette communication, les dernières déclarations des astronomes prouvent l'existence d'un autre « bang ». Il s'agit d'un autre événement créateur faisant partie du processus permettant la création d'une nouvelle partie de l'univers, qui s'ajoutera au vôtre, exactement comme cela se produisit dans le passé !

Il y a des dizaines de milliers d'années, vous avez accepté de venir sur cette planète et de vous dissimuler derrière votre dualité – une énergie de l'être humain qui vous empêchait de voir qui vous étiez réellement. Cela a bien fonctionné, car cette énergie a permis un champ d'action impartial et un potentiel neutre. Le défi ou le test était le suivant : si vous étiez livrés à vous-mêmes au cours de ce test, sans aucune interférence des plans spirituels, très chers, où l'énergie se répandrait-elle ? Peut-être vous demandez-vous : « *Pourquoi ? Pourquoi traverser cette épreuve – ces milliers d'années ? Pourquoi venir et repartir ? Pourquoi la dualité ? Pourquoi la lutte ? Quelle est la raison de tout cela ?* »

Certains d'entre vous ont dit à Kryeon : « *J'ai l'impression d'être un cobaye pour Dieu. Je suis sans cesse tiraillé au cours de ma vie. Bien sûr, je suis une personne bien, une personne spirituelle, et je surmonterai mes épreuves. J'affronterai mes peurs. Je sais que c'est moi qui ai planifié tout cela et j'assumerai mes responsabilités, mais je hais cette situation. J'ignore la raison de tout ceci.* »

Nous allons vous parler d'un sujet que nous avons déjà abordé dans le passé mais qui est, aujourd'hui, encore plus d'actualité. Ma chère famille, mes chers anges, vous tous issus de la Grande Source centrale et qui êtes présents ce soir, ou qui lisez ces lignes, et qui savez qui vous êtes au niveau cellulaire, écoutez-moi bien : *vous* n'êtes pas les sujets de l'expérience. *Vous* n'êtes pas l'objet du test, puisque c'est l'*énergie*. C'est *vous* qui portez les blouses blanches. *Vous* êtes donc les expérimentateurs.

L'énergie de l'événement créateur, à douze milliards d'années-lumière d'ici est incomplète. La naissance de la matière et de milliards de formes de vie qui se développent dans cette partie de l'espace est incomplète. Quelque chose manque. De quelle énergie spirituelle ce nouvel univers disposera-t-il ? Par quelles « nuances de l'amour » ce nouvel univers sera-t-il mû ? Qui décidera de cela ?

Certains diront : « *Eh bien, laissons faire la famille. Elle repré-sente l'amour et est en harmonie spirituelle. Notre famille, par définition, c'est Dieu ! Attribuez l'énergie la plus élevée à cette naissance universelle. Qu'elle soit grandiose !* »

Ne s'agit-il pas là d'une sorte de préjugé ? Vous voyez, la famille a un préjugé favorable sur l'amour ! Dieu ne peut pas prendre cette décision. L'univers doit être équilibré, et le simple fait de diffuser une puissante énergie d'amour sur le nouvel événement créateur est une décision partiale. Quelques-uns d'entre vous ont demandé : « *Voulez-vous dire qu'il existe certaines choses que Dieu ne peut accomplir ?* » En effet. Dieu ne peut pas mentir. Dieu ne peut pas haïr. Dieu ne peut pas prendre une décision partiale.

Il fut donc décidé qu'une planète serait créée avec des formes de vie neutres et bien dissimulées afin que les anges du Grand Soleil central puissent la peupler au cours de dizaines de milliers d'années et permettre ainsi un test spirituel impartial. Ces anges viendraient sur la Terre en dissimulant leurs qualités. Une partie de leur biologie leur serait fournie par d'autres entités situées dans l'univers physique, au fil du temps, pour permettre l'équilibre de leur évolution spirituelle. Ils revêtiraient une forme humaine, mourraient de même, puis renaîtraient – mourraient et renaîtraient. Il y aurait ainsi un renouvellement rapide de la vie. Les corps physiques prévus pour exister 950 ans auraient tout d'abord une durée de vie d'une trentaine d'années, puis, au fil du temps, de 70 ou 80 ans. L'information spirituelle préprogrammée au sein de l'ADN humain provoquerait le vieillissement, les maladies et la mort. Les réminiscences d'une vie accompagneraient l'incarnation suivante, provoquant ainsi certaines épreuves qui affecteraient l'énergie testée. La résolution des tests créerait un surplus d'énergie additionnelle capable de modifier le seuil vibratoire de la planète.

La fin du test fut programmée, approximativement, pour l'année 2012, qui représente également la fin du calendrier de certaines civilisations terrestres anciennes. Il fut déterminé unanimement que les mesures finales et l'aboutissement du test devraient survenir à ce moment-là.

Si, un jour, d'autres entités découvraient la Terre (bien qu'elle soit très bien dissimulée), elles ne seraient pas autorisées à intervenir globalement. Cependant, elles reconnaîtraient l'immense pouvoir des attributs spirituels des humains, même si ces derniers, paradoxalement, n'en avaient pas conscience (à cause de la dualité). Bon nombre de ces visiteurs devraient seulement se contenter d'approcher l'humanité pour l'analyser, individu par individu – mais jamais sans en avoir reçu l'autorisation au préalable. Pour cela, ils auraient recours à la peur pour tromper les hommes afin d'obtenir une permission au niveau subconscient. Un humain courageux pourrait facilement dire non, et les entités devraient alors repartir. Elles seraient intéressées par le pouvoir spirituel, la capacité de choisir et de changer – en fait, par tout ce qu'elles ne possèdent pas. Elles tenteraient même de s'accoupler aux humains afin de découvrir ces attributs et de s'en emparer. Tout ceci dans le but de s'immiscer dans les affaires humaines afin de trouver l'essence de « l'ange intérieur ». Mais les pouvoirs cachés de l'humanité les empêcheraient de s'installer en masse sur la Terre.

Tous ces événements se sont véritablement déroulés.

En fait, nous venons de *vous* décrire. C'est *vous* qui avez fait tout cela. En effet, vous êtes les membres de la *famille* originaire du Grand Soleil central. La Terre est un centre d'expérimentations. Elle est unique. Il n'existe aucune autre planète comme elle dans l'univers physique. Ce qui se passe ici, très chers, constitue l'énergie qui provoquera le nouveau phénomène créateur douze milliards d'années-lumière d'ici ! L'énergie de 2012, lors des dernières mesures du calendrier spirituel, sera celle du nouvel univers non encore défini. Votre énergie se fondra dans ce nouvel univers – c'est alors que celui-ci possédera une identité propre. L'estampille de l'humanité – avec vos noms gravés – sera apposée sur lui. Beaucoup d'entre vous y vivront peut-être.

La Terre fut surnommée « la seule planète du libre choix ». Bien entendu, il s'agit d'une métaphore, et l'heure est venue pour vous d'en saisir le sens. Elle signifie qu'il n'existe aucune autre planète – aucune autre force vitale ou forme quelconque de cet univers physique – possédant la capacité d'élever le niveau de ses attributs spirituels au moyen de sa propre conscience et de son intention. Aucune autre planète ne le peut ! Mais la vôtre, si ! Les autres formes de vie nécessitent un processus évolutionniste pour procéder au changement spirituel où l'intention n'existe pas. C'est cela, le « libre choix » dont nous parlons ! Vous êtes uniques ! Que ressentez-vous en entendant cela ? Historiquement, les spiritualistes et les savants ont toujours su, intuitivement, que la Terre était très très spéciale. Et elle l'est véritablement ! Ce n'est pas un hasard si Galilée et Copernic se dressèrent contre la croyance religieuse soutenant que l'univers entier tournait autour de la Terre. Eh bien, devinez quoi ? Symboliquement, c'est pourtant le cas ! Vous représentez la *famille*. Tous se tournent vers vous.

Le plan est pratiquement réalisé. Les lignes temporelles arrivent à leur conclusion et vous êtes à l'origine du plan qui est en train de se dérouler. C'est la raison pour laquelle vous revenez sans cesse sur terre, et ceci explique votre présence ici. L'évolution de la conscience humaine et les événements mondiaux ne se déroulent pas comme certains le pensaient. Les prophéties annoncées depuis fort longtemps ayant trait à des événements potentiels ne se réaliseront pas. Et ceci, grâce à ce que vous avez accompli depuis 1962. Quel genre d'entité ferait, symboliquement, la « queue » pour revenir sur terre, avec, pour toute perspective, une mort horrible au cours de la période de la fin des temps, comme cela fut prophétisé ? Qui pourrait faire une telle chose ? Vous. Il était hors de question pour vous de rater la dernière partie de votre tâche. Vous incarnez l'incroyable sagesse divine et vous êtes à nouveau ici, très chers, afin d'être les témoins d'un événement qu'aucun membre de la famille n'aurait pu prédire.

L'énergie créée, qui a la possibilité d'englober le nouvel univers en cours de création, est une nuance très élevée de l'amour – extrêmement élevée. Votre famille, située de l'autre côté du voile, est influencée par l'amour. Elle célèbre donc vos réalisations. Votre famille « fait également la queue »… pour vous accueillir en votre foyer !

Que nous réserve l'avenir ? Le test est terminé.

Certains se sont demandé : « *Puisque la Terre n'a pas disparu et que le test est presque terminé, serons-nous désintégrés dans l'espace en 2012 ? Que va-t-il se passer maintenant ?* » Je vais vous expliquer quel genre d'humains vivent actuellement sur cette planète et quels sont ceux qui viendront. Cela vous aidera à comprendre ce qui vous attend.

Dans la parabole du *Retour*, on trouve des informations concernant la « Maison des dons et des outils » dont nous avons parlé ici même, au cours d'un channeling précédent. Dans cette histoire, Michaël Thomas (personnage principal) aperçoit de nombreuses caisses dans une pièce immense. Il comprend qu'il s'agit des dons et des outils que procure l'élévation spirituelle. En effet, là sont entassées les caisses destinées à chaque homme, chaque femme et chaque enfant de la planète. Mais rien ne se produira avant que les humains propriétaires de ces caisses ne prennent conscience qu'ils peuvent les ouvrir.

Chacun d'entre vous présents ce soir peut être placé dans la catégorie « humain de type A », faute d'une meilleure dénomination. Vous représentez tous une *nouvelle naissance biologique au sein de la vieille énergie.* Vous êtes venus sur terre en franchissant des périodes de temps incommensurables et vous êtes ici, avec l'ADN et les attributs spirituels de toujours. Mais maintenant, vos potentialités subissent certains changements. Grâce à ce que vous avez réalisé, des dons nouveaux vous sont maintenant offerts, avec la permission du 11:11. Tout comme les humains de « type A » de l'ancienne énergie, vous avez gagné la possibilité de dépasser les limites de votre empreinte d'ADN et d'atteindre un nouveau seuil vibratoire cellulaire. Les outils sont à votre disposition, et la clef est représentée par une intention pure. Puis, certains d'entre vous découvrirent la connexion avec l'énergie du Treillis cosmique qui leur permet maintenant de surpasser largement l'énergie avec laquelle ils sont nés. Le moment est venu pour cela. (Deux channelings ont été communiqués à ce sujet à un an d'intervalle. Ils sont tous deux présentés au chapitre 4 de ce livre.)

Les cellules sont réveillées par la science issue de cette nouvelle énergie, de même que l'est votre biologie, de façon appropriée et avec votre accord. En d'autres termes, tous ceux qui sont présents dans cette salle ou qui lisent ces lignes ont la capacité, grâce à leur étude et à leur intention, de trouver le moyen de vivre plus longtemps, de s'élever spirituellement, de se débarrasser de leurs craintes et de trouver, dans leur existence, des passions qu'ils n'auraient jamais soupçonnées auparavant. Vous êtes autorisés à vous débarrasser des leçons anciennes – à parvenir à une sérénité qu'il vous semblait impossible d'atteindre auparavant et à mener une existence très différente de ce que vous avez imaginé. Voici ce qui vous est offert.

Pensez-vous que tout ceci serait possible si vous étiez sur le point d'être désintégrés ?

La Terre va accomplir une nouvelle tâche. Tout comme des millions de formes de vie au sein de votre univers physique, cette planète finira par se joindre à de nombreuses autres planètes. Le potentiel est immense, et je parle d'un nouveau plan qui n'est pas immédiat mais vers lequel vous avez la possibilité de vous diriger.

Cet autre plan vous fera parvenir à une énergie que nous appelons la « Nouvelle Jérusalem ». Il s'agit de ce que certains d'entre vous attendent depuis si longtemps et qui est, désormais, à leur portée. Ce sera également le moment pour vous de rencontrer « officiellement » d'autres formes de vie.

Vous héritez la partie la plus difficile, très chers. Vous représentez en quelque sorte la « vieille garde » en comparaison des enfants. Vous devrez changer votre biologie afin de vous trouver en harmonie avec l'énergie nouvelle. Vous aurez à accomplir certaines tâches dont les nouveaux enfants seront dispensés. C'est pourquoi nous vous avons communiqué les quatre autres parties de ces messages et avons attendu jusqu'à ce jour pour vous communiquer la cinquième. Les nouveaux enfants, nés après 1987, représentent cette catégorie d'humains qui sont de purs indigo. Ils naissent dotés d'attributs que vous n'avez jamais possédés et, bien qu'ils puissent vous paraître avoir un certain déséquilibre aujourd'hui, le temps qui passe vous convaincra de ce qu'ils deviendront. Lorsqu'ils seront plus nombreux, *vous* devrez changer, sinon, c'est *vous* qui serez considérés comme étranges.

Les indigo naissent avec une pureté que vous n'avez jamais possédée. C'est là un attribut spirituel dont vous n'avez jamais bénéficié. Ils l'ont voulu ainsi. Vous souvenez-vous de ceux qui donnèrent leur accord, le 11:11, pour que leur peuple soit exterminé et leur pays dévasté ? Savez-vous qui ils sont ? Ce sont les indigo. Ils effectuèrent très rapidement leur retour sur terre afin de participer à son évolution spirituelle. Ce sont les membres de la *famille* ! Regardez leurs yeux. Savez-vous quelles épreuves ces enfants ont traversées ? Ce sont des âmes anciennes. Surveillez-les. Avant d'atteindre l'âge de six ans, certains d'entre eux vous diront tout sur leur vie passée. Cela montre leur pureté, dès leur naissance. Nous qualifierons les indigo de « type B ».

Mais voici qu'un autre genre d'être humain va surgir – le « type C ». Pensez-vous vraiment que l'évolution spirituelle s'arrêtera là ? Car la Terre est la seule planète du libre choix. Elle a la capacité de s'élever spirituellement, et nous n'en sommes qu'au début. Le premier test est terminé : à partir de maintenant, votre planète jouera un rôle déterminant afin de transformer le secteur de l'univers dans lequel elle se trouve ! En 2012, vous constaterez les débuts d'une nouvelle génération – celle des enfants des indigo, et c'est alors que tout commencera vraiment. C'est alors que la véritable évolution spirituelle humaine sera clairement perçue. Ces enfants seront très différents de leurs parents indigo. Ils représenteront une génération d'évolution spirituelle qui possède la capacité et les potentialités de transformer la Terre complètement. Et nous allons leur donner un nom. Nous les appellerons les « pacificateurs » – ils seront dotés d'un ADN dont vous percevrez véritablement les différences.

Ce ne seront pas tous des géants spirituels. Non. Cette planète est, et restera, un lieu de libre choix peuplé d'humains vivant dans une forme de dualité – en réduction. Toutefois, ces enfants disposeront de talents pour créer une planète pacifique – et de suffisamment de sagesse et d'estime de soi pour en assurer la réalisation.

Voici ce qui s'annonce à vous, très chers, si vous en décidez ainsi. Vous êtes en compagnie de la *famille*, vous qui êtes ici ou qui lisez ces lignes. Ce soir s'est déroulée une discussion de grand intérêt entre membres de la famille, alors que nous baignions vos pieds. Certains se demanderont : « Le test de cinq milliards d'années touche à sa fin. Fut-il probant ? »

Oui.

Comme nous vous l'avons dit au début de cette série, tout être humain ayant vécu dans le passé est à nouveau en vie aujourd'hui. Ceux qui se joignent à vous proviennent de l'ensemble de la famille – du Grand Soleil central ainsi que d'autres secteurs de l'univers physique. Certains d'entre vous viennent d'ailleurs, dotés d'un remarquable karma stellaire. Aujourd'hui, vous êtes des humains et vous resterez ici jusqu'à la fin des temps. Et c'est la raison pour laquelle nous vous aimons tant.

Certains de la vieille garde, présents à l'origine, ne reviendront pas. Nombre d'entre vous vivent actuellement leur dernière incarnation et nous les accueillerons à bras ouverts, car ils nous manquent ! Certains parmi vous le savent. Enfin, beaucoup d'autres – non Lémuriens – reviendront sur terre, car leur défi, comme le fut le vôtre, consiste maintenant à créer une nouvelle terre.

À titre individuel, que pouvez-vous accomplir maintenant ? Peut-être est-il temps pour vous de comprendre consciemment qui vous êtes vraiment. La première chose que vous pourrez faire ce soir, lorsque vous serez seul, consistera à vous contempler dans un miroir et à répéter trois fois les mêmes mots. Je veux que vous vous regardiez droit dans les yeux en prononçant : « JE SUIS CE QUE JE SUIS. » Peut-être alors, lorsque votre organisme entendra ces mots et les contemplera dans vos yeux, vous sera-t-il plus facile d'**assimiler** le concept selon lequel vous représentez davantage que ce que vous pensiez.

Chaque membre de la famille reçoit une « bande de fréquence énergétique » lorsqu'il quitte la Terre. Il s'agit d'une couleur qui vous caractérise dans votre dimension. Grâce à elle, où que vous alliez dans l'univers, les autres entités comprennent que vous faites partie de la grande expérience énergétique en cours sur la Terre – du test en phase de conclusion. C'est ce qui explique l'immense peur qui règne au sein de l'humanité, car, au niveau cellulaire, les humains savent que la fin du test est proche.

Que soient bénis ceux qui ne peuvent entendre ce message. Bien qu'effrayés par la perspective de la fin du monde, lorsqu'ils constateront que celle-ci ne survient pas comme prévu, ils seront alors prêts à recevoir la vérité de la part de ceux qui, au contraire, auront su conserver leur sérénité. Nombreux seront ceux qui se tourneront vers *vous* pour obtenir des réponses. Et vous êtes maintenant en mesure de les leur fournir.

Célébrez la fin du test !

Célébrez le nouvel univers dont l'énergie est celle de l'humanité !

Voici venu l'instant difficile, celui qui consiste à récupérer les bols emplis de nos larmes de joie et à nous apprêter à quitter cette salle. Vous avez enfin permis aux informations de circuler parmi vous. Comprenez-vous pourquoi nous sommes si excités ? Voici venue la fin d'un projet considérable que vous avez si bien préparé. Certains d'entre vous quitteront cette pièce, perplexes. Cela n'a pas d'importance. La vérité reste la vérité, qu'elle soit acceptée, ou non. Certains ne comprendront qu'en rejoignant leur vrai « foyer ». D'autres ont d'ores et déjà compris. Certains sont sur le point de subir de profondes transformations. Nous célébrons les méthodes de guérison qui se font jour grâce à votre acceptation de cette ère d'amour.

Je m'adresse aux *membres de la famille,* que je connais personnellement – et à jamais. Nous n'avons ni commencement ni fin. Chacun d'entre vous est éternel, dans toutes les directions temporelles, comme inscrit dans un cercle situé dans le « maintenant ». Nous sommes tous éternels, nous formons la *famille.*

Notre cortège se retire lentement. Ceux qui vous enlaçaient retournent de l'autre côté du voile par l'ouverture que vous avez permise grâce à votre intention de participer à cette réunion ou de lire ces lignes. Mais l'amour demeure. Il demeure en votre cœur, à condition que vous en manifestiez le désir. Souvenez-vous ! les guides sont activés grâce à une intention pure et aimante. En fait, vous n'êtes jamais seuls et il n'est pas nécessaire d'assister à une réunion de Kryeon ou de lire l'un de ses messages pour ressentir l'énergie d'une famille affectueuse. Cette énergie est en vous constamment. Nous savons les épreuves que vous traversez et nous connaissons chacun de vous par son nom – parce que vous représentez notre famille.

Quel est donc le sens de la vie ?

Sortez et contemplez les étoiles. Elles sont à vous.

Le sens de la vie sur terre est représenté par un dessein que vous avez conçu, réalisé et vécu. Vous avez agi avec succès, de façon responsable. Le moment est maintenant venu pour certains membres de la famille de rentrer au foyer.

Et je veux vous dire que je serai là pour les accueillir.

Je serai là.

Et il en est ainsi.

Kryeon

Défi

« Écoutez, très chers : les défis constituent des épreuves qui
vous sont envoyées pour être résolues – et non pour être
endurées. Dieu n'éprouve ni joie ni plaisir lorsqu'un humain ne
parvient pas à résoudre ses problèmes ! L'Esprit ne se réjouit
pas d'une telle situation et la planète n'en tire aucun avantage
lorsque des membres de la *famille* décident de ne pas surmonter
les difficultés qu'ils rencontrent ! Les problèmes irrésolus et
l'énergie de l'échec ne profitent *jamais* à Dieu ! Les solutions
parfaites découvertes grâce à l'amour et à la sagesse
représentent ce que nous célébrons tous ensemble ! »

CHAPITRE TROIS

TRANSITION VERS UN NOUVEAU MILLÉNIUM

OMBRE ET LUMIÈRE
Reno, Nevada

Salutations, très chers, je suis Kryeon, du Service magnétique. Nous voici à nouveau réunis, baignés par la merveilleuse énergie de cette région – une énergie qui est unique. Elle permet d'aborder certains sujets plus facilement – comme nous l'avons déjà fait, il y a deux ans, en ce même lieu.

Avant que l'enseignement ne débute, nous allons, comme à l'accoutumée, commencer par un message universel. Nous clôturerons cette séance de même. Chaque entité présente ce soir vous le répétera. Il s'agit d'un message empreint d'un amour infini.

Mon partenaire vous l'a déclaré, sur cette planète, l'être humain est honoré et représente la raison d'être de la venue de Kryeon sur la Terre. Il en sera toujours ainsi et, que vous soyez présents ici ce soir ou en train de lire ces lignes, je vous invite à ressentir votre Moi divin, lequel réagit au cortège qui m'accompagne.

Que le « troisième langage » commence maintenant – quelque chose qui sera transmis à tant d'entre vous aujourd'hui. Ce langage vous est destiné. Il est universel. Peut-être ne l'entendrez-vous pas, mais vous le ressentirez. Car il s'agit de l'amour de Dieu qui vous accueille en se souvenant de vous. Il s'agit d'instants privilégiés que nous passons ensemble, telle une famille réunie, alors que l'Esprit apparaît devant vous et vous déclare : « Je me souviens de vous ! Je me souviens de vous ! N'est-il pas extraordinaire que nous puissions à nouveau communiquer ainsi ? »

Une fois de plus, nous nous tenons symboliquement devant

vous, yeux dans les yeux, et vous demandons : « Vous souvenez-vous du temps où nous vous avons envoyés ici ? » Si vous êtes présents ce soir, assis devant nous, nous permettant de baigner vos pieds, c'est grâce à l'honneur rattaché à votre contrat. Et l'amour et le caractère sacré de cette cérémonie vous disent : « Vous êtes tendrement aimés. Vous êtes honorés au-delà de tout. » Très chers, c'est la prise de conscience que *vous* êtes ici pour accomplir votre tâche.

Ainsi, un ange du Nouvel Âge est assis en face de vous, en compagnie de la famille du seigneur Michaël. Cet ange, Kryeon, vient à vous et déclare que vous êtes protégés et aimés. Il vous apporte vérité et sagesse – tout comme un autre ange assis parmi vous ce soir (allusion à Ronna Herman, channel de l'archange Michaël – voir aussi « *Sur les ailes de la transformation* », Éd. Ariane). Notre tâche est simple. Elle consiste à aider ceux qui accomplissent le travail – *vous*. Vous allez peut-être penser : « *Qui, moi ? Je parais si petit et insignifiant, simple pion dans le plan grandiose de la Terre.* » Et c'est pour cela que nous vous appelons les guerriers de la lumière !

Ce dont nous allons discuter au cours de cette communication porte sur la différence entre l'obscurité et la lumière. Vous vous souvenez peut-être qu'il y a deux ans, nous vous avons délivré un message concernant l'obscurité. Beaucoup de choses ont changé depuis. Nous pouvons maintenant vous fournir un message beaucoup plus complet et beaucoup moins sibyllin, un message qui fera résonner la vérité, sera accepté et compris par tous ceux – et ils sont nombreux – qui vibrent à une fréquence élevée. Il y a deux ans, en ce même lieu, ce n'était pas encore le cas.

Voici une information capitale, dont une partie a déjà été communiquée et dont l'autre est totalement nouvelle. Nous souhaitons étudier l'obscurité et la lumière, le positif et le négatif, l'équilibre entre ce qui est et ce qui n'est pas, et ce que cela représente pour vous, êtres humains. La capacité à comprendre qu'il existe ici quelque chose de plus grand que jamais auparavant et que cette situation se prolongera ! <u>Car je suis ici pour vous dire que la masse critique de l'illumination sur terre a été atteinte.</u> Nous vous avons affirmé qu'une minorité d'entre vous peut provoquer des changements étonnants pour tous (nous faisons allusion aux guerriers de la lumière de cette planète). Et ceci ne s'effectuera pas en hurlant vos croyances à tout vent. Cela ne sera possible qu'en suivant votre voie et en montrant aux autres que vous pouvez obtenir la paix sur cette planète tout en vivant votre vérité !

Très chers, un jour viendra, si cela n'est pas déjà le cas, où vous attirerez à vous tous les autres humains en vous contentant de suivre votre voie. Ils demanderont : « *Que se passe-t-il ?* », car ils auront ressenti qu'un changement est en train de se produire. Ils diront : « *Dites-moi la vérité* » et découvriront en vous l'Ange d'or qui vit de façon pratique chaque jour – qui ne se fait aucun souci et qui reste serein en toute circonstance –, celui qui possède la patience et la sagesse d'un saint. Vous serez peut-être cet ange et vous attirerez alors à vous d'autres humains désireux de savoir ce que vous possédez et dont eux-mêmes sont dépourvus. C'est ainsi que les autres distingueront Dieu en vous.

Une nouvelle ère s'instaure sur la Terre, une ère sans catastrophe programmée, comme nous vous l'avons répété si souvent. En effet, une nouvelle graduation prend place, et nous vous avons déjà expliqué comment elle se manifeste. Des observateurs à distance [*remote-viewers**] se projettent au-delà de l'année 2012 et déclarent : « *Malheur ! Nous allons tous mourir, car nous n'apercevons rien au-delà de cette date.* » Ce qu'ils voient et rapportent, c'est la très faible quantité d'ancienne énergie qui subsiste ! Les potentialités énergétiques d'ici à cette date vous stupéfieraient si vous les connaissiez : il s'agit des possibilités de cette planète. Seule une poignée d'humains, correspondant au nombre de ceux qui sont présents ici ce soir et qui lisent ces lignes – chacun d'eux vibrant à une fréquence élevée et étant doté d'ailes

---

* Par une technique particulière, certains sont capables de projeter leur conscience en différents endroits et de décrire ce qu'ils voient. Cette technique n'étant pas de haute spiritualité, les interprétations qui en découlent portent parfois à confusion. On appelle les gens qui pratiquent cette technique, des observateurs à distance – *remote-viewers*.

d'une envergure de plus de huit mètres (27 pieds, certains d'entre vous comprendront ce que cela signifie et d'autres pas) – seront en mesure de créer des miracles sur cette planète ! Et je vous déclare qu'en effet, vous êtes tous des anges vibrant à l'unisson. Je ne donne pas les informations qui suivent à la légère. Le moment est venu pour l'enseignement.

Ombre et lumière

Commençons par reprendre certaines informations fonda-mentales déjà communiquées, puis nous passerons à un autre enseignement. Tout d'abord, nous souhaitons définir ce sujet. Puis, nous le développerons. Enfin, nous aborderons ses douze aspects.

De nombreux humains ne comprennent pas ce que sont l'obscurité et la lumière. Aussi vous répétons-nous : la définition de l'ombre est « l'énergie sans l'amour ». Tant d'êtres humains sont convaincus d'appartenir aux ténèbres. Mais, en réalité, tel n'est pas le cas. Il n'existe aucune entité dans l'univers appartenant à l'obscurité. Je le répète : aucune.

Rappel

L'obscurité est un état vibratoire dépourvu d'amour. L'obscu-rité est passive alors que la lumière est active ; elle n'est qu'une phase d'énergie privée de l'élément actif de la lumière. Voilà tout. Il n'y a rien à rajouter – pas de drame, pas de peur. La peur que vous éprouvez probablement en la confrontant peut être dissipée en sachant qu'il s'agit simplement d'un état vibratoire à basse fréquence – l'amour étant la fréquence la plus élevée.

Il existe un équilibre dont nous souhaitons vous parler cet après-midi. Nous avons déjà fourni cette information auparavant, de façon à mettre en évidence la différence entre une obscurité *passive* et une lumière *active*. Souvenez-vous que la lumière possède une fréquence plus élevée et consomme davantage d'énergie. Elle est donc active, ce qui n'est pas le cas de l'obs-curité, qui consomme moins d'énergie. Elle est également plus facile à maintenir.

Maintenant, certains d'entre vous comprendront peut-être pourquoi ils ont la possibilité d'illuminer une pièce simplement en y pénétrant. De même, il existe des endroits où vous pouvez vous rendre et qui, grâce à l'élément *actif* de la lumière que vous transportez avec vous et ancrez en ces lieux, joueront un rôle plus significatif pour la planète. J'ai parlé de ceci à deux reprises dans des channelings passés et je le répète : nous voulons que vous visualisiez ce scénario, car il est judicieux et peut apaiser les peurs de ceux qui craignent l'obscurité. Chacun de ceux qui, parmi vous, se définissent comme guerriers de la lumière, pourrait se placer au centre du plus maléfique des pentagrammes – entouré par les porteurs de chasubles rouges psalmodiant en l'honneur des ténèbres – et illuminer la pièce, puis transformer *ces êtres* grâce à la lumière de sa propre essence ! Ne craignez rien ! Car la lumière qui est en vous est la **lumière de Dieu** ! Soyez-en convaincus. C'est cela, la différence essentielle entre l'obscurité et la lumière. L'obscurité est simplement l'absence de lumière. La lumière est la présence de Dieu *en vous*.

Nous souhaitons maintenant aborder les douze éléments qui se présentent par paires et qui se rapportent à cet équilibre. Ce sont :
• la négativité et la positivité sur la planète, ce que cela signifiait dans l'ancienne énergie et ce que cela veut dire aujourd'hui ;
• les tests que vous passez et leurs solutions ;
• la mort et la vie ;
• l'obscurité et l'illumination ;
• la haine et l'amour ;
• la peur et la sérénité.

Ces douze sujets se présentent sous la forme de six paires. Lorsque vous comprendrez les différences entre eux, vous commencerez à appréhender les disparités entre l'ancienne et la nouvelle énergie de votre planète. Vous comprendrez également le pouvoir absolu que vous détenez sur l'ancienne énergie.

L'équilibre de l'humanité - Négatif et positif

Parlons d'abord de la négativité et de la positivité sur la Terre – l'ombre et la lumière, si vous préférez –, de ce qui paraît positif et de ce qui semble négatif sur la planète pour l'humanité. Voici une information étonnante concernant votre Nouvel Âge : le paradigme se transforme selon l'équilibre entre l'obscurité et la lumière. Comme nous l'avons déjà dit, l'une des sensations que vous ressentez, vous qui vibrez à une fréquence élevée, en est une d'inconfort. Tout semble aller pour le mieux, mais vous êtes toujours sur vos gardes, en raison de ce que vous vivez avec le nouvel *équilibre* cellulaire. Cependant, vous devez vous y habituer.

Dans le passé, un certain équilibre devait être atteint. Vous n'êtes sûrement pas surpris que le Maître des questions de magnétisme soit porteur d'un message ayant trait à l'équilibre entre le positif et le négatif. L'équilibre doit régner – toujours. C'est la destinée de la Terre, de l'univers et de votre structure cellulaire. Si tel n'est pas le cas, une partie de l'énergie doit être transmutée en autre chose afin d'équilibrer l'ensemble. Même dans la mort existe un équilibre. C'est la clef de ce qui s'est passé, et qui modifie, aujourd'hui, la façon dont les choses s'articulent.

Dans le passé, l'énergie *humaine* devait trouver par elle-même son équilibre. Ainsi, l'équilibre entre l'obscurité et la lumière s'effectuait entre humains et était établi par la conscience de l'humanité en place. De ce fait, il apparut qu'il y avait autant de négativité que de positivité, ou vice-versa. Mais l'essentiel de cet équilibre revenait à l'humanité. Réfléchissez à cela. Toute votre vie, vous avez cru que s'il existe un vainqueur, il devait donc également y avoir un vaincu. Je suis ici pour vous dire que cette façon de penser est propre à l'ancienne énergie !

Très chers, les choses ont changé. Vous disposez désormais d'un nouveau partenaire dont vous ne soupçonnez peut-être pas l'existence et qui marche à vos côtés, au sein de cette nouvelle énergie. Vous êtes-vous jamais demandé où se dirige le karma transmuté lorsque vous manifestez l'intention de vous en débarrasser avec l'implant neutre libérateur ? Vous êtes-vous jamais demandé où sont passées les puissantes énergies du karma avec lesquelles vous êtes venus au monde – karma définissant les leçons et les situations que vous étiez supposés affronter ? Où s'est dirigée cette énergie lorsque vous avez manifesté l'intention de la purifier ? Voyez-vous, un équilibre doit régner. Comme je l'ai dit, vous avez toujours pensé que pour tout gagnant existait un perdant. Chacune de vos compétitions possède ces caractéristiques qui représentent le concept de l'ancienne énergie.

Imaginez un concours remporté par deux gagnants. Comment cela est-il possible ? C'est possible aujourd'hui, car votre Terre entre en jeu. Je vais vous dire ce qui se produit lorsqu'un être humain décide de se dépouiller de l'ancienne énergie et d'élever sa fréquence vibratoire. Il faut une énorme quantité d'énergie – spirituelle et cosmique – pour accomplir une telle chose. Et celle-ci ne vous est pas fournie uniquement par vos guides et le cortège qui vous environnent. C'est quelque chose pour lequel nous nous sommes préparés depuis très longtemps. Vous souvenez-vous de la Convergence harmonique ? C'est à cette époque que les mesures furent prises et que nous comprîmes que vous étiez prêts. Vous souvenez-vous du 11:11 ? C'est *vous* qui *nous* avez donné la permission de transformer votre ADN. Vous souvenez-vous du 12:12 ? Ce fut le moment sacré où les humains reçurent le flambeau et la responsabilité de maintenir l'*équilibre* – et la Terre devint votre partenaire !

L'humanité n'est plus seule pour équilibrer ces énergies. Vous disposez maintenant d'une partenaire active avec **Gaïa**. Commencez à prendre conscience de ce qui se passe. Vous êtes-vous jamais demandé pourquoi la Terre change de cette façon ? Pourquoi maintenant ? Pourquoi seulement au cours de ces dernières années ? Vous êtes-vous jamais demandé pourquoi le rythme des saisons s'accélère ? Pourquoi les tempêtes du siècle surviennent maintenant aux quinze ans ? Vous demandez-vous pourquoi les climats et les saisons sont tellement chamboulés ? C'est parce que l'énergie dégagée dans le processus de l'équilibre humain est transmutée vers la Terre – transformée dans l'énergie de Gaïa, elle-même animée d'une conscience et emplie d'amour envers vous. Cette énergie est réellement présente et vous soutient véritablement, comme cela fut toujours le cas.

Lorsque vous réalisez que la poussière même de cette planète appartient à une entité et que le magnétisme qui l'entoure représente le cocon qui la soutient, vous commencez alors à comprendre partiellement le système au sein duquel vous êtes intégrés. L'humanité n'a plus besoin d'assurer le gros du travail. Et cela, parce que la masse critique a été atteinte, que le positif actif prend peu à peu le dessus sur le négatif passif et qu'un guerrier de la lumière vaut des douzaines de personnes cantonnées dans l'obscurité. Voilà pourquoi l'être humain soutenu par la lumière et l'amour peut transformer des douzaines d'autres personnes. Il suffit simplement à cet humain de maintenir haute sa lumière – et l'amour se manifestera !

Cette énergie de transmutation de l'ancien au nouveau se localise dans la Terre et celle-ci réagit. Voilà pourquoi elle subit des transformations. Parfois, vous vous retrouvez au centre d'une situation qui peut vous sembler effrayante – vous demandant si la Terre, autour de vous, devient instable. Très chers, si vous vous trouvez dans une zone de tremblements de terre, soyez sans crainte et honorez ce phénomène ! (Voir le chapitre « La Terre et vous », dans le tome IV, p. 201.) Dites à voix haute : « *Je comprends parfaitement ce qui est en train de se passer. La Terre se construit. Elle bouge, car elle absorbe l'ancienne énergie. Elle est notre partenaire au cours de ce Nouvel Âge et elle joue le rôle que nous lui avons assigné !* » Voilà ce qui se passe. Un passage du négatif au positif. L'équilibre se modifie. Votre partenaire Terre se stabilise.

Défis et solutions

Voici un exemple de négatif et de positif qui ressemble à l'obscurité et à la lumière et que vous appelez défi et solution. Nous allons revoir brièvement ce qui s'est passé il y a quelques mois dans la belle région de Banff, alors que nous vous apportions un étonnant message destiné à l'humanité concernant « le Plateau d'or » (voir channeling suivant).

Comme vous le découvrirez en vous reportant à ce channeling, les réponses à vos défis les plus troublants sont spirituellement connues à l'avance ! Cependant, vous êtes toujours là à tenter de les comprendre. Car vous êtes en apprentissage et les réponses ne vous sont pas révélées avant le temps (pas plus qu'elles ne l'étaient lorsque vous alliez à l'école). Mais les solutions existent, même lorsque vous êtes au beau milieu d'un test. Dans ce message sur le « Plateau d'or », l'idée vous est fournie de préparer vos solutions à l'avance en vue des tests que vous passez et des défis que vous relevez aujourd'hui.

Symboliquement, le Plateau d'or représente le nouveau paradigme en vigueur sur votre planète, où chaque test que vous affrontez a déjà été résolu et se présente à vous comme sur un plateau. Il ne vous reste qu'à reconnaître que vous êtes à l'origine de ce problème et à l'ôter du plateau. Ne vous semble-t-il pas logique, très chers, d'admettre que si vous avez planifié vos épreuves, vous avez également planifié leurs solutions ? Réfléchissez à l'énergie, aux soucis et à la crainte qui émanent de ces épreuves. Pensez maintenant à l'énergie qui accompagne l'amour dans l'établissement des solutions ! Ceci équilibre cela ! Ces solutions furent créées à partir de l'amour avant même que les épreuves ne soient élaborées. Que ressentez-vous en réalisant que les solutions furent conçues simultanément aux leçons ?

Que faites-vous de vos problèmes ? Quelle est votre réaction lorsqu'une épreuve imprévue se présente ? Cédez-vous à la panique ? Tordez-vous vos mains de désespoir et vous tournez-vous vers Dieu en criant : « *Pourquoi moi ?* »

L'homme éclairé, quant à lui, sait, et cette connaissance provoque chez lui une réaction différente. Lorsqu'un déséquilibre survient, alors un rééquilibrage doit intervenir. La solution à chacun des problèmes que vous rencontrez ne se trouve pas dans l'ancienne énergie caractérisée par la crainte ! En réagissant ainsi, vous resterez rivés au sol, incapables de dépasser ce problème. La première chose à faire, lorsque surgit une épreuve, consiste à la vider de son contenu négatif ! Lorsqu'elle se présente, célébrez-la afin de créer une énergie de sagesse, d'équilibrer le défi et de faire apparaître la lumière qui apporte la solution. Imaginez que cette solution soit cachée. Comment peut-on découvrir quelque chose de caché ? Éclairez et cherchez !

Nous l'avons déjà dit, Dieu ne se complaît pas dans la contemplation de l'être humain se débattant dans les tribulations et la crainte. La célébration a lieu lorsque l'être humain comprend qu'un équilibre existe en toute chose. Pour cela, il doit donc trouver la solution qui lui est destinée.

L'être humain qui gémit sur ses malheurs sera englué dans les anciens concepts et énergies et se trouvera sans cesse confronté à des épreuves, sans pouvoir bénéficier du miracle de leurs solutions, sans espoir de vaincre et d'évoluer.

Mort et vie

Parlons un peu de la vie et de la mort de l'être humain. L'évolution entre l'ancien et le nouveau est considérable dans ce domaine. Nous avons beaucoup à partager avec vous sur ce sujet qui vous effraie tant ! La mort, telle que vous la concevez, est un ancien paradigme. Il n'existe pas d'information plus excitante que celle-ci. Seul le fait que vous viviez une longue existence peut permettre d'accélérer l'évolution de cette planète vers la *nouvelle énergie* !

Dans l'ancien temps – lorsque l'ancien paradigme régnait –, la mort survenait rapidement et représentait un échange d'énergie. Vos organismes, conçus pour vivre 950 ans, n'avaient une durée de vie que de soixante à soixante-dix ans, selon vos désirs, car c'est vous qui avez imaginé le vieillissement ! Votre métabolisme, agissant sur votre ADN, vous faisait mourir rapidement. Ce phénomène vous permettait de renaître sur terre avec des karmas différents et d'être confrontés à des tests et à des défis imprégnés d'une énergie obscure et lumineuse – vie courte et mort rapide – selon un processus sans cesse renouvelé. Il s'agissait là de l'essence même du changement vibratoire aujourd'hui disparu. Vous vous êtes permis de recevoir un message spirituel à destination de votre ADN, le code de la vie, qui stipule : « *Nous*

avons maintenant l'autorisation de vivre beaucoup plus longtemps
qu'auparavant afin de permettre l'élévation de la Terre. »
Permission accordée ! Cette science vous est maintenant peu à peu
révélée sur l'ensemble de la planète. Nous sommes ici pour vous
annoncer que si les potentialités que nous apercevons sont
atteintes, la durée de vie de l'être humain pourra doubler d'ici à
2012. Doubler ! Très chers, le nouveau paradigme est le suivant :
on vous demande de vous installer dans une zone géographique où
la mort n'est que la mort de l'ancienne énergie et où la biologie
humaine vit encore et encore ! Voyons si votre science vous
apportera son aide. Voyons si votre société sombrera dans la peur
– se privant ainsi de ce bénéfice. Tout ceci est très différent de ce
à quoi vous pourriez vous attendre et ne dépend que des
révélations en provenance de chacune des fibres de votre structure
cellulaire. Les secrets de la vie et du processus de vieillissement
seront révélés.

La définition de l'ascension, telle que nous l'avons donnée à
tant de groupes avant vous, est la suivante : « L'être humain au
sein de la nouvelle énergie transmute son karma et son contrat et
entame sa nouvelle incarnation, libéré de la mort. Puis, au fur et à
mesure de son évolution, il crée de toutes pièces un nouveau
contrat. » C'était le propos principal du *Retour*, un autre livre de
Kryeon. Cette révélation est maintenant à votre disposition, mais
certains d'entre vous choisiront de l'ignorer. Certains la rejetteront
et d'autres l'accepteront. Il peut encore se passer quelques années
avant que ce concept ne soit parfaitement compris. Mais voici
l'idée générale : non seulement avez-vous la permission de rester
sur terre, mais la science, l'énergie et la connaissance vous
aideront à vivre une très longue existence. Cela vous permettra de
vous diriger vers les nouvelles vibrations, de rejeter votre ancien
karma, de passer de l'ancien paradigme au nouveau et de vivre très
longtemps. Il s'agit là d'une information très importante générée
par vous, pour vous ! Elle vous est fournie parce que vous en avez
manifesté l'intention au cours du 11:11. Que la *lumière* prenne un
sens nouveau ! Qu'elle modifie votre équilibre et affirme votre
pouvoir sur la Terre !

Obscurité et illumination

Parlons maintenant de l'obscurité et de l'illumination physiques et de ce que cela signifie au niveau cellulaire. Nous souhaitons rester dans le domaine de votre biologie. Très bientôt, votre science découvrira l'importance de la lumière par rapport à l'être humain et sa biologie. Vous êtes sur le point de comprendre les causes du vieillissement, mais il existe un certain attribut physique dont nous souhaitons vous entretenir maintenant et qui a trait à l'horloge biologique.

L'organisme enregistre le temps. Le saviez-vous ? Autrement, comment pourrait-il savoir comment agir à certains moments ? Vous êtes nombreux dans cette salle (et parmi ceux qui lisent ce message) à être revenus sur terre en qualité de femmes. Vous êtes-vous jamais demandé pour quelles raisons l'horloge biologique était liée à votre cycle mensuel ? Il s'agit là d'une relation avec Gaïa, n'est-ce pas ? Pour quelle raison l'organisme humain réagit-il aux cycles lunaires ? Quel processus entre en jeu ? Qu'est-ce que cela vous inspire ? La première chose que vous devriez comprendre est cette relation étroite entre la Terre et l'organisme humain ! La seconde chose que vous devriez constater est que tout fonctionne selon une base 12 (comme nous en avons discuté dans le troisième livre de Kryeon, *Alchimie de l'esprit humain*).

La Terre fonctionne selon une base 12. Sa géométrie est de base 12, de même que votre biologie. Les douze filaments de votre ADN, réunis en groupes de trois ou quatre, vous montrent à l'évidence cette base 12, et vous êtes nombreux à connaître déjà l'aspect sacré que présentent les formes basées sur le nombre 12. Tout cela parle de la Terre et de *vous*. Voyez-vous, vos horloges cellulaires enregistrent tout ce qui concerne votre organisme.

Deux phénomènes doivent être suivis de près. Le premier, dont nous avons déjà discuté, concerne le magnétisme. L'organisme connaît le magnétisme ! Qu'est-ce que le décalage horaire ? Lorsque l'être humain franchit rapidement la grille magnétique et les différents fuseaux horaires, l'organisme réagit d'une certaine façon. Saviez-vous que lorsque vous vous déplacez dans une direction, votre corps enregistre certaines réactions, et que lorsque vous vous déplacez dans la direction opposée, d'autres réactions s'imprègnent en lui ? Saviez-vous que, selon la direction que vous suivez, vous êtes soit stimulés, soit épuisés ? Soyez attentifs à ce phénomène. Votre corps réagit au magnétisme de la planète. Nous vous l'avons déjà dit : le magnétisme est nécessaire à la vie biologique et vous êtes incapables de survivre sans ses effets.

Le second phénomène à observer est le suivant : votre organisme a besoin d'enregistrer la lumière et l'obscurité conjointement avec les influences magnétiques.

Je vais vous apprendre quelque chose que vous ignorez peut-être et que nous abordons ici pour la première fois. Chaque cellule de votre corps a conscience du jour et de la nuit, et cela n'a rien à voir avec vos détecteurs visuels. Une personne aveugle possède la même capacité, car sa structure cellulaire et le sang même qui circule dans ses veines détectent la lumière et l'obscurité et tentent de compter les jours en même temps que les attributs magnétiques. Bientôt, vous aurez la preuve de ce que je vous déclare. L'horloge biologique est le prochain élément à examiner pour augmenter la durée de votre vie, car cette horloge peut être étudiée et modifiée. Les scientifiques doivent rechercher les parties de votre ADN sensibles au passage du temps, car cela est indispensable pour comprendre l'ensemble que je vous explique.

Haine et amour

Parlons maintenant de la haine et de l'amour. Toutes les personnes ici présentes sont conscientes de ces deux phénomènes. Vous ne serez pas surpris d'apprendre que, fondamentalement, l'énergie de l'amour et celle de la haine sont identiques. Permettez-moi de vous parler de la haine. La haine représente l'ignorance qui n'a pas encore été touchée par l'énergie bénie et la sagesse de la lumière. C'est cela, la haine. Revoyez la définition de l'obscurité. Si vous privez de lumière et d'amour toute conscience, quelle qu'elle soit, où qu'elle soit, vous constaterez la manifestation des ténèbres sous la forme de doutes et de peurs. L'obscurité existe là où l'amour est absent.

Vous avez tous rencontré des humains qui semblent ne disposer d'aucune sorte de conscience. Apparemment, ils peuvent accomplir n'importe quel acte négatif sans en être affectés. Nous vous déclarons que l'essence même de l'énergie de la haine et de l'amour est de nature analogue et que de ce fait, une conscience de l'ignorance sans l'élément de l'amour attend elle aussi l'opportunité d'être transformée. Par conséquent, la haine devient une énergie attendant d'être transmutée. Elle a des potentialités. Elle désire changer. Ses vibrations cherchent à s'élever. Elle n'apprécie guère sa propre situation. Elle est triste. Observez simplement ceux qui sont habités par la haine.

Ainsi, l'amour représente la haine transformée. Vous avez déjà rencontré des êtres convaincus que Dieu n'existe pas. Ce sont les mêmes qui sont persuadés que rien de bon ne peut arriver dans l'existence. Mais ces individus vivent fréquemment certaines expériences qui les changent en l'espace de quelques heures. Dans ces situations, vous avez vu la haine se retirer et constaté l'apparition de la lumière dans leurs yeux. Ce que vous voyez, c'est un individu transformé à jamais. C'est le doux dont il a déjà été question – celui qui auparavant semblait être sans espoir. Il peut même y avoir de ces individus dans cette salle ou parmi ceux qui lisent ces mots. Il s'agit là véritablement du miracle de l'amour actif ! L'amour transforme la haine et la peur. Lorsque vous éclairez un endroit obscur, les ténèbres disparaissent et la transmutation est permanente. Vous ne pouvez plus oublier ce que vous avez appris. Vous ne pouvez plus vous réfugier dans un état d'inconscience une fois que vous avez compris comment les choses fonctionnent. La seule façon serait de nier ce que vous savez, et cela provoquerait déséquilibre et malaise.

Peur et sérénité

Ce soir, nous parlerons de la peur et de la sérénité qui se trouvent aux deux extrémités opposées du spectre. Celui qui a peur est dans l'obscurité. Celui qui a peur n'est pas prêt à percevoir l'élément actif de la lumière, car il n'a pas encore réalisé la valeur de l'entité merveilleuse située dans son cœur. Tout comme la haine, la peur est ignorante. Mais, une fois encore, l'ignorance n'est que la méconnaissance de l'entité d'or en soi.

Très chers, lorsque vous serez face à face avec votre Moi divin, vous ne serez plus jamais les mêmes. Lorsque cet être d'or plongera son regard dans le vôtre et que vous découvrirez votre visage à la place de celui de cet ange, vous ne serez plus jamais le même. Votre propre estime grimpera en flèche ! Ceux qui perçoivent cet ange intérieur sont toujours sereins au réveil, quelle que soit la situation, car ils savent qu'une parcelle de Dieu les habite. C'est là que se trouve la source intérieure. (Lee Carroll touche son thymus et son cœur.)

Que ressentez-vous en apprenant que vous n'êtes jamais seuls ? Peut-être ne parvenez-vous pas à y croire. Vous vous sentez différents. Vous vous sentez seuls. Vous subissez une forme d'énergie incomplète et vous êtes impatients de constater un changement, une transformation de potentiel. Y a-t-il quelqu'un qui soit satisfait de cette situation ? Je ne pense pas que vous seriez présents ce soir ni que vous liriez ces lignes si tel était le cas. Non. Vous voulez un changement !

En cet instant précis, vous avez toute latitude pour manifester votre intention afin de provoquer une transformation. Votre corps réagit à la vérité et se trouve dans un état transitoire. La peur et la haine sont des éléments temporaires qui souhaitent être transformés et qui sont prêts pour un bouleversement potentiel. Par ailleurs, la sérénité est heureuse telle qu'elle est, tout comme l'amour, parce qu'elle est animée par une intention pure et par l'énergie *active* de la lumière. Très chers, rien n'est comparable au fait d'être assis dans cette salle, en votre qualité d'êtres humains, ou de lire ces lignes, et de réaliser que vous êtes en paix, bien que le monde qui vous entoure ressemble à un véritable chaos. L'ange, à l'intérieur de vous, représente la clef de cette sérénité. Votre sagesse en est le catalyseur. Certains ont comparé cette attitude à celle de l'autruche qui plonge sa tête dans le sable afin d'ignorer les problèmes qui l'entourent. Ils ne comprennent pas qu'être en paix au milieu du chaos est une caractéristique divine qui illustre leur vision globale. Cela indique en fait que vous percevez l'équilibre existant en toute chose et que vous choisissez de stabiliser votre vie avec la lumière.

La parabole de Mobie

Je vais maintenant fournir à mon partenaire la réponse à une question qu'il se pose depuis une semaine. Il y a un mot que vous n'avez pas compris et que vous n'avez partagé avec personne, espérant que la réponse vous serait fournie. Quel est ce mot ? Pourquoi vous a-t-il été présenté comme sujet de réflexion ? Il s'agit du mot *passage* et je vais maintenant vous conter la parabole de Mobie afin de vous l'expliquer.

Mobie était un indigène vivant dans une tribu. Il ne connaissait rien du monde moderne mais il était très intelligent. Des rumeurs circulaient au sein de son clan selon lesquelles existait une autre civilisation disposant d'une technologie merveilleuse défiant l'imagination. Évoluant dans une communauté dont la technologie se limitait à l'usage de la roue, il avait entendu dire que cette cité, située sur la côte, était peuplée de gens d'apparence différente et disposant de moyens incroyables. Ce peuple parlait une autre langue et se comportait de façon étrange.

Mobie apprit également que certaines pierres et certains tissus, considérés comme communs dans sa tribu, possédaient une grande valeur aux yeux de ces gens-là. On lui dit encore : « Si tu leur apportes suffisamment de pierres et d'étoffes, tu pourras obtenir tout ce que tu désires en échange. » Il décida finalement d'en avoir le cœur net.

Il prit la décision de quitter sa tribu et de partir à la recherche de cette haute civilisation. Il savait que ce peuple était différent et qu'il parlait une autre langue, mais peut-être parviendrait-il à l'assimiler. Il partit donc. Un jour, il parvint enfin à cette ville située sur la côte. Elle était peuplée d'êtres ayant une physionomie étrange et il fut immédiatement remarqué. Les habitants de cette cité se demandaient d'où il venait, mais ils étaient sages et l'accueillirent chaleureusement, car il apportait avec lui toutes sortes d'objets rares et de valeur, ce qui lui donnait l'aspect d'un homme d'une grande richesse.

Aussi acceptèrent-ils Mobie, bien que ne comprenant pas son langage. Il vécut dans cette cité pendant quelque temps, réalisant qu'il y avait encore beaucoup à découvrir à son sujet. Puis, il apprit que, de l'autre côté du vaste océan, existait une autre civilisation encore plus brillante ! On lui déclara qu'il pouvait s'y rendre à bord d'un grand navire qui effectuait fréquemment la traversée. Il décida donc de s'y rendre.

Tout se présentait pour le mieux. Mobie disposait de ce qui était nécessaire pour commercer et obtenir ce qu'il souhaitait. Il circula quelques instants le long du bastingage de ce merveilleux vaisseau aussi grand qu'un immeuble ! Il était immense ! Mais, lorsqu'il arriva sur la passerelle d'accès, un problème survint. Ceux qui recevaient les passagers refusèrent de le laisser monter à bord. Il leur offrit les pierres et les tissus qui lui avaient ouvert toutes les portes jusqu'à présent, mais ils secouèrent la tête et persistèrent dans leur refus.

Mobie fit plusieurs tentatives infructueuses, puis décida d'examiner les autres voyageurs. Peut-être comprendrait-il ainsi ce que les officiels exigeaient pour le laisser passer ? Cela paraissait simple. Les passagers leur remettaient simplement quelque chose, mais chaque fois que Mobie tentait sa chance, ces derniers secouaient la tête et pointaient leur doigt dans une autre direction. Mobie ne comprenait pas. Apparemment, il lui manquait quelque chose.

Finalement, il se trouva un homme sage qui, après avoir observé ce qui se passait, lui apporta son aide. Bien que cet homme ne parlât pas le langage de Mobie, il lui montra du doigt une petite cabane où régnait une certaine activité. En fait, on y faisait des affaires. Mobie était très intelligent et comprit que l'homme tentait de lui faire comprendre que la cabane lui apporterait la solution.

Donc, Mobie se rendit dans cette cabane et remarqua que l'on négociait quelque chose qui s'appelait, il l'apprit plus tard, un

« billet ». Mobie échangea alors certaines de ses pierres et riches étoffes contre un morceau de papier. Puis, il retourna sur la passerelle, la gravit, s'arrêta et présenta son petit bout de papier à l'un des hommes qui lui avaient si souvent refusé l'accès à bord. Cet officiel arbora un large sourire et autorisa Mobie à monter sur le bateau. Il s'installa dans une cabine de première classe et le navire partit en direction d'un autre pays.

Mobie avait beaucoup appris sur cette culture inconnue. Bien que très compétent et possédant des marchandises précieuses, il avait cependant besoin de les échanger contre quelque chose de très spécifique, de petite taille, représentant une grande valeur et indispensable pour voyager. Cette petite chose concrétisait son intention d'obtenir un droit de passage et d'effectuer la traversée.

Très chers, vous allez découvrir que ce qui fonctionne avec une certaine énergie ne fonctionne pas nécessairement avec une autre. Mobie avait besoin d'un billet pour son passage, tout comme certains d'entre vous parviennent à ce Nouvel Âge grâce à des attributs éclairés qui ont toujours agi auparavant. Ces attributs symbolisent certaines énergies que vous avez utilisées et des idées qui vous ont soutenus grâce à des pouvoirs spécifiques, de profondes méditations et des recettes pour le Nouvel Âge. Mais, aujourd'hui, certains estiment qu'aucun de ces attributs ne leur procure les résultats escomptés. Ils se heurtent à un mur et le « passage » leur est régulièrement refusé. Ils n'obtiennent plus aujourd'hui les résultats d'hier.

Pour obtenir son billet, Mobie dut se rendre dans un endroit précis. Je vais vous dire comment cet endroit se nomme maintenant. C'est un lieu qui ne peut être dissimulé à l'Esprit : il s'agit de **l'intention pure combinée à l'estime de soi**. C'est aussi simple que cela. Vous devez vous rendre en ce lieu différent de tous ceux que vous connaissez et vous adresser à Dieu en ces termes :
« *Montre-moi ce que j'ai besoin de savoir. Je suis prêt, avec mon intention pure, pour le passage. JE SUIS ce que JE SUIS.* » Puis, tenez-vous prêts à recevoir ce billet que vous avez réclamé avec tant de pureté !

Aucune cérémonie ni aucun rituel empreint de l'ancienne

énergie ne vous ouvrira le passage. Il est temps de rejeter toutes vos idées préconçues à propos de « ce qui marche » pour pouvoir approcher Dieu. Aujourd'hui, c'est *vous* qui êtes différents et c'est votre pouvoir qui représente le point focal. Acceptez votre Ange d'or et regardez ce qui surviendra ! (Ce qui revient à proclamer la réalité de votre Moi divin.)

Ce n'est pas grâce à vos actions que les rites de passage vous sont offerts. Ce n'est pas, non plus, grâce à ce que vous avez appris. Ils le sont grâce à votre reconnaissance de l'Ange d'or en vous ! Il s'agit d'intention et d'affirmation de votre essence spirituelle et il n'existe rien de plus puissant dans l'univers en ce moment que le pouvoir de la conscience humaine et l'intention sacrée ! Quand vous formulerez celle-ci, un billet vous sera fourni en une fraction de seconde et vous danserez sur cette passerelle qui vous conduira à une cabine de première classe. Puis, vous suivrez votre voie. Ce nouveau processus est empreint de tant d'amour ! Rien de semblable n'a existé sur cette planète, à ce jour. Vous vous trouvez à une époque dotée d'une énergie très particulière et vous disposez de dons extraordinaires.

Qu'est-ce qui a provoqué cette différence ? C'est la prise de conscience que vous méritez d'être ici. Ceux qui craignent l'obscurité restent toujours dans la pénombre ! Ceux qui crient « malheur à moi » quand surgit un problème se réfugient d'eux-mêmes dans les ténèbres. Quel que soit le niveau de leur spiritualité, ils n'ont pas encore découvert le « billet ». Ils n'ont pas encore découvert où se trouve la lumière – l'ange intérieur –, l'étincelle divine qui brille dans l'être humain.

Quiconque quittera cette salle aujourd'hui devrait avoir un laissez-passer. Cela parce que nous vous aimons ! Il s'agit de votre billet de première classe sur lequel est écrit « Bienvenue à la maison ! » Voilà ce que signifie vivre en ce Nouvel Âge ! C'est pourquoi vous lisez ces mots !

Maintenant, considérez les petits caractères imprimés sur le billet. Vous y lirez des mots comme : *guérison, prolongement de la vie, paix, amour, bonheur suprême et réel.* Tous ces bienfaits sont disponibles dès maintenant. Vous n'avez qu'à réclamer le pouvoir en vous et revendiquer le billet que vous méritez.

Ainsi s'achève une autre réunion. L'émotion de mon partenaire reflète ce que nous ressentons pour vous. Il n'y a pas de moments plus grands que lorsque nous parlons au cœur de l'être humain ! Ceci est spécial ! Reconnaissez le sentiment du *foyer* en vous. Sentez-vous protégés ! Car vous l'êtes vraiment ! Nous savons les épreuves que vous avez traversées. Nous connaissons vos contrats. Nous savons où se trouve le billet. Il est détenu par l'Ange d'or en vous... et il vous appartient de vous en saisir.

Et il en est ainsi.

Kryeon

LES CINQ FOSSÉS
DU NOUVEL ÂGE

Quelques mots de Lee Carroll...

J'aurais dû le prévoir. Je n'ai pas su comprendre les paroles de Kryeon à temps. Maintenant, les séparations commencent, et même ceux qui proclament leur existence basée sur l'amour se scindent lentement en factions rivales opposant « les bons et les méchants ».

Le channeling qui va suivre se contentera de mettre en évidence un attribut de la nature humaine en abordant une prédiction dramatique – celle de la lutte entre l'ancienne et la nouvelle énergie au sein même de l'humanité éveillée. La spiritualité de l'ancienne énergie souhaite trouver une structure : elle se sent mal à l'aise et menacée par les changements qui sont sur le point de survenir. Elle lutte pour faire prévaloir les anciens concepts selon lesquels la spiritualité doit être associée au châtiment, le mal doit exister pour contrebalancer l'influence de l'amour, les humains sont insignifiants et doivent vouer un culte à une puissance plus élevée afin de se procurer la force qui leur manque, la vérité spirituelle requiert une hiérarchie structurée d'hommes et de femmes, des bâtiments, des textes et une longue suite d'obligations et d'interdits afin de régler la vie de chacun.

La spiritualité de la nouvelle énergie est, en réalité, très différente. Elle déclare que « nous sommes Dieu ». Elle stipule que la seule structure qui nous est nécessaire se trouve en nous et que nous n'avons qu'à la découvrir. Elle fait référence à un plan selon lequel une vie basée sur la peur et le châtiment est remplacée par l'éveil de l'autoresponsabilité – une responsabilité qui met en valeur la sagesse et engendre une moralité intérieure. La félicité de créer un but divin remplace la peur du châtiment. Cette philosophie issue de la nouvelle énergie entraîne également le respect de soi-même et une existence épanouie. Elle se dirige elle-même, en évitant tous les pièges d'une organisation, avec ses structures, ses règles et ses prêtres. Elle honore le Dieu intérieur et proclame son essence intrinsèque – la conscience qui sait ce qui est à faire et à ne pas faire – et que l'intégralité de notre force spirituelle est en nous. Elle procure à chaque être humain les attributs d'un prêtre.

Le fossé est profond entre ces deux conceptions, et leur affrontement est dramatique. Kryeon nous avait prévenus : certains appelleraient cette nouvelle énergie le « mal »... et c'est ce qui s'est passé. Je lui ai demandé : « *Kryeon, que puis-je dire aux gens à propos du discernement actuel ? Comment peuvent-ils séparer la vérité du mensonge ?* » Il m'a répondu : « Cherchez l'amour. Suivez-le, car là où se trouve l'amour se trouve également la vérité. »

J'aurais dû prévoir cette division. Vous êtes nombreux à savoir que Kryeon fut, il y a quelques années, appelé le « mal cosmique » par un guerrier de la lumière connu. Cette personne disait même que la grille magnétique de la Terre était une émanation du mal. Elle prit l'initiative de distribuer des milliers de tracts afin de diffuser cette opinion empreinte de peur dans plusieurs pays, principalement auprès des personnes qui participaient aux réunions de Kryeon. Vous vous demandez sûrement quel fut le résultat final de cette initiative. Les attaques continuent encore aujourd'hui, mais le guerrier de la lumière responsable de celles-ci enseigne maintenant le même message que celui diffusé par Kryeon : « Nous avons modifié notre futur – nous pouvons pénétrer dans un nouvel état de conscience –, nous sommes la divinité. » Allez comprendre... Alors, pourquoi tout cela ? Pour quel résultat ? Il s'agit là d'une des phases de l'intense combat entre l'ancien et le nouveau, comme le montrera le prochain channeling.

En se basant sur d'autres communications fondées sur la peur, certains ont assimilé le Nouvel Âge au « mal » et qualifié Kryeon de Lucifer – de joueur de tours. De prétendues entités anciennes déclarent par channeling que le Nouvel Âge n'est qu'un complot visant à capturer les âmes. Certains, qui ont cru ces assertions, ont retourné les livres en leur possession et m'ont demandé de me convertir à leur philosophie. Ils proclament que Kryeon nous a tous **trompés**. Et, pour le prouver, ils font référence à un autre channel ! Ma vérité ? Kryeon est un membre très affectueux de la famille – un messager qui nous apporte l'information suivante : Dieu (la famille) ne vous livrera jamais un message basé sur la peur. Un channeling empreint d'amour et d'une intention pure est sacré et insuffle la puissance. Retenez ces informations dans votre vie. Utilisez uniquement ce avec quoi vous êtes « en phase ». Ne sombrez pas dans le prosélytisme. N'obligez personne à croire en votre vérité. Ne devenez l'adepte d'aucune entité (humaine ou non), n'adhérez à aucun culte dans le but de découvrir la lumière. **Vous** détenez le pouvoir, vous êtes éclairés et aimés par Dieu, car vous êtes un fragment de Dieu. N'abandonnez jamais votre pouvoir. En aucun cas, ne devenez l'adepte de qui que ce soit. Contrôlez vous-mêmes votre vie, grâce aux incroyables nouveaux outils spirituels offerts aujourd'hui à l'humanité. Découvrez le « Dieu » en vous. Soyez en paix. Vivez une existence passionnante et saine, grâce à votre puissance personnelle. Participez à l'instauration de la paix sur la planète, grâce à la transformation de votre conscience. Nous subissons tous une profonde transition énergétique.

Kryeon ne nous incite jamais à adhérer à quoi que ce soit. Ses paroles n'exigent pas que l'on fasse telle ou telle chose. Il honore nos vies et nos souffrances. Il nous encourage à découvrir les vérités divines cachées. Il nous invite à ouvrir les yeux et à comprendre les différences existant entre les diverses philosophies. Il honore toutes les religions dans leur « quête de Dieu ». Il émet, en permanence, un amour incroyable, et ce, depuis dix ans. Il n'est pas jaloux et invite tous ceux qui souhaitent l'entendre par channeling à agir ainsi. Il n'a jamais demandé à être suivi ou doré.

Il nous appelle sa « famille », nous aime comme des frères et sœurs et baigne nos pieds chaque fois qu'il apparaît pour nous parler. Son seul véritable commandement ? « Aimez-vous les uns les autres. »

Tout un joueur de tours !

Lee Carroll

Les cinq fossés du Nouvel Âge
Indianapolis, Indiana

Salutations, très chers, je suis Kryeon, du Service magnétique. Comme il est extraordinaire d'entendre la voix humaine s'élever de cette façon (en réponse aux intonations de l'assemblée précédant l'arrivée de Kryeon) ! Nous vous le répétons : il n'y a pas d'honneur plus grand que celui d'êtres humains qui formulent l'intention de mieux se connaître, comme en cet instant.

Comme d'habitude, notre entourage va se répandre parmi vous et vous inonder d'un amour que vous n'avez peut-être jamais encore ressenti. Nous vous le répétons : telle une bulle d'amour, nous allons retenir pour vous l'énergie de cette salle tant que nous serons ensemble.

Nous vous rappelons encore une fois ceci : qui que vous soyez, vous êtes aimés de la même façon que votre voisin. Vous êtes autant aimés que celui qui accepte cette expérience et se transforme grâce à elle. Vous êtes aimés exactement de la même façon que celui qui quitte cette salle avec une vie prolongée, après avoir formulé son intention de guérir. Nous ne portons pas de jugement sur votre voyage, très chers. Ce que vous en faites représente le test d'équilibre de l'énergie pour lequel vous êtes venus ici. Nous honorons la façon dont vous affrontez cette épreuve. Jamais nous ne portons de jugement ! Un jour viendra où vous et moi nous rencontrerons à nouveau, et je vous affirme qu'aucun humain recevant ce message ignorera qui je suis. Je vous ai déjà rencontré et je connais chacun de vous par son nom.

Approfondissons un peu ce sujet alors que nous remplissons cette salle d'amour et que la fréquence vibratoire s'élève afin de vous permettre de recevoir pleinement ce message. Vos noms ne sont pas de simples sons. Ils sont issus de l'énergie de votre propre *Mer-Ka-Ba*. Ils sont créés à partir de sons, de lumière et de couleurs – de vibrations que vous ne pouvez même pas concevoir. Et lorsque ces éléments tournoient ensemble, ils **chantent**, dans ma dimension, un nom qui me permet de vous identifier personnellement. Une telle beauté vous émerveillerait. Ce phénomène vous définit de façon interdimensionnelle. Je perçois chacun d'entre vous comme une immense entité emplie d'amour, faisant partie intégrante de l'ensemble et ayant conscience de sa personnalité propre, au niveau cellulaire.

Une fois encore, je vous répète que nous nous rencontrerons dans le hall d'honneur et qu'alors nous nous dirons : « Nous nous souvenons du jour où le voile s'est ouvert et où l'amour fut autorisé à se répandre dans cette salle. Le cortège de Kryeon est celui du seigneur Michaël et se situe dans le "maintenant". » C'est le cortège qui se glisse parmi ceux qui reçoivent ce message et qui lisent ces lignes. C'est le cortège qui enlace chaque guide/ange et qui vous connaît intimement. Très chers, alors que nous nous répandons parmi vous, nous vous déclarons qu'aucun des humains présents dans cette salle ou qui lisent ces lignes ne nous est inconnu ! Nous vous le répétons une fois encore : nous connaissons chacune des épreuves de votre vie – nous sommes conscients de chacun de vos problèmes. Mais nous vous le déclarons avec encore plus de certitude qu'auparavant : *aucun problème de votre existence n'est insoluble – aucun !*

Très chers, si vous pouviez avoir la moindre idée du potentiel de guérison qui existe ici, en cet instant ! Nous vous l'avons déjà dit auparavant : symboliquement, nous nous agenouillons à vos pieds avec, dans nos mains, un bol rempli de nos larmes de joie et souhaitons baigner vos pieds. C'est ainsi que l'Esprit vous considère. Avant d'entamer notre enseignement, nous voulons vous faire savoir comment l'Esprit vous perçoit. Mon partenaire a fait allusion aux potentialités présentes sur cette planète (au cours d'une conférence précédant le channeling). De la même façon qu'il y a des potentialités concernant l'avenir des humains sur cette planète, il existe des potentialités pour votre avenir individuel.

Avant la fin de cette séance, une invitation (symbolique) vous sera adressée afin d'atteindre et de saisir les potentialités que vous avez vous-mêmes programmées ! Un potentiel existe sur lequel est gravé votre nom et qui comporte la solution de chacun des problèmes de votre vie. Il ne s'agit pas d'un hasard ni d'un « don de Dieu ». Il ne s'agit pas non plus d'un présent de Kryeon. Il est plutôt question de quelque chose que vous avez amené avec vous sur la Terre et qui explique, en partie, la raison de votre présence ici.

Le message expliquant ceci est d'une grande profondeur. Vous pouvez vous demander : « *Comment une telle chose est-elle possible ?* » Vous l'apprendrez lorsque ce message en direct vous sera délivré, ou que vous serez en train de le lire (en cet instant présent !). Car, pour vous tous, à cette seconde même, ces paroles sont inscrites dans l'instant présent. Selon l'Esprit, le *temps* n'existe pas. Pour nous, cette dimension que vous appelez le temps est circulaire. Et, en cet *instant précis*, les potentialités existent simultanément pour le lecteur et l'auditeur. Et tout se passe simultanément – vraiment. Nous percevons les choses d'une façon très différente de la vôtre, et c'est pourquoi nous pouvons à la fois voir le groupe assemblé ici et celui qui lit ces lignes. À chacun de vous, nous pouvons déclarer : « Savez-vous qui vous êtes ? » Parmi vous, certains portent en eux les graines du changement planétaire, mais avant de pouvoir aider la planète, vous devez vous transformer vous-mêmes. Voilà pourquoi ce message est empreint de tant d'amour.

Nous vous entretenons fréquemment de la *famille*. Nous avons dit à mon partenaire que nous en reparlerions bientôt et nous sommes excités chaque fois que nous abordons ce sujet, car vous qui recevez ce message, vous possédez une ascendance ! La généalogie de l'Esprit est grandiose. Avant de quitter cette salle, considérez ceux que vous pensez ne pas connaître. Certains d'entre vous ont déjà établi le contact, même à de grandes distances les uns des autres, avec ceux qui joueront un rôle dans leur vie, à partir de cet instant. C'est l'*intention* qui vous a attirés ici ce soir ou qui vous a incités à lire ces lignes – sur rendez-vous ! L'Esprit honore ce phénomène en attirant d'autres personnes dotées de la même intention et, ensemble, vous créerez une énergie qui transformera votre vie en engendrant connaissance et énergie. Très chers, dominez votre impatience. Tout ceci vous arrive pour une raison précise et je sais à qui je m'adresse ! Je m'attendais à vous rencontrer dans ce « maintenant ». Détendez-vous, tout est bien.

En cet instant précis, vous êtes nombreux à vous demander comment les choses se dérouleront dans votre vie, car vous devez affronter des problèmes – parfois même des problèmes graves – qui ne peuvent être partagés avec personne. Certains de ces problèmes portent en eux le germe de la mort. C'est la raison pour laquelle nous sommes présents ici. Nous nous répandons parmi vous et prenons place à vos côtés ; nous vous entourons de l'amour de Dieu lui-même et vous adressons ces mots : « Aucun problème n'est insurmontable ! Au sein des solutions réside la joie ! La guérison et la transformation de la Terre en découlent ! C'est pourquoi nous sommes tellement enthousiasmés par ceux qui sont présents "ici" ou qui lisent ces lignes. »

Certains guérisseurs recevant ce message rencontreront, cette année, des êtres humains égarés. Ces derniers s'adresseront à eux pour obtenir des réponses et des solutions à leurs souffrances. La synchronicité les amènera à entrer en contact avec vous, chers guérisseurs. Et vous serez tentés de les jauger et de penser en vous-mêmes : « Ces personnes ne comprendront jamais. Je ferai de mon mieux et leur apporterai mon amour au cours du processus de guérison, mais je sais qu'elles partiront ensuite comme elles sont venues et que je ne les reverrai jamais. »

Vous devez honorer les phénomènes de synchronicité ! Ces hommes et ces femmes ne s'adresseront pas à vous par hasard. Le processus d'implantation des graines de l'illumination dans chaque être humain doit commencer quelque part – et c'est pourquoi, maintenant, ces gens entrent en relation avec vous. Ils sont attirés par votre lumière, et votre rôle consistera à leur enseigner à prendre soin de leur corps. Habituez-les à formuler leurs désirs et, pour la première fois de leur vie, ils agiront ainsi par leur intention. Grâce à votre coopération et à vos connaissances, la guérison pourra survenir. Grâce à cela, très chers, un changement se produira dans leur cœur et vous provoquerez l'opportunité de créer de nouveaux guerriers de la lumière qui n'auraient jamais pu ouvrir les yeux sans votre aide. C'est ainsi que vous changerez la planète !

Que ressentez-vous en apprenant que votre but ne consiste pas seulement à guérir, mais également à semer le bon grain ? Certains apparaîtront peut-être drapés dans leur dualité et leur incrédulité. Parfois, ils seront cassants et leurs connaissances en matière spirituelle seront très faibles. Soyez-y attentifs. D'autres vous seront envoyés à dessein – votre dessein. À moins que vous ne supposiez n'être entourés que par ceux qui pensent comme vous – à moins que vous ne pensiez que ne doivent entrer dans votre vie que ceux qui pensent et vibrent à une fréquence élevée –, il est temps de changer d'avis. Car, très chers, ceux qui pénétreront dans votre vie ne soupçonnent rien de tout cela. Ils vous regarderont et vous les reconnaîtrez, car je vous avais informés de leur arrivée. Voici venu le moment de commencer un entraînement dont nous souhaitions vous parler depuis quelque temps. Il s'agit d'un sujet que nous avons déjà abordé avec un groupe plus réduit il n'y a pas longtemps. Mais, aujourd'hui, nous allons le revoir et le développer, car nous souhaitons qu'il soit transcrit dès ce soir.

Les cinq fossés du Nouvel Âge

Nous aimerions maintenant parler des cinq fossés du Nouvel Âge et de l'homme du Nouvel Âge. Vous savez certainement que vous allez bientôt devoir utiliser d'autres termes que « le Nouvel Âge ». En fait, « le Nouvel Âge » est ici depuis longtemps, mais vous ne saisissez pas encore véritablement le concept derrière le mot « nouveau », tel que nous l'entendons ici. Aussi, nous parlerons plutôt du *nouveau* Nouvel Âge. Peut-être devrions-nous le qualifier de l'*Âge du maintenant* – exprimant un certain nombre de potentialités pour l'humanité qui n'ont jamais existé auparavant. Les graines de cette graduation se trouvent en ceux qui reçoivent ce message et qui souhaitent en savoir davantage sur eux-mêmes.

Si vous pouviez voir l'éclat de l'ange en vous, vous seriez étonnés de découvrir la divinité qui vous anime ! Vous verriez l'énergie qui émane de moi depuis cette estrade diminuer et un rayonnement lumineux provenir de vous. C'est la raison pour laquelle nous devrions être honorés de ce qui se produit ici en ce moment ! Vous devez savoir ce qui est en train de se passer, et cela a trait à l'être humain en démarche vers un état vibratoire de plus en plus élevé. Cela concerne ce que, dans le passé, vous avez appelé le *statut ascensionnel*. Cela *vous* concerne. Si vous deviez manifester votre intention pour une telle chose – de rester sur cette planète au sein de l'énergie liée à cette intention –, celle-ci serait respectée à la lettre, très chers. Et ne soyez pas trop surpris si vos existences se transforment grâce à elle. Et, au cours de ces transformations, vous serez confrontés à d'autres épreuves, mais, cette fois, il s'agira d'épreuves issues d'un nouveau contrat, celui que vous cocréez pour vous-mêmes, au fur et à mesure de votre évolution. Dans ce processus, nous désirons vous prévenir aussi d'un « fossé » qui risque de se créer entre vous et d'autres personnes. Le premier s'établira sur le plan de la foi et de la compréhension et provoquera différentes réactions entre vous et ceux qui ne bénéficieront pas, par leur choix, du changement vibratoire. En effet, vous constaterez et vivrez peu à peu certains désaccords – probablement inattendus – avec votre entourage. Il y a cinq grandes catégories de fossés dont nous souhaitons vous parler ce soir.

Les croyances

La première et la plus importante catégorie concerne les croyances. Une grande différence s'établira entre ceux qui croient, comme vous, et ceux qui ne croient pas. Certains d'entre vous penseront peut-être : « *Je sais pourquoi tout cela va se produire. Nous avons toujours connu des ennuis avec ceux qui ne partagent pas nos croyances et qui sont membres d'organisations structurées. Ce sont ceux qui sont là depuis longtemps. Ils ont d'autres croyances que les nôtres et nous avons toujours paru étranges, ou même maléfiques, à leurs yeux. Voici d'où surgira le problème.* »

Très chers, la fracture à laquelle nous nous référons ne surgira pas de cela. Non. Certains appelleront cela une division interne, et je vais vous expliquer ce qui la provoquera. Si nous vous encourageons à rebaptiser le Nouvel Âge, c'est que ce schisme dont il est question sera provoqué par des adeptes mêmes du Nouvel Âge !

Le fait que vous, en votre qualité d'êtres humains, ayez à votre disposition tout le pouvoir de l'entité (le Moi divin) qui réside en vous sur son fauteuil d'or leur est inconcevable. Certains ne seront pas d'accord et n'admettront pas qu'une telle chose puisse survenir. Ils n'accepteront pas que vous puissiez disposer du pouvoir de bénéficier du statut ascensionnel ou de doubler la durée de votre vie. Et lorsque vous commencerez à agir ainsi, très chers, les autres vous désigneront comme des êtres « différents », car ils seront en proie à la peur. Ils ne seront pas prêts à ouvrir les yeux. Les enseignements qu'ils ont reçus dans leur Nouvel Âge – que ce soit par l'intermédiaire de leurs recherches psychiques ou de leurs travaux sur les énergies – leur sont précieux. Ils vous percevront comme une menace, très chers, car vous serez brusquement capables d'accomplir certaines choses qu'il leur a fallu des années à réaliser. Ce que leurs guérisseurs de « l'ancien Nouvel Âge » réalisèrent est désormais à la disposition de chaque être humain, grâce aux nouveaux pouvoirs de l'*Âge du maintenant*. Vous serez capables d'accomplir des choses qu'ils étaient, dans le passé, seuls à pouvoir effectuer *pour vous*.

Aussi appellerons-nous ce schisme, le « schisme de la foi ». Vous, mon partenaire, avez déjà vécu cette situation. Ce jour-là, nous vous avons fait ressentir à quoi ressemble cette expérience (celle d'être attaqué par un guerrier de la lumière apparemment animé de bonnes intentions) afin de vous faire comprendre ce qu'il en était et de vous enseigner la réalité de ce schisme de la foi. Cette expérience vous fut offerte afin que vous la rapportiez à ceux qui viendront vers vous et qui vous demanderont : « *Que devons-nous faire vis-à-vis de nos amis du Nouvel Âge qui ne nous parlent plus ?* »

Cette scission sera profonde dans certaines régions de votre pays et inexistante dans d'autres. Comme pour tant d'autres attributs spirituels, la polarité et l'équilibre interviendront. Nous ne vous parlerions pas de ce problème si nous ne pouvions vous offrir sa solution, qui est très simple. Je vous demande d'être très attentifs, car la **solution est la même** dans tous les cas. La voici : vous êtes infiniment aimés, et cet amour représente la lumière que vous allez brandir très haut. Vous ne permettrez à aucun autre être humain d'en diminuer l'intensité, même d'une fraction. Car elle est bien réelle et vous sera très utile au sein de l'énergie de sa divinité. Elle est bénie et vous appartient. Les changements de votre vie surviennent lorsque vous faites davantage appel à l'énergie intérieure que vous appelez « l'ange intérieur ». Cet *ange intérieur* fait peur à beaucoup, car il détient de nouveaux et étonnants pouvoirs. Ceux qui résistent à leur nouvelle énergie, à leur nouvelle foi, vous percevront comme des êtres étranges et différents – capables de modifier profondément l'énergie qui les entoure. Ils ne reconnaîtront pas ces changements comme faisant partie du plan qu'ils suivaient. Ils vous craindront et vous rejetteront. Aussi, la solution est-elle de continuer à porter la lumière aussi haut que vous le pouvez. Que rien ne diminue son intensité. Que le sceptique, même dans votre propre camp, ne puisse affaiblir le manteau de l'Esprit qui vous enveloppe – ce manteau qui représente le JE SUIS en vous. Entraînez-vous à répéter : « *JE SUIS un fragment de l'ensemble. JE SUIS parfait aux yeux de Dieu. Aucune parole, aucune action humaine ne peut changer le JE SUIS.* »

La famille

Le fossé suivant concerne votre famille personnelle. Nous ne vous apprendrons rien de nouveau à ce sujet, mais ce problème ira en s'accentuant, très chers, et voici pourquoi.

Imaginons que vous décidiez de devenir un grand artiste. Vous estimez peut-être ne pas avoir de talents artistiques, mais vous en avez tellement envie ! Aussi suivez-vous certains cours. Grâce à de nouvelles techniques d'enseignement, soudain, vous êtes en mesure de peindre – peut-être même aussi bien que les plus grands artistes ! L'énergie de votre talent est sacrée. Songez à ce que vous pourriez réaliser avec un tel talent. Les couleurs ne vous poseraient aucun problème, car vous pourriez les « visualiser » à l'avance et les peindre magnifiquement, en utilisant les nouvelles technologies apprises. Autour de vous, certains loueraient votre magnifique œuvre, simplement parce que vous auriez décidé de mettre à profit les nouveaux dons qui permettent à un talent caché de se manifester.

Maintenant, je vous le demande : que pourriez-vous faire de cet autre et merveilleux talent ? Vous servirait-il de passe-temps ? Non. Il deviendrait votre nouvelle passion ! Car, dans cet univers récemment découvert, vous obtiendriez des résultats tout à fait étonnants. Votre talent remplirait votre vie de beauté – votre vie serait désormais votre propre création. À chaque heure du jour, vous auriez un pinceau à la main, créant un chef-d'œuvre après l'autre, parce que vous auriez découvert votre talent. Et vous avez réellement le pouvoir de le faire !

Très chers, il s'agit là de l'intensité et de la pureté des croyances du *nouveau* Nouvel Âge. Car, lorsque vous commencerez à formuler votre pure intention, une passion spirituelle prendra forme dans votre vie et la transformera à jamais. Et lorsque vous en constaterez les résultats, vous serez incapables de l'abandonner. Et, tout comme ceux qui découvrirent qu'ils pouvaient peindre des chefs-d'œuvre alors qu'ils étaient incapables de dessiner auparavant, votre passion sera transfigurée. Soudain, la Terre comportera des humains dotés de la dualité avec laquelle ils vinrent au monde, transmutés et transformés après avoir pris conscience de la réalité de la divinité vers laquelle ils se sont tournés. Et ce phénomène s'accompagnera d'une quête spirituelle passionnée. Et la famille dont nous parlons – votre famille de sang qui a accepté de venir sur terre avec vous – se détournera peut-être de vous.

Peut-être ces gens vous jugeaient-ils déjà comme étranges dans le passé mais, aujourd'hui, vous êtes définitivement déconsidérés. Pour certains d'entre vous, cette situation sera douloureuse. Mais une certaine partie de votre famille de sang – les enfants – réagira différemment. Car, au niveau cellulaire, ceux-ci percevront ce que vous êtes en train de faire et déclareront : « Il était temps. » Ainsi créerez-vous une alliance avec ces enfants tout en vous aliénant fréquemment les autres membres de votre famille : vos frères et sœurs, vos tantes et vos oncles, vos cousins, vos père et mère. Ils ne seront tout simplement pas en harmonie avec votre nouvelle foi et, ainsi, ne seront pas prêts à vous suivre.

Les relations

Le troisième fossé porte sur certaines formes de relations. Nous entendons plus spécifiquement celles impliquant un partenaire. Vous vous souvenez peut-être que dans les tribus indigènes se trouvait fréquemment ce que l'on appelait un « homme-médecine ». Celui-ci jouissait d'un statut élevé, car il était capable de guérir les autres membres de sa tribu. Il possédait une panoplie de potions et d'incantations et utilisait l'énergie dont il connaissait les secrets. Mais nous voudrions maintenant attirer votre attention sur certains de ses attributs. Il vivait à la limite du village et restait toujours seul, car, à cette époque, il lui était presque impossible de trouver un partenaire disposant à la fois d'un seuil vibratoire, de connaissances intuitives, d'un niveau de conscience et d'une énergie semblables aux siens. Enfin, ses pouvoirs curatifs le différenciaient des autres.

Nous parlons maintenant de choses dont il a déjà été question auparavant. À savoir qu'il ne sera pas toujours facile pour la personne qui choisit le chemin du statut ascensionnel de trouver un(e) partenaire avec le même sentiment de quête spirituelle. Aussi, certains ont demandé à Kryeon : « *M'est-il possible de m'associer avec un partenaire qui n'a pas les mêmes intérêts spirituels ? Mon partenaire m'aime beaucoup et il (ou elle) m'accorde l'espace dont j'ai besoin pour accomplir ce que je souhaite. Je l'aime et désire continuer à rester avec lui (ou elle). Mais cela est-il possible ?* »

En décidant de réclamer votre statut ascensionnel, le fossé s'agrandira. Il y a des possibilités de peur de la part de votre partenaire et il s'agit là, réellement, d'un défi difficile à relever. Chaque cas est différent, mais nous devons vous dire honnêtement que certains de vos partenaires – très compréhensifs aujourd'hui – seront incapables de faire face au changement. Très chers, nous ne vous dirions pas tout cela si ce n'était la vérité. C'est pourquoi nous vous demandons d'être prudents lorsque vous émettez l'intention de procéder à certains changements dans votre vie.

Cependant, il est aussi possible qu'en vivant simplement votre lumière, votre partenaire s'aperçoive que vous vous êtes amélioré, s'en réjouisse et renoue des liens avec vous – même s'il reste encore à une certaine « distance spirituelle » de vous. De nombreux guerriers de la lumière se sont attendus au pire pour finalement s'apercevoir que « les choses ne sont pas toujours ce qu'elles paraissent être », et votre partenaire devient alors un meilleur partenaire au cours de ce processus, transmutant la peur en amour ! Chaque cas est différent, mais vous devez savoir que votre changement affectera vos relations.

À ceux qui disent : « *Tout comme l'homme-médecine, je suis seul depuis des années* » et qui se demandent s'ils trouveront un partenaire, nous sommes ici pour répondre que ce partenaire existe ! Du fait que de plus en plus d'hommes et de femmes ont finalement décidé d'élever leur seuil vibratoire, la synchronicité est possible. Je répète une fois encore qu'il s'agit d'une solution que vous avez vous-mêmes définie. Elle se trouve dans des endroits comme celui-ci (lieu de ce séminaire de Kryeon), où vous manifestez votre intention de rechercher votre ange intérieur. Voilà pourquoi nous vous avons déclaré : « Ne ratez pas l'occasion de savoir qui est présent ici ! Ne passez pas à côté de cela. Êtes-vous prêts à retrouver les membres de votre *famille* ? Ils ne sont pas simplement ici. Ils se tiennent dans tous les lieux de réunion où, sur *rendez-vous*, vous avez décidé de vous rendre afin d'en apprendre davantage sur votre ange intérieur. Aussi, contrairement au sorcier, levez-vous et avancez ! Allez dans les lieux où se réunissent ceux qui pensent comme vous. »

L'environnement professionnel

La quatrième catégorie concerne les affaires. Dans votre société, vos choix professionnels sont, spirituellement, très intéressants, mais pas pour les raisons que vous imaginez. En effet, dans ce domaine, vous êtes plongés au sein d'un groupe de personnes que vous n'auriez probablement jamais choisies comme membres de votre famille ! C'est là où tout commence, en particulier en ce qui concerne les motifs de contrariété. Heureusement, vous n'êtes pas obligés de rentrer avec elles, le soir, à la maison – et nous savons que vous vous en réjouissez (rires). Mais ne vous y trompez pas, très chers. Vous n'êtes pas projetés par hasard parmi ces personnes. En effet, celles-ci entrent dans votre vie sur *rendez-vous*, tout comme vous dans la leur. Certaines sont entourées d'une sombre énergie qui est la cause de quelques-uns de vos problèmes. Et lorsque ce phénomène se produit, soyez conscients qu'au niveau cellulaire, tout cela était prévu !

Même dans ce cadre professionnel, les choses peuvent vous sembler différentes de ce qu'elles sont en réalité. En effet, les difficultés que vous rencontrez sont en passe de disparaître ! Soyez-y attentifs. Alors que les membres de votre famille se détacheront de vous, bien souvent, vos relations professionnelles vous considéreront d'un œil neuf et décideront de devenir vos amies ! Cela est dû à la quête humaine – car ces gens distingueront la lumière dont vous êtes porteurs. Comprenez-vous ? Ils apercevront la sérénité présente en vous. Vous partagerez vos problèmes avec eux, ce que vous n'auriez jamais fait avec les membres de votre famille ! Certains de vos collègues de travail vous connaissent mieux que votre famille elle-même ! Et lorsqu'ils s'apercevront que les solutions se font jour dans votre vie, ou que vous gardez votre calme face aux situations les plus chaotiques, ils vous demanderont : « Pourquoi ? Comment ? » Et c'est alors que vous pourrez partager avec eux les caractéristiques les plus bizarres de votre personnalité (encore des rires dans l'assemblée) en ce qui concerne votre attitude vis-à-vis des obstacles que vous devez affronter. Vous leur expliquerez également comment refuser d'être des victimes et comment jouer un rôle actif dans chacun des événements de leur vie. Et le plus drôle, c'est que si ces personnes vous écoutent, c'est qu'elles ne vivent pas avec vous et que, pour cette raison, elles n'ont pas à porter le fardeau de vos problèmes. Car elles peuvent les accepter ou les rejeter. Chaque jour, sur votre lieu de travail, elles constateront les changements survenant dans votre vie. Parmi elles, nombreuses seront celles qui désireront secrètement se rapprocher de vous étant donné l'impression d'équilibre qui se dégage de vous. Et je vous le déclare : là aussi, la synchronicité apparaît – pas nécessairement en termes de potentialités professionnelles, mais par le fait que vous affectez et modifiez la vie de ceux qui vous entourent grâce à la lumière qui émane de vous !

Chez l'humain qui formule l'intention d'obtenir un statut ascensionnel, il existe un autre attribut dont nous voulons parler : il s'agit du fait que vous êtes nombreux à être animés d'une vocation professionnelle. Enfants, vous avez étudié dans ce but pendant votre scolarité. Adultes, vous vous êtes perfectionnés dans ce domaine et, aujourd'hui, vous gagnez votre vie grâce à cette activité. Tout s'est passé pour le mieux – jusqu'à aujourd'hui. Ne soyez pas surpris si, un jour, vous regardez autour de vous et déclarez : « *Que suis-je en train de faire ? Je ne veux plus de cette activité. Elle ne signifie plus rien pour moi !* » Et vous délaissez alors cette branche professionnelle. Je le répète encore une fois : si vous ne vivez pas tous cette expérience, vous n'en serez pas moins nombreux à vous trouver confrontés à elle. Et cette attitude sera considérée comme un attribut normal pour ceux qui ont décidé de formuler une intention afin de suivre une autre voie spirituelle.

La biologie humaine

Cette cinquième catégorie constitue l'une de nos spécialités. Il s'agit de l'un des sujets dont nous n'avons cessé de parler au fil du temps. Comme mon partenaire vous l'a dit, votre ADN est soit en train de changer, soit sur le point de le faire, avec votre permission. Vous en avez reçu la preuve, à la fois de la part de ceux qui ont organisé ce séminaire et de ceux qui représentent le courant majoritaire en matière médicale et qui ont découvert ce qui permet à votre ADN de fonctionner. Nous vous avons invités à « découvrir » les neuf éléments qui causent en vous vieillissement et décès prématurés (alors que votre organisme a été élaboré pour une durée de vie moyenne de 950 ans). L'année dernière (1998), vous avez découvert trois de ces éléments (bien que vous ne soyez pas conscients des implications de l'un d'entre eux). À vous, scientifiques et chercheurs, je déclare qu'il existe un autre élément que vous êtes en mesure de découvrir cette année même, si vous le voulez vraiment. Il s'agit de celui qui provoque votre vieillissement et que nous avons intitulé l'horloge biologique.

Le corps compte les jours. Il enregistre l'alternance du jour et de la nuit et coordonne toutes ces informations par rapport au magnétisme dégagé par la Terre et à la position de celle-ci au sein du système solaire. Nous allons vous révéler ici certains indices relatifs au mécanisme de l'astrologie. Cette science est fonction du magnétisme. Elle se rapporte à l'ADN et à la structure cellulaire qui reconnaissent le magnétisme du système solaire qui vous influence. Voilà pourquoi elle est si précise.

Une partie de votre organisme calcule les révolutions de la Lune grâce au magnétisme. Ceci ne devrait pas être trop difficile à accepter par les femmes dont les cycles biologiques sont alignés sur ceux de la Lune – et vous doutez encore de votre lien avec Gaïa ? Très chers, cette connexion a toujours existé – mais ce n'est pas de cela dont nous voulons vous entretenir.

Voici ce dont il s'agit. Pour la première fois depuis l'aube de l'humanité, des remèdes vont apparaître, qui permettront d'atteindre un bien-être. Ces remèdes fonctionneront pour vous, mais pas pour les autres ! Écoutez bien, car ceci expliquera en grande partie ce qui peut survenir dans l'avenir : de nombreux êtres humains utiliseront les mêmes produits, mais obtiendront tous des résultats différents ! Selon l'intention de celui qui ingérera ces remèdes, l'essence même de ces derniers sera altérée. Il s'agit là du prolongement naturel du message de mon partenaire selon lequel *la conscience modifie les propriétés physiques*. Pour la première fois, les hommes de science découvriront que la méthode scientifique traditionnelle ne fonctionne pas sans l'aide de l'énergie de l'*intention* humaine. (Une telle démarche consiste à créer des tests qui provoquent des réactions mesurables et répétées. Les résultats de ces expériences permettent alors à la science de créer un modèle logique dont les réactions devraient toujours être identiques. Ceci devrait être grandement perturbé par l'introduction de la nouvelle énergie de l'intention – une énergie qui doit être autorisée à se manifester, car elle change les conditions de l'expérimentation.)

Voici quelles seront les diverses réactions humaines et le fossé qu'elles creuseront : un groupe d'humains comprendra tout ceci parfaitement et verra sa vie s'allonger grâce à l'intention, combinée à l'utilisation de nouvelles essences vivantes. Mais d'autres individus, convaincus de tout savoir au sujet de Dieu et de l'Esprit, se mettront à prier, les mains levées au ciel, demandant à Dieu comment les autres parviennent à obtenir ce quelque chose qui leur est refusé. Car le mécanisme de l'intention pure leur est inconnu. Et ils n'écouteront pas vos explications simples et logiques concernant les nouveaux pouvoirs. Ils ne saisiront pas le mécanisme du nouveau partenariat divin. Ils resteront figés dans l'attente d'une action de Dieu en leur faveur, action qui ne viendra jamais.

Ainsi se creusera un fossé entre ceux dotés d'une durée de vie plus longue et les autres, dotés d'une durée de vie normale. Vous serez catalogués comme des êtres mauvais. Certains d'entre vous vivront, leur cœur débordant d'amour, animés d'une intention pure et confortés par l'énergie du maître de l'amour du Nouvel Âge, le Christ – la lumière blanche auréolant votre tête –, mais seront néanmoins appelés « créatures du diable » ou « produits du mal cosmique », des caricatures de l'ordre supérieur. Tout ceci parce que vous avez accepté l'importance de l'intention au sein de l'organisme humain. Car vous vivrez des existences longues, abondantes et heureuses – travaillant à trouver des solutions aux problèmes et maintenant haut votre lumière. Les autres ne verront jamais cela de cette façon, et ceci, très chers, représente peut-être le plus grand fossé de tous. Car il inclut les quatre autres fossés :

les croyances, la famille, les relations et l'environnement professionnel.

Nous vous répétons que nous ne partagerions pas tout cela avec vous si ce n'était la vérité. Il est temps pour vous de savoir, comme le dit mon partenaire, « pourquoi tout ceci fait partie de votre tâche » à vous tous, guerriers de la lumière. Une partie du chagrin et de la tristesse des défis qui vous attendent sera provoquée par les fossés existant entre vous et ceux qui ne vous aimeront pas pour ce que vous êtes réellement. Au contraire, ces personnes qui vous rejettent s'accrocheront à ce qu'on leur a enseigné et à leurs doctrines au lieu de plonger leur regard dans le vôtre et d'y voir tout l'amour qui s'y trouve.

Nous souhaitons vous offrir un exercice de visualisation. Au départ, une bonne technique est importante. Une caisse remplie de cadeaux est posée sur vos genoux. Ces cadeaux représentent les solutions à vos problèmes actuels. Parmi ces présents figurent des potentialités énergétiques pour votre avenir. Vous y trouvez aussi un changement d'existence. L'Esprit sait qui vous êtes et nous sommes dans le *maintenant*, vous le savez. Nous voyons ce que vous pouvez faire et, à nos yeux, les potentialités offertes par ces solutions sont aussi réelles que votre réalité temporelle l'est à vos yeux.

Une caisse contenant les solutions à vos problèmes repose sur vos genoux, et c'est vous qui l'avez créée. Votre nom y est gravé. Ceux qui reçoivent ce message sont invités à soulever le couvercle de cette caisse. Les solutions spirituelles à vos problèmes, en provenance de votre véritable foyer, jailliront alors, nimbées de la couleur étincelante du diamant et de leur divinité. Elles sont anciennes et attendent leur activation, grâce à votre intention. Elles représentent une énergie affectueuse – celle que vous attendiez pour guérir –, une énergie que vous avez réclamée lorsque vous avez demandé vos instructions sur ce que vous deviez faire.

Peut-être éprouverez-vous certaines difficultés à ouvrir cette caisse, parce que vous êtes toujours figés par la peur de l'ancien Nouvel Âge. *Appropriez-vous* le catalyseur qui en fera sauter le couvercle ! Pour cela, trois mots suffisent : *estime de soi* ! Sachez qui vous êtes ! Ne soyez plus jamais victimes de ce que cette planète vous inflige quotidiennement. En réalité, vous ne l'avez jamais été, mais votre dualité vous convainc du contraire. Lorsque vous comprendrez le fait que, tout comme les jeunes enfants, *vous appartenez à cette planète*, le couvercle sautera. Vous *incarnerez* totalement le personnage d'un être spirituel de cette planète. Vous serez capables de brandir votre flambeau et de décréter : «*JE SUIS partie intégrante de l'ensemble ; donc, je suis parfait aux yeux de Dieu.*»

Ainsi, les ressources de la visualisation sont à vous et c'est grâce à cette dernière que l'Esprit peut ou non coopérer avec vous. Car vous devez vous estimer comme vous le méritez. Commencez-vous à comprendre quel est l'ange qui est « en vous » – celui qui possède votre visage et votre nom ? Comprenez-vous que votre dualité n'est qu'une imposture sur le point d'être découverte ? Proclamer votre propre estime représente le premier pas nécessaire vers un changement d'existence, lorsque le facteur joie apparaît, lorsque la sérénité vous envahit, comme vous le méritez, indépendamment des problèmes qui sont les vôtres.

Très chers, ces quelques instants furent emplis de joie. Nous vous avons enlacés et inondés de l'énergie d'amour de votre véritable foyer. En nous retirant, nous sommes conscients que plus jamais ne se reproduira un moment tel que celui que nous venons de vivre ensemble – un moment où les entités qui nous accompagnent seront exactement les mêmes que celles de ce soir. Ces instants sont vraiment uniques, nimbés de mon amour et de celui des entités situées de l'autre côté du voile.

Aussi ramassons-nous les bols avec lesquels nous avons baigné vos pieds et nous retirons-nous de ce lieu. Alors que vous pensez peut-être avoir été honorés ce soir par la présence de toutes ces entités en provenance de l'autre côté du voile, nous avons quelque chose à vous annoncer : nous sommes ceux que vous attendiez – et nous souhaitons nous adresser à vous par la parole et par l'écrit. C'est ce que nous attendions tous avec impatience. Voilà ce que nous souhaitions tous faire ce soir.

L'énergie de l'honneur qui s'échappe de cette salle par

l'ouverture du voile ne vous quittera pas. Vous êtes tendrement aimés.

Et il en est ainsi.

Kryeon

« Que ressentez-vous en réalisant que ce que vous tentez de comprendre et de cocréer avec tant de difficultés a déjà été accompli ? Tout se trouve dans l'entrepôt auquel vous avez accès en permanence. Tout a déjà été résolu ! Les solutions se trouvent sur le Plateau d'or porté par l'entité d'or en vous. »

LE PLATEAU D'OR
Banff (Alberta), Canada

Salutations, très chers, je suis Kryeon, du Service magnétique. Cher partenaire, n'est-il pas agréable d'être de retour au sein de cette énergie ? Car nous avons beaucoup appris ici. L'intention de l'amour de l'Esprit, en cet instant, est d'inonder chacun de vous, présents ce soir, avec l'amour de Dieu !

Cela ne sera guère difficile, car vous êtes tellement nombreux à être prêts. Le sujet de ce soir est essentiellement pratique, et il concerne les réactions et les interactions humaines. Et, très chers, il s'agit là de l'un des sujets favoris de Kryeon – le partenariat entre Dieu et les hommes. Consacrons quelques instants pour que l'énergie de Kryeon et de son cortège vous submerge d'amour. Ce cortège va élever l'intention de ceux qui sont ici.

Nous vous le déclarons : nous connaissons tout à votre sujet. Nous ignorons seulement ce que vous allez faire par la suite. Voilà, très chers, toute la question sur cette planète du libre choix, tel que vous l'avez planifié. Vous recevez aujourd'hui votre récompense, alors que vous baignez dans l'énergie du Nouvel Âge et que vous lisez les mots en provenance d'un être humain diffusant, par channeling, l'énergie de la divinité – une énergie en parfaite harmonie avec l'entité divine qui réside en votre cœur. Que le cortège présent ici ce soir se répande parmi vous et accomplisse sa tâche. Ouvrez votre cœur afin de recevoir ce qui vous appartient ! Nous ne venons pas ici pour vous fournir des informations, très chers, mais bien pour vous transmettre l'énergie nécessaire au changement de votre existence.

Le partenariat que nous avons développé avec certains d'entre vous est formidable. Vous nous avez acceptés et, maintenant, vous savez comment créer votre propre réalité, n'est-ce pas ? Toutefois, vous êtes encore si nombreux à douter de l'existence d'une telle possibilité – marcher main dans la main avec votre Moi divin, revendiquer votre partenariat avec la véritable « étincelle divine », vous réveiller sans savoir ce qui se passera ni d'où proviendra l'abondance et, cependant, sourire et être sereins, le cœur empli d'un chant d'amour. C'est cela, le test, n'est-ce pas ?

Une fois encore, nous nous excusons si le nouveau paradigme va, parfois, à l'encontre de la nature humaine. Quelques-uns parmi vous découvrent que leurs besoins sont satisfaits non pas longtemps à l'avance, mais seulement à la dernière seconde. Vous qui vivez cela savez ce que signifie vivre dans l'instant présent. Mais c'est ainsi que Dieu procède – fournissant les réponses au moment voulu, et pas avant. Avez-vous le moindre doute que nous connaissons chacun de vous ? Je m'adresse maintenant directement à chacun de vos cœurs. Vous êtes présents ici ce soir ou vous lisez ces mots et nous vous honorons grandement – nous vous honorons pour cette entité en vous qui possède de merveilleuses couleurs virevoltantes, pour l'Ange d'or qui réside en vous et dont les ailes ont une envergure de huit mètres ! Car l'énergie qui vous anime à tout moment est extraordinaire ! Nous savons quelle est votre *Mer-Ka-Ba*. Nous connaissons vos couleurs et votre ascendance spirituelle. Nous connaissons votre cheminement et nous vous honorons ! Car vous tous pouvez transformer l'énergie de cette planète. C'est pour cela que tant de puissance se trouve accumulée ici.

Si votre dualité n'existait pas, vous exploseriez dans un tourbillon de couleurs et d'énergie qui stupéfierait l'univers. Toute personne ayant vécu sur cette planète s'y trouve à nouveau, sous une forme ou sous une autre – saviez-vous cela ? Certains sont décédés et sont revenus ici-bas rapidement, car ils savent que tout se définit en ce moment. Tous sont prêts, attentifs. Il existe une énergie délivrée par des sources tellement différentes. Tout dépend de l'instant présent. Véritablement. Au niveau cellulaire, l'humanité dans son ensemble sait de quoi il s'agit.

Pensez-vous réellement que nous ignorons les sentiments qui règnent ici, les questions, l'apparent déséquilibre, les problèmes ?

C'est de cela dont nous allons parler ce soir – des problèmes.

Le fauteuil d'or

Cela fait exactement un an que nous prîmes place ici même, au sein de l'énergie des montagnes. Nous parlâmes alors du « fauteuil d'or ». Nous abordâmes un sujet pour la première fois, celui du partenariat avec Dieu, afin de le développer et de permettre son expansion partout sur le globe. Depuis, cette question a été transcrite et publiée, mais elle prit naissance ici même, là où vous vous trouvez en cet instant précis. Certains d'entre vous étaient présents et savent de quoi il est question. Nous avons parlé de la grande entité dorée au sein de votre cœur. Là, se trouve quelque chose que vous appelez le Moi divin. Nous avons abordé le sujet de l'estime de soi que vous pouvez revendiquer. Nous vous avons symboliquement invités à vous asseoir dans le fauteuil de cet être d'or, afin de voir qui vous étiez vraiment. Nous vous avons incités à ressentir l'amour imprégner chacune de vos cellules. Nous vous avons poussés à considérer le concept du partenariat avec Dieu mis à votre disposition au cours de ce Nouvel Âge. Nous vous avons conseillé l'union avec votre Moi divin et nous vous avons dit qu'il s'agissait de la première étape pour plusieurs.

Nous vous avons rappelé qu'en agissant ainsi, des tas de choses vous seraient offertes, car les dons et les joyaux de l'esprit dont vous avez besoin pour évoluer, en votre qualité d'êtres humains sur cette planète, sont véritablement très spéciaux et différents de ceux que vous avez reçus dans le passé. Il est nécessaire qu'il en soit ainsi. **Aucun** outil de l'ancienne énergie ne vous servira dans votre existence quotidienne sur cette planète, alors que vous progresserez vers une fréquence vibratoire plus élevée. Ainsi, l'être humain vivant et suivant « la voie » se transforme en un paradigme totalement autre – une nouvelle voie et de nouveaux dons sont offerts à chacun de vous. Vous êtes si nombreux à ignorer ce que sont ces dons. Vous êtes en pleine confusion et, cependant, avec amour et honneur, vous avez émis l'intention de progresser, et l'intention est le catalyseur de l'action !

Préparation au message

Ce soir, nous aimerions vous entretenir d'un concept aussi radical et différent que le fut celui du fauteuil d'or il y a un an. Nous souhaitons que chacun d'entre vous puisse, en cet instant même, revendiquer cette entité d'or avant d'en entendre davantage. Voici, à votre intention, un exercice qui vous aidera pour la suite de cet exposé. Mon partenaire l'a utilisé à de nombreuses reprises avec des groupes, mais jamais au cours d'un channeling. Comme nous vous l'avons souvent répété, très chers, nous sommes ici pour baigner vos pieds. Ce qui va suivre vous est offert, ainsi qu'à toute l'humanité, en guise d'affection et d'honneur. Si, ce soir, vous ne recevez rien d'autre que ceci, cela sera néanmoins très bénéfique – et cela vous permettra de ressentir l'amour de Dieu submerger votre cœur et nos larmes de joie baigner vos pieds.

D'autres entités semblables à Kryeon donneraient tellement pour se trouver en face de vous, comme je le suis ce soir ! Il semble que Dieu, dans son parfait amour, m'a permis d'être responsable des ajustements de votre grille magnétique – ce qui m'amène à contempler cette époque grandiose qui est la vôtre et à observer ce que vous avez réalisé sur terre –, distinguant l'espoir, les changements et l'amour infini. Laissez-moi baigner vos pieds en récompense de vos efforts. Acceptez cet hommage et sachez que vous êtes honorés.

Chacun d'entre vous naît avec les problèmes existentiels propres à tout être humain. Il existe un magnifique scénario pour chacun, tout particulièrement en ce qui concerne ceux qui cherchent leur voie au cours de ce Nouvel Âge. Il existe des désordres, mais les choses ne sont pas toujours ce qu'elles paraissent être. Il arrive que certains d'entre vous soient soudainement écartés d'une situation confortable. De même, certains autres se trouvent confrontés à des questions qui n'avaient jamais posé problème auparavant : la santé, l'abondance et la survie. Quelques-uns ont des problèmes avec leurs familles biologique et cosmique.

Voici l'exercice préparatoire, et vous constaterez rapidement de quelle façon il se rapporte à ce que nous allons énoncer. Nous souhaitons que vous distinguiez et visualisiez le problème qui vous préoccupe immédiatement alors que vous entendez ces paroles ou que vous les lisez. Certains d'entre vous sont confrontés à plusieurs difficultés. Et nous les honorons pour cela. Il n'existe pas d'amour plus grand que celui d'un être humain choisi pour venir sur terre et évoluer dans un corps biologique, un être dont le Moi divin est dissimulé en lui et qu'il devra découvrir par lui-même – et ainsi expérimenter la faiblesse de la chair, les déceptions du vieillissement et les tests proposés à l'humanité. C'est pour cela que nous vous aimons tant. C'est la raison pour laquelle vous méritez de recevoir des messages d'illumination délivrés de cette manière. Et c'est pourquoi vous êtes dignes d'accueillir cette énergie dans votre vie – bien assis dans votre fauteuil d'or – afin de pouvoir progresser, enrichis de nouveaux dons.

Visualisation

Nous souhaitons que vous visualisiez un problème qui vous affecte actuellement et de le placer sur vos genoux. Considérez-le froidement, même s'il vous inspire de la crainte ! Nous désirons ardemment que vous procédiez ainsi, car vous allez avoir l'occasion d'agir sur celui-ci dans quelques instants. Car ce soir, cet affreux problème sera soit solutionné, soit retourné d'où il vient. Voyez-vous, ces choses ne doivent pas être ignorées. Elles ne disparaissent pas. Elles vous appartiennent. Elles représentent des situations que vous avez provoquées. Elles sont à vous, avec votre nom gravé sur elles. Vous les avez acceptées. Extirpez ces problèmes insolubles et regardez-les en face. Métaphoriquement et de façon figurée, ils resteront là où vous seuls pourrez les voir. Eux aussi entendront ce message.

Maintenant, nous aimerions préciser quelque chose : afin de vous décrire ce nouveau concept, nous devons prendre un exemple

historique. Nous aimerions vous dire comment réagissent normalement les humains devant le problème que vous affrontez. Nous
discuterons d'abord de l'*ancienne* énergie, car vous devez
parfaitement saisir la différence entre ce qui fut et ce qui est,
aujourd'hui.

Durant l'ancienne énergie, les humains réagirent de cinq
manières différentes aux problèmes que vous devez affronter
aujourd'hui. Vous n'êtes pas une exception, vous savez. En votre
qualité d'êtres humains éclairés, vos difficultés sont souvent
identiques à celles des autres. Ce qui les rend particulières, c'est
qu'aujourd'hui, *vous* les subissez (et non les autres). Peut-être vous
considérez-vous comme éclairés. Le fait de savoir qui vous êtes et
comment les choses fonctionnent ne vous exempte pas de certaines
entraves. Décrivons maintenant la méthode utilisée par l'ancienne
énergie pour le traitement des problèmes graves, et vous aurez
ainsi la preuve que la dualité humaine existe réellement – au cas où
vous l'ignoreriez !

1. Fuir

La première chose qu'un être humain fera probablement
devant un problème grave sera de le fuir. « *Si je cours suffisamment longtemps, il aura disparu quand je reviendrai.* » C'est ce
que se racontent ceux qui papillonnent un peu partout. Vous avez
déjà constaté ce comportement. Ainsi commence la fuite et celle-ci
peut revêtir différentes formes. Vous pouvez occuper votre esprit.
Vous pouvez vous déplacer physiquement. Vous pouvez ignorer le
problème – « Oh ! tout va s'arranger, tout va s'arranger. » Mais il
est toujours là, n'est-ce pas ? Il est toujours là et il s'aggrave peu
à peu. Parfois, le fait de fuir envenime vraiment les choses ! Vous
ne pouvez fuir vos difficultés.

L'ancien paradigme considérait qu'il fallait d'abord fuir. Je
vous pose maintenant la question : Pensez-vous que la fuite soit
empreinte de spiritualité ? Pourquoi la peur et les problèmes
sont-ils si détestés par une race si intelligente ? Très chers, la
réponse est d'ordre spirituel, parce que ces ennuis possèdent une
caractéristique spirituelle ! Ce sont en fait des coups montés.

Chaque fois qu'il se passe quelque chose d'une très grande importance – qui provoque la peur, l'angoisse et perturbe votre vie –, cela est un coup monté. Et la première chose que les êtres humains souhaitent, c'est de s'en échapper ! C'est une chose étrange, n'est-ce pas, pour une race intelligente ? Au lieu de cela, pourquoi ne l'affrontez-vous pas et ne recherchez-vous pas une solution ? Vous savez, en tout cela, une très forte influence spirituelle intervient. En chaque obstacle se retrouve un fragment de votre « véritable foyer », un fragment d'amour infini. Cependant, dans la dualité, la première réaction est souvent la fuite. « *Je ne veux pas vivre cela* », déclare l'être humain. Néanmoins, il s'agit là d'un élément de votre contrat, et parfois cela est difficile à accepter à cause de la peur créée par la dualité.

2. Résister

Lorsque vous fuyez, bien que vous réalisiez que le problème subsiste, vous êtes nombreux à penser que la solution réside dans la moindre résistance. « *Bon, je vais réagir, je vais faire ce qui me paraît le plus simple* », déclare l'être humain, et c'est alors qu'apparaît une dichotomie. Très souvent, cette solution de « moindre résistance » n'a strictement rien à voir avec la difficulté. C'est un faux prétexte, une attitude qui permet de s'en détourner. L'être humain se demande : « *Quelle est la chose la plus simple à faire pour me débarrasser de cela ? Je vais m'en occuper, mais quelle est la façon la plus simple de procéder ?* »

Cela nous rappelle la parabole de Sarah et la vieille chaussure, que nous vous avons peut-être déjà racontée auparavant et qui n'a absolument rien à voir avec une chaussure. Celle-ci n'est qu'une métaphore signifiant que l'être humain est attiré par ce qui est confortable et simple. Écoutez, très chers : ce qui semble le plus agréable en ce moment se trouve, très souvent, au sein de l'ancienne énergie ! L'histoire de Sarah était simple : elle priait et priait encore pour obtenir l'emploi rêvé. Tout ce qu'elle souhaitait, c'était cette merveilleuse occupation où elle pourrait s'exprimer complètement. C'était la passion de sa vie. Elle pria dans ce but et finit par l'atteindre. Le seul ennui, c'était qu'elle devait prendre le métro pour se rendre à son travail. Or, Sarah souffrait de claustrophobie. Elle détestait le métro ! Chaque fois qu'elle y montait, elle transpirait, devenait anxieuse, avait peur et supportait à peine les quelques minutes du trajet. Elle avait cocréé spirituellement la situation convoitée, mais elle devait maintenant tenir compte d'une charge karmique qui semblait se mettre en travers de son chemin.

Finalement, Sarah s'adressa à Dieu en ces termes : « *Cela ne va pas, guides, Ange d'or, mon partenaire – cela ne va pas.* » L'Ange d'or lui demanda : « *Qu'aimerais-tu faire pour résoudre ce problème ?* » Et elle répondit : « *Je dois trouver un autre emploi.* » Et l'ange lui déclara : « *Cette situation est celle que tu as réclamée et créée. Elle représente ta passion, le présent qui t'est accordé. Pourquoi ne déciderions-nous pas plutôt de transformer ta claustrophobie ?* » Et Sarah répondit : « *Parce que je suis claustrophobe depuis cinquante ans et que je n'exerce ce métier que depuis trois mois !* »

Sarah choisit la solution de facilité. « Aidez-moi à trouver un emploi à côté de chez moi, dit-elle. C'est plus simple. » Beaucoup d'entre vous connaissent la fin remarquable de cette histoire vraie. En effet, Sarah finit par décider, grâce à son intention, de se débarrasser de cette caractéristique karmique qui lui faisait craindre les espaces réduits et de conserver l'emploi « parfait » qu'elle avait créé. Et c'est ce qu'elle fit. Au passage, lorsqu'elle agit ainsi, la Terre changea également un peu. Les êtres humains veulent souvent s'engager dans ce qu'ils estiment être la voie la plus rapide pour atteindre le succès, même si elle n'apporte pas de solution réelle.

3. Organiser/partager
Selon le paradigme de l'ancienne énergie, l'être humain peut également faire preuve d'organisation pour résoudre ses problèmes. De nombreux humains pensent pouvoir se débarrasser de leurs difficultés en les partageant avec une quantité suffisante d'autres personnes ! Aussi organisent-ils des groupes de « psychodrame ». Ils réunissent leurs amis et leur font part de leurs ennuis. Ils ressassent sans cesse ces derniers, croyant peut-être qu'en

agissant ainsi, leurs problèmes disparaîtront. Ils s'imaginent qu'en impliquant davantage de monde dans leurs difficultés, celles-ci s'amenuiseront. Ils ne souhaitent pas recevoir des suggestions ou trouver des solutions. Ils veulent véritablement charger le groupe de tout cela ! Cela ne fonctionne pas ainsi. Mêler d'autres personnes à vos tracas répartit l'énergie de façon incorrecte, car agir ainsi revient à tourner le dos à vos responsabilités vis-à-vis de ceux-ci. Personne ne peut résoudre les problèmes de votre propre karma.

4. Se soucier

Certains d'entre vous connaissent bien ce sujet ! Parfois, au sein de l'ancienne énergie, la première chose qu'un être humain souhaite faire consiste à créer de l'énergie sous forme d'inquiétude. Nous avons déjà parlé de cela auparavant. L'inquiétude est une énergie. Elle est l'énergie de l'intellect sans l'amour. Saviez-vous cela ? L'intellect doté d'amour est une chose magnifique. L'intellect sans amour engendre soucis et angoisse. L'être humain pense parfois que le tracas et l'énergie qu'il émet diminueront l'intensité de ses problèmes. Lorsqu'ils ont le choix entre la sérénité et l'inquiétude, les humains choisissent fréquemment cette dernière ! C'est un retour à la case départ, n'est-ce pas ? Il est exact que l'inquiétude dégage de l'énergie. La concentration sur un problème en augmente souvent l'importance ! Nous avons souvent parlé du carrefour qui se présente devant vous. Il est plus simple, lorsque vous apercevez une difficulté se profiler à l'horizon, de s'asseoir et de se faire du souci à son sujet plutôt que de se diriger vers elle et l'affronter. Souvent, le poteau indicateur de la solution se trouve au carrefour ! Vous devez vous centrer directement sur le problème en question afin de trouver la solution. Celle-ci ne vous apparaîtra pas avant que vous n'atteigniez le carrefour. L'inquiétude est une réaction commune chez l'être humain et elle doit être analysée spirituellement, car elle fait partie de sa *dualité*. Songez à tout ce que vous faites au lieu de faire face carrément aux problèmes ? S'agit-il là de la réaction d'un être spirituel, logique et objectif ? Non. C'est celle d'un être humain s'incarnant dans une réalité biaisée par la dualité – créant ainsi des réactions illogiques par rapport aux défis établis. Très chers, c'est pour cela que nous avons appelé ce que vous faites, votre « travail » !

5. Se replier

Lorsque tout le reste échoue, au lieu d'affronter les difficultés, de nombreux humains se replient sur eux-mêmes. Ce repli s'accompagne d'un déséquilibre qui, lui-même, provoque problèmes de santé et maladie. Fréquemment, au lieu de s'attaquer à un ennui de la vie courante, une personne va provoquer de graves dérèglements biologiques. Où est-il écrit : « *Il vaut mieux quitter cette planète qu'affronter un problème ?* » Nous allons vous le dire : c'est dans la dualité humaine ! N'est-ce pas là la preuve que quelque chose ne va pas ? Qu'est-ce que la « nature humaine », de toute façon ? Une forme de comportement illogique et comique ? Non. Dans le défi qu'est la dualité, il s'agit d'un des attributs spirituels d'une âme bénie en cheminement sur votre planète. Cela est commun à votre quête.

Confrontés à leur problème, certains d'entre vous ont pu trouver quelques-uns de ces cinq attributs quelque peu familiers. Même ceux qui s'estiment « éclairés » et qui vibrent à une fréquence vibratoire élevée auront tendance à réagir selon les principes de l'ancienne énergie, jusqu'à ce qu'ils se trouvent empêtrés dans celle-ci et réagissent pour s'en sortir. Pourquoi vous entretenons-nous de ceci ? La raison n'est pas seulement de vous montrer la dualité à l'œuvre, mais également de vous faire voir la beauté de ce qui se présente, car ce que vous appeliez, dans l'ancienne énergie, des réactions de dualité normales sont aujourd'hui en mesure d'être transmutées spirituellement !

Vous, en votre qualité d'êtres humains, et nous, en notre qualité d'Esprit, en étroite coopération, avons le contrôle sur les problèmes qui surviennent dans votre vie. Nous disons qu'il est temps de tous les éliminer ! Il n'y a aucune raison de fuir, de se faire du souci ou de tenter de trouver une solution de facilité et d'abandonner.

Alors, comment réagit l'humain du Nouvel Âge devant les difficultés qu'il a à affronter ? Examinons cela pendant quelques instants. Celui qui est totalement éclairé, qui sait identifier les problèmes, qui prend place dans le fauteuil d'or, celui qui vibre à une fréquence vibratoire élevée accomplira trois actions. L'humain du Nouvel Âge possède un paradigme entièrement différent.

① La première action que l'être humain du Nouvel Âge accomplira sera de trouver symboliquement la raison de ses problèmes. Cela est très important, car c'est la clef de ce qui va suivre. Il considérera ses problèmes et se dira : « *Pour quelle raison tout ceci m'arrive-t-il ? Qu'est-ce que cela signifie ?* » Il méditera en face de l'Esprit et, silencieusement, posera la question suivante : « *Que dois-je savoir à ce sujet ?* » Puis, il demandera non pas la solution, mais la sérénité. Cette attitude est tout à fait sage, car, avant tout, doivent exister équilibre et sérénité. Ensuite, la révélation de la solution parfaite. La sérénité doit impérativement chasser l'anxiété pour parvenir à la cocréation !

② La deuxième action que réalisera l'être humain éclairé dans ce nouveau paradigme consistera à assumer les responsabilités posées par la difficulté, sans évaluer celle-ci par rapport à son importance ou à ce qui l'a provoquée, que cela semble être un accident ou non. Il dira : « À un certain niveau, c'est moi qui ai planifié ce qui arrive. J'en porte la responsabilité. C'est mon problème, donc, je peux le résoudre. » Il ne s'agit pas d'un « accident ». Il ne s'agit pas d'une fatalité et il n'y a pas de victime ici.

③ La troisième action visera à entamer le processus de cocréation de la solution. Nous avons maintes fois traité de ce sujet et avons donné de nombreux channelings concernant la cocréation, mais vous allez en apprendre un peu plus. Nous allons vous présenter un concept que nous n'avons encore jamais développé et qui peut modifier votre façon de penser, en votre qualité d'être humain du Nouvel Âge, un concept qui va vous stupéfier, une nouvelle donnée expérimentale, un sujet de réflexion, quelque chose à revendiquer et à visualiser, quelque chose de réel ! Et tout ceci revêtira une haute portée spirituelle.

Afin d'aborder ce sujet, je vais devoir tenir des propos interdimensionnels. C'est difficile, car je m'adresse à des êtres humains, à des créatures évoluant dans des dimensions à un seul chiffre, alors que l'Esprit, lui, évolue dans des dimensions multiples. Certains de ces concepts vont au-delà de votre compréhension pendant que vous êtes sur terre, et ce, en raison de votre dualité. Je vais vous donner un exemple en abordant un point dont nous n'avons encore jamais parlé. Il sera probablement aussi peu intelligible pour vous ce soir qu'il le sera dans dix ans, jusqu'au jour où la science prendra conscience de sa profonde vérité : les rayons gamma qui viennent à vous depuis des milliards d'années-lumière sont à votre porte ! Si vous pouviez créer une autoroute semblable à un ruban – une autoroute à deux dimensions – et la parcourir pendant des milliards d'années à la vitesse de la lumière avant de parvenir à la source d'émission de ces rayons gamma, vous pourriez contempler, en vous retournant, l'intégralité de votre système solaire ! Vous auriez l'impression de ne jamais l'avoir quitté. Un peu compliqué, non ? Mais c'est ainsi. Il s'agit d'un concept interdimensionnel, de quelque chose que vous ne pouvez comprendre. Saviez-vous que votre incroyable univers « en expansion continue » est un système clos ? Pouvez-vous comprendre qu'il n'a ni commencement ni fin ? Faites preuve d'imagination. Votre cerveau humain a des difficultés à saisir ces notions et, cependant, c'est bien la vérité, il n'y eut pas de commencement. L'Esprit de Dieu, qui englobe chacun de vous, fut « toujours là », tout simplement. Il en fut toujours ainsi, et il en sera toujours de même. Vous faites partie de cet univers – chacun d'entre vous.

Nous allons parler du *maintenant*. Ce concept est incompréhensible dans le cadre de votre dimension temporelle linéaire. Nous parlons du temps réel comme d'un cercle. La réalité du temps se trouve dans l'instant présent (qui crée également un univers clos). Le temps dans lequel vous évoluez est linéaire. Parvenez-vous à comprendre que pas un seul être humain n'existe dans le *maintenant* ? Pendant que vous êtes présents ici, il s'agit soit du futur, soit du passé. Le temps indiqué par votre horloge n'indique qu'un passé et un futur linéaires. Vous n'êtes pas autorisés à vous arrêter et à rester là où vous vous trouvez, dans l'instant présent, qui représente un concept interdimensionnel. Kryeon et Dieu, ainsi que l'ensemble des anges et des guides, évoluent, quant à eux, dans une situation où le passé, le présent et toutes les « choses à venir » existent simultanément. Cette information est capitale pour vous : je vous déclare *que vos potentialités existent maintenant* dans la réalité intérieure du plan divin. Il vous est difficile d'apercevoir cet entrepôt des *instants présents* puisque vous êtes constamment en train de vous tourner vers le passé ou le futur. Le train dans lequel vous avez pris place avance sans cesse, et tout ce que vous pouvez distinguer en tournant la tête, c'est la direction d'où il vient et celle où il se dirige. Cependant, en ce qui nous concerne, nous voyons votre train inscrit dans un cercle. Il s'agit d'une vision très différente et difficile à expliquer claire-ment.

Quant à vous, mon partenaire, il est vital, en cet instant, que vous exprimiez les choses clairement, car la logique de tout ceci doit être appréhendée par ceux qui nous écoutent. La réalité de la dimension temporelle spirituelle est que toutes choses existent simultanément. Tout ce que vous avez le potentiel d'accomplir a déjà été réalisé et cela n'a rien à voir avec la prédestination. Comme nous l'avons dit auparavant, vous contrôlez votre propre train. Mais nous vous déclarons également ceci : les potentialités visant à résoudre vos problèmes existent réellement.

Voici un exemple : selon certains, la Terre ressemblerait à une école. Nous vous avons parlé de leçons et d'expériences – la raison de votre présence ici. Les problèmes que vous affrontez repré-sentent donc vos examens, n'est-ce pas ? Maintenant, je veux que vous vous retrouviez à l'école pendant quelques instants. Reportez-vous dans le passé, lorsque vous étiez écoliers et que vous écoutiez les leçons que l'on vous enseignait. Imaginons un instant que vos copies d'examens se trouvent sur vos pupitres et que vous soyez prêts à répondre aux questions au meilleur de vos connaissances. Vous souvenez-vous de cette époque ?

Écoutez bien ceci : dans votre école, toutes les solutions à vos questions d'examens étaient à votre disposition dans quelque tiroir, quelque casier, ou dans le bureau du professeur. Êtes-vous d'accord ? Car on ne pouvait vous poser des questions d'examens sans qu'existent au préalable des réponses adéquates. Elles se trouvaient là, quelque part, prêtes à vous être fournies afin de vous permettre de vérifier vos connaissances. Aussi, je vous le déclare : au cours de vos années scolaires, les réponses aux questions de vos examens existaient déjà et se trouvaient à votre disposition, même lorsque vous étiez assis à vos pupitres en train de passer vos épreuves. Les réponses vous étaient cachées, mais n'en existaient pas moins, n'est-ce pas ?

Revenons maintenant à la réalité présente et à vos difficultés actuelles. Parlons de votre partenaire interdimensionnel. Parlons des tiroirs et des dossiers de l'Esprit, car je suis ici pour vous fournir un concept béni appelé le « Plateau d'or », que je vous offre avec amour, tout comme je vous ai présenté le concept du « fauteuil d'or ». Très chers, sur ce plateau d'or se trouvent les solutions de tous les problèmes auxquels vous êtes confrontés ! Et ce plateau existe présentement, dans le « maintenant ». Chaque problème a d'ores et déjà été résolu. Je ne dis pas qu'il est en cours de résolution ; je dis qu'il est résolu ! Que ressentez-vous en apprenant que ce que vous tentez désespérément d'imaginer et de cocréer a déjà été accompli ? Il se trouve dans l'entrepôt où vous vous trouvez et auquel vous avez toujours accès. Considérez ce hideux problème en face de vous – ce qui vous fait peur. Il a également été résolu ! La solution se trouve sur le Plateau d'or, et celui-ci vous est présenté par la main de l'être doré qui se trouve en vous. Sur ce plateau figure également une invitation muette.

Qu'allez-vous faire de ce que vous venez d'apprendre ? Si les solutions existent déjà, cela doit vous éclairer quelque peu sur la façon dont les choses fonctionnent, n'est-ce pas ? Rien n'est trop difficile. Aucune solution n'est hors de votre portée. Je vais vous donner quelques instructions concernant ce nouveau concept, car il est à votre disposition. Nous vous disons ceci : au lieu de vous efforcer de cocréer, essayez d'atteindre les solutions qui existent déjà. Vous êtes en mesure de le faire. Et savez-vous, très chers, pourquoi elles existent déjà ? Savez-vous quelles mains attentives les ont conçues ? Tout ceci paraîtra logique à certains d'entre vous, et à d'autres non. *En toute chose doit exister un équilibre.* Une question fut posée par une personne qui venait juste de recevoir l'énergie de Kryeon et de découvrir le vrai *foyer.* Elle demanda : « *Où le karma se rend-il lorsqu'il est purifié de toute nocivité ?* » Voilà une excellente question, car elle montre une compréhension de l'équilibre de l'énergie. Je vais y répondre : il plonge dans les profondeurs de la Terre – et vous vous demandez pourquoi la Terre bouge ! Voici l'alchimie à laquelle nous faisons allusion. Où se rend la conscience de l'ancienne énergie ? Elle pénètre dans la planète, où elle est transmutée en énergie de changement. La planète se transforme et bouge, changeant totalement l'ancienne énergie humaine. Cette question fut posée par une personne sage qui a compris à quel point l'énergie est toujours présente. Lorsque vous vous transformez en humains du Nouvel Âge, un processus facilite en effet le changement de la planète grâce à vos actions spirituelles. On l'appelle l'équilibre.

Lorsque la comète Hale Bopp apparut, elle fournit à votre planète une incroyable quantité d'énergie, et ce, afin que ces processus humains puissent s'effectuer normalement. Il s'agissait d'énergie nécessaire, et il en a été question en son temps. Maintenant, vous savez d'où elle provient et pourquoi elle était nécessaire. Le processus de transformation de l'énergie est complexe, et lorsqu'un seul d'entre vous formule son intention de progresser et de se débarrasser des anciennes habitudes de l'ancien paradigme et de l'ancien karma, la Terre les absorbe. Les changements que subit la Terre font partie du plan grandiose et de l'équilibre du Nouvel Âge. Aussi, aucun de vous ne devrait s'étonner d'apprendre que chacune des épreuves qu'il subit a déjà été solutionnée. Le contrepoids des épreuves, ce sont les solutions du plateau d'or. Ces dernières se trouvent dans l'instant présent, tout comme vos problèmes. Elles sont situées dans vos potentialités présentes, à votre disposition. Mais vous devriez également prendre conscience qu'il y a d'autres attributs. Laissez-moi vous en citer quelques-uns.

Voici le premier. En réalisant qu'une solution existe déjà, bien qu'invisible, **visualisez-la**. Visualisez le plateau et la solution. Attention, ce qui suit est important : ne visualisez pas ce que vous pensez être nécessaire pour créer la solution désirée. Cela, c'est l'affaire de votre partenaire (l'Esprit). C'est notre affaire. Si un être humain est sur le point de participer à une course de fond le matin et souhaite figurer parmi ceux qui termineront, mais ignore comment il va franchir cette colline épuisante ou négocier ce virage serré, il pourrait s'adresser à Dieu afin de solliciter son aide. Mais nous sommes ici pour vous déclarer qu'au lieu de cela, cet homme devrait simplement se visualiser en train de franchir la ligne d'arrivée. Laissez-nous nous occuper de la colline épuisante et du virage délicat. C'est notre travail.

Revoyons quelques instants la parabole concernant Henri et le pont disparu. Vous vous souviendrez qu'il s'agissait de l'histoire d'un homme qui se pressait en direction d'un pont, sachant parfaitement que celui-ci n'existait plus. L'Esprit s'adressa à lui en ces termes : « Continue, Henri. Les choses ne sont pas toujours ce qu'elles semblent être. Je vais prendre soin de toi. » Le pont disparu représentait une métaphore illustrant ce que les êtres humains ne peuvent percevoir dans le futur et ce dont Dieu s'est déjà occupé.

Très chers, cette parabole porte véritablement sur le Plateau d'or. Car la solution au problème d'Henri et de son pont disparu avait déjà été trouvée. Si vous relisez cette parabole, car elle a été publiée, vous prendrez conscience de quelque chose situé au sein du nouveau concept du plateau doré. Alors qu'Henri approchait de la zone où le pont était supposé se trouver, il ouvrit les yeux et prit conscience que celui-ci n'était toujours pas là. Sa peur s'accrût, ses derniers instants étaient arrivés. Il fit appel à tout son courage pour ne pas s'arrêter là, lorsque l'Esprit lui dit : « *Henri, continue. Continue.* » Ainsi, s'accrochant à sa foi, Henri avança encore plus vite qu'auparavant, faisant confiance à Dieu et à son partenaire en lui. Juste au moment où il pensait que son véhicule allait basculer du sommet des falaises et qu'il se dirigeait vers une mort certaine, des ouvriers rencontrés sur la route le guidèrent sur une voie qu'il n'avait jamais vue auparavant, une zone complètement invisible d'où il venait. Et là, superbe, apparut un magnifique pont tout neuf ! Il était si vaste et si extraordinaire qu'Henri réalisa qu'il avait été construit bien avant son arrivée ce soir-là. Il le traversa en pleine extase, prenant conscience du pouvoir de son partenariat avec Dieu.

Très chers, voici la clef de cette parabole. Sur ce plateau d'or se trouvent les solutions à des problèmes que vous n'avez même pas encore rencontrés ! Et lorsque vous vous adressez à l'Esprit afin d'obtenir les solutions nécessaires, ces dernières ont déjà été élaborées ! Cela fait partie de l'équilibre. Chaque épreuve que vous avez acceptée doit trouver sa solution – et celle-ci existe véritablement.

Henri ne visualisa pas comment le problème posé par le pont disparu allait être résolu. L'idée d'un pont surgissant miraculeusement devant lui était stupide. Cette pensée se situait au-delà de sa réalité humaine. Aussi visualisa-t-il simplement son déplacement de l'autre côté – le résultat final. Le coureur se voit, coupant le ruban en vainqueur. En ce qui concerne votre problème ? Visualisez son règlement et laissez-nous régler les détails. Mais pratiquez cette visualisation fréquemment !

② Quant au second attribut, c'est le suivant : « **Les choses ne sont pas ce qu'elles semblent être.** » Les réponses à vos questions peuvent surgir par des voies inhabituelles et même surprenantes. Parfois, l'énergie miraculeuse vous stupéfiera. D'autres fois, les réponses vous paraîtront complexes. Rétrospectivement, il est possible que vous pensiez : « *Il y a bien longtemps, la solution à mon problème n'aurait jamais pu être trouvée si une certaine personne A puis une certaine personne B n'avaient agi d'une certaine manière.* » Quelque chose en vous réalise que la personne A a agi avant même que vous n'ayez besoin de son aide. Quelle complexité, quelle élégance, quelle perfection ! De plus, au sein de la solution élaborée, et quelle que soit la complexité des interactions mises en œuvre, tout le monde semble y trouver son compte ! Très chers, il s'agit là de la marque d'une solution spirituelle. En définitive, visualisez la solution comme si elle était déjà trouvée. Elle vous est présentée sur le plateau.

③ Le troisième attribut est le suivant : **ne limitez pas l'action divine**. Vous ne savez pas ce qu'il y a sur le plateau, mais nous, nous le savons. Vous êtes si nombreux, ici présents, à réclamer un simple buisson alors que l'Esprit vous offre toute une forêt sur son plateau ! Vous n'espérez pas cette forêt, car vous n'en comprenez pas toute la valeur. La solution à votre petit ennui peut vous offrir en cadeau l'ensemble de la forêt ! Des difficultés dont vous n'avez même pas encore conscience seront aplanies grâce à la solution du problème auquel vous êtes confrontés – perfection contenue dans la simplicité des lois physiques et de l'amour de l'Esprit, et des complexités de votre humanisme. Aussi, laissez-nous agir. Toute difficulté sera supprimée grâce à la vue d'ensemble de votre partenaire (l'Esprit), celui qui vous tient par la main. Il s'agit de l'entité d'or, assise dans le fauteuil d'or – celle qui sait tout de vos potentialités, qui connaît votre contrat et que l'on appelle l'Ange d'or ou le Moi divin. Elle possède l'énergie de l'Esprit et porte votre nom. Ne limitez pas l'Esprit.

④ Voici maintenant le quatrième attribut : **soyez attentifs aux synchronicités**. Ce qui va suivre est fondamental et nous en avons déjà parlé à de nombreuses reprises : l'ancien paradigme stipulait, même au cours du Nouvel Âge, que Dieu accomplit toute chose pour votre compte. Et, en appliquant ce concept, en faisant confiance à Dieu et en y mettant du vôtre, cela fonctionnait. Aujourd'hui, nous vous déclarons que le partenariat que nous vous offrons implique une situation dont nous avons discuté la dernière fois que nous sommes venus dans les montagnes [Breckinridge, Colorado]. En saisissant la main que l'entité d'or vous offre, vous vous redressez et avancez avec Dieu. L'époque où l'on faisait les choses à votre place, et où vous vous contentiez de dire « merci », est révolue. Il ne suffira plus d'attendre que les choses vous tombent « toutes rôties dans les mains ». Et cela, grâce à votre Moi divin qui vous fournit la capacité de vous redresser et de réaliser les choses. Il s'agit de cocréation. Très chers, rien ne se passera avant que vous ne vous dressiez et passiez à l'action en ouvrant les portes de la vie. Faites les injonctions qui semblaient inefficaces jadis et contemplez leurs résultats aujourd'hui dans la nouvelle énergie. Oeuvrez avec d'autres êtres humains et découvrez comment se manifeste la synchronicité qui vous permet de progresser dans la vie.

Très chers, dans cette pièce aujourd'hui, plusieurs participants se sont rencontrés pour la première fois. Il y a dans ce fait une profonde synchronicité. De même que plusieurs ont sans doute quelque chose à votre intention, il est possible que vous ayez, vous aussi, quelque chose qui leur soit destiné. Dans cette salle existent même les potentialités de relations durables – tel un plateau recouvert de réponses, placé devant vous. Mais rien de tout ceci ne se serait produit de cette manière sans votre intention d'être présents ici ce soir – d'effectuer le voyage vous permettant d'assister à cette réunion. Il y a ici certaines choses que seule la famille peut vous offrir. Tout ceci peut survenir de tant de façons différentes, très chers. La synchronicité, telle que définie par les êtres humains, signifie « les choses qui surgissent de nulle part ». Elle se réfère aux accidents et aux coïncidences qui surviennent inopinément dans votre vie et qui provoquent de profonds changements dans votre existence. Très chers, la synchronicité, telle que l'a définie l'Esprit, se rapporte aux « éléments présentés sur le Plateau d'or ». Ces derniers sont partie intégrante de la solution, voyez-vous. Et ils existent, prêts à s'offrir affectueusement à vous, à condition que vous vous dressiez pour les saisir. Vous devez ouvrir les portes, proclamer les injonctions et manifester votre intention.

Guérisseurs, c'est de cela que parlait mon partenaire lorsqu'il a déclaré que celui qui paraît le moins susceptible d'amener de grands changements ou d'être soigné sera souvent celui qui provoquera les plus grandes transformations sur la planète ! Et vous tenez entre vos mains le catalyseur permettant ces bouleversements. Le client dont vous souhaitiez vous débarrasser – celui qui vous irritait, celui dont vous espériez qu'il ne reviendrait pas, celui qui se plaignait le plus –, c'est lui qui, peut-être, recevra l'amour de Dieu ! Il s'agit souvent de celui qui provoquera les changements, qui décidera d'écrire des livres importants, qui accueillera la naissance des enfants qui attendent de venir sur terre et qui permettra de rendre la planète différente. Ce sont les doux dont nous avons parlé il y a des années qui hériteront les royaumes de cette planète... en tout amour... en pleine compréhension du plateau d'or. Voyez-vous, tout se trouve sur ce plateau d'or. Mais vous ne pouvez vous en rendre compte maintenant. C'est là où intervient la foi.

⑤ Le dernier attribut consiste à **accepter le concept** que nous vous avons présenté ce soir, à savoir que, pour chaque problème, quelle que soit son importance, une solution a déjà été élaborée – une solution disponible et qui dépasse de loin tout ce que vous pouvez imaginer. Elle existe et porte votre nom, et il ne vous appartient pas de vous occuper des détails. Le concept du plateau d'or sera maintenant diffusé et publié au cours de l'année qui vient. Certains d'entre vous, ce soir, en quittant cette salle, en auront une compréhension totale et revendiqueront les solutions aux problèmes qu'ils affrontent. Pour d'autres, ce ne sera pas le cas. Alors la question demeure pour eux : comment allez-vous résoudre le problème placé plus tôt sur vos genoux ?

La première chose que nous vous demandons à ce sujet est de demeurer en paix, quelle que soit l'importance de ce problème. Ressentez la paix et l'amour de Dieu jaillissant de votre cœur et qui vous dit : « *Nous connaissons les épreuves que vous avez traversées ! Nous connaissons votre problème ! Mais nous connaissons également la solution. Soyez en paix. Aimez-nous suffisamment pour être en paix.* » Il s'agit là de la première étape. La seconde est plus ardue. Nous vous demandons de contempler la chose horrible que représentent votre problème et votre leçon, cette chose pour laquelle vous ne savez que faire – et aimez-la. Elle fait partie du contrat que vous avez accepté en venant au monde et elle vous est présentée au moment voulu. Elle représente une fraction de l'amour que nous vous offrons et que vous avez consenti à recevoir. Elle explique en partie pourquoi nous baignons vos pieds ! Car vous avez accepté d'avoir ce problème. Il y a quelques instants, nous vous avons demandé : « *Qui a créé le plateau sur lequel reposent les solutions ?* » La réponse ? **C'est vous.** Comme vous avez accepté et planifié les problèmes, vous les avez également acceptés au niveau cellulaire et avez créé l'équilibre des solutions. Par conséquent, les solutions possèdent la même énergie que vos problèmes – soit une entente pour la découverte – comme si vous trouviez les perles que vous aviez cachées, enfant, dans une boîte magique enfouie dans le jardin de votre maison. Et toutes ces choses vous appartiennent.

La question

Vous allez tous vous lever dans un moment. En faisant cela, vous considérerez votre problème sous un autre jour. Vous aurez la possibilité de le replacer dans son contexte. Mais vous aurez également toute latitude pour le fuir – c'est-à-dire être partisans du moindre effort, vous faire du souci, provoquer un drame et même vous replier sur vous-mêmes. Le choix vous appartient. Vous avez également la permission d'y faire face, de le voir tel qu'il est – comme quelque chose de très petit dans l'ordre cosmique des choses, quelque chose pour lequel existe une solution sur un plateau d'or familier, solution que vous avez élaborée il y a bien longtemps. Votre problème est également pris en charge métaphoriquement par les larmes d'entités telles que moi-même – les guides, les anges et ceux qui, sur la Terre, vous aiment tant qu'ils seront capables de crier victoire lorsque vous découvrirez l'équilibre.

Si vous estimez que ce concept est puissant, attendez donc de découvrir ses possibilités quant à la durée de votre vie ! Vous pouvez apprécier les majestueuses montagnes de cette région. Certains d'entre vous se demanderont même pendant combien de temps ils seront encore autorisés à vivre et à contempler ce spectacle magnifique. Quelle question ! Notre réponse sera : « Vous pouvez vivre aussi longtemps que vous le souhaitez. » Voilà le genre de cadeaux qui vous sont offerts. Soyez attentifs, car votre science les découvrira bientôt. Vous vous trouvez au point où un bouleversement vibratoire permettra aux êtres humains de vivre une longue existence, et nous vous honorons tous pour votre participation à ces instants privilégiés.

Mon partenaire se réjouit grâce à l'amour présent dans cette salle. C'est impressionnant, car certains parmi vous acceptent ce concept pour la première fois. Et cela créera une différence pour le reste de leur vie. Cela n'a rien à voir avec le channel ou Kryeon lui-même. Cela concerne votre véritable personnalité.

Merci, très chers, de permettre à ce genre d'énergie d'exister. Merci d'être membres de la famille – une famille dont nous sommes fiers –, une famille éternelle qui a apporté des changements positifs dans l'univers.

Et il en est ainsi.

Kryeon

GUIDES ET ANGES
Coal Creek Canyon, Colorado

Salutations, très chers, je suis Kryeon, du Service magnétique. Nous allons vous révéler ce soir pour la première fois certaines caractéristiques de l'énergie de l'amour qui n'ont pas encore été divulguées. Bien que certains fragments de cet enseignement puissent vous sembler un peu plus théoriques, nous savons aussi votre intérêt pour ces aspects de la spiritualité. C'est votre intention d'en savoir davantage sur l'ange intérieur – que vous appelez également le Moi divin – qui rend cette discussion possible.

L'amour qui se dégage ici est très beau ! Chacun de vous possède une forme unique entourée de couleurs rayonnantes. Il y a quelque temps, mon partenaire dut fermer les yeux durant un channeling, car il était distrait par de petits éclairs de lumière illuminant son esprit, résultat de la fusion entre lui et moi. C'est cette fusion entre nous que nous percevons en ce moment. Vous voyez, nous voulons être avec vous. Il n'existe rien de plus grandiose dans l'univers que ce qui se passe ici, sur cette planète. La grandeur et le caractère sacré de ce qui se trouve de l'autre côté du voile ne sont pas supérieurs aux potentialités présentes en cet instant.

Longtemps après que cette épreuve sera terminée – longtemps après votre mort et que vous serez redevenus poussière –, on parlera encore du temps où les extraordinaires entités divines de l'univers décidèrent de revêtir une forme humaine fragile, puis de se rendre sur la Terre, emplies d'amour, afin de créer, pour nous tous, quelque chose de grandiose. Et cette chronique sera racontée (vous serez là pour le faire), car chacun d'entre vous est éternel. Vous naîtrez et partirez de nombreuses fois, mais *votre* énergie demeure à jamais.

Mon partenaire (Lee) s'est souvent demandé pour quelle raison je ne suis pas présent pour lui comme je le suis à l'occasion d'une rencontre de groupe. Malgré que je m'adresse à lui mentalement sur plusieurs sujets, il ne peut recevoir de la même façon les enseignements ou l'énergie comme lorsqu'il fait face à un groupe. Ainsi, il ne peut entendre ce que je vous déclare en ce moment. En effet, tout ceci dépend du pouvoir de l'intention d'un groupe qui se réunit dans un but d'échange d'énergie spirituelle. Votre intention déclare : « *Je souhaite être assis dans cette salle et connaître la sensation d'être visité par l'amour de Dieu.* » Et nous vous répondons : « Vous méritez au plus haut point d'être ici. » Tout est planifié de manière étonnante, et ceux qui sont présents à cette réunion et qui lisent ces lignes ne sont pas ici ou ne le font pas par hasard. C'est la raison pour laquelle Kryeon lui-même et son entourage sont venus vous admirer, tels les astres que vous représentez à nos yeux. Vous voyez, nous sommes ceux qui vous attendaient.

L'équilibre de l'énergie spirituelle

Ce soir, nous aimerions vous parler de la transmission de l'énergie. Cette mécanique spirituelle, ou ce processus de l'Esprit, vous semble peut-être plus ennuyeuse, mais nous allons ici vous révéler certaines choses que nous n'avons jamais abordées auparavant. Nous souhaitons vous parler de ce qui se produit durant le processus de transmutation de l'ancienne énergie à la nouvelle. Que se passe-t-il au cours d'un miracle ? Où l'énergie se dirige-t-elle ? Quels en sont les effets secondaires ? Quels sont les mécanismes sous-jacents ? Ces informations vous aideront dans votre vie quotidienne. Elles vous sont communiquées grâce à l'énergie qui stimule le désir des personnes présentes ici ce soir d'émettre une fréquence vibratoire plus élevée. Dans cette assemblée, rares sont les simples curieux. Votre intention crée une énergie qui permet d'obtenir des informations de très haute importance.

J'aimerais vous parler un peu de vos guides et vous apprendre quelque chose que vous ignoriez jusqu'à présent. Vous vous souvenez peut-être qu'au cours des channelings passés et dans leurs transcriptions écrites, les paraboles qui vous furent offertes concernaient des guides et des êtres humains. Et vous vous souvenez peut-être aussi que ces guides étaient silencieux. Ils existaient, mais restaient très discrets. Ils enlaçaient les humains, mais leur action était limitée si ces derniers n'invoquaient pas la pureté de l'intention spirituelle. Vous vous rappelez peut-être que dans certaines paraboles – et il y en eut plusieurs – les guides commençaient à s'agiter lorsque les humains formulaient l'intention de découvrir l'Esprit en eux. Ils étaient activés. C'était alors qu'ils entraient en jeu. Très chers amis, ces guides ont toujours été présents à vos côtés... attendant que vous agissiez.

La trinité (le pouvoir du nombre trois)

Nous allons vous fournir des informations portant sur l'ancienne spiritualité et la façon dont elle se fond dans la nouvelle. Mon partenaire vous a révélé le pouvoir du nombre « trois » ; il a toujours existé. Ce n'est pas un hasard si les formes triangulaires (trois angles) peuvent aisément se juxtaposer pour produire d'autres formes. Les triangles sont intégrés dans la géométrie de l'énergie sacrée, et la puissance de leur forme vous est souvent donnée par trois. Quand vous considérez les trois aspects de la divinité, vous voyez que même les religions de ce continent reconnaissent la puissance de ce nombre : elles l'appellent la Trinité. Nous sommes ici pour vous expliquer ce qu'est réellement la Trinité avant de passer à l'enseignement ayant trait à l'énergie.

1. Le Père

La combinaison spirituelle du *trois* est intuitive et ne se produit pas uniquement ici. Si vous examinez la trinité telle qu'elle apparaît dans d'autres croyances, vous retrouverez également l'intervention fréquente de ce nombre. Sur votre continent, elle renvoie au Père, au Fils et au Saint-Esprit. Je vais vous dire ce que représente le Père : c'est l'ange, la source, le parent, celui qui est connecté au foyer et qui réside en chacun de vous. Le Père correspond à l'ange intérieur, à celui dont le visage est symboliquement identique au vôtre. C'est le fragment de Dieu qui est en vous.

2. Le Fils

Le Fils, qui désigne le descendant du Père, est l'être humain qui vit sa dualité sur cette planète. Le maître de l'amour (Jésus) fait d'innombrables allusions à la connexion entre les deux dans ses messages. En particulier, lorsqu'il déclare : « Vous pouvez être semblables à moi. Je suis le Fils de Dieu et vous avez le pouvoir d'être des Fils de Dieu.» Recherchez ceci. La référence est claire. Ainsi, le Fils symbolise l'être humain (sans distinction de sexe) relié à l'image du Père qui, en retour, est connecté à la Source, c'est-à-dire à votre ange intérieur.

3. Le Saint-Esprit

Et maintenant, la révélation : le Saint-Esprit n'a jamais été perçu comme une entité unique, quelle que soit la croyance considérée. Quel que soit le système spirituel auquel vous vous référez, on vous expliquera que l'Esprit est multiple. Il possède toujours la caractéristique de la multiplicité. Nous sommes ici afin de vous informer que le Saint-Esprit représente les guides (ou les anges) qui vous accompagnent depuis l'instant de votre naissance. Il s'agit de la trinité avec laquelle vous naissez – la divinité du triangle à l'intérieur du triangle (nous voulons parler de la divine forme du *Mer-Ka-Ba*). Maintenant, écoutez attentivement : lorsque vous quitterez cette salle, *chacun d'entre vous* sera porteur des trois aspects de la trinité ! Où que vous vous rendiez, ils vous accompagneront. Il ne s'agit pas de quelque pouvoir illusoire dans le ciel. Ils ne sont pas seulement présents dans les groupes. *Chacun d'entre vous les porte en lui.*

Nous avons souligné la puissance émise par un groupe d'êtres humains. Maintenant, nous allons vous expliquer la raison d'une telle puissance. C'est ce que vous appelez « l'Esprit sacré » : l'assemblée des guides créant le pouvoir pour tous au lieu de ne le créer que pour l'individu. C'est que votre cortège, dont vous pensiez peut-être qu'il n'était ici que pour vous enlacer, vous soutenir et vous aimer, est maintenant considéré comme le catalyseur de l'amour.

Le rôle des guides

Permettez-moi de vous parler maintenant de quelque chose qui a trait à l'alchimie de l'énergie. L'équilibre doit toujours régner au sein de toute énergie, y compris de l'énergie spirituelle. Je suis ici, en ma qualité de maître magnétique, pour vous dire que l'équilibre existe toujours. Même au centre de vos structures atomiques, au sein des atomes, les physiciens s'interrogent et cherchent à comprendre pourquoi le noyau est si petit et le nuage électronique, si éloigné de lui. Voyez-vous, il serait déraisonnable de penser que la masse située au centre puisse engendrer un tel rapport physique. C'est pourquoi nous avons discuté du Treillis cosmique (voir chapitre 4), pour bien vous faire comprendre ce pouvoir qui équilibre tout autour de vous. Ainsi, toute transformation d'énergie crée une transition dans l'équilibre C'est ce qui se produit, très chers, lorsque vous vivez votre spiritualité sur cette planète. Lorsque vous transmutez une énergie en une autre, il se crée spirituellement un sous-produit. Nous allons vous dire de quoi il s'agit en termes spirituels et non pas en termes scientifiques.

Vos guides sont des vaisseaux transportant les sous-produits de l'énergie générés par votre intention. Ceux d'entre vous qui ont formulé l'intention de se débarrasser de leur karma et de suivre une autre voie sont sur le point de grimper une échelle vibratoire passant d'une transmutation à l'autre. Vous transformez ce qui *a été* en ce qui *sera*. Chaque fois que vous agissez ainsi, un sous-produit d'énergie est créé à partir de rien, grâce à votre *intention*. Il s'agit de quelque chose de si extraordinaire, très chers, qu'un autre guide vous est fréquemment adjoint au cours de ce processus. Voici pourquoi le troisième guide, dont nous vous avons parlé il y a presque dix ans, apparaît.

La création de l'énergie

Maintenant, vous savez. Les guides existent, entre autres raisons, pour faciliter la circulation de l'énergie que vous créez, apparemment à partir de rien, et qui est partie intégrante de l'équilibre qui survient lorsque vous prenez des décisions spirituelles. Parlons de la première de ces trois énergies impliquées dans ce processus.

1. L'intention

La première énergie ne surprendra personne, car nous nous y référons sans cesse : il s'agit de *l'intention*. L'intention crée une énergie qui transmute le karma. Il est certainement utile pour vous de comprendre cette énergie sous-jacente à la transmutation du karma. Ce processus est profond. Comme nous vous l'avons dit dans d'autres channelings, au moment de la transmutation du karma, l'énergie du potentiel karmique non-réalisé doit se diriger quelque part (pour des raisons d'équilibre). Cette énergie correspond en fait au potentiel de toute une vie ! Lorsque vous l'altérez, ce que *représentait* cette énergie doit se déplacer selon un processus de transmutation. Comme nous l'avons écrit, elle se dirige au sein de Gaïa – dans le sous-sol de la Terre. Ainsi, elle se transforme en passant d'un aspect spirituel de l'être humain au récipient spirituel que vous appelez la Terre. C'est là qu'elle se retrouve – et le sous-produit de cette alchimie est le changement de la planète. Voilà pourquoi celle-ci tremble comme elle le fait ces derniers temps et vos océans se réchauffent. C'est ce qui est en train de se produire et nous vous avons prédit que vous constateriez ce phénomène si vous y étiez attentifs. L'accélération des saisons de votre planète et la modification de ses caractéristiques géologiques sont le résultat direct des agissements des humains s'emparant de leur flambeau lumineux.

Un autre phénomène se produit lorsque l'être humain formule l'intention de progresser. Il crée une *nouvelle* énergie qui, apparemment élaborée à partir de rien, fonctionne de pair avec le Treillis cosmique. Cette énergie est alors stockée par les guides de l'individu ayant pris cette décision. Ceci explique la *puissance* de l'intention, comme nous en avons discuté auparavant. La pure intention puise dans le Treillis cosmique pour provoquer les transformations de la vie. Au cours de ce processus, cette *nouvelle* énergie est intégrée par la trinité au sein de l'être humain dont le quotient énergétique devient plus élevé qu'auparavant.

D'autres êtres humains (particulièrement les clairvoyants) prennent soudain conscience de l'accroissement de votre pouvoir et de l'élévation de votre fréquence vibratoire. Votre aura se modifie et votre lumière personnelle brille plus que jamais ! Vous êtes-vous jamais demandé ce que l'on aperçoit lorsque vous brandissez votre flambeau ? Je vais vous l'expliquer. Symboliquement, vos guides transportent des « vases remplis de cette *nouvelle* énergie » créée lorsque vous avez pris la décision de progresser spirituellement. Il existe une raison pour laquelle ces guides transportent ces vases. Avant de nous séparer, nous vous expliquerons quelle est cette raison et ce qu'elle implique.

Que se passe-t-il si un être humain ne prend aucune décision spirituelle durant sa vie ? Très chers, nous vous l'avons déjà dit : nous ne portons aucun jugement à ce sujet. L'être humain est honoré pour le voyage qu'il effectue et pour le rôle qu'il joue. Et lorsque le rideau tombe, l'ensemble de la distribution se réjouit – même celui qui a joué le rôle du méchant ou qui est mort durant la représentation. Cependant, beaucoup plus est possible. Ceux qui manifestent une intention spirituelle au cours de ce puissant Nouvel Âge créent de l'énergie à partir du néant. C'est de l'alchimie ! C'est là que se trouvent l'action et les éléments pour la transformation de la vie. C'est là que se trouve « l'activité lumineuse » dont nous avons discuté auparavant. C'est alors que certains événements affectent l'être humain qui permet, dès lors, la cocréation. C'est ainsi que l'homme se fraye une nouvelle voie – une voie qui lui permet d'assurer son avenir d'une façon tout à fait inédite. Il s'agit de l'intention : la première des trois énergies.

2. Le physique

Parlons du physique. Certains d'entre vous pensent qu'il

existe de nombreuses planètes Terre dotées de multiples futurs et de nombreuses possibilités. Il s'agit là d'un concept ésotérique selon lequel diverses réalités existent simultanément. Qu'en est-il réellement, demanderez-vous peut-être ? En fait, ceux qui pensent ainsi ne sont pas très éloignés de la vérité. Nous avons déjà parlé, devant d'autres assemblées semblables à celle-ci, des potentialités qui s'alignent à partir d'un moment spécifique de votre dimension temporelle. Voyez-vous, les potentialités de cette planète sont « enregistrées ». Il doit en être ainsi, très chers, car *nous* sommes dans le *maintenant*. Votre passé et votre futur sont tous présents ici, *maintenant*. Par conséquent, le potentiel de cette planète est précisé de façon similaire à une prise de photo des énergies présentes à chaque instant et, ainsi, nous sommes en mesure de vous révéler ce que sera votre avenir en nous basant sur les décisions que vous prenez *maintenant* et l'énergie qui règne *maintenant*. Tout cela est enregistré et ne peut être perdu – ne peut disparaître. Cela fait partie de l'équilibre. Cela signifie qu'il existe un endroit interdimensionnel où toutes les potentialités sont entreposées, comme autant de planètes Terre simultanées – mais seules existent les potentialités de l'énergie mesurées selon les différents moments linéaires.

Les lois physiques qui régissent la Terre sont étonnantes. Votre réalité change et votre avenir continue d'être une page blanche. Presque chaque mois, cette réalité se trouve révisée par ce que vous accomplissez ici. Les miracles du corps physique et de cette planète constituent des exemples de transmutation. Il n'y a aucune magie : il s'agit seulement de sagesse spirituelle et de lois physiques qui permettent aux événements de survenir. Vous continuez de puiser dans le Treillis cosmique afin de créer une NOUVELLE énergie pour la planète qui transforme les potentialités de votre futur.

La dernière fois que mon partenaire (Lee) vint ici (Coal Creek Canyon, Colorado), il se tint en face de vous, souffrant d'une affection physique dont il ne voulait pas parler. Il avait reçu de l'aide de la part de son entourage, mais cette affection était bien réelle et devait empirer. Il le savait et il émit l'intention de guérir.

Au début de la leçon, le mal était en lui. À la fin de la réunion, son organisme s'était rééquilibré. Tous les symptômes avaient disparu et il se réjouit du fait que la conscience de son intention ait pu modifier ainsi l'équilibre physique de son corps. Je vais vous expliquer ce qui se passa alors. Car, au cours de ce petit miracle grâce auquel un mal réel et douloureux disparut, une alchimie se produisit – une transmutation – et l'énergie qui permit cette réalisation fut considérable. Cette énergie se transforma, passant d'un état à un autre. Ce processus permit la guérison et créa une *nouvelle* énergie spirituelle qui fut simultanément entreposée par les guides. Une partie de cette alchimie est toujours en Lee ; le reste est stocké dans la Terre. Bien sûr, je ne m'attends pas à ce que vous compreniez tout le processus pour l'instant.

Lee porte également en lui une potentialité générée dans le « maintenant », concernant « ce qui aurait pu se produire ». Ainsi, sa dualité lui fait toujours craindre que cela ne se reproduise. Cependant, il réalise maintenant que cette expérience vécue est survenue afin de lui communiquer la sagesse nécessaire pour partager ses sentiments. L'essentiel de ce que nous lui donnons est destiné à ce but, et cela n'est possible qu'avec sa permission.

Un autre fait : en février 1998, vos plus grands scientifiques déclarèrent que, selon leurs calculs, vous seriez frappés par un astéroïde dans quelques années. Ne trouvez-vous pas bizarre que ces mêmes scientifiques, disposant des mêmes ordinateurs, aient déclaré, deux jours plus tard : « Ne vous faites plus de souci, nous avons commis une erreur de calcul quelque part et rien de ce que nous vous avons annoncé ne se produira » ? Très chers, avez-vous jamais pensé qu'en deux jours, votre planète s'était peut-être positionnée sur une autre « piste » de potentialité ? Le potentiel de l'énergie terrestre alors présente cinq semaines auparavant se trouve maintenant dans un endroit sombre appelé « le futur tel qu'il était jadis ». Pour certains, il s'agira là d'un fantasme. Pour le sage, c'est la réalité.

Les mathématiques ont parlé par elles-mêmes. Les lois physiques qui régissent l'orbite des planètes sont absolues. Cependant, un peu mystérieusement, quelques jours plus tard, les calculs furent refaits et le résultat se modifia (selon les scientifiques, des erreurs furent commises la première fois, mais les résultats n'en furent pas moins communiqués). Nous sommes ici pour vous dire qu'il s'agit là d'un exemple de transformation miraculeuse d'énergie causée par l'*intention* de l'humanité que nous avons appelée la masse critique. Au cours de ce processus alchimique, une énergie fut créée, qui se transféra d'un endroit à un autre. La planète la retient toujours et il s'agit toujours d'une potentialité. Mais cette énergie qui découla de ce miracle est maintenant détenue par les guides de chacun des êtres humains qui émirent l'intention de la changer – et chacun sur cette planète put constater ce phénomène. Ce n'est pas la première fois que vous recevez ce genre de « fausse alerte » apparente. L'intention peut changer la réalité !

3. L'émotion

Je vais vous parler du troisième type d'alchimie – le plus important. Vous estimez que la guérison du corps humain et son équilibre constituent des phénomènes remarquables ? Parlons des émotions humaines. C'est le miracle des miracles. C'est le miracle qui, grâce à l'alchimie de l'intention, transmute les soucis et l'angoisse en sérénité. Il a été question de cela à de nombreuses reprises. Que se passe-t-il dans votre organisme lorsque vous êtes soucieux et angoissés ? Votre corps se transforme physiologiquement. Toutes vos cellules reconnaissent l'inquiétude et l'anxiété. Cela peut se manifester de diverses façons : perte de poids, éruption cutanée – tous ces symptômes correspondant à une réaction provoquée par vos émotions. Face à ceci, lorsque vous formulez l'intention d'élever votre fréquence vibratoire grâce à la connaissance et à la préparation envers ce qui peut être vôtre, vous transmutez alors ces émotions en sérénité. Parmi vous, certains ont déjà constaté cette réalité à de nombreuses reprises. L'Esprit envoie tant d'amour à tous ceux qui ont conscience de ce phénomène !

J'aimerais vous demander ceci : « Savez-vous où s'est retrouvée cette énergie ? » Il faut comprendre que, dans ce processus, il y a autant d'énergie générée pour créer la sérénité qu'il y en a eu pour engendrer l'inquiétude et l'angoisse. De plus, par la transition d'un état à un autre, une nouvelle énergie est créée (que nous appellerons la « troisième » énergie). Celle-ci est une énergie spirituelle que les guides collectent, exactement comme une autre couleur de votre *Mer-Ka-Ba*, une autre couleur de la victoire. Nous vous avons expliqué ce qui se passe lorsque vous vainquez la peur et affrontez le tigre. Maintenant, vous savez de quoi il s'agit – les guides capturent cet *anneau d'or* obtenu grâce à la victoire. Ils le déposent (symboliquement) dans leur vase. Certains d'entre vous ont transmuté leur chagrin et leur peine en sérénité, et ceux qui sont ici ce soir (et qui lisent ces lignes) savent ce que j'entends par là. Ils ont pensé : « *C'est un miracle de pouvoir comparer mon état passé à mon état présent.* » Devant le même épisode, je ne vis plus l'énergie de la douleur ou de la peur. Ainsi, la transmutation est achevée et l'énergie de la victoire a été transmise à vos guides, qui la gardent pour vous. C'est pour cela qu'ils sont ici, très chers.

Les prises de mesures

Maintenant, nous sommes ici pour vous dire ce qui arrive à ces vases que les guides transportent symboliquement pour votre compte. Il s'agit d'un mécanisme lié à l'équilibre spirituel de la planète. Voyons comment les choses se sont passées lorsque *l'appareil de mesure* est descendue au cours de la Convergence harmonique, afin de constater l'état du globe terrestre. Certains d'entre vous se demanderont : « *De quelles mesures s'agit-il ? Que signifie "les vibrations de la planète" ? De quoi est-il question ? Est-ce là une donnée trop interdimensionnelle pour que nous comprenions ? Qu'a-t-on mesuré ? Kryeon, vous nous avez dit qu'une autre série de mesures aura lieu en 2012. Que mesurera-t-on alors ?* »

Je vais vous expliquer de quelles mesures il s'agit. *C'est le poids des cuves emplies de la nouvelle énergie et détenues par les guides*. C'est ce que nous appelons le seuil vibratoire de la planète et il existe un lien, très chers, entre le contenu de ces cuves et l'énergie que la planète a reçue et acceptée, car ces deux éléments sont très liés. À moins que vous estimiez n'être pas concernés par le sol même de la planète, sachez que ce lien est bien réel. En somme, les mesures représentent la corrélation entre ce que les guides transportent et ce que la Terre a accepté – un autre concept difficile à expliquer.

En 2012, nous comparerons ces mesures avec celles de la Convergence harmonique de 1987, et il n'y a qu'une manière dans l'équilibre de procéder. En accord avec la Terre, nous allons mesurer le Saint-Esprit – les guides et ce qu'ils transportent dans ces cuves à énergie. En définitive, il existe un ratio entre la planète, les humains et l'énergie qu'ils ont créée. Vous vous demandez pourquoi nous venons baigner vos pieds de nos larmes de joie ? Vous vous demandez pourquoi, de l'autre côté du voile, nous sommes impatients de vous accueillir lorsque mon partenaire s'assied et déclare : « Salutations, très chers » ? Nous avons attendu ce moment avec amour ! Parce que, voyez-vous, nous voulons être présents ici et nous agenouiller devant vous. Nous savons que beaucoup de choses vous sont dissimulées. Nous savons qui vous êtes et ce que vous faites !

Avec chacun d'entre vous existe une équipe de guides magnétiques, polarisés, électrisants, d'une magnifique couleur bleu cobalt. Ils sourient, car ils portent des cuves remplies de la nouvelle énergie créée à partir de l'alchimie de l'intention. C'est pourquoi nous sommes ici et baignons vos pieds. Souhaitez-vous savoir où se trouve le véritable « sol sacré » ? Ici. C'est ici qu'il se trouve – exactement là où vous vous tenez – à l'endroit où vous lisez ces lignes !

Une demeure spirituelle existe. Elle est remplie de caisses qui vous sont destinées (la maison des cadeaux et des outils dans un autre livre de Kryeon, *Le Retour*). Certains d'entre vous ont ouvert leur boîte et pris leur cadeau. Certains l'ont accepté, mais n'ont pas compris qu'il faut ouvrir le couvercle de la caisse pour pouvoir l'utiliser ! Il est nécessaire d'agir ! Certains d'entre vous, dans cette salle et parmi ceux qui lisent ces lignes, ont devant eux un puzzle qu'ils découvrent jour après jour en toute confiance, s'attendant à la transmutation de l'énergie en manifestant leur intention. Nous sommes ici pour vous déclarer que votre confiance vous élève aux yeux de Dieu. Nous voulons tous vous accueillir avec nos bols de larmes, baignant vos pieds en vous disant : « Un don vous attend, avancez, soyez confiants, comprenez l'utilité de ce défi et tout s'éclaircira avec le temps. »

Savez-vous quelle quantité d'énergie est nécessaire pour avoir foi en l'invisible ? Pour quitter momentanément votre dimension temporelle et ressentir le *maintenant* de l'Esprit ? Il est étonnant que vous ayez autant progressé, car les obstacles de la dualité sont grands. Même maintenant, certains ne comprendront pas de quoi il retourne et préféreront reposer dans les bras de la dualité de l'ancienne énergie plutôt que dans ceux de l'énergie nouvelle des guides. Il s'agit d'un choix personnel et vous êtes tendrement aimés, quelle que soit votre décision.

Nous savons qui vous êtes, nous connaissons chacun de vous. Comme mon partenaire vous l'a déclaré auparavant, l'Esprit n'existe pas dans le vide, mais dans le cœur de chacun. Ainsi, le soir, quand vous allez vous coucher, nous connaissons vos pensées, vos rêves, vos peines et nous sommes présents. Une partie de l'univers tourne autour de la Terre et c'est la raison pour laquelle celle-ci est le centre de tant d'attention. Voilà pourquoi vous percevez votre monde de cette façon monothéiste qui vous caractérise. C'est la raison pour laquelle vos premiers scientifiques de l'ancien temps pensaient qu'il n'existait qu'une seule Terre et que tout tournait autour d'elle. Eh bien, c'est en effet le cas !

Voilà le message de ce soir, uniquement disponible grâce à l'intention de tous ceux qui sont présents ici ou qui lisent ces lignes. Voici venu le moment qui n'est pas celui que nous préférons, car nous récupérons métaphoriquement nos bols et quittons cet endroit, afin de disparaître par l'ouverture du voile. Mais une partie d'entre nous restera avec vous, pas comme nous le sommes en ce moment – peut-être pas de la façon dont vous avez ressenti notre présence au cours de cette brève soirée. Néanmoins, nous sommes ici. L'énergie de ce channeling ne peut être maintenue que pendant une certaine durée. Cela est en rapport avec l'équilibre de l'énergie, avec mon partenaire, mais dépend aussi de l'énergie que vous pouvez absorber. C'est ce qui détermine la durée de ma visite parmi vous. Et si, un jour, vous deviez analyser tous ces éléments et désiriez en connaître les paramètres, vous découvririez qu'il existe une corrélation et un semblant d'ordre entre ces nombres. Il s'agit, de nouveau, d'équilibre.

Peut-être pensez-vous qu'il est banal qu'au moment de vous quitter nous déclarions à chacun de vous : « Vous êtes tendrement aimé », car vous avez déjà entendu cette phrase auparavant. Et, encore plus banal, comme dans l'histoire de Michaël Thomas que vous avez étudiée (*Le Retour*), de vous dire, lorsque nous vous quittons : « Les choses ne sont pas toujours ce qu'elles semblent être. »

Que les choses banales deviennent profondes.

Et il en est ainsi.

Kryeon

CHAPITRE QUATRE

LE TREILLIS COSMIQUE

Partie 1
New Hampshire

Quelques mots de l'auteur

Je vais bientôt fêter mes dix années de channeling public. Cependant, je suis toujours surpris lorsque l'Esprit décide que « le moment est venu » de diffuser certaines nouvelles informations. Ce qui va suivre semblera une information scientifique, mais il s'agira plutôt d'une information spirituelle du plus haut niveau. C'est le début d'une révélation qui explique comment l'énergie cosmique relie les lois physiques à Dieu. Ceux qui sont familiers avec le travail sur l'énergie métaphysique et ceux qui étudient les énergies alternatives trouveront la confirmation de ce qu'ils ont observé et appris depuis des années.

Salutations, très chers, je suis Kryeon, du Service magnétique. Qu'il est bon d'être de retour au sein de l'énergie qui se dégage de cette assemblée. Cette soirée sera différente des autres, car vos cœurs vont se transformer grâce à votre permission. Certains d'entre vous découvriront, pour la première fois, ce qu'est réellement l'amour de Dieu et la façon dont cet amour est en harmonie avec l'entité spirituelle en vous qui représente un fragment du Tout. Ce soir, certains principes très profonds seront révélés, car le groupe d'humains que vous formez est prêt à les recevoir.

Nous allons faire certaines déclarations qui n'ont jamais été prononcées auparavant. Cher partenaire (Lee), nous allons aborder un sujet à la fois scientifique et personnel. Pour cette raison, je veux que vous, mon partenaire, soyez très attentif dans votre traduction de ce message. Allez aussi lentement que vous le jugerez bon, car cette information est nouvelle. Ce message sera profondément scientifique. Néanmoins, tout comme les nombreux sujets scientifiques que nous avons développés avec vous, très chers, ce message, bien qu'il puisse au départ paraître universel, s'adressera très rapidement aux individus. Aussi, soyez attentifs. Nous allons vous révéler, pour la première fois, certains des secrets expliquant comment fonctionnent les choses. En effet, il est tout à fait approprié que ces révélations soient faites ici, car la conscience qui règne dans cette salle est celle de l'amour – de l'appétit de connaissances –, une conscience sérieuse. Je m'adresse aux guerriers de la lumière qui maintiennent leur flambeau très haut ! Je m'adresse à vous, très chers (qui entendez ces mots ou lisez ces lignes). Je connais la pureté de votre cœur. Je sais pourquoi vous êtes ici. Ce message vous est personnellement destiné, autant qu'aux scientifiques ou aux métaphysiciens sur l'ensemble de la planète. Ce message aura une très grande portée. Que la séance commence.

Le Treillis cosmique

Nous souhaitons vous parler ce soir d'une énergie d'un genre très particulier, de ce que certains d'entre vous considéreront comme un objet. Mais ce n'est pas le cas : il s'agit d'un phénomène très commun qui se manifeste partout autour de vous, bien qu'il soit si mystérieux que peu de gens en ont connaissance. Il s'agit de l'énergie manquante que vous recherchez depuis si longtemps, celle de l'amour, de l'Esprit. Il s'agit de l'énergie de l'univers – de ce que nous appelons le « Treillis cosmique ». Je communiquerai, très lentement, avec beaucoup de soin, cette information à mon partenaire afin que vous compreniez bien sa nature et son fonctionnement. Avant que ne se termine cette réunion, vous comprendrez comment ce phénomène peut s'appliquer à votre cas personnel.

Il est très commun, dans les enseignements de Kryeon, de

passer du général au particulier, afin que vous ayez une compréhension globale et que vous saisissiez bien de quelle manière le cœur humain est affecté. Très chers, le Treillis cosmique est *le dénominateur commun de la source d'énergie unifiée de l'univers*, ce qui signifie que tout émane de celle-ci. Il est difficile de définir cette notion. Aussi vous communiquerons-nous progressivement ses nombreux attributs au cours de cette soirée. Le Treillis cosmique se trouve partout dans l'univers. Tout ce que vous pouvez voir et tout ce qui vous est invisible est intégré dans le Treillis cosmique. À partir des plus infimes particules de votre univers physique, des nuages d'électrons jusqu'au macrocosme, ce Treillis est partout présent. Ceux d'entre vous qui évoluent dans le domaine des sciences physiques vont comprendre et reconnaître ce principe, et tout cela prendra un sens à leurs yeux.

La taille du Treillis cosmique

Commençons par sa taille. Ceci est nécessaire avant même de définir sa nature et son fonctionnement. Le Treillis cosmique est la plus gigantesque énergie que vous ayez jamais pu concevoir. Il couvre l'univers entier, et même davantage. Il est présent partout. Il n'existe aucun endroit, quelle que soit sa dimension, où il est absent. Le Treillis est peut-être ce que vous pourriez appeler la *conscience de Dieu*. Bien qu'il soit *physique* et représente aussi une *énergie*, il contient l'*amour* conscient. Par conséquent, nous vous déclarons qu'il se répand partout et englobe l'univers entier, incluant toutes les dimensions. Pouvez-vous concevoir quelque chose d'aussi gigantesque ? Aussi loin que vous pouvez sonder les cieux – aussi loin que les astronomes peuvent capter et photographier la lumière –, le Treillis cosmique est toujours là. Cependant, il n'est animé que d'une conscience unique. La distance n'existe pas pour le Treillis, et c'est là, cher partenaire, que les choses deviennent difficiles à expliquer.

Supposons un instant que votre main soit plus vaste que l'univers lui-même et que, lorsque vous l'étendez, l'intégralité de la matière existant puisse tenir dans une petite balle au creux de votre paume. Vous êtes donc immense ! Vous possédez les dimensions de Dieu ! Dans cette balle se trouvent des milliards d'étoiles et les distances semblent incommensurables aux yeux des entités qui y vivent. Au sein de cette balle qui représente l'univers, c'est comme si l'éternité était nécessaire pour aller d'un point à un autre. Et pourtant, cette balle repose au creux de votre main ! Les choses paraissent ainsi pour le Treillis cosmique. Par conséquent, aucune distance ne lui est insurmontable et sa conscience est Une. Sa structure cellulaire issue de l'unité est entrelacée par une conscience qui réagit de même à cette unité. Et bien que, à l'intérieur de cette balle que l'on pourrait appeler l'univers, des milliards d'années-lumière soient nécessaires pour aller d'une extrémité à l'autre et que des immensités spatiales et temporelles restent à conquérir, il n'en est pas vraiment ainsi. Tout ce qui existe dans cette balle – les milliards d'étoiles – se situe dans votre « maintenant ».

Non seulement pouvez-vous ainsi avoir une idée de la taille de cette énergie, mais vous pouvez également concevoir l'unicité du Treillis cosmique. Le point le plus éloigné de ce Treillis sait exactement ce que la partie située ici même est en train de faire. La partie située entre les cellules de votre organisme, et que nous appelons l'amour, sait ce qui se passe à onze milliards d'années-lumière d'ici ! Le Treillis cosmique ignore la dimension temporelle. Nous parlerons de cela plus en détail dans un instant.

Forme - Ordre - Luminescence

Le premier attribut du Treillis cosmique est sa taille, qui est immense. Il s'agit de la plus importante énergie connue, de la plus importante énergie existante. Parlons de sa forme, et cela, cher partenaire, est encore plus difficile à appréhender. **Il ne s'agit pas vraiment d'un treillis**. Bien qu'elle en possède toute la symétrie, il ne s'agit pas d'une grille. Si sa forme pouvait vous être révélée, elle vous stupéfierait, car il s'agirait pour vous d'une révélation se rapportant à ce que vous appelez le temps humain. La preuve de son existence est bien réelle et nous allons vous dire comment la rechercher. Les astronomes scrutent le ciel depuis la Terre comme s'ils avaient un œil fermé. Ils ne possèdent pas encore une vision stéréoscopique claire de ce qui entoure votre planète. Au lieu de cela, ils scrutent le ciel d'une façon monoculaire, sans aucune perception réelle de la profondeur. De ce fait, vous n'avez pas encore été capables d'entrevoir les *chaînes obscures*. Et pourtant, il s'agit d'un des attributs du Treillis cosmique que vous pouvez apercevoir lorsque vous le souhaitez. Mon partenaire utilise le mot *obscurité* de façon littérale afin de signifier « absence de lumière » – n'y voyez là aucune signification spirituelle. C'est comme si vous observiez, de nuit, un ciel étoilé et constatiez que de nombreux groupes d'étoiles sont séparés les uns des autres par des « bandes » de vide.

Il y a quelques années, nous vous avons dit que votre big bang n'avait jamais existé, qu'il est faux de penser à un univers créé à partir d'un point central d'où commença son expansion. Nous vous avons recommandé de rechercher les indices prouvant qu'il n'y a jamais eu d'explosion originelle. Aujourd'hui, nous allons vous dire ce qui s'est réellement passé. Car un jour viendra où vous serez capables de placer vos télescopes, donc votre regard, en des lieux distants de vous, voire sur une autre planète. Et alors, vous contemplerez l'univers de façon stéréoscopique – comme vos yeux contemplent votre monde – et apercevrez finalement devant vous une image en trois dimensions. Ce que vos yeux découvriront alors ressemblera à de grandes avenues d'obscurité entre les amas de matière stellaire. Des lignes droites d'obscurité seront apparentes, donnant à l'univers une *direction* – une *symétrie* – posant un mystère quant à l'explication de ce phénomène – semblable à des bandes de vide entre les étoiles. Soyez attentifs à cela, car ce phénomène va bientôt se produire.

Le Treillis cosmique n'émet pas de lumière visible, bien qu'elle représente l'essence même de la lumière. L'énergie du Treillis est en équilibre *zéro*. En d'autres termes, la polarité de ses caractéristiques les plus puissantes s'équilibre à zéro. L'énergie zéro est dotée d'une puissance fantastique. Mais, lorsqu'elle n'est pas activée, elle paraît totalement inexistante en raison de son équilibre. Ce n'est que lorsque vous déséquilibrez sa polarité que sa puissance est libérée. Vos astronomes ont scruté l'univers et le cosmos, mesurant les énergies qui s'y trouvaient. Ce qu'ils ont remarqué avec un certain sentiment de frustration, c'est qu'il y a beaucoup moins de matière et de lumière qu'il n'existe d'énergie mesurée ! Ce fait est bien connu de vos scientifiques. Interrogez-les à ce propos, et ils invoqueront des tas de raisons, y compris l'existence de « matière sombre ». Très chers, ce qu'ils observent est une *énergie nulle*. C'est le Treillis cosmique qu'ils mesurent. Son énergie est partout et lorsque ce message sera terminé, vous saurez ce qui la provoque et comment elle fonctionne. Vous saurez comment elle réagit par rapport à une autre énergie et vous apprendrez la raison de son existence.

Comme je l'ai dit, sous sa forme « équilibrée », la mesure de cette incroyable énergie serait équivalente à zéro, bien que le Treillis cosmique soit puissant sur tous les plans et en tous lieux. Nous avons déjà abordé ce phénomène en ce qui concerne les infimes particules constituant les atomes. Quant il a été question de la distance séparant le noyau du nuage d'électrons, nous faisions également allusion au Treillis cosmique. De même, lorsque nous vous avons fourni la formule permettant de calculer cette distance, nous faisions référence aux interactions éner-gétiques au sein du Treillis cosmique. Et lorsque nous fîmes mention de l'activité des rayons gamma situés à environ onze milliards d'années-lumière, il s'agissait, là encore, du Treillis cosmique. De l'infiniment grand à l'infiniment petit, cette énergie est colossale et stable. Ce n'est que lorsqu'on l'anime en la déstabilisant selon certains processus qu'elle fournit de la puissance. Il s'agit du dénominateur commun et du stabilisateur de toute énergie et matière, quelles qu'elles soient. Et quand ce phénomène sera connu des humains, des perspectives extra-ordinaires s'ouvriront à eux. Dans le domaine de la commu-nication et d'autres, vous disposerez d'une *puissance illimitée* !

La vitesse de la lumière

Je vais maintenant vous parler de l'énergie du Treillis cosmique. Elle réagit au *temps*. Voici un autre sujet d'intérêt pour les scientifiques : lorsque vous découvrez, dans l'univers, un phénomène qui possède la capacité d'altérer le temps, observez bien comment son énergie réagit. Tout, dans l'univers, semble tourner sur lui-même, n'est-ce pas ? Selon les lois de la physique, les particules éjectées d'un objet en rotation devraient former un angle droit ou être perpendiculaires au centre de l'objet. C'est de la physique élémentaire. Cependant, soyez particulièrement attentifs aux particules qui ne réagissent pas ainsi, car elles s'alignent sur la symétrie du Treillis cosmique. Elles indiquent l'énergie du Treillis, et nous parlons ici d'événements tels que les « trous noirs » et autres phénomènes de l'univers qui semblent déverser une énergie colossale sous forme de faisceaux. Repérez-les lorsqu'ils pointent dans une même direction sans être forcément dans l'alignement de la rotation de l'objet qui les crée. Vos scientifiques s'interrogeront : « Pourquoi un tel phénomène existe-t-il ? » Ils finiront par postuler qu'une autre force provoque cet « alignement » – tel un aimant cosmique géant. Ils verront l'énergie qui s'alignera sur la symétrie du Treillis cosmique.

Vous savez déjà que le temps est relatif. Vos scientifiques vous l'ont dit, et nous vous déclarons que ce fait particulier jouera un rôle très important dans la découverte des caractéristiques du Treillis cosmique. Très chers, tout ce qui concerne la spiritualité de cette planète est relié au Treillis. La dimension temporelle qui est la vôtre actuellement va changer (tel qu'il a été annoncé dans les channelings précédents), mais elle restera reliée au Treillis. Nous vous l'avons dit : l'énergie de ce dénominateur commun cosmique est liée à la notion de temps. Aujourd'hui, nous vous déclarons que le temps change également pour *vous*. Que pensez-vous que cela signifie ? Laissez-moi vous expliquer. Cela veut dire tout simplement que le Treillis cosmique réagit à la conscience humaine ! Lorsque mon partenaire vous a annoncé que la conscience peut modifier les propriétés physiques (au cours de la conférence précédant ce channeling), il n'a qu'effleuré le potentiel ici. Tout est possible sur cette planète, grâce à l'intention des humains. Car vous disposez d'un contrôle véritable sur le Treillis cosmique universel. Nous vous le répétons une fois encore : ce Treillis connaît le nom de chacun d'entre vous, depuis l'extrémité de l'univers ! Nous vous avons déclaré que votre conscience a élevé la fréquence vibratoire de cette planète. Cette conscience a réellement « utilisé » le Treillis cosmique afin de permettre à la Terre d'amorcer un glissement temporel qui vous touchera personnellement mais qui sera visible au-delà de votre planète. En d'autres termes, il est possible que vous n'aperceviez ou ne ressentiez rien d'anormal mais que certains attributs cosmiques vous sembleront ralentir. Cela indiquera que vous évoluez (ou vibrez) selon un nouveau cadre temporel. Nous avons également commenté ce phénomène dans le passé. Aujourd'hui, nous vous expliquons le principe mécanique dissimulé derrière ce phénomène, qui signifie que le Treillis cosmique est à l'œuvre. Ainsi, votre conscience a modifié les propriétés physiques de votre propre réalité.

Très chers, écoutez ceci attentivement : vous êtes nombreux à savoir déjà que les pensées échangées entre les humains semblent dépasser n'importe quelle vitesse connue. Par exemple, les vrais jumeaux ou les âmes sœurs, situés chacun à deux points diamétralement opposés de la Terre, peuvent communiquer entre eux mentalement et instantanément, comme on a pu le constater à maintes reprises. Si l'un des jumeaux est anxieux, l'autre ressent aussitôt cette émotion ! Et s'ils se téléphonent et s'interrogent mutuellement, ils constateront qu'ils ont effectivement ressenti la même émotion simultanément. Qu'est-ce que cela implique par rapport à votre conception du temps ? Qu'est-ce que cela vous indique au sujet du pouvoir de la conscience humaine de transmuter les distances et le temps ? Je vais vous dire ce qui permet cela : le Treillis cosmique. Grâce à lui, vous êtes tous instantanément connectés les uns aux autres. Il s'agit de votre source de puissance spirituelle, qui recourt également aux lois physiques.

Si nous étions en mesure de transporter instantanément, de

façon magique, un être humain à l'autre extrémité de l'univers connu – distance incommensurable et inimaginable –, le Treillis cosmique n'en permettrait pas moins une communication immédiate avec lui – quelle que soit la distance à laquelle il se trouverait ! Longtemps après que ce channeling sera terminé, certains d'entre vous assembleront les différents éléments de cette information et comprendront comment des phénomènes précis peuvent se dérouler physiquement. Ainsi, vous en viendrez à comprendre que le dénominateur commun de ce Treillis n'émet pas de lumière uniquement parce qu'il est dans un équilibre énergétique et temporel stabilisé à zéro.

Nous avons parlé de l'instant *présent*, ce lieu multidimensionnel où réside l'Esprit et où se regroupent toutes les choses du passé et toutes les potentialités du futur. C'est cela, *l'instant présent*. Le Treillis cosmique ne se trouve pas dans l'instant *présent* : il se trouve dans l'instant *zéro*. Très chers, contrairement à l'instant *zéro*, l'instant *présent* est en mouvement dans un cercle. Le Treillis est en permanence équilibrée et, au sein de cette énergie équilibrée, existent des potentialités prêtes à recevoir des informations pour émettre de l'énergie. Et ces informations, très chers, sont disponibles à la conscience humaine. Le Treillis voit tous les temps comme égal à zéro – immobile –, même si différentes dimensions temporelles existent au sein de cette énergie. Voilà pourquoi, quelle que soit la dimension temporelle dans laquelle se situe votre réalité, la communication est instantanée entre toutes les entités qui évoluent au sein du Treillis. Il s'agit d'un concept difficile à comprendre du fait que vous n'êtes pas encore conscients qu'il existe de multiples dimensions temporelles présentes lorsque, grâce à vos appareils, vous observez dans le cosmos des « phénomènes physiques impossibles » (comme il en a été question dans des messages précédents). Le temps est semblable à l'air que vous respirez. En effet, lorsque sévissent d'incroyables orages, le vent soufflant dans toutes les directions et à une grande vitesse, vous-mêmes êtes en mesure de respirer tout à fait normalement. En somme, l'air situé dans vos poumons est au repos, même quand le vent souffle en rafales autour de vous. Le

Treillis cosmique est ainsi.

Très chers, ce Treillis permet le mécanisme de la cocréation, de la synchronicité et de ce que nous appelons l'amour. Il permet les miracles survenant sur cette planète. Il réagit aux lois physiques et à la conscience. Ainsi commençons-nous à distinguer la fusion de tous les éléments qui ont été placés dans l'univers à votre intention.

Le Treillis cosmique n'est pas Dieu ! Mais, comme nous l'avons déjà déclaré, Dieu (l'Esprit) utilise de façon naturelle les lois physiques afin de provoquer les miracles. Certains souhaitent séparer Dieu des lois physiques. Vous dites : « *Ne confondez pas la science et Dieu. N'enlevez pas la magie !* » Nous répondons : « Vous limitez votre dimension temporelle en pensant ainsi. Car lorsque vous découvrirez certaines des lois physiques de l'Esprit, cela n'en diminuera pas pour autant sa magnificence, et nous vous le répétons depuis au moins huit ans : la majesté de Dieu réside dans les cellules de votre corps ! » Dieu recourt à toutes les lois physiques de l'énergie du cosmos pour établir sa puissance – tout comme vous êtes invités à le faire vous-mêmes. Comprendre les lois de l'Esprit n'empêche pas de croire en l'amour ! Au contraire, cela procure symétrie et logique à toutes choses. Cela deviendra plus clair à vos yeux au fur et à mesure que vous évoluerez au sein d'une vibration rendant accessible l'énergie du Treillis cosmique.

Nous comprenons donc que ce Treillis n'est pas Dieu. Par contre, il s'agit de l'un des outils les plus puissants de l'Esprit à ce jour, et il contient l'essentiel de ce que vous avez appelé une magie inexplicable – la voie de Dieu. Cela vous choque-t-il d'apprendre que l'Esprit utilise les mêmes lois physiques qu'il inventa pour permettre aux choses de fonctionner ? Pourquoi créer des outils puis les ignorer ? Non. Il s'agit de la révélation de la façon dont l'Esprit agit au sein du cosmos.

Ainsi, nous vous avons expliqué comment le Treillis fonctionne. Mais ce n'est pas tout, car il réagit maintenant, pour la première fois, à quelque chose de nouveau sur votre planète. L'énergie est en place, le temps est altéré – grâce à l'intention humaine. Vous savez, il n'existe pas, dans l'univers, de plus grands pouvoirs que l'intention humaine et l'amour. Et nous vous avons répété ce fait depuis l'arrivée de Kryeon. Ce soir, nous établissons finalement une corrélation entre cette intention et les lois physiques de l'amour !

Très chers, comprenez-vous maintenant que l'intention que vous formulez n'est pas simplement une énergie mystérieuse qui flotte dans l'éther et qui manifestera d'une manière quelconque votre besoin ou votre désir ? Vous êtes désormais en mesure de comprendre que ce phénomène possède symétrie, taille, but et conscience et qu'il est défini par certaines lois physiques et par l'amour contenu dans l'intention. Actuellement, vous commencez à comprendre *pourquoi* les guérisseurs du Nouvel Âge peuvent réaliser tant de choses ! Ils « puisent » dans le Treillis cosmique. Il n'y a plus de mystère. Au contraire, un jour, tout ceci sera considéré comme une science positive et solide – universelle et inspirée par Dieu.

Je ne serai pas le seul channel à apporter cette information. Elle sera diffusée par d'autres et sera la source d'un pouvoir gigantesque – le véritable pouvoir physique – que vous pourrez utiliser comme source d'énergie – un pouvoir qui vous sera utile dans votre vie quotidienne. Les ressources de votre planète que vous avez employées pour obtenir ce pouvoir sont limitées. Il n'y a pas de puissance plus pure que le Treillis cosmique. Il s'agit là de lois physiques connues par les êtres éclairés qui voyagent dans le cosmos – en fait, ils « chevauchent » fréquemment les voies du Treillis cosmique.

Chacun d'entre vous est porteur de lumière, très chers, une lumière aperçue distinctement par chaque entité de l'univers. Certaines entités sont situées à de telles distances de vous que vous ne pouvez même pas concevoir qu'elles puissent simplement connaître l'existence de votre lumière. Cependant, elles savent ce qui se passe ici et se préparent en fonction des changements à venir, provoqués par ce que vous accomplissez. Elles vous envoient leur amour en réponse à vos actions. Votre tâche sur cette planète est universelle et, en réalité, concerne très peu la Terre. Le saviez-vous ? Car ce qui se passe ici nous affecte tous, même Kryeon.

Doutez-vous encore que nous soyons venus ici, que nous nous soyons assis à vos pieds et que nous vous ayons aimés ? Est-il étonnant que nous soyons émerveillés, que le voile se soit levé et que nous ayons livré cette information ? Nous vous annonçons que vos savants sont partiellement au courant de l'existence du Treillis cosmique. Ceux qui découvrent que la conscience modifie leurs expériences savent aussi que quelque chose se prépare. Et cela est sur le point de se produire. Soyez-y attentifs. Il y aurait encore tant à dire, et le temps viendra pour d'autres informations... mais désormais, nous ne souhaitons que nous agenouiller à vos pieds et vous aimer.

(pause)

Et il en est ainsi.

Kryeon

LE TREILLIS COSMIQUE

Partie 2
New Hampshire
(Un an plus tard)

Salutations, très chers ! L'année dernière, à cette époque, nous vous avons présenté une nouvelle information concernant l'énergie. Nous allons reprendre cette discussion aujourd'hui en explorant plus avant certaines notions de physique, de mécanique, de formes et de temps. Au cours de ce processus, ne soyez pas surpris si certaines informations touchent votre biologie et enveloppent votre cœur. Ne vous en étonnez pas, car nous souhaitons ici vous communiquer ces informations pour une seule et unique raison. Et ce n'est pas parce que l'Esprit s'intéresse particulièrement aux lois physiques, mais plutôt parce qu'il désire vous amener à comprendre comment rester sur terre plus longtemps dans vos corps actuels – ceux qui vous permettent d'être présents ici ce soir ou de lire ces lignes, en votre qualité d'anges prétendant être des humains. C'est pourquoi, grâce à l'explication et à la transcription de ces informations, d'importantes connaissances seront diffusées. Celles-ci seront par la suite confirmées par d'autres sources.

Éventuellement, ces informations sauront vous atteindre et vous amener à vivre plus longtemps, car c'est la seule façon pour votre organisme, qui est potentiellement parfait, de trouver la perfection dans votre réalité. Les existences courtes et les incarnations rapides ne se reproduiront plus. Il n'y a aucune raison pour que vous continuiez ce cycle. Comprenez-vous ? Aucune raison. Vous avez atteint la fin de ce type de cycle temporel. Ce n'est pas par hasard que vous êtes présents ici à entendre (lire) cette information. Il s'agit presque d'un rendez-vous. Peut-être n'avez-vous entendu parler de ce séminaire qu'hier seulement ? Est-ce bien cela ? Vous dites que vous êtes présents ici ce soir parce que d'autres personnes vous ont amenés avec elles ? Vraiment ? Bienvenue au sein de la famille, très chers. Bienvenue à la synchronicité. À partir de maintenant, vous pourrez utiliser cette énergie et ces informations comme vous l'entendez. Et même si vous êtes sceptiques en ce moment, cela nous indiffère. Vous demeurez les bienvenus, parce que nous savons qui vous êtes. Et notre amour pour vous est aussi profond que celui que nous éprouvons pour vos voisins.

Vous allez devoir apprendre davantage sur l'énergie, de façon à harmoniser la vie et la biologie de la planète. Aussi, dans quelques instants, allons-nous vous délivrer un message que nous appellerons le « Treillis cosmique, IIe partie ». Ce n'est pas un hasard si la première partie de cette information a été donnée en ce lieu (New Hampshire, novembre 1997). L'énergie nécessaire à la diffusion de cette information est précieuse, et c'est pourquoi elle vous est présentée ce soir.

Voici le channeling prêt à être transcrit. Je vais donc m'adresser maintenant à ceux qui lisent ces lignes en leur disant : « Nous sommes dans le *maintenant*. Vous ne prenez pas connaissance du compte rendu d'un événement survenu il y a quelque temps. Ce que vous êtes en train de lire concerne une énergie qui peut se déverser dans votre vie en cet instant même, aussi sûrement que pour ceux qui entendent ces paroles. Bien que nous ne puissions distinguer l'avenir, nous mesurons les potentialités de votre ligne temporelle et savons qui a acheté ce livre. Nous savons qui est en train de le parcourir en cet instant précis, aussi certainement que ceux qui écoutent ce message. »

Nous avons déjà beaucoup parlé du Treillis cosmique lors de notre dernière rencontre. Nous vous avons dit qu'il constitue une énergie qui baigne constamment l'ensemble de l'univers, qu'il traverse la matière, qu'il est disponible en permanence et qu'il constitue la base du fonctionnement de toutes choses dans l'univers visible. Enfin, nous vous avons expliqué que la lumière se propage lentement, comparativement aux communications à l'intérieur du Treillis. Ainsi, même si celui-ci dispose de caractéristiques mécaniques dont nous avons discuté, la communication en son sein est quasiment instantanée.

L'événement qui se déroule à douze milliards d'années-lumière d'ici (voir chap. 1, Le sens de la vie) n'a pas eu lieu il y a douze milliards d'années. Certaines communications indiquent plutôt qu'il surgit en ce moment même, afin de correspondre à votre transition au nouveau millénaire. Elle n'est donc pas apparue il y a douze milliards d'années.

Nous vous avons fourni quelques informations concernant la forme du Treillis cosmique. Maintenant, nous allons compléter cette information et vous révéler sa véritable forme. Nous allons vous faire part de sa structure en termes simples, autant que possible. Nous allons également vous fournir plusieurs attributs du Treillis et vous expliquer comment l'utiliser. Puis, nous vous révélerons le véritable miracle, mais nous devons d'abord parler des lois physiques.

Cette information mettra en évidence la science des guérisseurs, présents dans cette pièce, qui ont recours à certaines méthodes pouvant a priori sembler contradictoires (une allusion aux recherches du physicien Dr Todd Ovokaitys et aux travaux sur l'énergie de Peggy Dubro concernant la Technique d'harmonisation EMF, tous deux dans l'assistance). Finalement, vous serez en mesure de comprendre pour quelle raison le Treillis cosmique est véritablement l'essence même de l'énergie de guérison.

Vous ne serez sans doute pas surpris de constater que nous passerons de l'infiniment grand à l'infiniment petit afin de pouvoir parler des humains. Alors que nous aborderons certains phénomènes physiques, quelques-uns d'entre vous ressentiront l'affectueuse pression de l'amour. Et bien qu'il soit possible que vous n'en compreniez pas les aspects scientifiques, vous ressentirez néanmoins probablement cette douce pression sur le plan physique – cet enlacement affectueux. Certains d'entre vous ressentiront également une différence de température ainsi que l'énergie qui emplit cette pièce, alors que ces nouvelles informations vous seront livrées avec amour. Le moment est venu pour nous de vous faire part de ces découvertes, parce que vous le désirez et le méritez. Et c'est pourquoi vous êtes présents ici ce soir.

D'autres informations sur la forme du Treillis cosmique

Le Treillis cosmique n'est pas un filet. Il est multiforme et multidimensionnel. S'étendant sur tout l'univers, comme nous l'avons dit, il est omniprésent. Nous souhaitons maintenant vous révéler sa forme : la véritable forme de ses cellules est semblable à des compartiments fermés. Cela ne devrait pas vous surprendre. Il imite la structure de votre corps. Pour l'instant, nous appellerons ces cellules, « cellules d'énergie ». Elles ont l'apparence des alvéoles des ruches d'abeilles, à cette différence près qu'elles ont douze côtés. Leur énergie est mesurable même si, pour le moment, elle demeure invisible à vos yeux. Aussi, les cellules ne se touchent pas comme telles malgré le fait qu'elles soient adjacentes.

La caractéristique qui maintient cette séparation entre les cellules est la même qui explique le maintien des liens entre les éléments inégalement polarisés à l'intérieur de la structure nucléaire des atomes. Il est important que vous compreniez qu'il y a une raison pour que ces cellules ne se touchent pas. Cela fait partie du système de communication au sein du Treillis. Vous avez ici à l'œuvre le principe qui agit aussi au niveau de la structure des atomes et des synapses des cellules de votre cerveau (responsables de votre mode de pensée, de votre mémoire, de vos souvenirs et de vos réactions). Il représente le moyen de transmettre (ou de relayer) l'énergie. Ce principe n'est pas nouveau. Soyez attentifs à ce phénomène qui se produit partout, car il illustre la structure du Treillis.

Nous allons maintenant vous énumérer quelques caractéristiques de ces cellules. Portez bien attention. Certains d'entre vous, particulièrement ceux qui sont attirés par les sciences, seront instruits et divertis. Quant aux autres, nous souhaitons simplement baigner vos pieds pendant ce temps.

Les caractéristiques

Le Treillis cosmique est équilibré, mais il n'est pas inactif. Il possède une extraordinaire puissance. Il émet un flux d'énergie que nous ne pouvons pas définir, car il n'existe aucun paradigme semblable dans votre mode de pensée. C'est pourquoi vous auriez des difficultés à appréhender cette notion.

Le Treillis possède des « conduits » nécessaires à la circulation de l'énergie. Ceux-ci rétablissent le moindre déséquilibre dans la polarité. Ces « conduits » jouent également un rôle sur le plan temporel, mais nous détaillerons ceci dans quelques instants. Ils se présentent toujours par paires, et dans ces paires, l'un des conduits est plus important que l'autre. Vous pourriez aisément distinguer celui-ci, mais beaucoup moins le second. Le fait que ces conduits se présentent par paires est un axiome ou une loi physique du Treillis cosmique, et de l'univers.

En général, ces conduits sont situés au centre des galaxies. La distance entre ces conduits détermine le sens giratoire d'une galaxie et la vitesse de rotation de la matière autour de son centre. Il s'agit là d'un scénario classique d'animation de la matière. Les conduits sont absolument nécessaires à l'équilibre de votre énergie universelle. Voici maintenant quelque chose que vous ne comprendrez pas : ils représentent des portails (vortex) d'énergie et sont situés là où l'avant du Treillis vient se reconnecter à sa partie arrière. Celle-ci contient un univers dont les conduits sont inversés. Note : il *ne s'agit pas* d'un univers alterné par rapport au vôtre. C'est aussi le vôtre. Bien que tout ceci puisse vous sembler paradoxal pour le moment, ceux qui sont situés dans votre futur, spécialement ceux qui liront cette transcription et qui sont dotés d'une bonne intuition scientifique, découvriront les lois physiques confirmant cette information.

En somme, au centre de votre galaxie se trouvent deux conduits. Vous pouvez apercevoir l'un des deux, si vous le souhaitez, l'autre demeurant en retrait. Ces conduits existent toujours par paires. Cela est extraordinaire. C'est puissant. Il s'agit du Treillis qui s'équilibre par lui-même.

Nous allons maintenant vous parler des mécanismes de transmission de l'énergie au sein du Treillis et vous montrer comment cette vitesse de transmission est stellaire comparativement à la faible vitesse de transmission de la lumière.

La vitesse du Treillis cosmique

Nous allons utiliser une métaphore, une analogie pour expliquer cette vitesse. Vous savez que si vous saisissez un objet pour l'enfoncer dans l'eau des océans, sa vitesse de pénétration sera relativement lente. L'eau possède une densité qui oppose une forte résistance à tout objet que l'on veut y plonger. Réfléchissez à ce qui se déplace le plus rapidement dans les océans. Il s'agit de certains poissons et même de certains de vos sous-marins. Mais leur vitesse pâlit en comparaison de la vitesse des vagues gigantesques provoquées par l'énergie d'un séisme.

Beaucoup d'entre vous savent que la vitesse des vagues provoquées de cette façon approche la vitesse du son ! Voilà la vitesse qu'elles peuvent atteindre. Imaginez la quantité d'énergie nécessaire pour propulser quelque chose de la taille d'une montagne à la vitesse du son sur vos océans. Beaucoup diront que ce n'est pas possible, bien que les vagues semblent y parvenir facilement.

Cela s'explique par le fait qu'une vague ne représente pas le *transport de matière* (un poisson, un sous-marin ou une montagne) d'un endroit à un autre. La vague correspond au *transfert d'une énergie* d'un endroit à un autre. Comme vous le savez, les molécules d'eau se heurtent les unes aux autres. Une molécule heurte une autre molécule qui en heurte une autre, et la vitesse de transmission de ces chocs est extrêmement rapide.

Bien que cette métaphore soit limitée lorsque nous la comparons au Treillis cosmique, elle n'en donne pas moins une idée de ce qu'est la vitesse à l'intérieur de celui-ci, sur une échelle infiniment plus grande. En comparaison, la lumière représente un transport de matière, de photons dans l'espace. Elle peut avoir l'apparence d'une vague, mais sa vitesse est limitée en raison de sa masse et est, de ce fait, *relativement lente*. Tout comme un poisson ou un objet mécanique dans l'eau, la lumière représente le transport de la matière au sein d'une substance. C'est l'action des cellules se heurtant les unes aux autres qui crée des patterns (des vagues) transportés à une vitesse quasiment instantanée, à des milliards et des milliards d'années-lumière. Non seulement la lumière se déplace lentement, mais elle doit également pénétrer les autres matières, et pas seulement le vide de l'espace. Il y a des poussières, des gaz, des éléments magnétiques – autant d'éléments qui la freinent et incurvent sa course. La transmission d'énergie à partir du Treillis est nette, rapide et presque instantanée dans son immensité. Ceci s'explique parce que l'énergie du médium est uniforme et que le système reconnaît facilement ce qui passe à travers lui (tout comme les vagues le font avec les molécules d'eau). En définitive, nous venons de vous expliquer la façon dont l'énergie est transmise dans l'univers réel.

Les lois de l'énergie

Trois lois physiques concernent le Treillis, mais aucune d'entre elles ne rentre dans le cadre de la physique newtonienne ou de la relativité d'Einstein. Car ces deux théories portent essentiellement sur le comportement de la matière. Les lois physiques que je vais vous énumérer ont trait à l'énergie et sont différentes – très différentes.

1. La vitesse de l'énergie se déplaçant au sein du Treillis est toujours uniforme. Elle ne varie jamais. C'est là une loi de l'énergie qui est constante. Il s'agit de la vitesse à laquelle les cellules de la grille se heurtent les unes aux autres, provoquant ainsi des vagues d'énergie dont la vitesse est toujours la même.

2. Selon la deuxième loi, la *durée* nécessaire à l'énergie pour traverser une cellule du Treillis cosmique est toujours identique. Il s'agit d'un temps absolu pour se rendre d'une extrémité de la cellule à l'autre. Cette durée reste la même et ne varie jamais.

3. Selon le troisième axiome, les cellules ont des tailles diverses. En d'autres termes, dans certains lieux de l'univers, les

cellules d'énergie du Treillis peuvent être très grandes, et ailleurs, très petites.

Vous me direz peut-être : « *Attendez, Kryeon. Vous venez juste de nous dire que la durée nécessaire pour traverser une cellule est toujours la même. Si certaines sont grandes et d'autres petites, la durée de traversée d'une cellule ne devrait-elle pas être différente ? Après tout, les distances sont différentes !* »

Non. Le temps nécessaire est toujours le même.

Vous pourriez également penser : « *Il y a quelque chose qui ne va pas. Il n'est pas vraisemblable de mettre le même temps pour parcourir une courte et une longue distance, si la vitesse reste la même.* »

Vous avez raison. C'est ici que je vous mets au défi de comprendre ce paradoxe : les données temporelles sont variables ! Par conséquent, lorsque vous vous déplacez dans un endroit de l'espace où les cellules sont plus petites, vous mesurez le temps de façon différente que là où les cellules sont plus grandes. Ceci vous explique ce que nous vous avons déclaré dans le passé, soit la raison pour laquelle vos astronomes distinguent des « impossibilités physiques » grâce à leurs télescopes – des phénomènes qui ne peuvent survenir selon les lois reconnues. Ils se penchent sur des phénomènes physiques selon un schéma temporel qui possède des cellules plus petites ou plus grandes que votre propre schéma temporel.

En somme, le troisième axiome est le seul qui soit variable, et il s'agit du *temps*. Les unités de temps tendent à changer en fonction de la taille des cellules du Treillis.

La structure physique du Treillis cosmique

Parlons maintenant de l'utilité du Treillis cosmique sur le plan physique (et non pas biologique). Très chers, nous vous avons dit que l'énergie zéro du Treillis signifie qu'il est équilibré à zéro. Nous vous avons également expliqué que chacune de ces cellules a une puissance colossale, mais que cette dernière est contrebalancée par une autre puissance qui l'accompagne et qui est dotée d'une polarité contraire. Ceci annule donc le potentiel apparent et le rend invisible à vos yeux. L'énergie, de ce fait, est nulle. C'est lorsque le Treillis est délibérément déséquilibré que vous pouvez constater sa puissance. Si vous pouviez seulement comprendre comment manipuler cet état « zéro » en parvenant à le déséquilibrer très légèrement, il en résulterait la libération d'une gigantesque énergie. Répétons que tout ceci peut s'accomplir en toute sécurité parce qu'aucune des cellules ne se touchent. Vous ne provoquerez pas de réactions en chaîne, comme cela se produit dans le domaine nucléaire. Ainsi pouvez-vous capturer l'énergie d'une, de deux, de trois ou d'autant de cellules que vous le souhaitez, après avoir appris comment les manipuler.

Parmi vous, certains se sont interrogés au sujet de l'*effet zéro* et de la polarité qui y est présente. Quel genre d'énergies pourraient s'opposer aussi bien les unes aux autres ? Nous allons vous fournir une réponse qui vous semblera peut-être difficile à comprendre aujourd'hui, mais dont le sens s'éclaircira avec le temps et les découvertes que vous serez amenés à faire. Les caractéristiques de l'énergies opposées qui engendrent l'*effet zéro* sont des caractéristiques d'énergies polarisées. Il s'agit presque d'images se réfléchissant mutuellement qui, ensemble, créent un effet zéro. C'est un effet d'équilibre. Ce phénomène est identique au sein de la lumière et de la matière. Cependant, il est également vrai que « l'image réfléchie » de l'énergie de la matière n'est pas parfaitement équilibrée. Étant donné les distorsions de votre « genre » d'univers (appelez-le univers « positif », si vous le souhaitez), « l'anti-énergie » ou image réfléchie du positif est légèrement moins puissante. C'est ce phénomène qui crée les conduits dont nous avons parlé précédemment, conduits nécessaires pour permettre un équilibre permanent. Autrement, l'effet zéro principal ne durerait pas et le Treillis serait constamment instable. Ainsi, les conduits « évacuent » le léger déséquilibre de la distorsion.

La constante universelle

Nous ne ferons qu'effleurer le dernier attribut. Le Treillis cosmique est, en fait, la constante universelle que la science s'est toujours efforcée de rechercher. Il y a ceux qui ont demandé : « *Quelle est la véritable connexion mécanique entre le Treillis et la matière ?* » Disons simplement que la caractéristique de cette constante est « d'accorder les tonalités » à l'intérieur de la matière. Elle définit la fréquence des plus petites particules, et ces fréquences varient selon leur emplacement dans le cosmos.

Nous souhaiterions que vous compreniez la façon d'utiliser le Treillis afin de pouvoir en retirer de l'énergie. Comprenez bien que ceci peut s'accomplir n'importe où, n'importe quand – sur la Terre ou dans l'espace. Cela peut s'effectuer complètement, grâce au magnétisme – au magnétisme actif. On y parvient par la création de vastes champs magnétiques soigneusement définis qui doivent être actifs (créés avec l'énergie, et non pas existant à l'état naturel). Lorsque vous comprendrez le fonctionnement de tout ceci, vous découvrirez également que ce processus particulier n'est pas nouveau sur la planète et que vos scientifiques y ont déjà eu recours dans le passé.

Au cours des époques où ce processus fut expérimenté, personne ne comprit ce qui se passa. Ce phénomène dépassait largement vos capacités à le contrôler, et vous ne connaissiez même pas les principes de base – cependant, vous avez essayé quand même. Aujourd'hui, vous avez la possibilité de maîtriser cette expérience et, donc, de créer une énergie disciplinée et stable, apparemment issue du néant (l'effet zéro). Cependant, tout comme pour de nombreux autres processus physiques, une énorme quantité d'énergie sera nécessaire afin de déséquilibrer ne serait-ce que l'effet zéro d'une seule cellule. Aussi allez-vous devoir pomper une grande quantité d'énergie avant de pouvoir en constater les résultats. Une fois que vous comprendrez comment « stimuler » l'effet zéro afin de le déséquilibrer, vous bénéficierez alors d'un flot d'énergie constant de beaucoup supérieur à l'énergie que vous y avez mise. Ceci pourra être réalisé grâce à la création de votre propre petit « conduit ». Une cellule déséquilibrée provoque un état où les autres cellules qui l'entourent tentent de lui « insuffler » de l'énergie. Ceci crée un robinet qui puisera dans le Treillis aussi longtemps que votre travail correspondra à ce que ce Treillis s'attend à voir s'accomplir. Je sais que cela semble de la science-fiction mais il peut éventuellement s'agir de *la* source d'énergie pour votre planète.

Créer de la puissance physique à partir du Treillis cosmique

Voici comment cela fonctionne. Deux champs magnétiques positionnés correctement – dans votre contexte tridimensionnel normal – créeront un champ magnétique déterminé très spécifique. Il s'agit d'un champ magnétique comme vous n'en avez jamais vu et qui n'existe pas à l'état naturel. Essayez d'abord de positionner des champs magnétiques non-identiques, en force et en patterns, l'un contre l'autre à angle droit. N'ayez pas d'a priori. Pensez librement. Disposés de façon adéquate, ces deux champs magnétiques en créeront un troisième qui sera unique et qui représentera le produit des deux précédents. Ce troisième schéma constitue celui avec lequel vous allez travailler et il possède les potentialités permettant d'utiliser le Treillis. Après l'avoir créé, vous connaîtrez ses qualités particulières en constatant la façon dont il modifie dramatiquement les phénomènes physiques qui l'entourent. Sa manifestation ne sera pas subtile, croyez-moi. Vous saurez quand elle se produira.

Voici un conseil de prudence : que votre corps ne soit pas en contact direct au moment de cette expérience ! Réalisez cette dernière en suivant vos méthodes scientifiques. Avancez lentement, comprenez ce que vous êtes en train de constater avant de franchir l'étape suivante. Ne vous exposez pas aux champs magnétiques. Conduisez toutes les expériences en restant à distance. Souvenez-vous que le magnétisme joue également un rôle important au sein de votre organisme.

Voici un autre conseil : Comprenez bien que si vous déséquilibrez trop fortement le Treillis, vous provoquerez une distorsion temporelle, car ce processus implique également la maîtrise du *temps*. Nous ne voulons pas dire que vous devez attendre, mais que l'un des éléments physiques importants qui surviennent dans le processus créatif de stimulation du Treillis est représenté par la manipulation de la dimension temporelle de la matière (un attribut peu connu de chacune des particules de matière de l'univers). Il ne s'agit pas d'un voyage temporel, mais d'un déplacement temporel. Ceci se produit lorsque vous modifiez les dimensions temporelles dans lesquelles se trouvent les particules de matière. Lorsque les inégalités des patterns temporels se heurtent les unes aux autres (la matière mélangée à différentes caractéristiques temporelles), le résultat est une modification de la distance. Bien que cette dernière ne présente pas de péril grave pour la Terre, elle affecte la situation locale de l'expérience. En d'autres termes, tout cela peut provoquer un effet de distorsion de la matière, arrêtant totalement l'expérience en cours et provoquant une véritable dislocation des divers éléments en présence. Nous n'en dirons pas plus à ce sujet pour l'instant, mais les esprits scientifiques les plus affûtés parmi ceux qui lisent ces lignes n'hésiteront pas à franchir l'étape suivante – et la réponse est « oui », le Treillis cosmique est également la clef permettant le déplacement rapide d'objets physiques importants –, même sur de très courtes distances.

Il est maintenant temps de parler du miracle – de révéler la raison de notre présence ici. Certains d'entre vous ont été attentifs à cet exposé scientifique pendant que nous baignions leurs pieds, se demandant en quoi tout ce dont nous venons de parler concerne leur vie personnelle. Lois physiques ? La science ? Où se situe le guerrier de la lumière dans tout ceci ?

Nous aborderons donc la partie s'adressant à ceux qui cherchent à mieux comprendre comment le corps humain réagit à leur travail et comment l'énergie du Treillis est véritablement disponible pour chacun. Mon partenaire doit faire très attention à sa prochaine déclaration, car il devra être extrêmement précis.

La connexion humanité/Treillis cosmique

Le Treillis cosmique communique avec l'organisme humain par résonance magnétique grâce à une structure cristalline à douze segments.

Celle-ci entoure la structure codée que vous appelez ADN. Souvenez-vous que notre définition de l'ADN diffère de la vôtre. L'ADN doit son nom aux deux filaments chimiques que vous pouvez apercevoir. Notre définition, quant à elle, se réfère au code à douze filaments du corps humain, dont deux sont de nature chimique. L'ADN – et l'ensemble des filaments – constitue un outil codé. Ces filaments contiennent un ensemble d'instructions, et comme nous vous l'avons déjà dit, certains d'entre eux sont de nature magnétique alors que d'autres sont, selon votre terminologie, de nature « spirituelle » (mais, pour nous, ils possèdent également des propriétés physiques). Ces filaments contiennent les codifications de l'ensemble de votre vie, même celles que vous possédiez avant cette vie. Mais il y a plus. La partie « mémoire » de ces systèmes est séparée des codifications. Celle-ci provient de la structure cristalline. Beaucoup d'entre vous se demanderont pourquoi nous la qualifions de *cristalline*. Y a-t-il du cristal au sein de cette structure ?

Cette définition est une métaphore, bien que, dans la réalité physique, il y ait des structures réellement cristallines. Au cours de vos études, même à titre de débutants, vous avez compris que les cristaux agissent de façon spéciale. Vous rappelez-vous pourquoi ? C'est parce qu'ils retiennent ou mémorisent les patterns énergétiques. Vous commencez maintenant à distinguer de quelle manière l'ordinateur du corps humain fonctionne. Car la structure cristalline enveloppant votre ADN est la *mémoire* de votre force vitale. C'est la mémoire de chacune des vies passées que vous avez vécues. Ce sont vos archives akashiques. Elles désignent vos contrats passés et présents, tous les événements de votre existence. De ce fait, cette structure cristalline est également spirituelle. Elle représente l'intégralité de qui vous êtes – en ce qui a trait à la mémoire des choses. Cependant, il n'y a pas une seule série d'instructions dans cette structure. Celles-ci se trouvent à l'intérieur des douze filaments. L'ensemble de votre ADN est donc entouré par l'enveloppe cristalline (le cœur de la mémoire) en attente de libérer de l'information aux séries d'instructions contenues dans les douze filaments. La structure cristalline contient également le plan parfait d'un être humain, également en mémoire.

Donc, comme vous le réalisez peut-être, il existe une communication constante entre les douze filaments de l'ADN et la mémoire cristalline à douze segments. En l'état actuel des choses, cette communication n'est pas très bonne. Sur cette terre, sur cette planète, l'efficacité de la communication entre ces parties vitales de votre corps est inférieure à 15 %. De ce fait, la biologie n'est pas très « efficace » dans ce secteur. Certains merveilleux attributs de guérison et de prolongation de la vie au sein de votre structure cellulaire n'apparaîtront jamais sans le « souvenir » efficace de l'enveloppe cristalline. La communication entre la polarité du mécanisme codé et la mémoire cristalline est faible. Comprenez cependant que ceci est une restriction soigneusement établie en fonction de votre dualité. Il en fut ainsi depuis les origines, et cette restriction est principalement responsable du fait que vous avez perdu presque tout souvenir de qui vous êtes, du pourquoi vous êtes ici, de votre qualité d'êtres éternels, du test spirituel que vous passez en ce moment et de votre véritable famille. Ce n'est pas tout. Outre ces restrictions, il y a aussi la biologie imparfaite ! Cette faible communication qui fut soigneusement établie pour vous (par vous) est responsable du fait que votre biologie a oublié la façon de se régénérer efficacement. Ainsi, elle est ouverte aux maladies terrestres communes parce qu'elle ne sait pas comment fonctionner dans sa totalité ; vivant une existence courte car certaines de ses parties n'arrivent pas à être fonctionnelles durant la vie ou sont chimiquement contrariées.

Selon vous, quelle composante s'adresse à la mémoire cristalline ? Quelle composante, pensez-vous, permet de positionner ainsi la dualité qui maintient les choses inefficaces ? La grille magnétique terrestre !

Très chers, nous ne serions pas ici pour modifier le champ magnétique terrestre si vous ne nous l'aviez demandé – si les mesures de 1987 n'avaient pas montré qu'il existait des potentialités pour de grands changements. Famille, nous nous adressons à vous ! C'est la communication entre ces deux éléments (la structure cristalline et les douze filaments de l'ADN) dans votre corps qui est le cœur de votre rapprochement au Moi divin ! Le souvenir à 100 % à partir des codes de votre organisme créerait un statut ascensionnel instantané. Vous marcheriez sur cette Terre disposant de l'intégralité de vos potentialités, et il s'agit là d'une pensée fascinante. Certains, sur cette planète, disposent de presque tout leur potentiel. Saviez-vous cela ? Ils sont ici pour assurer l'équilibre spirituel de la planète, comme nous vous l'avons expliqué auparavant. Vous en connaissez quelques-uns. Nous parlons ici de l'énergie des avatars représentée par certains humains tout à fait remarquables vivant de nos jours. La diffusion complète des principes dont nous avons discuté permet des miracles, soit la création de la matière à partir du néant et la connaissance de la façon dont les choses et l'amour fonctionnent. Il s'agit là d'une combinaison très puissante, vous savez. Utilisez ces principes conjointement et vous serez en mesure de manifester n'importe quoi, dont la maîtrise totale des lois physiques, de votre longévité et de votre organisme ! Examinez attentivement ce que les avatars sont capables de réaliser – vous pouvez tous accomplir les mêmes choses !

Chaque être humain présent dans cette salle ou lisant ces lignes peut accéder à cette connaissance située dans la structure cristalline à douze segments qui entoure l'ADN. Et les codifications attendent une meilleure communication.

Au cours de la série de channelings consacrés à la « famille », nous vous avons répété maintes fois que vous aviez été créés égaux, parfaits et éternels. Seules votre dualité et la faiblesse de votre constitution actuelle vous empêchent de bénéficier de ces bienfaits. Tout ceci peut être changé grâce à une meilleure communication entre la structure cristalline et votre ADN. En améliorant la transmission de la mémoire en direction des instructions de l'ADN, le corps réagit – et par « corps », nous entendons l'intégralité de l'être humain.

Nous souhaitons vous apprendre la provenance de cette meilleure communication. Elle provient de la nouvelle position du champ magnétique terrestre. C'est la raison pour laquelle nous l'avons modifiée et c'est pourquoi notre groupe est venu sur terre en 1989. Maintenant, vous comprenez. Vous souvenez-vous que nous vous avons dit qu'aucun être humain ne pouvait exister hors du champ magnétique de la Terre ? Eh bien, c'est ce champ magnétique qui rend possible la communication déterminant votre dualité et votre niveau d'illumination. Sans ce champ magnétique, aucune communication n'est possible. Un jour, vos expériences dans l'espace confirmeront le fait que les êtres humains doivent posséder un complément magnétique pour vivre normalement. Sans lui, au bout de quelques mois ou de quelques années, l'être humain meurt.

Les éléments terrestres se combinent pour permettre la vie, vous savez. Considérez la Terre. Pensez-vous pouvoir y vivre et simplement espérer que tout ira bien ? En réalité, votre planète sait qui vous êtes, comme je le sais moi-même – et comme le sait le champ magnétique. L'intelligence règne ici. Par conséquent, la Terre coopère avec votre illumination. Interrogez les peuples indigènes qui vous précédèrent. Au cœur de leur spiritualité, on découvre l'honneur de la « poussière de la Terre ». Ils *savaient*.

Il y aurait encore beaucoup à dire sur ce champ magnétique, et cela impliquerait la description d'une autre structure cristalline. Ces éléments vous seront fournis au cours d'une prochaine communication.

Votre ADN (les douze filaments) contient un jeu d'instructions pour les 950 années de vie de votre corps. Une bonne partie de ces codifications ne fonctionnent plus depuis qu'elles n'ont plus d'informations en provenance de votre mémoire centrale (la structure cristalline). Au sein de cette mémoire centrale se trouvent les informations qui permettent à la chimie de l'ADN de se « souvenir » comment tout fonctionne.

Aujourd'hui, votre science commence finalement à se pencher sérieusement sur votre biologie et à stimuler artificiellement l'ADN. Et elle y parvient grâce au magnétisme ! Cette approche de la santé représente un vrai retour au processus mécanique au sein du « Temple du rajeunissement » dont nous vous avons parlé il y a quelques années. Le magnétisme et l'énergie du Treillis cosmique permettent de positionner votre dualité *et* votre illumination. Ils permettent également de maintenir l'équilibre de votre mémoire cristalline, actuellement déficiente – telle que vous l'avez déterminée pour votre test sur cette planète.

Aujourd'hui, les choses changent. Certains dans cette salle (faisant référence à Todd Ovokaitys et à Peggy Dubro) sont en train de découvrir progressivement le lien qui unit le Treillis cosmique et la biologie cellulaire. L'un découvre ceci grâce à la physique et l'autre grâce au pouvoir de la connaissance et de l'intention. Tous deux travaillent, à un degré ou à un autre, avec le magnétisme !

Dans ces deux cas, l'ADN commence à se souvenir ! L'efficacité des communications est améliorée et, jusqu'ici, les constituants de l'ADN biologique et spirituel s'éveillent. Vous rappelez-vous ce qu'est l'éveil ? Il signifie que la connaissance est bien là, mais qu'elle est assoupie. Les mécanismes existent dans l'attente d'instructions plus efficaces.

Voici un exemple : chacune des cellules de votre corps est conçue pour s'autodiagnostiquer et pour déterminer si elle est équilibrée ou non avec l'ensemble. Chaque cellule est supposée avoir conscience de cela, mais l'essentiel des informations ne lui est pas accessible. La maladie que vous appelez « cancer » trompe aisément cette partie (d'autodiagnostic) de votre structure cellulaire qui ne fonctionne pas bien. Si cette partie travaillait normalement, le cancer n'existerait pas.

Une partie du réveil des connaissances est représentée par l'alliance de la mémoire centrale et des codifications, et ce, grâce au magnétisme. Lorsque le reste des instructions sera connu, ce qui amènera la cellule à une connaissance complète et intelligente par l'usage de l'autodiagnostic, celle-ci « reconnaîtra » son état de déséquilibre et ne se reproduira pas. Seules les cellules saines environnantes seront autorisées à se reproduire. En outre, il sera même possible à la cellule déséquilibrée de se « suicider » ! Voilà l'étendu du schéma. Soyez-y attentifs, car il s'agit là d'une caractéristique biologique très connue qu'il est temps de renforcer. Pensez-y comme à un fantastique renforcement de votre système immunitaire – et il s'agit là uniquement d'un des attributs de l'empreinte humaine globale.

Certains de ceux qui nous lisent ou qui nous écoutent pensent que nous ne parlons que de science. NON ! Nous discutons d'autoguérison – de longévité – et d'un tout nouveau paradigme permettant de changer activement la biologie humaine ! Car, que ce soit grâce à l'intention de la conscience humaine ou à l'amélioration physique par la chimie ou la physique, votre ADN a, aujourd'hui, l'autorisation de changer. Et, très chers, c'est de cela que traitait le 11:11 ! C'est lorsque vous avez dit « oui » au phénomène dont il est question ici.

Réjouissez-vous ! Écoutez : lorsque la structure cristalline et celle de l'ADN sont en étroite communication, pour pouvez créer des os là où il n'y en avait pas auparavant – une création de matière se produit. Les maladies quittent le corps ! Les cellules deviennent plus intelligentes. Vous améliorez votre organisme, et ces miracles sont les vôtres.

Guérisseurs, écoutez-vous ? Tout ce que vous accomplissez au cours de votre travail revient à permettre la réunion de ces deux caractéristiques biologiques au sein de la structure cellulaire de celui qui est assis en face de vous et qui demande à être guéri. Pourquoi certains sont-ils guéris et d'autres pas ?

La réponse est complexe. Mais l'un des principaux catalyseurs des guérisons miraculeuses est l'intention pure. La prochaine fois que vous travaillerez sur quelqu'un, assurez-vous que l'intention est bien présente – soyez certains que vos patients comprennent ce qu'ils sont en train de faire. Lorsqu'une autorisation sincère est donnée et que l'intention est présente, alors la guérison survient. L'une des plus magnifiques techniques de guérison dont vous disposez actuellement sur votre planète est celle qui se fait d'humain à humain, sans imposition des mains. Cet acte a une signification profonde. Il est miraculeux – et est rendu possible grâce à une connexion au Treillis. Ceci explique d'où provient cette énergie, car le Treillis est à l'origine de l'ensemble des phénomènes magnétiques. Quand vous comprendrez d'où proviennent les champs magnétiques, vous saurez de quoi il en retourne. Ils sont un attribut de la matière et du Treillis cosmique. Certains d'entre vous se souviennent de Michaël Thomas et du channeling se rapportant à son histoire (Kryeon, *Le Retour*). Vous vous souvenez peut-être que l'on avait dit à Michaël qu'il rencontrerait le plus majestueux et le plus subtil de tous les anges dans la dernière maison de son voyage. Et c'est ce qui arriva. Dans la Septième Maison, l'ange majestueux se révéla à lui : il était en or et son visage était celui de Michaël ! En s'asseyant aux côtés de cet ange, Michaël Thomas éprouvait des difficultés à respirer, écrasé qu'il était par la divinité qui l'entourait. Prenant conscience que biologie et divinité ne se mélangent pas, il passa un moment difficile – et tomba à genoux. À cet instant, Michaël se vit accorder une dérogation physique lui permettant à la fois d'être lui-même et d'admirer l'entité majestueuse qui était son Moi divin.

Lorsque la grande entité d'or eut terminé de communiquer ses informations à Michaël Thomas, elle lui déclara qu'il n'y aurait pas d'autre enseignement. Ensemble, ils étaient parvenus à un moment semblable à celui que nous vivons en cet instant même. L'enseignement de ce message est terminé. Tout ce qui subsiste ici maintenant est l'amour.

Dans cette histoire, le magnifique ange d'or demanda à Michaël Thomas de s'asseoir sur une marche de l'escalier qu'il venait juste de descendre. Michaël obéit et l'ange lui dit alors : « Michaël Thomas, tout ceci n'a rien à voir avec un enseignement. L'enseignement a pris fin. Je vais me contenter maintenant de t'aimer. » Vous vous en souvenez peut-être, l'entité majestueuse – le membre de la famille sacrée –, le Moi divin de l'être humain, baigna les pieds de Thomas, l'un après l'autre. Et Michaël fondit en larmes.

Voyez-vous, il s'agit là du partenariat existant entre un être humain et sa famille sacrée. Il s'agit du partenariat entre l'Esprit et l'être humain. Il s'agit du message de Kryeon. Toutes les lois physiques dont nous avons parlé aujourd'hui appartiennent à la science. L'amour est le véritable enseignement. La famille est présente ici, une famille qui vous connaît. Des messages vous sont adressés afin d'améliorer votre vie. Des processus et des procédures vous sont communiqués sur l'ensemble de la planète, car vous allez devoir vivre beaucoup plus longtemps afin d'être en mesure d'accomplir votre tâche. Et vous vous demanderez peut-être en quoi consiste celle-ci ? En fait, elle consiste à maintenir bien haut votre lumière !

Voulez-vous connaître la différence existant entre **vous**, en cet instant précis, alors que nous lavons vos pieds, et les enfants indigo dont nous avons parlé ? Cette structure cristalline que nous avons évoquée aujourd'hui est juste un petit peu plus près de leur codification que la vôtre. Ces enfants arrivent en provenance de l'autre côté, sachant qu'ils représentent une dynastie. Ils naissent dotés d'une évolution spirituelle dont vous n'avez pas bénéficié, et c'est pourquoi ils paraissent si déséquilibrés au sein de votre société. Ils savent des choses que vous ignorez, et ce, au niveau cellulaire. Certains d'entre eux créent véritablement leur propre culture, car vous ne les écoutez pas. Vous ne reconnaissez pas leur évolution. Vous ne les honorez pas. Et, assez « bizarrement », vous les traitez comme des enfants !

L'heure est venue de baigner vos pieds, n'est-ce pas ? La plupart d'entre vous savent que ces instants sont les plus poignants du channeling. Nous avons déversé de l'énergie dans cette salle et sur ceux qui lisent ces lignes. Il s'agit de l'énergie de la famille sacrée, en provenance du cortège qui est venu ici depuis l'autre côté du voile. Cette énergie vous est offerte par ceux qui vous aiment, qui se répandent parmi vous et qui vous enlacent – ceux qui sont à vos pieds en cet instant même.

Alors que nous nous levons et que nous récupérons nos bols emplis de nos larmes de joie, nous nous retirons de ce lieu. Si nous pouvions dire qu'une telle émotion existe de ce côté du voile, nous dirions que notre départ est empreint de tristesse. Car nous sommes votre famille et souhaitons rester avec vous ! Si vous le permettiez, nous resterions dans cette salle ou dans ce lieu où vous vous trouvez en ce moment, pendant des jours. C'est ainsi que la famille aime la famille !

Que cet instant précieux soit enregistré comme représentant le moment d'une grandiose réunion – le moment où humains et anges se réunirent, se reconnurent comme membres d'une même famille et s'aimèrent mutuellement pour cette raison. Le jour viendra où je vous reverrai dans le hall d'honneur.

Lorsque ce jour viendra, je vous rappellerai cette réunion et vous dirai : « Vous souvenez-vous de ces instants passés dans ce lieu que vous appelez New Hampshire ? Ce furent des instants précieux – précieux. »

Et il en est ainsi.

Kryeon

La science transforme sa conscience...

« En 1979, le Prix Nobel de physique, Steven Weinberg, de
l'université du Texas, adressa un message pathétique qui est
resté fameux : plus l'univers devient compréhensible grâce à la
cosmologie, plus il semble vide de sens. Mais, aujourd'hui, cette
science qui "tua" Dieu est en train, aux yeux des croyants, de
restaurer la foi. Les physiciens trébuchent sur certains signes
montrant que le cosmos a été spécialement construit pour la
vie et la conscience. »

Le magazine *Newsweek*, 20 juillet 1998

LA GRILLE CRISTALLINE ET LA FIN DES TÉNÈBRES

Saint Louis, Missouri

Salutations, très chers, je suis Kryeon, du Service magnétique. La « famille » vous attendait, vous savez. Il en a toujours été ainsi. Mais l'énergie favorisant des rencontres comme celles-ci – vous permettant de ressentir la présence affectueuse de la famille comme vous le faites en ce moment – n'existe que depuis un an environ. Ce lieu est empli de la notion de « rendez-vous » : les chaises où vous êtes assis, que ce soit dans cette salle ou chez vous, en train de lire ces lignes, sont empreintes de cette notion. Nous vous attendions. Nous connaissons votre nom spirituel et celui-ci est peut-être différent de ce que vous imaginiez. Pourquoi en savons-nous autant à votre sujet ? Parce que chacun d'entre vous appartient à la famille ! Vous n'êtes jamais seuls. Vous êtes accompagnés d'un cortège qui vous connaît et qui vous aime, quelle que soit la route que vous avez prise. Certains d'entre vous ont suivi une voie difficile au cours de ces dernières années. Nous allons parler de ce sujet, très chers. Parmi vous, certains éprouvent des difficultés en ce moment, et tout ce qu'ils parviennent à faire consiste à se tordre les mains et à dire : « *Pourquoi moi ? Pourquoi maintenant ? Cela fait mal.* » Nous vous répondons : « Ignorez-vous que nous savons ce que vous ressentez ? »

Ainsi, nous disons à l'intention de ceux qui en sont conscients et qui comprennent ce qui se passe ici ce soir : laissez-vous enlacer ! Permettez que nous baignions vos pieds. Que l'honneur de cette visite imprègne vos sièges. Ressentez l'énergie de la bulle d'amour vous submerger, vous effleurer et vous dire : « Nous sommes réels. Tout comme vous. » C'est la famille qui vous parle et nous sommes tous réunis. La famille est responsable des changements qui se produisent sur cette planète. Vous rendez-vous compte ? Vous êtes véritablement responsables des transformations de la Terre sur laquelle vous vivez. C'est ce dont nous voulons parler. De nouvelles informations sont disponibles maintenant – informations que certains d'entre vous connaissent au niveau cellulaire. Cependant, vous devez les assimiler véritablement.

Certains ont appelé ces messages les « channelings du millénium », et ce, à juste titre. Le moment est venu pour que ces informations vous soient communiquées, informations caractéristiques de l'énergie qui se répand ici en cet instant même. Nous nous adressons maintenant à chacun des membres de la famille qui subissent certains bouleversements. Vous savez, vous êtes engagés dans une lutte qui ne cessera pas au cours des prochains mois ou des quelques années à venir. Il existe une énergie yin et une énergie yang ; elles se débattent pour trouver un équilibre. Une raison nous incite à tenter de vous expliquer ceci, c'est-à-dire pourquoi les choses surviennent maintenant. Mais tout d'abord, effectuons une revue succincte concernant les informations que mon partenaire (Lee) a développées auparavant et dont une partie a déjà été transcrite. En effet, les membres humains de la famille n'ont pas parfaitement compris l'intégralité de cette information.

Le paradigme de l'existence sur la planète – sur les plans physique, mental et spirituel – est véritablement en train de se transformer sous vos pieds. Comme nous vous l'avons déclaré, vous-mêmes êtes en train de changer et la Terre change aussi grâce à votre illumination et à la transformation de votre conscience. Nous vous avons fourni des informations ayant trait à votre vie quotidienne. Nous vous avons également présenté les preuves de ce que nous avancions. Mais beaucoup parmi vous ne comprennent pas encore exactement de quoi il retourne réellement. Vous parvenez à la fin de très longues épreuves que vous avez vous-mêmes créées. La plupart de ceux qui, autour de vous, firent certaines prédictions, annoncèrent la « fin du monde ». Ils mirent régulièrement l'accent sur certaines dates et périodes bien spécifiques. Les autochtones l'ont fait, vos contemporains l'ont fait, les *observateurs à distance* l'ont fait et, en général, un consensus semble s'établir entre eux, en particulier pour les années allant jusqu'en 2012.

Cependant, d'après le nouveau message qui vous a été offert par la famille ces dernières années, vous avez modifié votre futur – et ce test n'a pas pour but de vous détruire. Il n'en demeure pas moins que, par le passé, vous aviez planifié une fin tragique pour vous ramener tous au foyer. Au lieu de cela, une vibration terrestre libère aujourd'hui les secrets, une vibration dont vous ne pensiez pas pouvoir faire l'expérience compte tenu de votre vécu des derniers siècles. Il s'agit d'une énergie vibratoire qui vous permet de parvenir à la fin du test et d'aller au-delà en votre qualité d'êtres humains. Ainsi, la période s'étendant d'aujourd'hui à 2012 **ne signifiera pas** la fin de la planète mais, au contraire, le début d'une nouvelle ère. Lentement, année après année, vous constaterez les changements de potentialité dont nous parlons. En fait, il s'agit d'une période essentielle pour vous. Une période transitoire qui entraînera toutefois avec elle des difficultés à surmonter. De la fin de 1999 jusqu'à légèrement après, vous allez devoir affronter une lutte entre l'ancienne énergie et la nouvelle. Mais cela, vous le saviez ou le ressentiez déjà.

Les registres du passé

Peut-être n'avez-vous pas conscience des changements dont vous êtes à l'origine. En voici un exemple. Examinez vos anciens textes qui abordent la question du développement spirituel – des textes qui établirent les fondements mêmes de votre société actuelle et dévoilèrent les « secrets de la métaphysique » – et ceux écrits il n'y a qu'une cinquantaine d'années. Ils décrivent la réalité des choses et le cheminement de la réalité spirituelle. Certains de ces principes sont vénérés et, parmi eux, il en est même qui sont considérés comme l'absolue vérité.

Maintenant, laissez-moi vous dire ce qu'il faut penser de ces livres. Débarrassez-vous-en, parce qu'ils ne sont plus du tout d'actualité !

« *Mais, Kryeon, ces textes expliquent ce qui se passe dans la vie* ! *Ils décrivent la structure de l'univers et de l'être humain. Ils contiennent des descriptions très détaillées d'entités et d'intelligences au sein de notre histoire spirituelle. Ils relatent la réalité des choses. Maintenant, vous voulez que "nous nous en débarrassions"* ? *Ces textes ne sont-ils vraiment plus d'actualité* ? »

Nous allons illustrer ce que nous voulons dire et ferons de notre mieux pour vous fournir une analogie avec le continent américain. Nous vous entretiendrons ainsi de l'Amérique pour la première fois. Nous n'avons jamais parlé d'aucun système politique dans le passé. Ceci parce qu'il vous appartient, en votre qualité d'humains, de créer et de faire fonctionner le système de votre choix, et qu'il s'agit uniquement d'un système temporaire destiné à faciliter votre test sur la Terre. Mais mon partenaire, Lee, est intégré dans cette culture et peut discourir sur son système politique, car il fait appel à ses propres connaissances et à une sagesse qui se situe entre son Moi divin et moi-même. En fait, c'est ce que vous entendez. L'énergie véhiculée n'est pas due au fait qu'il quitte son corps et que j'apparais soudainement. Il s'agit d'une osmose de grande valeur – d'un partenariat –, ce que *vous* pouvez faire lorsque vous le désirez. Nous souhaitons parler de l'Amérique, car elle illustre notre propos.

Ceux qui découvrirent ce pays et rédigèrent sa Constitution accomplirent leur mission terrestre avec succès. Ce pays est celui de la liberté et il est à l'image de cette planète du libre choix. Il constitue une tentative de recherche du sacré et fut créé en l'honneur de Dieu. Si vous visitiez les nombreux sites historiques de ce pays et lisiez les paroles des hommes (et des femmes, car le sexe varie selon les incarnations) qui permirent sa création, vous constateriez que le mot « Dieu » est employé très fréquemment. Et je vous encourage à relire ces mots, car ils furent inspirés par channeling ! Le saviez-vous ? C'est pourquoi ces paroles sont toujours actuelles. Les concepts du libre choix et du respect de l'individu sont sacrés et existent sous le manteau de la sagesse spirituelle qui recouvre l'être humain : ces concepts sont imprégnés de lumière.

Votre ascendance est exceptionnelle. Nous voulons parler de votre système qui, grâce à sa flexibilité, a fait ses preuves depuis deux siècles. Il est basé sur l'équilibre des pouvoirs et vous disposez de textes établissant les fondations de votre société. Vous rendez au système ce qu'il vous offre grâce à ce que vous appelez les taxes. Vous avez la possibilité d'élire vos représentants. Vous choisissez des hommes et des femmes pour remplir certaines fonctions et vous représenter. De nombreux livres ont été écrits depuis des dizaines d'années au sujet de votre gouvernement et des lois qui constituent ce que vous appelez la « Constitution américaine ».

Laissons voguer notre imagination. Projetez-vous maintenant cinquante années dans le futur. Voici ce que vous y voyez : l'Amérique existe toujours et reste chérie par ses citoyens. Tout marche bien. En d'autres termes, le sentiment national est très fort. Mais regardons autour de nous. Dans ce futur imaginaire, les choses ont bien changé. Précisons que la conscience des Américains a placé les citoyens de ce pays au sein d'un paradigme d'existence complètement différent, et ce, grâce à la modification de leur Constitution. Disons, par exemple, que vous n'avez plus d'élections nationales – ou bien que les élections officielles sont devenues beaucoup plus rares. Disons que le développement de la technologie et des énergies permet de connaître l'opinion des Américains très rapidement – peut-être même en une seule journée ! Supposons que le vieux et fastidieux processus d'établissement des lois et de définition de la politique soit maintenant devenu instantané, même pour les élections gouvernementales importantes ! La conscience des citoyens s'est transformée considérablement et ces derniers sont désormais très en phase avec les besoins fondamentaux de leur pays. Imaginons que tout ceci soit arrivé.

Nous allons prétendre que, dans ce futur imaginaire, le recouvrement des impôts payés par les citoyens a été considérablement amélioré. Admettons un instant que cela soit efficace ! (rires) Supposons que tout ait changé par rapport à aujourd'hui parce que vous avez élevé votre conscience. Est-ce toujours l'Amérique ?

Absolument ! Ce formidable pays – celui du libre choix – demeure le pays fondé par les channels, celui qui fonctionne et qui sait s'adapter. C'est l'Amérique dynamique, celle qui s'est transformée de l'intérieur et qui s'est autorisée à évoluer.

Maintenant, allons consulter les registres officiels du gouvernement américain – disons ceux qui, peut-être, définissaient la structure de votre société en 1963. Qu'allez-vous faire de ces informations ? Elles ne sont plus actuelles ! Les principes sont les mêmes, mais les lois sont différentes, tout comme la conscience. Ces vieux textes ne sont plus valables aujourd'hui : il faut donc vous en défaire. Étaient-ils de grande qualité ? Absolument. Décrivaient-ils les fondements de l'époque ? Sans aucun doute. Étaient-ils respectés et honorés ? Oui, bien qu'ils ne soient plus d'actualité, car vous avez évolué depuis cette époque.

Bien entendu, il s'agit là d'une analogie, d'un exemple de ce que vous vivez aujourd'hui sur le plan spirituel. Très chers, nous vous déclarons ceci : non seulement avez-vous changé le futur de votre Terre mais également la façon dont elle fonctionne. Avec le départ au 12:12 de ceux qui maintenaient un équilibre du pouvoir sur terre, les humains ont actuellement la responsabilité de leur propre pouvoir. Il n'est plus nécessaire d'avoir une spiritualité avec des compartimentage compliqués. Chacun de vous porte en lui les instructions de sa divinité, tel un livre qu'il transporte, comme mon partenaire vous en a parlé. Vous êtes sondés individuellement, instantanément, chaque jour ! Et vous autorisez les changements. Il n'existe aucun contrôle central de la famille sur terre. Pensez à cela ! Vous pourriez demander : « *Qui est responsable ?* » C'est vous, collectivement ! Il s'agit de la famille et il était temps d'en parler.

Ainsi, de très nombreux textes concernant la « métaphysique sacrée » auxquels vous vous raccrochez sont désormais obsolètes. Vous vous demandez peut-être : « *Que penser de tel et tel livre ? Ceux-ci étaient sacrés – ils provenaient de channels.* » Nous vous répondons que ces sujets appartiennent à l'ancienne énergie et que votre énergie, aujourd'hui, est entièrement nouvelle. C'est ainsi que vous avez modifié le tissu spirituel de cette planète ! Les choses ne sont plus ce qu'elles étaient et changent d'un jour à l'autre. Avez-vous déjà lu quelque chose ayant trait à la lignée du gouvernement spirituel ? Oubliez tout cela. Aujourd'hui, *vous* constituez cette lignée. Avez-vous lu certains textes concernant les choses qui fonctionnaient auparavant ? Oubliez-les. Le moment est venu d'écrire le nouveau registre – celui qui relate les événements actuels et non pas ceux du passé.

Voici une information dont peu d'entre vous saisiront la portée. Et si vous viviez dans un monde magique – un monde dont la dimension temporelle ne serait pas linéaire et dans lequel vous n'enregistreriez aucune date ? Et si vos contrats n'étaient déterminés que par l'intention du moment présent ? Étrange, diriez-vous ? Impossible ? Et pourtant, ce sera de plus en plus le cas sur la Terre. Et si, en changeant votre façon de penser, vos livres d'histoire s'actualisaient eux-mêmes avec une histoire différente ? Cet exemple est la quintessence de comment les choses fonctionnent dans le « maintenant ».

La fin des ténèbres

Nous allons vous parler de quelque chose que beaucoup d'entre vous vivent en ce moment. Depuis le début, nous avons insisté sur les potentialités *qui existaient*, ce que certains de vos plus célèbres prophètes ont annoncé comme scénario catastrophiste décrivant la fin des temps. Ainsi, ce paradigme spirituel quant à la façon dont les choses fonctionnent est complètement périmé et vous devez l'abandonner, car le futur potentiel n'a pas seulement changé mais reste à écrire. Et dire que, pour la plupart d'entre vous, tout ceci s'est produit au cours de leur existence !

Nous allons maintenant traiter d'un fait que beaucoup d'entre vous suspectent et ressentent. On l'appelle « la fin des ténèbres ». J'aimerais plus spécifiquement m'arrêter sur les êtres humains et leur ADN. Nous allons, à nouveau, être précis, parce que nous souhaitons que vous compreniez parfaitement ce qu'est cette « fin des ténèbres » qui est en train de survenir. Très chers, il est évident que vous ne pouvez transformer ainsi à la dernière minute, comme vous l'avez fait, des éons et des éons de potentialités, sans ressentir profondément ce phénomène. Vous ne pouvez placer sur la Terre des milliards d'êtres humains et leur attribuer un contrat cellulaire qui les prépare à la fin des temps sans qu'ils ressentent quelque chose le moment venu ! Même les disciples sur le chemin de « l'ascension » éprouvent cette sensation lorsqu'arrive le temps où les choses prophétisées sont « supposées » se produire.

Grâce à votre propre sagesse, vous vous êtes transformés et vous êtes nombreux à avoir dépassé ces potentialités qui vous auraient arrachés à cette planète (selon votre propre choix). Mais souvenez-vous ! l'humanité entière sait, au niveau cellulaire, que la « fin » est là. Comment pensez-vous que cela va affecter les humains ? Constatez-vous un alignement de l'ancien par rapport au nouveau ? Oui. C'est ce que l'on appelle la « fin des ténèbres ». À de nombreux niveaux, la Terre résonne, ceux qui vous entourent aussi, et *vous-mêmes* résonnez avec ce qui « aurait pu » se produire. Approfondissons un peu ce sujet.

Très chers, un jour viendra où la structure du génome humain sera complètement analysée. Ce jour-là, la science sera en liesse, car ce qu'elle aura découvert permettra de vous aider *tous*. Beaucoup de maladies seront éradiquées. Les gènes seront scrupuleusement étudiés et quantité de découvertes seront faites qui permettront d'allonger la durée de votre vie et de vous permettre de rester sur terre plus longtemps. Et cet événement unique (l'analyse de la structure du génome) qui surviendra au cours des prochaines années sera comparable à de nombreux événements fondamentaux du passé. Il sera considéré comme l'une des plus grandes étapes dans le processus de contrôle de la santé humaine. Il ne s'agit pas exactement d'un événement spirituel, mais il s'inscrit néanmoins dans le schéma de la nouvelle énergie. Cependant, lorsque tout sera devenu clair à leurs yeux, les scientifiques déclareront qu'au sein des milliards d'éléments permettant cette chimie merveilleuse, un élément sera manquant. Ils auront beau avoir suivi toutes les instructions permettant la création de la vie, connaître le processus généalogique, avoir mis en évidence les potentialités transmises génétiquement, du point de vue chimique et biologique, ils n'en constateront pas moins l'absence d'un élément.

Ils n'auront pas découvert la « mémoire centrale », ce dont nous vous avons déjà parlé. Ce que vous appelez l'ADN et que nous appelons le système des douze filaments a une « enveloppe » **cristalline**. Bien qu'elles soient quelque peu symboliques (car l'explication globale est une combinaison de science et d'Esprit), certaines parties de cette métaphore sont spécifiquement physiques lorsque nous vous décrivons tout ceci dans un langage simple et accessible.

Il s'agit de la mémoire qui « s'adresse » à ces différentes parties et qui leur parle de prédispositions, de contrats et de karma. Elle s'adresse à tous ces éléments en leur expliquant comment ils furent déterminés afin de pouvoir fonctionner. Elle leur rappelle la divinité que tous contiennent – et tout cela, les scientifiques ne le découvriront pas. C'est une mémoire centrale située véritablement au centre des informations spirituelles transmises à vos cellules concernant la raison de votre venue sur terre.

Savez-vous ce que l'on trouve au sein de cette mémoire centrale ? Nous vous l'avons répété à diverses reprises : on ne peut jamais séparer le physique du spirituel. Vos scientifiques ont tenté d'y parvenir depuis les origines. Ils sont extrêmement fiers de leur méthode scientifique empirique. Pourtant, celle-ci n'a rien de spirituel. L'ironie du sort veut pourtant que l'aspect spirituel de la matière et de la vie se trouve au cœur de la physique et de la biologie. Cette spiritualité se dissimule dans la structure atomique et au sein de l'organisme de chaque être humain. Cependant, vous devriez savoir ceci : cette spiritualité est totalement saturée de potentialités permettant la fin des ténèbres !

Je m'adresse ici aux Lémuriens et à ceux qui sont en harmonie avec la Terre et avec l'énergie des potentialités. Vous savez, la plupart d'entre vous passent peu de temps dans leur vrai foyer. Vous tous qui êtes ici avez bénéficié de nombreuses incarnations sur cette terre, même les plus jeunes dans cette salle. Certains diront : « *Kryeon, j'ai formulé l'intention de dépasser le sentiment de destruction qui est en moi et maintenant, je suis en pleine*

lumière. Je suis véritablement différent d'auparavant. Comme vous l'aviez dit, j'ai modifié mon futur. Aussi, ai-je toujours en moi ce souvenir de destruction ? »
Oui. Oui.

Vous possédez quelque chose que les enfants n'ont pas. Indépendamment de votre nouvelle intention ou de votre nouvelle voie, vous possédez une mémoire centrale qui se souvient de la raison de votre venue sur terre. Elle se souvient de la fin du test. C'est l'ombre de ce qui aurait pu être et elle possède une horloge qui sait que le moment approche ! Permettez-moi maintenant de vous expliquer ce que cela signifie.

Qu'il s'agisse de la structure politique de cette planète, du but animant ceux qui vous entourent, ou de la Terre elle-même, une partie de vous-mêmes se rappelle sans cesse l'ancienne échéance finale. Même si vous avez formulé l'intention d'élever votre fréquence vibratoire, les anciens souvenirs sont toujours présents. Laissez-moi vous poser ces questions, guerriers de la lumière : lorsque vous avez décidé de suivre une nouvelle voie, avez-vous brusquement oublié qui vous étiez ? Votre dualité a-t-elle soudainement disparu ? Non. Au contraire, la sagesse et divers dons vous furent offerts pour dépasser l'ancien schéma, mais ce dernier est toujours présent en vous. Il fait maintenant partie de votre dualité et crée véritablement certains attributs physiques dans votre vie, comme nous vous l'avons expliqué auparavant. Mais, en définitive, tout est approprié.

Nous voulons que vous soyez conscients du mouvement de va et vient entre ces deux énergies et des résultats planétaires correspondants ? D'un côté, cette mémoire vous dit : « C'est la vieille énergie qui te parle, tu te souviens ? La fin est proche. » De l'autre, elle vous déclare : « Non, il s'agit d'une nouvelle Terre, d'un nouveau paradigme et nous n'allons pas disparaître du tout. Au contraire, nous allons nous diriger vers le futur et les choses vont devenir très très différentes. Nous avons une mission autre et l'ancien plan de destruction ne nous affectera plus. »

Cependant, ces énergies opposées seront en lutte quelque temps encore. Si vous observez le monde de la politique ou de la finance, vous constaterez aisément ce phénomène. L'ancienne énergie se place toujours au premier plan et semble anéantir sans cesse les efforts de paix. Un monstre agonisant, peut-être, mais elle n'en demeure pas moins réelle et active maintenant. Cette mémoire centrale fait tout ce qui est en son pouvoir pour vous faire retomber dans le souvenir de ce qui aurait pu être. Vous pourriez penser qu'il s'agit d'une bataille entre l'obscurité et la lumière. Mais ce n'est pas le cas. Aucunement. Il s'agit plutôt d'une bataille entre les anciennes potentialités et les nouvelles opportunités, et l'ancien ne disparaîtra pas facilement.

Très chers, tous ces tiraillements concernent la structure que vous avez définie affectueusement et ont trait au test que vous appelez la Terre. Ce sont les « anges testant la vibration » et vous êtes ces anges ! Cela existe pour une raison capitale que nous vous avons déjà révélée dans ce livre (chapitre 1, « Le sens de la vie »). Pensez-vous que ce à quoi vous assistez entre les différentes races de cette planète constitue un nouveau progrès ? Réfléchissez. Nous avons parlé de ce potentiel en 1989, dans les premiers messages que Kryeon vous adressa alors. Vous n'avez qu'à vous y reporter, car ils touchent précisément aux gouvernements de l'ancienne énergie au cours de 1999 ! Relisez cela et vous comprendrez que les changements auxquels vous assistez en ce moment se produisent en temps voulu. (Voir page 377.)

La fin des ténèbres est un véritable attribut physique. Cependant, on vous demande maintenant de considérer le fait que, bien que vous sachiez ce que peut réaliser l'intention et bien que vous receviez de nouveaux éléments scientifiques et compreniez ce qui est en train de se passer avec la nouvelle énergie au niveau cellulaire, une partie de vous-mêmes crie toujours « disparition ! ». Comment cela se manifeste-t-il ? Jetez un coup d'œil à ceux qui vous entourent – vous verrez qu'il s'agit d'une époque de conclusion. On trouve souvent des personnes qui ne comprennent pas les nouvelles potentialités énergétiques et qui ont décidé que, quoi qu'il advienne sur terre, il est temps de « partir ». Et c'est ce qu'elles font ! Emportant souvent avec elles amis et parents.

Certains individus affirment qu'ils vont mourir, en dépit de tout ce que vous leurs dites. Vous avez beau leur expliquer qu'ils sont en bonne santé, cela ne sert à rien. Ils tomberont malades de façon à disparaître. Puis, ils partiront. Il s'agit là de ce que la mémoire centrale peut faire sans la connaissance de la divinité de ce qui est en train de se passer. Il s'agit du grand pouvoir de la mémoire de la fin des ténèbres. Et, très chers, cette mémoire est honorée ! Car il s'agit là des âmes des membres de la famille qui reviendront rapidement sous l'apparence d'enfants indigo ! Considérez cette année (1999) et l'année dernière. Vous découvrirez qu'un grand nombre de personnes décidèrent de partir. Elles s'en allèrent par groupes sur l'ensemble de la planète et sont honorées et comprises, parce que l'instant final est arrivé et qu'ainsi, elles se « souviendront ». Vous souvenez-vous que nous avons parlé de tout cela il y a dix ans ? Tout ce que nous vous avons dit alors est en train de se produire. Vous verrez peut-être certaines relations, certains amis, être admis dans un hôpital, atteints d'affections mineures, mais qui n'en ressortiront pas vivants.

Vous ne pouvez imposer une conscience à un être humain – bien que vous cherchiez à le persuader de ne pas « s'en aller ». À moins d'en ressentir profondément le besoin, il ne changera pas. Il s'agit d'un choix et de la capacité de chaque être humain de décider par lui-même. Ne pensez pas que vous avez échoué si vous ne parvenez pas à convaincre une personne malade de recouvrer la santé. En célébrant son existence au cours d'une cérémonie suivant son décès, honorez le fait qu'elle ait vécu ! Puis, honorez le fait qu'elle reviendra très rapidement dans le corps précieux d'un enfant indigo. Croyez-moi ! La mort est intégrée dans le cercle de la vie !

Parlons de la Terre. Nous allons vous présenter certaines informations concernant la planète dont il n'a jamais été question auparavant. Nous vous avons dit qu'elle est vivante et vous savez que les autochtones en ont toujours été conscients. Ce que beaucoup considéraient jusqu'à présent comme une superstition est devenu une réalité. Comme nous l'avons dit, la Terre est votre partenaire. Cette planète possède une conscience. Elle va subir de grands bouleversements, tout comme vous. Il le faut ! C'est pourquoi la grille magnétique se transforme.

Le temps est venu de discuter avec vous du concept de la grille cristalline éthérique. Celle de cette planète est invisible, tout comme l'est l'enveloppe cristalline de votre ADN. Cette notion est astrale et interdimensionnelle. Cette grille détermine les potentialités de la planète et « s'adresse » à la grille magnétique. Et devinez ce que l'on trouve dans la structure cristalline ? La mémoire et les potentialités de la planète. Elle contient le souvenir du fait que la fin du test est arrivée. Elle annonce, comme dans votre propre ADN, la « disparition » ! Comme la planète est agitée de secousses, l'un de ces attributs veut la secouer davantage, spécialement depuis le début de l'année 1999. Vous ressentez maintenant l'essentiel de ses tremblements – le yin et le yang de ses derniers soubresauts.

Très chers, le nouveau millénium est accompagné d'un changement. Ce changement représente la disparition de la mémoire centrale et l'apparition d'une nouvelle mémoire encore plus puissante. C'est la fin de l'ancien et le commencement du nouveau. Lorsque vous repeignez l'extérieur d'une vaste maison, les semaines nécessaires pour accomplir cette tâche sont difficiles à supporter par l'occupant des lieux. De loin, certains pourraient difficilement différencier l'ancienne peinture de la nouvelle. Laquelle l'emportera ? Vers la fin des travaux, la nouvelle couleur s'impose et la maison s'imprègne d'une autre énergie. La transformation de la Terre ne se produira pas instantanément, pas plus que la peinture de la maison ne le fut. Mais vous allez constater une modification progressive de la conscience humaine et la lutte deviendra dramatique au cours des quelques années précédant 2012. Certains se demanderont même quelle couleur est la nouvelle. Laquelle prédomine.

J'aimerais vous expliquer comment la grille cristalline s'ancre dans cette planète. Nous abordons cette information pour la première fois (bien qu'elle ait été diffusée auparavant dans le public). La grille cristalline offre deux points d'ancrage. Ces « ancres » symbolisent la façon dont cette grille communique avec la planète et réagissent à la terre et aux océans. La première catégorie comprend les ancres enfouies au plus profond de la planète, ces structures cristallines programmées qui influencent la grille magnétique et dont la programmation fait partie du savoir des anciens. Devinez de qui il s'agissait ? Beaucoup furent des Lémuriens – ceux d'entre vous qui vécurent en Atlantide et en Lémurie avant de disparaître. Avant votre disparition, il fut nécessaire de programmer ces ancres, et c'est ce que vous fîtes. Ces ancres contiennent l'information concernant les tests et le programme prévus. Elles ont trait aux événements que vous traversez actuellement. Elles contiennent également les sciences, l'histoire et les explications complètes de la façon dont le monde physique fonctionne. Elles ont même trait à la fin potentielle de l'époque actuelle.

Certaines de ces ancres sont retrouvées et extirpées du sol. Ceux qui les décèlent sont étonnés par leur énergie et les présentent fréquemment – se réjouissant de leur caractère sacré. Laissez-moi vous parler de l'attribut d'une ancre « découverte » : lorsqu'on en trouve une et qu'on l'extrait du sol, elle cesse de fonctionner. Il ne s'agit plus alors d'une ancre, mais simplement d'un objet historique chargé d'énergie. Du fait que cette énergie est spirituelle, elle est très particulière. Cependant, les humains continuent de retirer ces ancres du sol, ignorant qu'elles sont destinées à rester enterrées. De nombreuses ancres ont la forme de l'enveloppe qui entoure le cerveau humain. Cette forme est réelle. La seule métaphore possible est que l'intelligence et la mémoire revêtent diverses formes ; néanmoins, celle du cerveau est la seule que vous compreniez. Ainsi, cette « capsule temporelle » est facilement reconnaissable. Si vous en voyez une, chers guerriers de la lumière, laissez-la. Honorez-la et laissez-la où elle se trouve. Même si plusieurs ont déjà été retrouvées, il n'y a aucun risque qu'elles soient toutes déterrées. Beaucoup restent inaccessibles. Cependant, le conseil reste valable.

Il existe un deuxième système d'ancrage. Il ne s'agit pas d'un système de secours, car il contient les germes de sa propre survie en plus d'être biologique ! Les structures cristallines programmées discutées auparavant sont appelées « noyau absolu du savoir ».

Mais un autre système influence encore la grille cristalline. Ce système contient les « variables » qui modifient ce noyau absolu. Nous avons déjà parlé de la Constitution américaine. Eh bien, plusieurs attributs attachés à ce document sont inspirés par channeling. L'un d'entre eux possède une structure absolue décrivant la façon dont les choses sont déterminées, et un autre représente la description de la manière dont on peut modifier les règles, si nécessaires [les amendements constitutionnels]. Par conséquent, l'un est un contenu et l'autre un modificateur. Cette combinaison permet les changements. Ces deux attributs sont nécessaires pour créer un système flexible qui honore le « choix de l'être humain ». Ainsi, cela permet la pérennité et le changement.

Le processus est identique au sein de la structure cristalline qui communique avec la grille magnétique terrestre. Je sais que cette notion n'est pas comprise par tous. Néanmoins, sachez ceci : Il existe des ancres sous forme de bibliothèque vivante qui sont partenaires des ancres absolues (celles enterrées dans le sol), et celles-ci réagissent aux changements de conscience de l'humanité ! Commencez-vous à comprendre l'allusion ici ?

Les ancres représentant cette bibliothèque vivante – celles qui s'adressent à la grille cristalline, qui facilitent les changements et qui permettent à la Terre de passer d'une époque à une autre sans avoir à disparaître – sont les **mammifères** de l'océan !

Toutes les nations du monde se sont réunies, il y a quelques années, afin de sauver les cétacés. Ces mammifères sont les seules espèces animales vivantes à avoir bénéficié d'une telle attention. Saviez-vous cela ? Pour quelle raison tant de pays s'entendent-ils afin de s'assurer que ce groupe particulier de mammifères ne soit pas voué à l'extinction totale ? Au niveau cellulaire, chaque être humain en connaît la raison. Un jour viendra où ces bibliothèques s'ouvriront et livreront leurs secrets.

Puisque nous parlons des baleines et des animaux en général, ajoutons ceci : il existe dans le monde animal davantage de preuves d'une modification du champ magnétique que celles que vous pouvez observer autour de vous, dans le monde physique. Suivez avec attention la migration de ces mammifères. Observez aussi les oiseaux dans le ciel, car tous ces animaux possèdent des détecteurs magnétiques très sensibles aux lignes magnétiques terrestres. Ces détecteurs leur permettent de tracer leur route lorsque le moment est venu de se déplacer. Ils représentent l'attribut biologique qui les guide d'un endroit à un autre en suivant les lignes magnétiques de la planète, que ce soit dans les airs ou dans les mers. C'est la raison pour laquelle ils ne s'égarent jamais. À propos, certains oiseaux, réputés pour leur sens de l'orientation, sont très perturbés en ce moment. Soyez également attentifs à ce phénomène. Quelqu'un, parmi vous, a-t-il détecté, chez les oiseaux, de nouveaux axes migratoires ? Avez-vous repéré des vols d'oiseaux dans des zones inhabituelles ? Pourquoi tout cela ? De plus, pourquoi certains mammifères marins semblent-ils s'échouer volontairement sur les plages, parfois par groupes entiers ?

Très chers, lorsque le magnétisme change, cela n'altère pas la masse continentale. Cependant, cela affecte les oiseaux et les mammifères marins qui s'orientent d'après les lignes magnétiques terrestres, comme ils l'ont toujours fait. Les instructions de « départ » et la direction à suivre leur sont communiquées grâce à leurs souvenirs. Avec le temps, leur descendance (les nouvelles générations de cétacés qui auront appris) se tiendra éloignée des plages. Mais, pendant encore quelque temps, certains groupes de cétacés continueront de suivre les lignes magnétiques altérées qui les mèneront droit sur les plages. Même lorsqu'ils seront remorqués vers le large par les sauveteurs, ils reviendront aussitôt. Cette attitude est dictée par une très importante mémoire centrale.

La Terre se transforme intensément. Je vais vous fournir encore quelques informations concernant la « fin des ténèbres ». Pendant quelque temps, ce phénomène pourra saper votre énergie, même si vous êtes un guerrier de la lumière. Voyez-vous, certains d'entre vous vivent en ce moment avec un ancien contrat stipulant qu'ils ne devraient pas se trouver ici ce soir ! Et, pourtant, ils sont présents. Ceci s'explique parce que, il y a quelque temps, vous avez manifesté l'intention de quitter l'ancienne voie et de revendiquer votre ascension (en élevant votre fréquence vibratoire). En ce moment même, vous êtes nombreux à vous sentir vidés de toute énergie, de toute force vitale. Cela ne durera pas longtemps, très chers. Acceptez ce phénomène, puis célébrez-le. On l'appelle la « fin des ténèbres » parce que ces dernières ne font plus partie de votre réalité. Il s'agit seulement des ténèbres qui furent et qui ne sont plus. Vous êtes porteurs d'une énergie et d'une nouvelle force vitale qui ne vous étaient pas destinées à l'origine. Elles n'étaient pas intégrées au cœur même de votre mémoire. Au fur et à mesure de votre évolution, vous réécrivez vos souvenirs ! Rien d'étonnant à ce que cela vous semble étrange. En réalité, vous êtes en train de transformer le cœur des engrammes qui communiquent à votre ADN la notion d'extension de la durée de la vie et vous vous demandez pourquoi vous n'avez pas d'énergie ? Célébrez cette nouvelle rédaction. Effacez l'ancienne et programmez la nouvelle. Puis, sentez l'énergie vous gagner à l'occasion de la victoire du neuf sur l'ancien.

Certains d'entre vous peuvent peut-être souffrir de maladies mineures qui les frappent régulièrement. Elles vous épuisent et vous vous demandez ce qui se passe. Il s'agit, en fait, de votre structure cellulaire, qui renferme une partie des « ténèbres ». Votre existence devrait déjà avoir pris fin, vous vous souvenez ? Le test concernant l'humanité est supposé être terminé. Pourtant, vous êtes toujours ici. La disparition des ténèbres sera vécue de façon plus intense en 1999 et continuera encore pendant quelques années. Puis, ce processus s'arrêtera progressivement.

Très chers, vous êtes nombreux à ressentir une certaine anxiété à ce sujet, et certains parmi vous ne sauront pas la canaliser. Au niveau cellulaire, cette enveloppe cristalline qui influe sur votre ADN se comportera de façon conflictuelle. Mais n'oubliez pas que le mouvement du yin et du yang sur cette planète – et au sein des structures politiques des divers pays – s'oriente de plus en plus vers la paix. Néanmoins, toutes ces choses atteindront vos cellules et vous ballotteront sans cesse. Vous vous demanderez : devrais-je être ici ? Peut-être que non. La véritable réponse est : vous méritez d'être ici !

Certains demanderont : « Pourquoi tout ceci m'arrive-t-il ? » La situation n'est pas facile. Remarquez autour de vous les gens qui se referment sur eux-mêmes, se laissant parfois aller jusqu'à la mort. Certains amis et membres de votre famille ne maintiendront même plus leurs liens d'amitié. Ils représentent encore l'ancienne énergie et vous, la nouvelle – et, de ce fait, ils ne souhaitent plus votre présence. Vous savez de qui je parle, n'est-ce pas ? Cette année (1999) est celle de la conclusion, et vous y entrez de plain-pied.

Les membres de votre vraie famille sont ici présents, qui baignent vos pieds et se répandent parmi vous, sincèrement intéressés par vous. Cette famille serre les mains des autres membres de la famille que vous ne pouvez apercevoir, mais qui vous entourent. Cette salle et la pièce dans laquelle vous vous trouvez pour lire ces lignes sont entièrement remplies d'entités qui vous aiment. L'espace qui vous entoure au moment où vous lisez ces lignes est béni. Vous ne pouvez imaginer l'activité qui règne ici. Certaines choses vous sont accordées à ce moment précis, grâce à l'intention, et expliquent la raison pour laquelle vous êtes venus ici ou avez décidé d'acquérir cet ouvrage. Vous quitterez peut-être cette salle avec une certaine quantité d'énergie curative et la possibilité d'effectuer certains changements dans votre vie. Vous pouvez reposer votre vieux livre d'histoire sur une étagère. Il est temps d'écrire le nouveau !

La compréhension de la fin des ténèbres et du fait que ces dernières n'ont aucun pouvoir sur vous feront en sorte que vous serez différents lorsque vous quitterez cette pièce. Ce sera d'ailleurs le cas pour beaucoup d'entre vous qui auront formulé l'intention d'absorber intégralement les informations que nous leur avons fournies ce soir. La connaissance permet l'accession à la vérité qui incite à l'action et celle-ci, grâce à l'intention, vous permettra à son tour de transmuter tous les attributs de la fin des ténèbres, quel que soit le malaise qu'elles pourront provoquer en vous. Très chers, le changement est intérieur. Avec la compréhension vient la sagesse et, avec celle-ci, la solution des problèmes.

L'année de la conclusion ne durera pas éternellement. Traversez cette période et vous vous apercevrez que certaines des choses que vous aviez considérées comme désastreuses ne le sont pas. Dépassez-les et recherchez cette niche confortable dont nous avons déjà parlé. Sachez que cet instant peut être le cœur même du test. Vous représentez l'avant-garde de ceux qui sont en train de se transformer et c'est pourquoi nous vous appelons les « guerriers de la lumière ».

C'est pourquoi nous vous appelons également « membres de la famille ».

Et il en est ainsi.

Kryeon.

Le Treillis de calibrage universel

La Technique d'harmonisation EMF

Le Treillis de calibrage universel, l'accès au Treillis cosmique

Quelques mots de Lee Carroll...

Peggy Phoenix Dubro reçut par channeling l'information concernant le Treillis de calibrage universel, un système qui, au sein de l'énergie de notre anatomie humaine, relie chacun d'entre nous au Treillis cosmique. Peggy est également à l'origine de la Technique d'harmonisation EMF. Il s'agit d'un nouveau système énergétique qui accélère la fusion entre l'Esprit et la biologie afin d'améliorer notre santé et de cocréer le miracle que nous représentons. La Technique d'harmonisation EMF est prévue pour activer le Treillis de calibrage universel de l'individu, afin d'améliorer et d'accélérer le processus évolutionniste. Cette technique utilise l'effet des interactions humaines sur le champ électromagnétique. Il s'agit d'une procédure simple et méthodique que chacun peut assimiler. Transmise directement par l'Esprit, par channeling, elle est un outil précieux que nous pouvons employer dès maintenant. C'est le premier des systèmes basés sur la nouvelle énergie auxquels Kryeon se réfère lorsqu'il nous invite à nous prendre en charge. Une responsabilité qui se veut pratique et positive.

Peggy a étudié les informations sur le Treillis cosmique pendant dix ans et s'est imposée comme une autorité quant à la nature et aux bienfaits offerts par ce don de l'Esprit. Selon Kryeon, le Treillis cosmique représente l'outil le plus extraordinaire dont nous autres humains pouvons bénéficier actuellement (voir le channeling précédent). Puisez dans l'énergie du Treillis cosmique par l'intermédiaire de votre propre Treillis et pénétrez dans un état de conscience cellulaire qui vous apporte de nouvelles capacités. Ces capacités latentes sont activées et incluent, essentiellement, vision claire, paix profonde, meilleure santé et rajeunissement. Actuellement, sur l'ensemble de la Terre, des êtres humains s'éveillent à leur nature divine et veulent aider les autres à se souvenir.

La Technique d'harmonisation EMF ouvre la voie à l'activation du Treillis de calibrage universel d'une façon à la fois puissante et bienveillante. En leur qualité de membres de l'équipe internationale des séminaires de Kryeon, Peggy et Stephen animent des ateliers d'amélioration de l'existence grâce à cette technique, sur l'ensemble de la planète. Cette approche constitue une initiation contemporaine à une nouvelle conscience de notre constitution électromagnétique. Elle procure des informations sur l'énergie de notre anatomie qui établit en permanence une puissante connexion avec le Treillis cosmique, nous permettant ainsi d'utiliser immédiatement cette nouvelle énergie. En effet, la Technique d'harmonisation EMF nous reconnecte à la nouvelle énergie afin que nous puissions porter une plus grande charge de notre être. Peggy a développé une compréhension unique du champ énergétique humain en tant que fibres de lumière et d'énergie. Je l'invite maintenant à vous faire part de son travail de pionnier sur le Treillis de calibrage universel (TCU) et la Technique d'harmonisation EMF. Selon Kryeon, le TCU serait « l'accès au Treillis cosmique ». La Technique EMF correspond au travail annoncé par Kryeon.

Lee Carroll

La Technique d'harmonisation EMF
Un système énergétique évolutionniste basé sur l'amour
Peggy Dubro

Aujourd'hui, en Californie, la journée est belle et ensoleillée. La pièce est claire et baignée de lumière. J'observe une douzaine de personnes qui travaillent ensemble sur le plan énergétique. Les filaments dorés à l'intérieur des champs énergétiques des participants sont en train d'être calibrés à l'aide de la Technique d'harmonisation EMF. Aujourd'hui est le quatrième jour du programme de formation de six jours destiné aux praticiens de cette technique, et leurs mouvements reflètent déjà grâce et assurance. Les visages s'illuminent de joie et de reconnaissance envers le Créateur en eux, alors qu'ils travaillent avec l'énergie dorée. Soudain, la chaleur familière que je reconnais comme signalant la présence de Kryeon commence à s'intensifier en mon cœur. Celui-ci me déclare : « Regarde ces gens, ces êtres très chers. Quelques jours plus tôt, ils étaient encore ce que vous appelez des étrangers et aujourd'hui, ils sont tous membres de la famille. » Des larmes de joie me montent aux yeux alors que je ressens une vague d'amour emplir la pièce. Lorsque j'explique aux participants ce qui vient juste de se passer, ils confirment tous avoir ressenti cette énergie d'amour. Je leur déclare que, dans le cours précédent, quelqu'un avait fredonné la chanson *Getting to know you* [J'apprends à te connaître (NDT)], et nous éclatons tous de rire. L'énergie de Kryeon est à l'œuvre.

Porter la pleine charge de notre être
en intégrant l'ancienne et la nouvelle énergie

Kryeon nous pousse à devenir des êtres humains auto-compétents et nous encourage à porter la pleine charge énergétique de notre être. Il déclare que nous portons en nous davantage d'énergie que jamais auparavant. Le merveilleux défi qu'affronte aujourd'hui chaque être humain consiste à créer et à entretenir un esprit fort capable d'embrasser et d'utiliser toute cette énergie ! Parfois, cette tâche peut sembler insurmontable, mais, en notre qualité d'êtres humains autoresponsables, nous avons acquis de nombreux dons afin de nous aider. Le TCU représente l'un d'entre eux. Il nous permet d'utiliser l'énergie illimitée du Treillis cosmique. Jusqu'à présent, la voie principale du chercheur spirituel était verticale. Cela signifie que nous avons atteint notre Moi divin ou que nous nous sommes directement connectés à la Terre. Cet itinéraire était approprié dans l'ancienne énergie traditionnelle. Aujourd'hui, outre ce cheminement vertical, nous sommes en mesure d'emprunter une nouvelle voie horizontale afin d'attirer l'énergie dans le « ici et maintenant » de notre vie quotidienne. Cela permet le processus de cocréation avec l'Esprit comme partenaire.

En examinant l'illustration du TCU, vous pouvez voir les fibres horizontales qui relient les chakras aux longues fibres du Treillis. Au fur et à mesure que vous apprendrez à consolider ces fibres horizontales, vous augmenterez votre capacité à cocréer avec Dieu/Créateur. Il s'agit de la nouvelle voie spirituelle reliée à la nouvelle énergie, résultat de tout le travail accompli dans la modification du champ énergétique de la Terre. Aujourd'hui, nous pouvons avoir accès au TCU afin de redonner plein pouvoir au processus de cocréation. Une fois activé grâce à la conscience, aux exercices énergétiques et à la sagesse de nos émotions, ce Treillis est semblable à une armure invisible qui fortifie l'être. En réalisant que notre foyer se trouve là où nous sommes, nous nous offrons une occasion de nous construire un cadre de vie empreint de joie.

Une petite histoire personnelle
et mon extraordinaire rencontre avec Ahnya

Il y a vingt-sept ans, âgée alors d'une vingtaine d'années, je ressentis un profond désir de me rapprocher de Dieu/Créateur. J'avais été élevée dans un environnement religieux ; enfant, j'assistais aux offices, je faisais partie de la chorale et jouais, chaque année, le rôle de l'Ange annonciateur. J'étais passionnée par Dieu et pensais que, s'il était mon père (j'ignorais tout, alors, de la Déesse Mère), il y avait eu une époque où j'avais été une parcelle divine. De tout mon cœur, je souhaitais me rapprocher de Dieu – non pas l'ancien Dieu biblique et sévère, mais le Dieu d'*aujourd'hui*.

J'ignorais alors que mon désir d'approcher Dieu au cours de cette vie représentait également un désir de me souvenir de qui j'étais. J'ignorais tout de la méditation et des mantras.

Néanmoins, je commençai à vivre et à respirer en répétant le mantra suivant : « Je me souviens. Je me souviens. » Et... je me souvins. Au cours d'une extraordinaire explosion d'énergie, je devins « sans commencement ni fin ». La lumière brillait partout. Un courant d'énergie envahit chacune des cellules de mon être. J'eus le sentiment d'être hors du temps, et un amour si profond et si tolérant m'envahit que je sus que Dieu était une réalité. Tant d'amour, tant de lumière... et tant de confusion ! C'était comme si toutes les cellules de mon corps fonctionnaient à pleine puissance et qu'elles avaient affectueusement surchargé tous mes circuits. Je compris plus tard que tous mes chakras s'étaient brusquement ouverts.

À cette époque, il n'existait aucun magazine *New Age* ni aucune source d'information pouvant me permettre de comprendre ce qui m'était arrivé. Pendant les seize années suivantes, j'étudiai tout ce qui était en mesure d'expliquer l'amour intense qui m'avait submergée. Je qualifie aujourd'hui cette période de ma vie « d'éblouie par la lumière ». Durant cette époque, je m'immergeai totalement dans de nombreuses disciplines différentes : le bouddhisme zen, le chamanisme (africain, brésilien, amérindien), la renaissance chrétienne, le siddha-yoga, et même les arts martiaux (taekwondo, tai-Chi et le kung-fu). J'essayai n'importe quoi afin de retrouver cette merveilleuse énergie active dans ma vie. Mes études m'apportèrent quelques vérités spirituelles intéressantes telles que : « La vérité est en vous, de même que les réponses » et « Nous sommes des êtres magnifiques capables de maîtrise ». Ces aphorismes me gonflèrent d'espoir, mais j'éprouvais des difficultés à les appliquer dans ma vie quotidienne. De plus, ils ne me procuraient pas l'amour intense que je souhaitais tant ressentir à nouveau. En dépit de mes années d'efforts, ma vie, mon travail et mon foyer étaient chaotiques ! J'avais effleuré l'Illimité et continuais à recevoir des visions profondes. Toutefois, ma vie quotidienne reflétait une pauvreté générale. Ma frustration s'accentua, mais mon amour pour Dieu se maintint. Je savais que je disposais d'une « panoplie de pouvoirs », mais j'ignorais comment l'activer. Cette pensée fut constante durant ma quête. Mon cœur déborda à maintes reprises alors que ma compréhension des anciennes vérités grandissait et que je prenais conscience de l'unicité de l'être humain. Je souhaitais également passionnément conserver la charge électrique de ma vérité. Après des années de quête empreintes de sincérité et d'exaspération, je finis par me dire : « Si les réponses se trouvent en moi, je veux connaître leur emplacement *précis* et savoir COMMENT les atteindre. »

Finalement, au cours du printemps 1988, j'éprouvai à nouveau l'expérience joyeuse du « sans commencement ni fin ». Cette fois-ci, une magnifique forme lumineuse féminine m'apparut. Elle se nommait Ahnya. Même si Kryeon nous enseigne qu'il n'y a pas de sexe dans le royaume de l'Esprit, j'ai vraiment ressenti Ahnya comme une énergie féminine. Aussi, par commodité, je parle « d'elle », bien qu'elle ait l'apparence d'une entité asexuée. Elle fait partie des enseignants de Kryeon, qui sont membres de son cortège et qui complètent les transformations planétaires réalisées par Kryeon et par notre propre travail. Lorsque j'enseigne, Ahnya est présente. Je suis parfois avec elle, parfois sans elle, parce que cette situation est la plus confortable, à mes yeux, en ce moment. Cependant, Ahnya est toujours présente lorsqu'un enseignant EMF présente la technique ou un praticien effectue une séance.

Ahnya et moi nous fondîmes en un seul être et je me trouvai inondée par l'énergie que nous appelâmes TCU. Ce fut ma première expérience de channeling et je reçus une énorme quantité d'informations au cours de cet événement considérable. Quand je ressentis, pour la première fois, l'énergie du TCU en provenance d'Ahnya, je sus qu'il s'agissait d'un don, mais j'en ignorai alors l'utilité. Cette énergie fut mise en sommeil pendant une année. Puis, en 1989, au moment de l'arrivée de Kryeon, le Treillis fut activé. Ma tâche (ou mon contrat, comme je le comprends aujourd'hui) me fut révélée : je devais interpréter le Treillis, apprendre à m'en servir et l'enseigner ensuite aux autres. Un à un, les dons de ce Treillis me furent dévoilés. Je passai six années à l'interpréter, à préciser le dessin que vous voyez dans l'illustration et à définir les quatre premières phases de la Technique d'harmonisation EMF.

En 1989, je commençai à travailler hors de mon domicile, animant des séances sur l'énergie suivant les schémas qu'Ahnya m'avait fournis. Je suivis les schémas tels qu'ils m'étaient donnés, mais les résultats varièrent selon les besoins ou l'intention de chacun. Parfois, des guérisons physiques se produisirent, mais je les considérai comme des effets secondaires, car mon objectif consistait à équilibrer et à activer ce nouveau champ d'énergie sur lequel je travaillais. À la même époque, ma vie commença à changer considérablement. Le fait d'activer le Treillis chez les autres augmenta la puissance de mon propre système et me permit de mieux contenir ma charge énergétique. Je disposais maintenant d'un cadre permettant à cette énergie universelle de circuler. Je pris conscience de pouvoir retenir ma propre puissance – je l'appelle « l'énergie centrale » –, et mon partenariat avec l'Esprit prit vie. Pour la première fois, je me sentis chez moi, ici, sur la planète Terre.

On se mit à parler de plus en plus des résultats positifs qu'obtenaient mes clients dans leur vie, et mon activité se mit à prospérer. Les gens déclaraient se sentir « différents », plus « libérés » et constataient que leur existence devenait plus épanouissante. Ces résultats n'étaient pas toujours obtenus facilement, car il y avait des efforts à fournir, mais mes clients affirmaient avoir davantage d'énergie et étaient plus fortement guidés dans leur développement spirituel. Par des efforts constants et en ne travaillant qu'avec une seule personne à la fois, la réputation de mon travail grandit. Au cours des années suivantes, j'enseignai dans de nombreuses écoles des cours d'éducation aux adultes et fis un certain nombre de conférences dans des universités, dans des boutiques *New Age*, lors d'expositions consacrées à la santé holistique et dans des entreprises importantes. Je participai à diverses émissions de petites stations de radio et de télévision et fus citée de façon très positive dans les journaux locaux.

Un événement survint à cette époque : au cours de l'été 1995, une respectable entreprise en recherche et développement du Connecticut entra en contact avec moi. Cette société était spécialisée dans les contrats gouvernementaux et militaires (elle produisit la série de reportages vidéo sur la santé réalisée par John Everett Koop). Ses dirigeants souhaitaient collaborer avec nous pour réaliser une recherche, financée par la NASA, destinée à l'étude des effets de l'utilisation de la Technique d'harmonisation EMF afin d'améliorer les performances individuelles ou en équipes ainsi que la santé des astronautes. La partie de l'expérimentation qui nous incomba devait consister à mettre au point les exercices de formation destinés à tester les effets de l'harmonisation du champ électromagnétique. En d'autres termes, nous devions stimuler la conscience collective en y intégrant l'Esprit et la biologie ! Nous fûmes déçus d'apprendre que le projet était abandonné du fait de la défaillance financière de la NASA. Cependant, cette expérience nous encouragea et nous sûmes alors que nous étions sur la bonne voie. Un an plus tard, en été 1996, nous lûmes, pour la première fois, les paroles de Kryeon. Comme de nombreuses personnes, le choc que nous ressentîmes fut profond. À l'automne 1996, nous rencontrâmes Lee Carroll et Jan Tober. En février 1997, nous devînmes partenaires.

Le Treillis de calibrage universel
représente l'énergie de l'autodéveloppement

« À quoi cette énergie ressemble-t-elle ? » Je posai un jour cette question à Lee/Kryeon à l'occasion d'un channeling à Atlanta. Alors que je ressentais dans mon cœur la chaleur familière de la présence de Kryeon, Lee déclara : « J'ignore ce que signifie cette réponse, mais cette énergie est "crochetée".» Quelle merveilleuse façon de décrire le Treillis sur lequel je travaillais depuis dix ans ! La conscience et la compréhension de cette énergie représentent un aspect crucial de notre évolution. Les fibres de lumière et d'énergie irradient horizontalement à partir des chakras. Ces fibres forment des boucles en forme de huit qui alimentent les longues fibres verticales d'énergie qui entourent et imprègnent notre anatomie énergétique. C'est le schéma que forme le TCU. J'en suis convaincue. Notre corps physique possède en lui de nombreux systèmes – musculaire, squelettique, etc. L'anatomie énergétique contient également divers systèmes. Le schéma de base de ce système particulier – le Treillis de calibrage – est universel, c'est-à-dire qu'il est fondamentalement identique d'un individu à l'autre. Lorsque les fibres lumineuses sont étirées d'un côté du TCU, d'autres fibres peuvent réagir ailleurs. Tout comme le Treillis cosmique, le TCU est flexible et interconnecté. Notre grille énergétique personnelle est un microcosme du macrocosme ! Le TCU fonctionne tel un transformateur électrique, transférant l'énergie d'un circuit à un autre. Voilà pourquoi nous disons, à propos de ce processus, qu'il représente un « recâblage pour la nouvelle énergie ». Il nous permet de recevoir et d'utiliser l'énergie que nous sommes en train d'apprendre à libérer du Treillis cosmique grâce à notre intention.

Le rôle de l'intention

Bien que le schéma de base du TCU soit le même pour chacun d'entre nous, sa résonance au Treillis cosmique est strictement personnelle. Le TCU est déterminé par la relation mathématique existant entre la fréquence vibratoire individuelle et le Treillis cosmique. Le calibrage des fibres de l'anatomie énergétique est très complexe et c'est pourquoi le rôle de l'*intention* est si important. Le but premier d'une séance d'harmonisation EMF est d'harmoniser le champ électromagnétique humain, permettant ainsi à l'énergie individuelle d'ouvrir autant de circuits que possible au Treillis cosmique.

Les mouvements sont gracieux et simples à réaliser. La personne qui reçoit une séance d'harmonisation EMF peut formuler une intention pour à peu près tout, depuis la guérison jusqu'à l'autoconnaissance en passant par la simple diminution du stress ou la reconnexion à son ADN. Au fil du déroulement de la séance, un recâblage du champ énergétique de l'individu s'instaure et un nouvel ordre est créé au sein de ce champ, produisant une structure plus puissante pour recevoir l'énergie en provenance de la Source illimitée (Treillis cosmique). Une fois que les connexions ont été réalisées, nous observons fréquemment un accroissement très net du processus cocréatif de la vie. Le facteur déterminant est le développement de l'âme. Le processus d'harmonisation du champ électromagnétique peut, en un seul battement de cœur, provoquer un soulagement spontané, sans même qu'on s'en rende compte. Une fois cette structure en place, nous élevons notre propre fréquence vibratoire qui, à son tour, élève celle de la Terre. C'est ainsi que nous pouvons personnellement parvenir à ce que beaucoup estiment être une Ascension.

Kryeon nous rappelle que l'amour que nous avons offert au Créateur, aux Maîtres (tels que Jésus et Bouddha), à nos guides spirituels, à nos familles et à nos autres relations n'est que le reflet de l'amour que nous éprouvons pour nous-mêmes. En revendiquant cet amour, l'estime de soi s'accroît. Cet amour de notre Moi divin est immense, et notre organisme doit être suffisamment fort pour le recevoir. C'est pourquoi une préparation est nécessaire ! En gardant cet amour en nous-mêmes, nous parvenons à l'holisme. Nous partageons alors notre amour avec les autres selon une perspective différente, d'une façon que nous n'aurions peut-être jamais connue auparavant. L'activation et les exercices du TCU font partie intégrante de la préparation permettant de recevoir l'énergie de l'amour de soi et de l'estime de soi, alors qu'elle s'élève en nous, tel le phœnix. Il s'agit d'un don de l'Esprit alors que nous sommes touchés par la grâce. Depuis un certain temps, je n'avais pas parlé d'amour dans mon enseignement. J'estimai, au fil du temps, que ce mot était galvaudé. Puis, je rencontrai Kryeon. Comme mon cœur fut alors comblé ! L'énergie de la Terre est maintenant prête à recevoir le flot constant de l'amour, et nous serons en mesure de le canaliser. Nous pouvons y parvenir gracieusement, affectueusement et joyeusement, en utilisant le TCU.

Faire vibrer les filaments du Treillis de calibrage universel : une évolution électrique

Si vous souhaitez communiquer aisément avec l'univers, vous pouvez y parvenir grâce à l'entraînement. C'est très semblable à la façon dont on fait résonner un instrument à cordes. Vous êtes nombreux actuellement à pouvoir atteindre et à faire vibrer les filaments du Treillis cosmique, provoquant une vibration par la méditation, le travail sur l'énergie ou l'intention. En « grattant » d'abord les cordes du TCU, vous apposez votre signature personnelle à cette connexion et communiquez votre adresse à l'univers ! Les filaments extérieurs du TCU font partie de votre anatomie énergétique. Si vous les observez sur l'illustration précédente, vous pouvez ressentir qu'ils sont vivants et vibrants. Lorsque vous apprenez à utiliser ces filaments d'énergie, vous clarifiez et amplifiez votre communication avec le Treillis cosmique. La vibration qui en résulte au sein du Treillis peut désormais réagir avec vous directement et intimement. Entrer en contact avec le TCU grâce à votre connexion personnelle augmente considérablement votre capacité de prise en charge. Vous êtes invités à participer au schéma cosmique d'une façon que seuls les Maîtres avaient réalisée dans le passé. Vous êtes un maître, vous êtes une âme. Nous vous invitons à libérer votre propre maîtrise.

Nous avons effectué de grands changements sur cette planète et en nous-mêmes, grâce aux efforts de tous nos « guerriers de la lumière ». Notre anatomie énergétique reflète ces efforts, alors que nous nous apprêtons à embrasser autant de lumière et d'énergie que nous le pouvons. Notre dur labeur a contribué à la naissance de ce système énergétique contemporain, qui comprend le TCU. La composition minérale de nos os fait de notre squelette un parfait conducteur de l'énergie électromagnétique. Nous sommes tous bleu électrique à l'intérieur, quelle que soit la couleur de notre peau. La substance composant le TCU fait partie de votre champ énergétique et elle commence à prendre forme. Lorsque je travaille sur les schémas énergétiques, je réalise que j'ai le redoutable privilège d'être assise au premier rang pour observer l'évolution de la structure lumineuse. L'information présentée ici sur le TCU est le résultat du travail effectué sur des milliers de personnes, individuellement ou en groupes. (Voir illustration à la page 294.)

Les boucles du symbole de l'infini : le 8 renversé

Ahnya me révéla peu à peu l'existence des fibres décrivant un huit allongé qui irradie à partir des chakras et nous connectent au cœur même de l'énergie centrale. Il s'agit des boucles d'harmonisation du TCU. Ces fibres forment le symbole de l'infini représentant la connexion infinie existant entre le Créateur et nous. J'observai ces fibres lumineuses fournissant les informations en provenance de l'univers directement à l'organisme humain. Lorsque je m'aperçus que l'organisme renvoyait les informations au sein de huit renversés, je pris conscience que nous avions effectué un bond important en activant cette partie de l'anatomie énergétique. Voilà le moyen d'appliquer la cocréation dans le « ici et maintenant ». Le mouvement du retour de la vague d'énergie en provenance de l'univers apporte alors les expériences qui édifient votre future réalité.

Peu de temps après avoir observé la figure huit représentant le symbole de l'infini, je remarquai que les longues fibres qui dessinent la forme extérieure du TCU apparurent. Douze de ces longs filaments constituent la couche extérieure du TCU. Récemment, douze autres filaments situés au centre des boucles en forme de huit commencèrent à s'activer. L'intention et les exercices sur l'énergie, ainsi que le tracé des configurations lumineuses au sein du champ vibratoire, permettent au TCU d'adopter sa forme définitive. Quelle belle réalisation ! En utilisant le TCU, vous augmentez votre capacité à accueillir la nouvelle énergie au sein de votre organisme. Celle-ci, en retour, permet au TCU d'être complètement formé. Alors que vous lisez ces lignes et que vous étudiez l'illustration, vous stimulez l'énergie de ce Treillis au sein de votre être. Lorsque nous parvenons à une compréhension de base de la façon dont ce système fonctionne, nous prenons conscience que nous sommes véritablement les créateurs de notre propre réalité. En envoyant des message plus forts et plus clairs, avec amabilité et affection, nous créons une réalité plus forte et plus claire. À l'époque du 11:11, nous avons accepté une plus grande responsabilité pour nous-mêmes.

Le travail de Solara [la personne qui présenta la première l'événement du 11:11] impliquait une plus grande acceptation de notre propre énergie libérant nos archives personnelles dans nos champs énergétiques. Votre histoire – vos schémas héréditaires, vos vies passées et tous les événements que vous avez vécus au cours de cette vie – est archivée au sein des longues fibres d'information situées derrière vous. Ces enregistrements ressemblent à de petits disques de lumière qui contiennent l'information de façon électromagnétique. Lorsqu'une charge d'énergie excessive s'accumule autour d'un de ces disques, celui-ci se manifeste fréquemment sous la forme d'une réalité qui se répète régulièrement dans ce que nous appelons le temps présent. Si cette réalité est celle que l'on souhaite, c'est très bien. Mais, trop souvent, notre « mémoire énergétique » crée un schéma répétitif qui devient une ancre de négativité empêchant toute progression de notre part. En équilibrant les charges d'énergie au sein des longues fibres situées derrière nous, notre intention est de transmuter la « mémoire énergétique » ou le « passé » en une colonne de profonde sagesse. Nous libérons progressivement l'énergie négative en excès alors prête à être utilisée de façon beaucoup plus bénéfique, alors que nous cocréons notre réalité dans le MAIN-TENANT. Nous vivons une époque qui nous offre l'occasion de nous libérer de notre karma. Ces fibres servent de canaux transportant la quantité maximale d'énergie dont nous avons besoin pour revendiquer cet état de grâce personnelle.

Remarquez, dans l'illustration de la page 294, la colonne de pure lumière qui traverse verticalement le corps, de la tête aux pieds. Au centre de votre corps s'effectue la fusion des chakras. Il s'agit du centre énergétique, du circuit ouvert du TCU qui nous relie à la Source illimitée. Plus le flux d'énergie est important, plus grande est la connaissance spirituelle dispensée. Ainsi que Kryeon nous l'a déjà dit, la sagesse des âges se trouve en nous. L'intelligence spirituelle est inhérente à chacun de nous ; il nous appartient de formuler l'intention d'y recourir. L'union de l'Esprit et de la biologie est une réalité, et la tâche qui nous incombe est la création de cette réalité. Une caractéristique de ce processus est ce sentiment de paix profonde, quelles que soient les circonstances de votre vie. Vous souvenez-vous de la parabole de la fosse à goudron ? En relâchant les charges excessives d'énergie du passé et en renforçant votre propre énergie, la couche de « goudron » qui ralentissait vos progrès est éliminée. Vous vous dirigez dès lors vers un partenariat avec votre Moi divin, pour atteindre enfin le statut ascensionnel. Ici, en vous-mêmes, vous pouvez commencer à expérimenter l'éternel *maintenant*.

Plus vous êtes ancrés dans le *maintenant*, plus forte est la charge électrique que vous portez. La charge électrique de votre passé et celle de votre futur potentiel se nourrissent toutes deux dans l'instant présent. Le pouvoir nécessaire pour l'Ascension se trouve dans le présent unifié. Les filaments lumineux à l'avant du champ énergétique humain comprennent le champ des possibilités potentielles. En termes de temps linéaire, nous appelons cela le futur. C'est là que nous plaçons nos espoirs, nos rêves et nos souhaits. Nous plaçons également dans cette partie du TCU nos inquiétudes et nos craintes. Les disques de lumière contenus dans ces longues fibres d'information servent de transmetteurs qui attirent les énergies similaires. L'univers ne porte pas de jugement – nous disposons de notre libre arbitre. Nous sommes des êtres aux possibilités infinies. Selon la puissance de la transmission, une réalité potentielle peut se manifester. Bien sûr, lorsque nous nous concentrons positivement sur nos espoirs et nos souhaits, nous travaillons dans le but d'éliminer soucis et craintes. Ainsi, nous renforçons notre capacité cocréatrice en éliminant le « goudron » et en « semant » notre intention cocréatrice dans le champ des possibilités futures. Dorénavant, vous pouvez mieux comprendre les informations techniques concernant le TCU, ce qui survient lorsque vous cocréez, et la raison pour laquelle nous devenons ce sur quoi nous nous concentrons.

Le temps circulaire

En étudiant une fois encore l'illustration du TCU, remarquez comment l'énergie du passé, située derrière la silhouette, se connecte et fournit les informations à l'énergie du centre (le présent). Cette énergie centrale se connecte à son tour et fournit les informations à l'énergie du devant (le futur). Les canaux sont ouverts dans les deux directions : ainsi, le futur peut fournir des informations à la fois au présent et au passé. Ici, nous commençons à comprendre ce que signifie vivre dans une dimension temporelle circulaire. Cette connexion du passé, du présent et du futur crée l'éternel MAINTENANT. Le passé, le présent ou le futur n'existent pas. Seul existe le MAINTENANT. Cette information n'est pas nouvelle. Il y a presque vingt-cinq ans, j'ai lu (et adoré) le livre de Ram Dass, *Be here now* [Vivez ici et « maintenant » (NDT)]. Après toutes ces années d'étude, j'en reviens toujours à « vivre ici et maintenant ».

Toutefois, il y a une différence : nous pouvons réaliser cela d'une façon nouvelle pour nous grâce à l'ajustement magnétique que Kryeon est en train de créer sur cette planète. Kryeon nous encourage à vivre dans le maintenant lorsqu'il déclare, au cours d'un channeling, que « cette information est destinée à ceux qui entendent ces paroles dans l'instant présent, à ceux qui les écouteront sur une cassette dans l'instant présent, ou à ceux qui liront ces lignes dans l'instant présent ». À Portland, il nous a rappelé ceci : « Le temps est immuable ; sa configuration reste toujours la même. » Comme nous apprenons à vivre dans l'arène appelée temps circulaire, nous « portons une plus grande charge de notre être véritable ». La Technique d'harmonisation EMF et ces connaissances nous enseignent un moyen pratique de travailler dans le MAINTENANT.

Une exhortation au calibrage universel

Kryeon nous révèle que le Treillis cosmique constitue, aujourd'hui, l'un des outils les plus puissants de l'Esprit. Il incite les physiciens à étudier son énergie et promet que de grandes découvertes seront faites, pour le plus grand bénéfice du genre humain. Il nous invite également à atteindre une fréquence vibratoire qui nous permettra individuellement l'usage de l'énergie du Treillis cosmique. Afin d'utiliser davantage cette énergie dans notre vie quotidienne, nous devons renforcer et harmoniser notre propre anatomie énergétique. Le TCU est notre intermédiaire personnel avec la Grille énergétique cosmique. Ce processus d'évolution nous apportera, au sein de nos corps physiques, l'expression totale des êtres d'or que nous sommes. Cet alignement énergétique assure une union unique et interactive avec le Créateur. Le calibrage nous permet de recevoir et d'exprimer la charge électrique plus intense rendue possible par le travail de Kryeon. Nous appelons ce processus le nouveau câblage pour la nouvelle énergie. La charge électrique représente l'étincelle spirituelle ou le pouvoir qui réside en nous. Le but de l'exhortation à l'harmonisation universelle consiste à créer consciemment une union plus étroite avec l'infini, en recourant à notre intermédiaire personnel, le TCU. Les coïncidences (ou synchronicités) ne sont qu'un début ! Certains d'entre vous vivent la réalité selon laquelle leur foyer est situé là où ils se trouvent. Ainsi, la sensation de solitude s'évanouit, alors que le voile les séparant de l'Esprit devient toujours plus transparent. Ce processus s'est intensifié au début des années 90 et continuera jusqu'en 2012. Le travail sur l'énergie sera d'une importance capitale durant cette période.

Restaurer les lois électromagnétiques de l'amour

Les lois spirituelles de l'amour et de l'électromagnétisme attendent d'être découvertes et utilisées afin de reconnecter avec l'Esprit dans la cocréation et l'intégrité. Le TCU est vivant et vibre avec l'amour, et ceci doit être respecté. En interprétant les informations communiquées par Ahnya sur l'harmonisation de l'énergie, j'étais habituellement capable de suivre correctement les schémas énergétiques. Lorsque je m'égarais, Ahnya me remettait affectueusement et patiemment sur le droit chemin. J'avais l'impression que mes bras et mes mains ne m'appartenaient plus, alors qu'ils étaient doucement dirigés dans la séquence choisie. J'ai changé plusieurs fois de guides depuis cette époque, et, au début, il s'agissait de trois grands êtres de lumière dorée. Ils étaient toujours présents et se tenaient à ma gauche. Je les appelais affectueusement les « Trois Sages ». Un jour, il m'apparut claire-ment que le moment était venu de donner un nom à mon travail. Inspirée par une puissante guidance, je nommerai cette procédure « la Technique d'harmonisation EMF » (EMF signifiant « champ électromagnétique »). « Comment ! dis-je, ce n'est pas un bon titre ! C'est banal. Ne puis-je l'appeler *"Stargate"*, ou quelque chose du genre ? » « Non », répondirent-ils avec emphase. Et ces guides m'expliquèrent que dans un avenir proche, les gens seraient très avertis en matière de champ électromagnétique et que ce nom deviendrait très significatif. Rappelez-vous ! Cette information fut reçue en 1989. Nous savons maintenant que le champ électro-magnétique du corps humain détient de nombreuses clefs de notre évolution.

Les configurations énergétiques dorées
Diamants de lumière

Au fur et à mesure qu'Ahnya me communiquait ses infor-mations par channeling, je devins consciente d'une lumière dorée émanant de l'intérieur et irradiant tout autour de nous. J'aperçus également de nombreuses configurations de lumière cristalline. En canalisant ces configurations, je devins « énergétiquement sem-blable » à elles. Je ne puis vous décrire ce processus, mais, à ce jour, je suis « devenue » semblable à cinq de ces configurations. Elles ont la forme d'un diamant de lumière et d'énergie. Je les considère comme des outils représentant le cœur de la Technique d'harmonisation EMF. Ces configurations sont catalytiques alors que l'information est éveillée au sein du TCU de chaque individu. Elles me permettent d'enseigner la Technique d'harmonisation très rapidement et de procéder à des ajustements du champ d'énergie de mes étudiants, leur assurant ainsi l'accès immédiat au TCU.

Ces cours se composent d'un exposé, d'exercices pratiques et de communications mentales, soit la théorie, la pratique de technique gestuelle et le channeling pour ce qui est des instructions mentales. Cet enseignement est très visuel et facile à assimiler. Les participants sont joyeux et ressentent toujours l'aspect sacré et affectueux de l'énergie qui s'en dégage. Ces configurations d'énergie dorée sont tracées à l'intérieur du champ magnétique en une séquence répétitive de mouvements. Il en résulte une redéfinition de l'énergie ou une harmonisation avec des intentions spécifiques visant à activer et à renforcer le TCU et à le placer dans un état de grâce, sans avoir à revivre la douleur de l'insulte originale. Leçon apprise = sagesse acquise. Ce travail facilite également la compréhension de la dynamique née de la connexion électromagnétique entre humains. Lorsque nous travaillons ces schémas au sein du champ énergétique humain, les mouvements pratiqués sont gracieux et ressemblent à ceux du tai-chi. Les procédures sont précises et très complètes. Nous travaillons des pieds à la tête, du devant à l'arrière et de la tête aux pieds. Nous terminons toujours cet alignement universel par une profonde connexion à la Terre. Il est inutile de vous rappeler combien notre partenariat avec la Terre est sacré et impératif !

Les quatre phases de la Technique d'harmonisation EMF
Un survol rapide

Durant une séance de Technique d'harmonisation EMF, le processus de calibrage se produit pour chacun des participants, qu'il en soit conscient ou non. La plupart des gens ressentent un mouvement d'énergie à travers leur corps, mais ce phénomène n'est pas indispensable pour que la séance soit couronnée de succès. Chaque séance débute par les paroles suivantes : « Du Créateur en moi au Créateur en vous, ainsi que l'entourage qui

nous accompagne, commençons. » Ces mots permettent une reconnaissance mutuelle et honorent notre sagesse intérieure. La
méthode d'harmonisation EMF est composée de quatre phases ou
schémas énergétiques différents qui sont tracés au sein du champ
énergétique humain. Ces mouvements facilitent le calibrage,
lequel, en retour, renforce la connexion personnelle (ou, comme je
l'appelle parfois, la connexion ascensionnelle) au Treillis cosmique.

Chaque phase possède une intention spécifique

**Phase I : Équilibrer la sagesse et les émotions (l'esprit et le
cœur).** Ce premier schéma provoque une réduction du stress ainsi
qu'une sensation de liberté et de bien-être. Il est utile, au sein de la
nouvelle énergie, de comprendre ce que signifie penser avec le
cœur et ressentir avec l'esprit. Il s'agit d'apprendre à travailler
avec les fibres de lumière et d'énergie qui représentent une partie
de l'anatomie reliée aux chakras. Équilibrer sagesse et émotion est
important. Par sagesse, je fais allusion aux qualités mentales de
raisonnement, d'organisation et de compréhension.

**Phase II : Se concentrer sur l'autodétermination et
l'autonomie.** Ici, nous pouvons nous libérer calmement des
problèmes émotionnels accumulés au cours de notre histoire sans
qu'il soit nécessaire de revivre les événements douloureux qui les
ont provoqués. Notre intention est de transformer notre histoire en
un pilier de sagesse et une colonne d'énergie dorée qui nous centre
sur l'instant présent, favorisant ainsi notre autonomie. Plus
d'ancres énergétiques négatives de notre passé pour nous empêcher
d'avancer ! La question est : « Comment puis-je me connecter au
Grand Tout avec davantage d'efficacité ? » Voilà pourquoi la
compréhension des fibres que je distingue comme des disques de
lumière contenant des informations – hérédité, génétique, vies
antérieures, vie actuelle – est essentielle. Chaque détail est
enregistré. Le 8 mai 1999, Kryeon nous a parlé de l'enveloppe
magnétique de notre ADN, nous précisant que les scientifiques ne

pourraient la découvrir à moins de réaliser que « quelque chose manque », soit les codes magnétiques du Créateur.

Phase III : Intensifier l'énergie centrale. Cette phase nous permet d'irradier notre lumière intérieure. L'énergie platinée est présentée et une union se produit au sein de l'anatomie énergétique, alors que les chakras s'alignent sur l'énergie centrale. Cet alignement est nécessaire, alors que nous prenons davantage de responsabilités dans l'ordre universel. Ici, nous exprimons notre intelligence spirituelle et ressentons l'harmonie et le souvenir de JE SUIS ce que JE SUIS.

Phase IV : Se concentrer sur la réalisation énergétique. Nous possédons tous un potentiel auquel nous nous référons souvent comme notre futur. Au cours de cette phase, nous apprenons comment choisir et harmoniser des récepteurs et des transmetteurs spécifiques d'énergie au TCU, dans le but de cocréer notre vie avec l'Esprit. Nous calibrons cette partie du Treillis afin de pouvoir joyeusement cocréer nos potentialités avec elle. Quel privilège d'être un partenaire du Créateur !

Au cours de chacune de ces phases, le schéma est suivi de la manière déterminée, à l'origine, par l'Esprit. Mais le calibrage est toujours en harmonie avec la sagesse intérieure de chaque individu. Chaque être humain est unique. Aussi les résultats sont-ils toujours intéressants et individuels. Je suis toujours étonnée de la façon dont l'univers entretient des relations personnelles avec chacun d'entre nous ! Le Treillis cosmique fait partie intégrante de chacun d'entre nous et, de ce fait, nous sommes tous reliés les uns aux autres. C'est pourquoi Kryeon nous appelle membres de la famille.

Maîtrise : la position d'équilibre

L'un des points importants du travail en technique EMF concerne l'équilibre dans la vie quotidienne. Cette merveilleuse attitude est éprouvée régulièrement, alors que nous, notre Terre et l'univers continuons de calibrer les nouvelles structures de la réalité énergétique en plein développement. En maintenant cette position et en bénéficiant des hautes vibrations qui y sont associées, vous découvrirez que les éléments déséquilibrés peuvent tout simplement disparaître d'eux-mêmes. Vous avez alors recours à ce que l'on appelle la guérison. En maintenant votre équilibre individuel sacré, vous contribuez également à créer une sérénité et une stabilité exceptionnelles sur le plan collectif. Cet équilibre est la clef de l'expression de la grâce.

Souvenez-vous ! on nous a demandé d'exercer une certaine maîtrise. Parvenir à la maîtrise, c'est détenir l'intégralité des potentialités de notre être. Kryeon nous demande d'agir ainsi et affirme que nous pouvons le faire avec grâce. Certains d'entre nous peuvent y parvenir avec humour. (Ahnya nous déclare que l'on peut parfois agir comme des galopins cosmiques, à condition que ce soit avec amour et humour.) Pensez un instant à ce que vivre dans la maîtrise pourrait signifier pour vous : une attitude constamment paisible, un cœur joyeux, aucun jugement porté sur autrui, de la patience, de l'humour, de la gentillesse, de l'humilité, du calme, de la grâce, etc. Pratiquer la maîtrise implique la sagesse de savoir quand donner et quand recevoir ; elle implique également le discernement dont parle Kryeon.

En parvenant à la maîtrise de nous-mêmes, nous aidons les autres à atteindre cette maîtrise afin de pouvoir tous utiliser l'énergie pour parvenir à l'ascension. Il s'agit là d'un processus d'amour – nous rendons nos vies plus heureuses et élevons notre fréquence vibratoire en aidant les autres à élever la leur. L'un de nos enseignants en Technique d'harmonisation EMF a dit de ce travail : « Expliquer ce que l'on peut attendre de ce système représente une tâche impossible, car lorsque vous commencez à intégrer l'Esprit à la biologie, le résultat est différent selon chacun. Mais il permet d'atteindre ce qu'il y a de meilleur pour chacun d'entre nous, pour notre Terre et notre univers. »

Celui qui s'exerce aux martiaux devient un maître lorsqu'il apprend les mouvements et s'entraîne à adopter les bonnes postures afin de renforcer sa capacité à diriger l'énergie. Le violoniste professionnel consacre sa vie à la pratique de son instrument.

L'être humain éclairé peut s'exercer à la maîtrise en vivant sa vie comme si chaque instant était important et en assumant ses responsabilités en vue d'une croissance permanente. Il s'agit d'une stratégie spirituelle qui, lorsque combinée avec l'intention et l'intégrité, peut être pratiquée afin de rendre vos efforts de cocréation beaucoup plus puissants. J'enseigne cela dans chacun de mes séminaires de Technique d'harmonisation EMF. Tout d'abord, honorez votre histoire (votre passé) en exprimant votre gratitude pour la sagesse acquise. Ensuite, centrez votre énergie fondamentale (le présent), ce qui vous aligne et vous relie à la puissance illimitée. Enfin, parvenez, en équilibre, à la réalité potentielle (le futur). Ainsi, vous cocréerez sans cesse et avec une grande lucidité tout ce que vous souhaitez. Plus vous vivrez dans l'attitude d'un être humain ayant bénéficié d'un développement personnel, plus vous deviendrez autocompétent. Ce n'est pas très mystique, mais ça marche !

Une école avec des ailes

J'enseigne la Technique d'harmonisation EMF depuis huit ans. Mes années d'expérience m'ont permis d'acquérir une grande confiance vis-à-vis du programme et envers les Êtres de Lumière qui assistent à chacun de mes cours. Le séminaire d'introduction d'une journée s'adresse à tous ; il fournit d'utiles informations concernant le TCU et intègre des exercices énergétiques destinés à le renforcer et, grâce à des outils pratiques, à l'utiliser immédiatement. Ceux qui choisissent de continuer peuvent assimiler les quatre phases de la technique et devenir praticiens et même enseignants. Le diplôme de praticien des quatre phases et le programme de développement personnel nécessitent trois jours de formation de base et trois jours supplémentaires pour atteindre le niveau avancé. La formation est rapide, car elle fournit à chaque étudiant un alignement direct avec la nouvelle énergie. De plus, les instructions sont concises. Les mouvements sont gracieux et faciles à apprendre. L'énergie est autorégulatrice et autodirectrice. Elle circule dans le corps selon les besoins particuliers de chaque individu. Les séminaires de Technique d'harmonisation EMF sont en soi des événements énergétiques ! Certaines personnes apprennent les techniques pour leur usage personnel ou pour les enseigner ensuite à leurs parents et amis. D'autres le font dans le but de perfectionner une pratique déjà entamée. D'autres encore s'y familiarisent de façon à embrasser une nouvelle carrière en qualité de praticien en Technique d'harmonisation EMF. Pour ceux qui se sentent particulièrement attirés par ce travail, un programme d'enseignant certifié est également offert. Chaque enseignant doit suivre avec succès à la fois le programme de formation du praticien et le programme spécifique de six jours qui s'y rattache. Un enseignant est qualifié pour appliquer les quatre phases de la technique et pour les enseigner aux autres.

Associer l'Esprit et la biologie grâce au TCU

Kryeon nous enseigne que la conscience humaine a élevé la fréquence vibratoire de la Terre et qu'elle a modifié les lois physiques de notre propre réalité (les channelings du New Hampshire que vous venez de lire). L'humanité a progressé afin d'assumer ses responsabilités et de se rapprocher du statut ascensionnel. En effet, nous avons déjà atteint une certaine masse critique. Au fur et à mesure que nous développons notre maîtrise de nous-mêmes, nous accaparons autant de lumière et d'énergie que nous le pouvons. Le TCU est le résultat de ce travail effectué par les guerriers de la lumière partout dans le monde. Nous sommes capables d'utiliser un schéma énergétique horizontal en vue de renforcer le processus cocréatif ; grâce à ce mécanisme, nous avons attiré l'énergie cocréatrice dans le « ici et maintenant ». Nous avons tous participé à ce processus évolutif, car nous sommes les instruments de sa réalisation. Il est clair que les dons du Nouvel Âge sont le fruit d'un partenariat sincère entre l'Esprit et nous.

En atteignant l'intégralité de notre potentiel, des changements physiologiques surviendront. Nos hormones sécréteront différemment. Ceci provoquera une réaction chimique au sein de notre cerveau et de notre organisme, lequel, à son tour, nous préparera pour l'Ascension afin de vivre un Nouvel Âge et une nouvelle réalité. Lorsque l'énergie parcourra l'intégralité de notre champ magnétique – grâce à l'énergie de notre organisme –, elle affectera le corps physique par ces modifications chimiques et hormonales. Pour finir, le corps sera capable de se guérir et de se régénérer autant de fois qu'il le désirera, à une vitesse étonnante, ce qui explique l'accroissement de la durée de vie dont Kryeon nous a parlé. De plus, nos processus d'apprentissage se modifieront et nous assimilerons les connaissances de façon totalement nouvelle en sachant comment nous connecter à la conscience collective afin d'obtenir les informations nécessaires.

Le TCU s'instaure dans notre cœur, au sein de notre âme/Moi divin. Il renforce notre organisme et le place dans un état de grâce semblable à celui atteint par un être humain totalement auto-compétent. C'est là que notre connexion personnelle avec le Grand Tout collectif commence. Chacun d'entre nous est dépositaire d'un fragment de la vérité collective. Sur le chemin du succès spirituel, alors que nous aidons un autre être humain à parvenir à exprimer totalement son potentiel divin, nous nous aidons nous-mêmes – car nous sommes tous connectés ! Comme Kryeon le dit : « L'énergie est en train d'être libérée et le temps est altéré – grâce à l'intention humaine. Il n'y a pas de plus grand pouvoir dans l'univers que l'*intention humaine* et l'*amour*. » (Voir channeling du New Hampshire.) Kryeon nous rappelle également combien l'Esprit nous aime. Notre connexion personnelle au Treillis cosmique nous permet d'exprimer magistralement l'amour, de croître dans l'amour et d'*être* l'amour illimité de l'Esprit.

Une célébration pour le calibrage

Mon mari, Stephen, représente la seconde moitié du travail sur la Technique d'harmonisation EMF. Lui et moi présentons nos séminaires dans le monde entier. Nous activons les configurations lumineuses, d'un être humain à l'autre. On trouve actuellement des enseignants de la Technique d'harmonisation EMF dans sept pays : les États-Unis, la France, le Canada, l'Australie, la Nouvelle-Zélande, la Grande-Bretagne et Singapour. Mon maître/partenaire, Ahnya, l'entité lumineuse qui me communique toutes ces informations, irradie l'amour et la joie en cet instant précis. Elle me charge de vous dire quelque chose que je prends toujours plaisir à transmettre à mes étudiants : les longues fibres de la grille qui vous entoure m'apparaissent fréquemment comme semblables à des ailes !

Namaste, chère famille.

Peggy Dubro

Pour en savoir plus

Site Web : www.EMFBalancingTechnique.com
Contact : Energy Extension, Inc., 624 Main Street, Suite 77, Norwich, CT 06360
Courriel : energyinc@aol.com
(L'affiche de méditation TCU en couleurs (page 294) et la cassette ou le CD de l'exercice portant sur la spirale d'énergie sont également disponibles.)

Au Québec :
Rolande Dussault
Tél. : (514) 843-6902, courriel : rolandedussault@videotron.ca

En France :
Laurent Gauthier
Tél. : 04.76.85.32.57, courriel : solaire33@yahoo.fr

En Belgique :
Philippe Dewasme
Tél. : 65.37.72.60, courriel : philippedewasme@infonie.be

« Celui qui prend place au centre de ses propres créations,
celui-là est serein.
Comment pouvez-vous craindre ce que vous créez ?...
Ce qui est créé appartient à son créateur.
Le créateur, c'est vous ! »

CHAPITRE CINQ

VERS UNE RÉALITÉ TRANSFORMÉE

Partie 1

TEMPS ET RÉALITÉ
Indianapolis, Indiana (Juin 1999)
Auckland, Nouvelle-Zélande (Août 1999)

Salutations, très chers, je suis Kryeon, du Service magnétique. Cette réunion est précieuse et empreinte d'un sentiment intense d'amour et d'espoir. Nous avons déjà, dans le passé, adressé ces paroles à tant d'entre vous, qui sont venus et repartis, passant si peu de temps dans leur véritable foyer. Et vous voilà maintenant à une époque dont les transformations sont immenses, sur une planète qui résonne de profondes modifications vibratoires. L'être humain arrive sur terre et se demande où se trouve sa puissance, ne comprenant plus qui il est. L'humanité craint les changements climatiques, sans jamais réaliser que la Terre est son partenaire. Sachez que vous êtes en contrôle. Vous êtes une partie d'un grand ensemble.

J'aimerais vous révéler le sens de mon accueil lorsque je vous déclare : « Je suis Kryeon, du Service magnétique. » Peut-être avez-vous pensé que je m'identifiais à vous ? Dans ce cas, vous avez bien raison. Mais il y a tellement plus que cela, car, au sein de ma phrase, se dissimule un aveu. Dans cet énoncé, « JE SUIS » représente une salutation de la part de la conscience collective qui transmet une énergie. Lorsque Kryeon déclare « JE SUIS », il s'agit de la description de la connexion qui *vous* relie à lui. Car le deuxième mot de cette déclaration, le « SUIS », désigne la famille. Cette affirmation signifie : Kryeon est une partie du Tout, et le « SUIS » vous représente, vous qui êtes également une partie de l'ensemble. Ainsi, lorsqu'une autre entité utilisera les mots « JE SUIS », vous saurez et comprendrez qu'il s'agit d'une reconnaissance de la famille et non d'une simple salutation. C'est là une salutation sacrée qui s'adresse à la partie la plus élevée de vous-mêmes. Il s'agit donc d'un accueil de la part de la famille !

Ce sont les parties les plus élevées de vous-mêmes, membres de la famille, qui sont assises avec moi aujourd'hui. En ce lieu harmonieux, nous allons vous communiquer certaines informations que vous devez connaître. Lorsque nous aurons terminé, peut-être saisirez-vous mieux ce qui vous est présenté dans cette nouvelle énergie. Mais je souhaiterais continuer encore un peu cette discussion sur le « JE SUIS ». Cet énoncé contient bien davantage que ce qu'il semble exprimer, car en lui se trouve une énergie intraduisible. Lorsque vous lisez : « JE SUIS, CE QUE JE SUIS », cela sous-entend la reconnaissance de l'instant présent. Cet énoncé fait référence à un cercle qui encercle. Le « SUIS », qui est à l'intérieur du cercle, est en rotation ; quant au « JE », qui est au milieu, il est également en rotation. Nous sommes en train de vous fournir les symboles du « maintenant ». Très chers, nous sommes à vous communiquer la géométrie d'un cercle parfait, en base 12, parce que vous avez besoin d'entendre ces paroles. Nous avons sans cesse répété que nous vivons dans le « maintenant ». Vous autres, humains, vivez dans une dimension temporelle linéaire. Cette explication va bien au-delà d'un simple énoncé. Elle signifie désormais bien plus pour vous, dans cette nouvelle énergie. Voilà le thème de la discussion de ce soir. Car il est temps, maintenant, que vous commenciez à comprendre l'attribut inné de votre propre essence qui n'est pas défini par une ligne droite, mais par un cercle. La géométrie qui définit les membres de la famille rassemblés ici ce soir, ou qui lisent ces lignes, ne contient que très peu de lignes droites, car elle est essentiellement composée de cercles. Les quelques lignes droites servent principalement à créer la symétrie et la forme des cercles. Ces lignes se répètent presque toujours, culminant dans leur perfection.

Dans votre état naturel et sacré, vous ne verrez jamais une ligne droite parvenir à l'infini. Cette géométrie ne fait pas partie de qui vous êtes en votre qualité de fragments divins. Il s'agit plutôt de ce qu'un être humain perçoit, de quelque chose d'unidimensionnel et de très linéaire. En vous retournant pour examiner la voie parcourue, vous ajoutez une dimension. Cela devient bidimensionnel. Si vous regardez vers le haut, cela devient tridimensionnel. Si vous tenez compte du temps nécessaire pour aller d'un point de votre chemin à un autre, cela devient quadridimensionnel. Les êtres humains évoluent dans ces quatre dimensions pendant environ 90 % du temps. Et pourtant, nous voici, vous demandant d'évoluer dans les plans à cinq, six et sept dimensions, en *élevant votre fréquence vibratoire* ! Ce bond interdimensionnel est bien possible, mais pour l'accomplir vous devez vous *situer dans le maintenant*. Comme cela vous a été dit, il s'agit du sujet de ce message – vivre au-delà de votre dimension apparente, dans l'instant présent. Nous avons auparavant discuté de la nécessité dans laquelle se trouvent les « guerriers de la lumière », ces êtres humains éclairés, de parfaitement assimiler le concept du « maintenant ». Cela vous permettra de faciliter votre transition vers la nouvelle énergie qui flotte au-dessus de vos têtes alors que nous parlons ensemble.

Comprendre les enfants indigo

Je vais ici vous communiquer certains attributs du « maintenant », attributs auxquels vous n'avez peut-être jamais pensé. Nous vous entraînons dans ce voyage documentaire afin de vous convaincre de la nécessité de bien comprendre vos nouveaux enfants. Les enfants indigo naissent avec des caractéristiques que vous ne possédiez pas à votre naissance, et mon partenaire Lee a déjà mentionné ce fait. En effet, ils contemplent le monde et, au plus profond de leurs cellules, déclarent : « C'est bien. Je mérite d'être ici. » Leur esprit ressent un sentiment d'appartenance, de mérite et sait ne pas être ici par hasard. Il n'existe aucune confusion et rien n'est dissimulé. Tout est bien. L'accouchement se passe harmonieusement, et, lorsqu'ils naissent, ils réalisent qu'ils s'attendaient à venir ici. En ouvrant les yeux et en contemplant ceux de leurs parents, ils aperçoivent la famille spirituelle qu'ils espéraient trouver. Vous vous demandez pour quelle raison ils agissent fréquemment de façon majestueuse ? Jusqu'au jour où vous leur montrerez une autre image de vous, ils contempleront le roi et la reine qui sont en *vous* !

Trouvez-vous étonnant que, dès qu'ils peuvent s'exprimer, ils parlent souvent des endroits où ils se sont trouvés et de leurs personnalités avant de naître sur terre ? Voyez-vous, ils pensent que vous êtes également au courant de tout cela. Ils ne peuvent imaginer le contraire. Après tout, vous êtes les êtres emplis de sagesse qui les ont enfantés ! C'est souvent la prise de conscience catastrophique de votre manque de compréhension dans ce domaine qui provoque leur repli sur soi et leur isolement social.

Ces enfants possèdent une caractéristique que vous n'avez pas encore décelée. Elle n'est même pas décrite dans le nouveau livre *Les Enfants indigo*. Voyez-vous, contrairement à vous, ils sont dotés d'attributs – inscrits dans leur ADN – qui leur permettent de comprendre le concept du « maintenant ». Comment un enfant peut-il posséder cette sagesse ? Comment peut-il avoir une meilleure façon de faire fonctionner les choses que le système proposé par les adultes ? Comment peut-il comprendre le fonctionnement d'un système qu'il n'a jamais vu auparavant ? La réponse à ces questions est la suivante : il a déjà entrevu tout cela dans le cercle du « maintenant ». Ces enfants possèdent la faculté du « déjà-vu », de la connaissance a priori des lieux et des choses. Cette faculté explique aussi l'apparente difficulté de les discipliner. Avez-vous jamais tenté d'expliquer à une personne quelque chose qu'elle savait déjà ou qu'elle maîtrisait peut-être mieux que vous ? Pensez-y. L'exemple peut sembler quelque peu outrancier quand il est question d'enfants, mais c'est pourtant exactement de cela qu'il s'agit.

Permettez-moi de vous expliquer la différence entre le temps linéaire et le temps « instantané », et ce, d'une façon à laquelle vous n'avez peut-être jamais pensé. Ce temps « instantané » représente une manière spirituelle d'exister avec laquelle vous allez devoir vous familiariser. Je vais vous entretenir de certains attributs de l'humanité afin de vous montrer combien il vous est nécessaire de bien saisir la différence entre la perception linéaire et la perception instantanée. Cette compréhension vous permettra également de mieux appréhender la raison pour laquelle l'enfant indigo est un être serein, un être équilibré. Très chers, l'enfant indigo n'est déséquilibré que lorsque son environnement le *déséquilibre*.

Lorsque vous déstabilisez un indigo, croyez-moi, il s'agit d'un déséquilibre *épouvantable* ! Lorsque vous déséquilibrez une dynamo, elle vole en morceaux. Les indigo ont un besoin vital d'équilibre. C'est leur état naturel et cet état appartient au « maintenant ».

Percevoir à la fois le futur et le passé

Les êtres humains distinguent une voie devant eux et une autre derrière eux. Semblable à une voie ferrée infinie sur laquelle le train de la vie se déplace, l'être humain peut également comprendre la notion d'infini – quelque chose qui ne se termine jamais, une voie qui avance sans fin. Cependant, il ne peut concevoir quelque chose n'ayant aucun commencement (l'infini dans la direction contraire). Et il existe une excellente raison à cela. Dans l'état sacré qui est le vôtre, rien ne se réfère à une ligne droite ayant un commencement. Cependant, dans la dualité, il est très fréquent qu'un membre de la famille réponde en rapport à ce sujet : « *Je ne peux imaginer que quelque chose n'ait pas d'origine.* » Encore une fois, c'est parce que cette question d'avoir une origine est totalement étrangère à votre nature cellulaire qui, elle, existe dans la dimension circulaire.

Si vous pouviez véritablement distinguer la ligne droite qui disparaît derrière vous et dans l'horizon infini qui vous fait face, vous sauriez. Telle une route parfaitement droite qui finit tout de même par se rejoindre, parce que la Terre est ronde. Ainsi, même une ligne unidimensionnelle apparemment droite forme, en réalité, un cercle. La notion de « non-commencement » que vous ne pouvez comprendre est, en réalité, ce que vous voyez dans le futur.

Si vous fixez suffisamment longtemps le futur, vous tourmentant au sujet de ce qui peut bien se trouver là-bas, celui-ci vous rattrape et vous heurte par derrière.

Ce discours peut vous paraître énigmatique, mais nous espérons que tout s'éclaircira au fur et à mesure de nos explications. Quelle est la différence entre l'être humain qui se meut sur une ligne droite située dans une dimension temporelle linéaire et l'être humain qui se tient dans un cercle ? Pendant quelques instants, imaginez-vous cheminant le long d'une voie toute droite. Certains d'entre vous parviennent à se visualiser en train de suivre cette voie et sentent que plus la direction est rectiligne, mieux cela vaut. Car vous pourriez penser : « En effet, la voie lumineuse que je suis est droite comme une flèche ; c'est celle de la conscience spirituelle. » Selon l'humanisme, il existe toujours un horizon. Comme vous ne distinguez rien au-delà, il y a donc toujours quelque chose qui semble caché et qui stimule la création du karma. Quelque chose comme la peur et l'angoisse, comme la synchronicité lorsque nous commettons des erreurs, comme la découverte de l'estime de soi. Selon vous, il y a toujours quelque chose de dissimulé à vos yeux, juste au-delà de l'horizon, et vous n'avez aucune idée de ce qui va se passer ni quand cela sera. Il s'agit là d'une véritable limitation de la conscience humaine et d'une façon de penser particulièrement unidimensionnelle qui reflète une perception de la vie héritée de l'ancienne énergie.

Humains qui êtes en apprentissage et en train de vous éveiller spirituellement, qui comprenez qu'au lieu d'assister à la fin du test, vous vivez l'aube d'une nouvelle Terre, le moment est venu de vous installer dans le « maintenant ». Ce qui fut, un jour, considéré comme la fin, est en train de se transformer en un nouveau début. Vous souvenez-vous de ce que nous venons de dire au sujet de la voie rectiligne ? Celle-ci se rejoint à un certain point de l'horizon. Ce qui semble être une fin n'en est pas une. Voilà pourquoi les enfants indigo sont ici, car ils sont supposés vous rencontrer à la fin présumée de la voie terrestre, afin de vous guider vers la transition menant de la fin au renouveau.

Imaginez ceci : la vie est un cercle. Tenez-vous, avec moi, au sein de ce petit cercle. Apercevez-vous la voie qui nous entoure ? Vous la distinguez totalement. Maintenant, considérez-la attentivement, puis tournez sur vous-mêmes et contemplez ce qui se trouvait derrière vous et qui se courbe pour devenir votre futur. Tout est là. La voie est entièrement visible, aucune partie ne vous est dissimulée. Bénis soient les enfants indigo, car ils savent que tout se trouve là, devant leurs yeux. Voulez-vous savoir pourquoi l'enfant sait tout de vous ? Voulez-vous savoir pourquoi les enfants savent mieux faire les choses que vous ? C'est parce qu'ils vivent une existence circulaire et qu'ils en ont conscience. L'enfant vit parmi vous, appartient à l'humanité, mais connaît la sagesse du passé. Il a l'intuition de vivre dans le « maintenant », contrairement à vous. Lorsque vous demandez à un indigo de faire quelque chose de nouveau, il accepte fréquemment de relever ce défi. Et, quand vous le voyez en train d'apprendre, vous pouvez remarquer qu'il est, en réalité, en train de se souvenir. Ce qu'il apprend n'est pas vraiment nouveau pour lui.

Analyser l'enveloppe cristalline

Permettez-moi de vous expliquer la différence entre l'ADN des enfants indigo et *votre* ADN. Nous voici, à nouveau, en train de parler biologie. Une partie de ce que nous dirons le sera sous forme imagée, le reste sera réel et concret. Nous avons déjà fait mention de l'enveloppe cristalline qui entoure l'ADN. Il s'agit là d'une image. L'enveloppe existe, mais vous ne pouvez la distinguer avec vos instruments. L'enveloppe cristalline est une métaphore. Dans le mot « cristalline » réside une réminiscence d'énergie. Ceux d'entre vous qui ont déjà utilisé l'énergie cristalline, soit par le truchement de pierres et de gemmes, soit sur le plan astral, ont ressenti le même type d'énergie, la trace d'une empreinte. Au sein de toute structure cristalline se trouve une mémoire et un ensemble d'instructions en attente d'être communiquées. Je ne m'attends pas à ce que vous compreniez tout cela à l'instant même. Ce qui va suivre sera une description mécanique qui pourra vous servir de temps à autre. L'information communiquée à l'ADN est la conscience de l'état « présent » et non pas de l'état linéaire. Cette information est à la fois spirituelle et biologique.

L'enveloppe cristalline entourant l'ADN contient l'intégralité de la mémoire d'un code génétique parfait. Non seulement un tel code contient-il une longévité potentielle de 950 ans, mais il comporte également la conscience chamanique. Nous avons déjà traité de cela. Souhaitez-vous savoir d'où proviennent les guérisons miraculeuses ? De vous-mêmes, grâce à votre processus divin personnel. En vous se trouve une entité divine appelée le Moi divin. Et il ne s'agit pas simplement d'une énergie angélique ou spirituelle, puisqu'elle s'unit à votre propre biologie. Il s'agit plutôt d'un membre de la famille divine. Ainsi, les lois physiques et chimiques activées lors d'une guérison miraculeuse le sont grâce à la mémoire cristalline qui transmet lentement à l'ADN les instructions voulues afin de ramener la perfection, l'enveloppe cristalline connaissant parfaitement la perfection du code. En définitive, c'est l'enveloppe qui contrôle spirituellement l'évolution humaine.

Peut-être vous demanderez-vous alors ce qui active l'enveloppe ? Comment vous pouvez y avoir accès ? Très chers, cela concerne le fait que la seule planète du libre choix est la vôtre et que vous pouvez choisir à tout moment d'activer cette enveloppe. C'est l'intention de l'individu empreint de pureté qui découvre sa divinité et déclare à son propre organisme : « Le moment est venu de modifier l'enveloppe, de modifier quelque peu l'ADN et la mémoire, afin de les rendre encore plus parfaits. » Ce processus transformera véritablement la planète elle-même.

Le scientifique, quant à lui, tente toujours de découvrir ce processus. Comment l'enveloppe communique-t-elle avec l'ADN ? Voici un premier élément de réponse : le magnétisme ! Celui-ci ne provoque pas le changement, mais sert plutôt de vecteur à la modification. En effet, les instructions partent de l'enveloppe vers l'ADN, utilisant le magnétisme ainsi qu'un jeu de codes qui s'adressent à l'ADN. Ces instructions disent : « Il faut maintenant que s'améliorent nos systèmes génétique et biologique. Augmentons l'équilibre de notre conscience cellulaire. » Améliorons notre communication interne. Voici ce que contient l'enveloppe. Comment fonctionne-t-elle ? Par magnétisme.

Nous allons vous fournir un autre élément. Il s'agit cette fois du même processus que celui qui agit au sein de la structure cellulaire de votre cerveau. Les synapses que vous appelez intelligence et conscience composent une sorte de système électrique dont les divers éléments ne se touchent pas. Les différentes parties biologiques sont très proches les unes des autres mais ne se touchent pas. Comment les messages peuvent-ils être transmis d'un endroit à un autre, à une vitesse incroyable, alors que les *fils* ne se touchent même pas ? Apparemment, c'est là un mystère. Cependant, il s'agit de la même méthode de transfert que celle activée en cet instant même dans votre cerveau (pendant que vous lisez ces lignes). Elle vous permet de penser et d'avoir une conscience humaine. Il s'agit d'un processus que votre science comprend parfaitement lorsqu'il s'agit d'électricité, de flux. On appelle cela inductance.

Voici une information que nous n'avons encore jamais partagée avec quiconque. Il ne s'agit pas de prédiction, mais bien de l'explication de la manière dont fonctionne votre biologie interne. Un jour viendra où votre science reconnaîtra ce fait, et vous vous souviendrez d'avoir entendu ou lu cette information en primeur. Récemment, vos scientifiques ont découvert que l'ADN n'était pas qu'un simple filament et qu'il avait la forme d'une boucle ! Cela signifie qu'il se referme sur lui-même, tel un cercle ! Surpris ? Vos savants ont également découvert que l'ADN conduit l'électricité de la même façon qu'un câble maintenu à basse température. En d'autres termes, votre science vient de découvrir que l'ADN est un super conducteur de courant !

Voici un scénario auquel vous devriez réfléchir. L'ADN est constitué de codes regroupés en boucles et traversés par un courant continu qui crée un petit champ magnétique permettant le transfert des informations. Vous autres, scientifiques, vous êtes-vous jamais demandé pourquoi les mailles de l'ADN sont entortillées ? Une partie de la réponse réside dans le fait qu'il s'agit de magnétisme, donc de polarité. Les protéines polarisées au sein de leur groupe de 12, codées et tressées, se meuvent en une torsade provoquée par le phénomène d'attraction et de répulsion de la polarisation magnétique.

Le système magnétique terrestre, ou grille magnétique, procure à l'enveloppe cellulaire la possibilité d'accomplir des miracles. Comme nous vous l'avons dit en 1989, nous sommes ici pour modifier cette grille magnétique. Maintenant, vous en comprenez la raison ! Non seulement la modification de la grille affecte votre spiritualité, mais elle vous permet aussi une considérable amélioration de votre santé au niveau cellulaire. Lorsque cette information commença à circuler, vos scientifiques niaient tout effet de la grille magnétique sur votre organisme. Aujourd'hui, plus de dix ans plus tard, ils en savent davantage et ont découvert que les effets du magnétisme sont profonds et variés non seulement sur les créatures vivantes, mais également au niveau cellulaire de *toute matière vivante*.

Ainsi, la grille magnétique terrestre permet-elle à l'enveloppe cellulaire d'accomplir sa tâche consistant à transmettre les nouvelles informations à l'ADN. À votre avis, quel est le catalyseur qui permet aux instructions de l'enveloppe d'être transmises à l'ADN ? Il s'agit d'une profonde énergie capable de transformer la matière et que l'on appelle la conscience spirituelle de l'intention. Lorsque l'intention est formulée, l'enveloppe relâche ses informations magnétiques, qui interceptent les champs magnétiques des boucles fermées de l'ADN. Ainsi, selon le principe de l'inductance, les informations sont alors transmises au sein de la polarité de votre structure cellulaire.

L'essentiel de cette structure est déjà en place chez les indigo, qui possèdent d'ores et déjà ce que vous devez travailler à obtenir. Leur ADN a reçu bien davantage de codes et de mémoires que vous, à votre naissance. Vous commencez maintenant à bénéficier des qualités qui sont les leurs à leur naissance, d'une capacité à comprendre et à travailler à partir d'un nouveau concept. Voilà pourquoi nous disons des indigo qu'ils constituent la prochaine évolution spirituelle de l'humanité.

Vivre dans l'instant présent

Comment pouvez-vous vivre l'instant présent ? Qu'est-ce que cela signifie ? En quoi l'instant présent est-il différent de la linéarité ? Comment l'utiliser concrètement ? Parlons de ce sujet, de la raison pour laquelle la peur, l'angoisse, la synchronicité et même l'estime de soi représentent des moments difficiles pour l'être humain linéaire. C'est parce que vous vivez sur une ligne droite. Quelle est la différence entre un être humain éclairé se tenant au milieu d'un cercle et celui qui vit linéairement ? Je vais vous le dire. Attardons-nous d'abord sur la peur. Nous en avons déjà fréquemment parlé et il est temps, maintenant, de vous fournir des informations supplémentaires.

Qu'est-ce que la peur ? En fait, elle survient lorsque quelque chose est dissimulé. Éprouveriez-vous de la peur si votre avenir était clairement exposé devant vous ? Que va-t-il se passer ensuite ? Si vous connaissiez la réponse à cette question, seriez-vous effrayés ? Seriez-vous angoissés si vous saviez tout cela ? Bien sûr que la réponse est non ! Cependant, celui qui se tient dans son cercle a une vue d'ensemble complète et globale. Rien n'est caché. Il s'agit là de sagesse spirituelle, et cette personne est totalement sereine.

Vous pourriez penser : « *Oh, Kryeon, quelque chose ne va pas ! Nous vivons dans une dimension linéaire. Nous ne pouvons rien y changer. Il y eut hier, il y a l'instant présent et il y aura demain. À moins de modifier tout cela, j'ignore ce qui aura lieu demain. En fait, vous nous avez déclaré que personne ne peut connaître l'avenir, car nous transformons l'énergie au fur et à mesure de notre progression.* »

C'est vrai. Aussi, que se passe-t-il dans le cas d'un homme vivant dans un cercle et qui se trouve placé dans une dimension linéaire ? Je vais vous donner un indice. Imaginons un être humain situé dans une dimension temporelle linéaire. Il se tord les mains d'inquiétude et craint le lendemain, car il ignore ce qui se produira dans l'avenir. Maintenant, placez cet être humain dans un cercle de l'instant présent. Sait-il de quoi sera fait demain ? Non. Alors, quelle est la différence ? Soyez attentifs, car voici la clef : celui qui fait appel à sa divinité intérieure et qui, de ce fait, cocrée sa propre réalité, contrôle en fait ce qu'il ne comprend pas et ce qui est apparemment caché. Celui qui s'assoit au centre de ses propres créations est serein. Comment pouvez-vous craindre ce que vous créez ? Pensez-y. Ce qui est créé appartient à son créateur. Et le créateur, c'est *vous* !

À vous qui avez peur, qui êtes angoissés, je vais donner un autre exemple. La synchronicité vous préoccupe, n'est-ce pas ? Certains diront : « *Kryeon, parlez-nous de la synchronicité. Nous ne la comprenons pas. Que se passera-t-il si nous n'en profitons pas ?* » Visualisez à nouveau votre voie, en cet instant précis. La plupart des êtres humains apercevront la route vers l'infini, telle une flèche au-delà de l'horizon. Mais cela ne représente pas du tout la voie ! Visualisez maintenant une voie circulaire. Vous me rétorquerez sans doute : « *Kryeon, cela signifie que je vais tourner en rond !* » Eh bien, c'est exact ! (rires)

Qu'est-ce que cela vous apprend ? Simplement que vous parcourez sans cesse le même trajet. Rien n'est vraiment nouveau ! Comment un guerrier de la lumière affronte-t-il une situation que d'autres jugeraient accablante ? Comment trouve-t-il la paix dans de telles circonstances ? Que connaît donc le gourou, que vous-mêmes ignorez ? Comment certains peuvent-ils rester parfaitement sereins alors que le chaos règne autour d'eux ? Que savent-ils que vous ignorez ? La réponse à toutes ces questions est la suivante : ils ne craignent pas ce qu'ils ont créé et contrôlent parfaitement. Au contraire, ils sont paisibles, car ils prennent place dans le cercle qui leur permet de créer leur propre réalité. Bien qu'ils ne puissent distinguer ce qui se trouve au-delà de l'horizon, ils possèdent l'assurance spirituelle de ce qui s'y trouve. Ils savent que le futur et le passé ne font qu'un et que rien n'est véritablement inconnu. Vous allez peut-être me dire : « *Kryeon, que se passera-t-il si je commets une erreur, si je rate mes synchronicités ? Parfois, je reste bloqué sur place, incapable d'avancer ou de reculer.* » Je vais vous expliquer ce qui se produit lorsque vous pensez être immobilisés sur place. Comme je vous l'ai déjà dit, vous êtes placés dans un cercle. Où est la famille ? Elle est entre vous et le centre du cercle. Souvent, vous prenez une direction et la famille, une autre. Si vous pouvez comprendre la notion de cercles concentriques, vous pourrez visualiser cette situation. Alors que votre cercle peut parfois se situer du côté extérieur et que vous vous dirigez dans le sens des aiguilles d'une montre, fréquemment, la famille se dirige dans le sens contraire. Si vous vous arrêtez, elle continue ! Ne soyez pas surpris, alors que vous pensez être coincés sur place, de constater, rétrospectivement, que c'est nous qui vous avons arrêtés afin de rétablir la synchronicité entre nous ! Et, alors que vous vous tordez les mains d'inquiétude, vous demandant ce qui se passe et priant afin de pouvoir continuer votre route, l'Esprit dresse devant vous un panneau de stop géant sur lequel est écrit : « Veuillez attendre, s'il vous plaît. » Durant un tel événement, l'être humain se demande souvent ce qui ne va pas. Ceux qui vivent dans le « maintenant » comprennent que tout va bien et célèbrent cet événement, car ils réalisent que cet arrêt va permettre la manifestation de ce qu'ils ont réclamé.

Élever sa fréquence vibratoire

Le cercle est une figure divine. Parfois, il se déplace à des vitesses fantastiques et, d'autres fois, il reste immobile. Parfois, le centre se déplace plus rapidement que la périphérie et des phénomènes de synchronicité vous sont offerts, même si vous êtes arrêtés et en attente de quelque chose. Parfois également, ces phénomènes surgissent de derrière vous ! J'aimerais appeler ce processus *amour, attention, protection*. Nous autres, membres de votre famille, vous soutenons en permanence. Quels furent les premiers messages de Kryeon en 1989 ? Vous avez des guides. Vous n'êtes jamais seuls. Nous vous connaissons et savons les épreuves que vous avez traversées. Rien n'a changé. Vous voici maintenant en 2000, entourés d'un cortège qui vous a accompagnés toute votre vie. Certains d'entre vous possèdent un cortège dont ils ne soupçonnent pas la présence. Ce que vous ne percevez pas, ce sont les âmes qui vous entourent et leur profonde connexion avec vous. Et ce que vous ne comprenez pas non plus, c'est le groupe d'appui qui se tient derrière chaque membre de la famille présent ici ce soir ou qui lit ces lignes. Peu importe qui vous êtes et votre âge. Cette aide, très chers, est activée grâce à votre intention pure. La peur, l'angoisse, le manque d'estime de soi, tout cela disparaît lorsque vous créez votre propre futur et modifiez votre réalité. Laissez-moi vous expliquer ce qui se passe lorsque vous agissez ainsi. Celui qui tente de comprendre la multidimension de son essence propre est celui qui a un pied dans le « maintenant ». Il s'agit de l'intention. Depuis des années, nous vous parlons de la sérénité à opposer au chaos et de la tolérance à opposer à l'intolérance. Nous vous avons également parlé des potentialités de votre futur. Régulièrement, au fil du temps, nous vous avons donné des directives afin de vous permettre d'être davantage sereins et de chasser la crainte. Nous vous avons toujours fourni ces informations avec beaucoup d'amour et aujourd'hui, nous allons vous expliquer comment cela fonctionne : vous commencez à recueillir le pouvoir vous permettant littéralement de vous rapprocher des attributs de l'entité que vous êtes réellement dans l'instant présent. L'expression élever son seuil vibratoire, très chers, n'est pas qu'une simple expression. Il ne s'agit même pas d'un concept. C'est la réalité. L'être humain qui élève son seuil vibratoire est celui qui a choisi de bouger et de progresser. Vous pouvez appeler ce phénomène comme vous le souhaitez, mais il s'agit de l'ascension et je vous annonce que ses secrets sont maintenant divulgués sur cette planète.

Les Maîtres vous ont fourni des exemples. À toutes les époques, les avatars vous ont montré que vous pouviez créer la matière à partir de l'intention consciente. Ils vous ont aussi montré la sérénité qui réside dans la mort, et ils étaient pur amour. Faites autant de recherches que vous le souhaitez. Penchez-vous sur tous les textes sacrés qui vous intéressent et, lorsque vous parviendrez au cœur de leurs enseignements, des enseignements originaux écrits par ceux qui furent illuminés, vous découvrirez que leurs communications portaient toutes sur une humanité qui pouvait se transformer elle-même. Le changement est normal et c'est le cadeau qui vous est offert. Avancez en ligne droite mais placez-vous dans un cercle. Alors, la paix vous accompagnera au sein de ce cercle. Êtres humains, rejoignez-nous dans ce cercle. Vivez une longue existence et *créez* votre avenir, ne le *craignez* plus.

Changer nos doctrines religieuses

Je vais vous entretenir ici de quelque chose qui se produira bientôt. Un bouleversement de conscience va survenir sur cette planète, et vous n'allez pas tarder à le constater tout autour de vous. Qui aurait pu penser que cela s'effectuerait dans le monde politique ? Maintenant, vous allez constater que ce phénomène touchera vos religions sur l'ensemble du globe. Surveillez-le attentivement. Certains de vos leaders religieux décideront de changer leur doctrine. Réfléchissez à cela quelques instants. Certains d'entre vous pourraient dire à Kryeon : « *Attendez une minute, les doctrines religieuses du monde entier sont intouchables. Elles sont basées sur des tablettes, des parchemins et divers documents sacrés offerts aux humains afin de leur faire connaître l'œuvre divine.* » Vous avez raison. Je vais faire une comparaison. Imaginez un être humain endormi dans une pièce ; il représente une métaphore visant à expliquer la dualité. La partie endormie symbolise la conscience qui sait que l'être humain est également spirituel et doté de puissance. Au fil des années, une méthodologie, un protocole d'assistance pour l'humain endormi ont été développés et mis au point. Il s'agit en fait d'instructions spirituelles. L'être humain est ainsi pris en charge. Ses fonctions corporelles sont assurées. On lui fournit la paix, la sérénité et la chaleur. On connaît les moyens de contrôler sa température, de créer la santé. L'être humain est somme toute honoré et conservé dans d'excellentes conditions. Ces procédures de soins sont toutes décrites dans des livres, des tablettes et des parchemins. Beaucoup de ces instructions furent découvertes dans des grottes et au fond de mers mortes il y a bien longtemps. Ces méthodes sont rigoureuses. Elles fonctionnent toujours, et l'on prend spirituellement soin de l'être humain endormi au sein de sa spiritualité.

Maintenant, je vous pose cette question : Qu'allez-vous faire de ces instructions destinées à un homme endormi, lorsque celui-ci se réveillera ? Elles ne seront plus valables. « *Kryeon, que dites-vous ?* » Je dis qu'une conscience chamanique va transformer les règles spirituelles, car les populations sont en train de s'éveiller. Les aspects divins caractérisant les êtres humains sont en train de changer ! Les dons, les outils, le pouvoir, l'illumination – la lumière elle-même – sont en train de changer à la surface de cette fantastique planète du libre choix. Et, lorsque ces changements atteindront les doctrines religieuses, vous le saurez, le ressentirez et le constaterez par vous-mêmes. Soyez attentifs à ce phénomène. Il est inévitable et doit se produire. Une doctrine divine, destinée à l'être humain endormi, ne peut plus fonctionner lorsque cet être humain s'est réveillé !

Comprenez-vous cette analogie ? Certains de vos écrits spirituels les plus édifiants ne vous serviront plus comme par le passé. Ils furent écrits sous channelings, mais ils étaient destinés à des êtres humains différents de ceux que vous êtes devenus ou des enfants que vous mettez au monde. Vous allez devoir réécrire ces livres et, ce faisant, vous les nommerez les écritures actuelles, circulaires ou instructions adressées à l'*être humain de l'âge actuel*.

Qui êtes-vous ?

Et vous, alors ? Où vous situez-vous dans tout ceci ? Êtes-vous en train de suivre votre voie toute droite, soucieux de votre cheminement solitaire, ou vous voyez-vous plutôt avec nous dans cette pièce ? Laissez-moi vous dire ce qu'est la réalité et où elle se trouve en cet instant précis. Où se situe votre réalité ? Vous pensez peut-être vous trouver dans une salle de réunion, sur une Terre à trois dimensions, ou être assis seuls, en train de lire ces lignes ? Votre réalité ? La famille est ici ! Si vous n'avez pas encore ressenti sa présence, peut-être est-ce le moment. Si vous leur donnez l'autorisation, les membres de la famille se manifesteront à vous physiquement. Vous saurez alors qu'aujourd'hui, vous fûtes enlacés par ceux-là mêmes de l'autre côté du voile et que vos pieds furent baignés ! La réalité ? C'est que vous n'êtes pas seuls et qu'en fait, vous êtes ici avec nous. En réagissant à mes paroles, la linéarité de votre vie va lentement s'incurver et vous rejoindrez tous ceux qui sont et furent toujours dans un cercle. Vous allez lentement vous transformer en un être circulaire, un être qui possède l'attribut sacré de pouvoir créer son avenir !

Il y a tant d'amour ici. Comprenez-vous l'honneur que nous vous accordons ? Ce qui se passe lorsque certains membres de la famille partent et accomplissent de grandes choses ? Savez-vous ce que signifie le fait qu'un groupe rende visite à la famille lorsque celle-ci s'acquitte de sa tâche ? Ce groupe doit vous rendre visite aujourd'hui parce que vous remplissez votre tâche. Et ce groupe est celui qui baigne vos pieds, qui vous enlace depuis l'autre côté du voile et qui déclare : « Nous vous aimons. »

Certains d'entre vous auront encore l'occasion de s'asseoir devant ce cortège. Nous reviendrons. Ce jour-là, nous voulons que vous vous souveniez de la signification de notre accueil. Nous voulons que vous compreniez la signification de « JE SUIS ». Nous voulons que vous aperceviez le cercle chaque fois que vous entendrez : « Salutations, très chers, je suis Kryeon, du Service magnétique. » Nous voulons vous faire savoir que la famille vous a rendu visite aujourd'hui.

Nous vous avons dit qu'il s'agissait de la partie difficile. Comment se séparer de la famille ? Nous savons qu'il n'y a jamais de véritable adieu dans un cercle puisque nous sommes toujours là, mais la réunion de ce soir est sur le point de se terminer. Mon partenaire a demandé que l'énergie de l'amour soit transmise aujourd'hui afin que vous soyez nombreux à la recevoir. Mais il y a encore beaucoup plus ici que vous ne l'imaginez. Permettez-moi de vous rappeler que les choses ne sont pas toujours ce qu'elles semblent être. Des graines ont été semées ici, parmi les membres de la famille qui vivent sur cette planète, parmi ceux qui sont présents ce soir ou qui lisent ces lignes. Nous voulons préciser que nous savons pour quelle raison vous êtes venus ici, ce soir. Vous allez quitter cette salle chargés de l'énergie que vous avez réclamée. Pensez-vous que nous pourrions ignorer vos requêtes ? Que l'Esprit se réjouit de vos difficultés ? Non. Il se réjouit plutôt de vous voir apprécier l'instant présent !

Aussi, chers membres de la famille, c'est avec un certain chagrin que nous quittons cette salle et le lieu où vous vous trouvez en train de lire ces lignes. À nouveau, nous vous le répétons : *vous n'êtes jamais seuls*. L'énergie que vous avez ressentie aujourd'hui peut vous visiter de nouveau, à tout moment, lorsque vous le souhaitez. Vous pouvez vous joindre à nous dans cet endroit circulaire. Vous sentez-vous bloqués sur votre voie ? Célébrez-la, alors que la synchronicité s'approche de vous. Avez-vous l'impression d'être immobilisés, sans savoir dans quelle direction diriger vos pas ? Célébrez le fait de savoir que tout est relatif et que, si vous êtes stoppés, c'est pour permettre aux autres de vous rattraper en temps voulu, quelle que soit leur provenance, qu'ils arrivent devant vous, à vos côtés ou même de derrière vous (le passé). Célébrez le fait que tout est mouvement mais que votre linéarité n'est, en fait, qu'une halte. En réalité, la famille est en mouvement perpétuel autour de vous, exactement comme l'amour incroyable que nous avons pour vous.

Et il en est ainsi.

Kryeon

Partie 2

CHANGER LA RÉALITÉ
Amnéville, en France (mai 1999)
Santa Fe, Nouveau-Mexique (juin 1999)
et Melbourne, Australie (septembre 1999)

Salutations, très chers, je suis Kryeon, du Service magnétique. Le message de ce soir est destiné à chacun d'entre vous. Il poursuit en quelque sorte le dernier channeling traitant de ce sujet. Il y a peu longtemps, nous avons passé du temps avec des membres de la famille semblables à ceux présents ce soir, dans une pièce similaire à celle-ci. Au cours de cette séance, nous avons discuté du « maintenant », et ce discours contenait de nombreuses métaphores et un profond enseignement. Nous avons expliqué la différence entre le temps linéaire de l'être humain et le divin et spirituel « maintenant » de l'énergie bénie qui réside en vous et que l'on appelle le Moi divin.

Cette seconde partie n'abordera pas la question du temps linéaire et circulaire étudié dans la 1re partie ; elle s'attardera plutôt sur la possibilité de « changer la réalité ». Il est temps pour vous de mieux saisir cette notion. Parmi tous les concepts que l'être humain doit assimiler au cours de son statut ascensionnel, celui-ci est l'un des plus difficiles.

La réalité. Qu'est-ce que la réalité pour l'être humain ? C'est un attribut intangible qui découle d'un postulat sur l'existence. Interrogez n'importe quelle personne, pas forcément versée en matière de spiritualité. Demandez-lui : « Qu'est-ce que la réalité? » Elle vous répondra probablement : « C'est ce sur quoi je peux compter. C'est ce qui ne change jamais. C'est le bois de la chaise, la terre sur laquelle je marche, l'air que je respire. C'est quelque chose de constant et de toujours identique. Je peux compter sur ce qui m'apparaît réel, car je peux l'atteindre, le sentir, le toucher. Mes sens réagissent toujours de la même façon à son contact. Ce sont les choses réelles, ma réalité. Ce sont les lois physiques, les lois de la biologie, et c'est ainsi que les choses fonctionnent. C'est la vie sur la planète.

Je vais vous donner un exemple de votre réalité, exemple auquel vous n'auriez peut-être pas songé, et je vais aussi vous fournir un moyen de vous en souvenir. Le temps fait-il partie de votre réalité ? Comment passe-t-il et interfère-t-il dans votre existence ? Eh bien, notre leçon d'aujourd'hui vous apprend que la réalité est une notion aussi relative que le temps. Nous vous avons donné des tas d'exemples (comme l'ont fait vos scientifiques) démontrant le caractère variable de cette constante que vous pensiez être immuable – le temps. Si le temps est relatif, pourquoi alors semble-t-il constant ? Parce que l'humanité est totalement liée à lui. Lorsqu'il change, tout change et personne ne s'en aperçoit. Le seul qui pourrait se rendre compte de ce changement serait l'observateur qui se tient à l'écart, qui n'est pas membre de l'humanité et qui n'est donc pas affecté par les modifications temporelles. Un être interdimensionnel pourrait également être conscient de cette situation. Souvenez-vous ! D'après les lois physiques, le temps et la vitesse sont étroitement liés.

Que se passerait-il si l'humanité et la Terre vibraient plus rapidement qu'il y a cinquante ans ? Si les atomes vibraient en accéléré sur la Terre, dans le système solaire et partout autour de vous ? Si ce « changement de vitesse vibratoire » modifiait la vitesse à laquelle se déroule le temps ? Vous ne le sauriez jamais ! Parce que vous êtes sur cette chaloupe de sauvetage appelée la Terre, le temps, à vos yeux, semble se dérouler à la même vitesse qu'auparavant. Seul l'univers qui vous entoure en aurait conscience, et bien que votre réalité ait changé, vous ne vous en rendriez pas compte.

Que se passerait-il si vous aviez pris place dans un train sans fenêtre se dirigeant vers une destination inconnue (comme la vie, par exemple) ? Vous seriez conscients du mouvement et du fait que vous avancez, mais vous n'auriez conscience de rien d'autre. Vous ne vous rendriez pas compte qu'il change de voie, de direction et qu'il se dirige vers une autre destination. Du fait que vous ne pouvez pas voir ce qui se passe, vous avez l'impression que rien ne se passe. Le train continue d'avancer et, apparemment, rien n'a changé. Pourtant, tel n'est pas le cas. Vous avez maintenant pris une autre direction. Il s'agit là de la relativité de votre réalité ! En définitive, retenez que la *réalité* est également variable.

Le cercle d'énergie, une métaphore

Pendant quelques instants, imaginez un cercle d'énergie (que vous pouvez aussi visualiser en forme de beigne afin de lui donner de la hauteur). Dans ce cercle d'énergie existe une force. Représentez-vous-la comme une force vitale en rotation à vitesse invariable. Il s'agit là de la force vitale de l'humanité. Elle symbolise également la réalité de l'humanité. Considérez cette visualisation comme votre réalité ou une énergie invariable dans un mouvement circulaire sans fin.

Certains ont comparé cette métaphore à un train suivant une voie qui tourne en rond. Ce train ne change jamais. C'est toujours le même train qui roule constamment à la même vitesse. Bien qu'il ait de nombreuses dimensions, les humains n'en distinguent que quatre : la hauteur, la largeur, la profondeur et le temps. Les autres dimensions que ces derniers ne perçoivent pas sont les suivantes : la capacité de regarder par la fenêtre du wagon et de voir défiler le paysage ; la capacité de contrôler la vitesse de la locomotive ; la capacité de considérer la voie devant soi ; la forme et les détails du train. Il y en a d'autres, bien sûr, mais celles-ci constituent un exemple de quatre dimensions supplémentaires qui existent mais qui restent invisibles.

Au cours du dernier channeling, nous avons précisé que toute chose était circulaire et que même les voies que vous imaginez se diriger vers l'infini, telle votre vie, le sont également. Nous vous avons dit que les lignes droites n'existaient pas. Les lignes qui semblent droites finissent par s'incurver et se rejoindre. Par conséquent, le temps et la réalité sont circulaires. Voilà pourquoi les potentialités de votre futur peuvent être mesurées et des prophéties projetées, car les potentialités au sein d'un cercle reviennent constamment en tant qu'*items* possédant une familiarité à l'intérieur de ce mouvement constant. Ainsi, au lieu de disparaître derrière l'horizon, tel un mystère insondable, votre futur fait partie d'un immense cercle dans lequel il revient encore et encore. Par conséquent, il fait partie du temps actuel ou de l'instant présent dont nous avons parlé. C'est pourquoi les potentialités peuvent se manifester, car le cercle revient à l'énergie qui les a créées.

Les prophètes possèdent un don interdimensionnel. Ils sont capables de distinguer, même faiblement, ce qui apparaît à travers la fenêtre centrale du train, apercevant ainsi ce qui se trouve sur la voie directement devant le train, et sont dès lors en mesure de vous donner un idée de ce qui peut survenir.

Comme nous vous l'avons déjà dit, le train se déplace de façon circulaire. Ainsi, les potentialités énergétiques sont perçues et se transforment plus tard en réalité, lorsque le train passe à nouveau devant elles. Pour les prophètes, la difficulté est la suivante : « Combien de fois le train devra-t-il passer devant ces potentialités avant que celles-ci deviennent réalité ? » Même un bon prophète peut se tromper de date, mais l'événement lui-même n'en reste pas moins une potentialité qui peut toujours se produire.

À vos yeux, ce train de la force vitale, ce cercle d'énergie, semble ne jamais changer. L'énergie a la solidité d'un roc. Vous pouvez la toucher. Le train représente la réalité A. Il fonctionne depuis des éons et des éons et les prophètes l'utilisent pour provoquer les potentialités dont nous venons tout juste de parler. Alors que le cercle continue d'évoluer dans la réalité A, les potentialités commencent à se manifester et le cercle crée finalement une réalité correspondant à ce que les prophètes ont annoncé. Pensez à votre réalité sur la Terre. Elle semble ne jamais changer, immuable à jamais. Elle est quelque chose sur laquelle vous pouvez compter, quelque chose de tangible que vous pouvez toucher. Pour certains, c'est l'énergie fondamentale de la force vitale de l'existence. D'autres, par contre, lui attribuent les caractéristiques du Treillis cosmique dont nous avons déjà parlé. Elle est toujours constante, toujours puissante, toujours là. Vous y êtes habitués.

Le catalyseur divin

Maintenant, je souhaite ajouter une courbe au sein de ce cycle de l'existence immuable. Introduisons dans ce cercle quelque chose qui ne s'est jamais trouvé là auparavant et qui ressemble à un cristal allongé. Certains pourraient appeler cela une baguette. Elle possède une polarité. Il s'agit d'une autre force. Il ne s'agit pas de la force vitale humaine, mais elle possède une caractéristique humaine. Regardez ce qui se passe. Elle se dirige vers le milieu du cercle. Elle a le pouvoir de faire cela par elle-même, car elle est de la divinité ou de Dieu. Nous allons appeler ce nouveau pouvoir indépendant, le catalyseur divin. Alors que cette divinité cristalline pénètre le champ de la force vitale, son propre potentiel s'en trouve affecté, ainsi que le potentiel global qui peut de ce fait se transformer. Les attributs constants sont modifiés et la force peut alors changer de direction. Au cours de ce processus, la force vitale humaine devient plus puissante, comme la locomotive d'un train qui peut maintenant grimper au sommet d'une colline. Ce faisant, le train accède à une voie plus élevée et l'énergie circulaire immuable appelée réalité A se transforme en réalité B (l'Esprit fait référence à toutes les réalités en les appelant simplement « réalité »).

Que s'est-il passé et qu'y a-t-il de changé ? Plus important encore : qui s'en est rendu compte ? La réalité est toujours la réalité. Le train fonce continuellement en suivant son cercle, mais il dispose maintenant de certains attributs subtils et différents qui ne sont pas forcément apparents à vos yeux. Regardez ce qui s'est produit : le train s'est mis à suivre une voie plus élevée. Pour la plupart d'entre nous, rien ne semble avoir changé, mais la vérité est celle-ci : le train (la vie sur terre) s'est mis à se diriger vers une autre destination. On peut l'appeler la réalité B ou, si l'on préfère, la voie B. L'être humain qui n'a conscience que de quatre dimensions continue à en percevoir quatre, comme auparavant : la hauteur, la largeur, la profondeur et le temps, qui ne semblent pas avoir changé. Le train est toujours le même et il se déplace toujours sur la même voie, à la même vitesse. Ce que l'être humain ne réalise pas, c'est que la voie est maintenant différente et plus élevée.

Voici pourquoi elle a changé : parce qu'un divin catalyseur a croisé l'ancienne et constante force vitale appelée réalité A. Cette baguette divine a donc engendré de nouvelles potentialités et un changement de voie, bien que la quasi-totalité de l'humanité ne les ait pas ressentis.

Très chers, je viens juste de vous expliquer comment agit le nouvel être humain éclairé sur cette planète, car la baguette divine, cet élément cristallin, c'est vous. Cette métaphore montre comment un être en statut ascensionnel transforme la planète et comment l'ancienne réalité des prophéties est éliminée. Vous vivez sur une planète qui a vu sa réalité se modifier complètement, et vous seuls avez provoqué ce résultat. Voyez-vous, lorsque vous vous trouvez au centre de la force vitale en train de se transformer, vous n'avez aucunement conscience des réalités A, B, C ou D. Il ne s'agit que d'une seule et même réalité ; cependant, le train a changé de voie. En somme, le cercle au sein duquel vous vous trouvez est maintenant sur un autre plan. Pensez à ceci comme à des cercles superposés et, bien que vous passiez d'un cercle à un autre plus élevé, le train dans lequel vous vous trouvez continue d'avancer sans que vous soyez conscients du nouveau cercle où vous vous trouvez.

Vous pourriez demander : « *Kryeon, s'agit-il d'une réalité personnelle ou planétaire ?* » Vous ne pouvez séparer les deux. Tout a commencé sur le plan individuel, et des dizaines de milliers d'êtres humains se sont mis à changer. La conscience de l'humanité était parvenue à un point où la Terre devait se transformer à cause du comportement des êtres humains, et le résultat fut un changement de réalité à la fois personnel et planétaire. Cette transformation survint essentiellement entre 1962 et 1987, et quels changements ce furent !

« *Kryeon, êtes-vous en train de nous dire qu'il existe de multiples réalités et que nous devons nous déplacer de l'une à l'autre ? Peut-être y a-t-il aussi quantité de planètes Terre ?* » Non. Il n'existe qu'une réalité et qu'une seule Terre. Par contre, on trouve de multiples potentialités. La seule réalité est celle que suit votre train humain. Il peut y avoir des centaines de voies, mais elles ne sont pour votre train que des potentialités. Lorsque celui-ci ne les suit pas, rien ne se passe. Le train est l'énergie de la vie. Lorsqu'il suit une voie énergétique, il réagit aux potentialités de cette nouvelle voie. La réalité, ce que vous pouvez toucher, c'est la voie sur laquelle se trouve votre train. Cependant, les changements de voie sont fréquemment invisibles à vos yeux. Vous devriez donc regarder autour de vous et essayer d'apercevoir les indices vous permettant de comprendre que votre réalité a changé.

Vous pourriez ajouter : « *D'accord, mais comment les voir ? Quel intérêt y a-t-il à discuter de choses que nous ne pouvons discerner ?* » La réponse à tout ceci est la suivante : les prophéties furent destinées à la voie inférieure. Par conséquent, elles ne se réaliseront plus, car vous êtes passés de la voie appelée la réalité A à celle plus élevée que l'on appelle la réalité B. Les anciennes potentialités créées au sein d'une énergie basse ne peuvent plus se manifester, maintenant que la force vitale humaine se trouve dans un cercle plus élevé. Les potentialités qu'annoncèrent les prophètes constituent une caractéristique de l'ancienne voie et non plus de la nouvelle. Tout cela peut vous sembler quelque peu mystérieux, mais c'est ainsi que fonctionne votre dimension.

Bien qu'il soit possible que vous n'ayez pas ressenti de changement de réalité, vous pouvez néanmoins l'observer facilement autour de vous sur cette planète. Ainsi, vous avez pu remarquer qu'aucune des prophéties annoncées ne s'est réalisée. Nous allons vous rappeler certains autres éléments et les ramener à leur dimension humaine afin que vous compreniez parfaitement l'importance que représente le changement de réalité de la Terre.

Les sept caractéristiques de votre réalité

Commençons par la caractéristique principale, puis nous traiterons des six autres caractéristiques secondaires.

1. Le problème du Moyen-Orient
Observez votre planète en ce moment. Très chers, il existe une région de la Terre qui, sur le plan politique, est très éloignée de ce que l'ancienne réalité avait annoncé. Nous vous entretenons de ce sujet depuis sept années maintenant. Nous en avons parlé devant les grandes institutions de votre planète (allusion aux trois visites aux Nations Unies). Cependant, du fait que vous semblez ne pas y avoir attaché une grande importance, vous ne comprenez pas combien de changements de réalité vous avez subis.

Voyons maintenant l'État d'Israël et le Moyen-Orient. Savez-vous ce que cette région représente ? J'aimerais d'abord vous expliquer que la famille s'y trouve. Ne vous retranchez jamais d'elle du fait d'une situation géographique, de la langue ou de la culture. De nombreuses cultures ont existé là-bas dans le passé ; votre réalité actuelle est simplement celle que vous avez choisie pour les temps présents. C'est votre famille que vous retrouvez là-bas, au Moyen-Orient, en 1999, bien que, au niveau cellulaire, elle s'attendait à quelque chose de très différent de ce qu'elle vit aujourd'hui.

Permettez-moi de vous traduire la réalité en Israël. Cet État est sur le point de vivre un troisième exode. Le premier fut celui des tribus fuyant la captivité d'Égypte. Le second fut constitué par un groupe de personnes « sans statut officiel » se dirigeant vers un endroit qui possédait l'énergie nécessaire à la création d'un État. Le troisième exode, le plus important de tous, est celui qui pro-voquera l'avènement de la Nouvelle Jérusalem qui doit commencer en Israël.

Ce troisième exode est celui de la conscience, passant de son ancien état conflictuel à celui, éclairé, de la paix. Le miracle divin est celui-ci : sur l'ancienne voie A de la réalité, il n'y avait pas de troisième exode. Les prophéties étaient claires et le train se dirigeait vers des potentialités ne comprenant qu'un sentiment d'autosatisfaction. Lorsque le train changea de voie entre 1962 et 1987, vous ne l'avez pas remarqué. Alors disparut l'ancien cercle où vous rencontriez les diverses manifestations de l'ancienne énergie. Ce cercle fut remplacé par une nouvelle voie, une nouvelle destination et par la potentialité d'un troisième exode pour l'humanité qui est en train de modifier l'énergie.

Examinez attentivement ce qui est en train de se passer, aujourd'hui, dans ce pays. Un nouveau dirigeant a été élu, et les électeurs ont installé au pouvoir leur plus grand guerrier ! Son passé et ses actions sont bien connus. Il est le produit d'une énergie qui incita Israël à déclarer ceci au reste du monde : « Nous méritons d'être ici. Nos ennemis ne peuvent s'emparer de notre terre. Nous la conserverons à tout prix. Cette guerre sainte dure depuis des siècles et n'est pas terminée ! » Vous souvenez-vous de cette énergie ? C'était il n'y a pas longtemps. Écoutez maintenant ce que déclare le nouveau leader-guerrier, celui qui a été élu par la conscience du peuple d'Israël.

Cet ancien guerrier déclare aujourd'hui : « Comment pouvons-nous signer la paix et quels compromis devons-nous accepter pour parvenir à ce résultat ? Comment partager nos lieux saints avec les membres de quatre autres religions importantes ? Comment coexister sans terrorisme ? Comment pouvons-nous parvenir à un tel résultat ? Comment y arriver sans action négative et sans blâme ? Mettons-nous au travail ! »

Bienvenue dans le domaine de la réalité B. Est-ce là ce qui fut prophétisé ? Est-ce dans le cadre temporel souhaité ? La réponse est *non*. La nouvelle voie de la réalité a une autre destination – la paix. L'ancienne a disparu. À sa place, *aujourd'hui même, en 1999*, l'horreur et la mort étaient supposées frapper. Au lieu de cela, les nouveaux dirigeants posent la question : « Comment pouvons-nous parvenir à la paix ? » Parlez-moi de cette réalité – une réalité aujourd'hui bien tangible. Quelles étaient ses potentialités ? Cette planète du libre choix est vôtre. Et le choix dont il est question ici transformera la trame de la réalité de cette planète, une planète unique dans tout l'univers.

2. Les changements terrestres

Voici une autre caractéristique. Que pensez-vous des transformations de la Terre ? Je n'ai pas besoin de vous répéter que ces transformations ont subi une profonde accélération. Ainsi, vous constatez une accélération de l'évolution géologique de la Terre, comme si les années défilaient plus rapidement qu'auparavant. Vous constatez des changements que vous n'auriez pas vus autrement pendant plusieurs années et même des décennies, et vous vous demandez pourquoi les océans se réchauffent et pour quelle raison la Terre tremble. La raison, c'est que la Terre, qui possédait une ancienne conscience, réagit aujourd'hui à un changement de réalité. Lorsque votre train de la réalité a changé de voie, la Terre a suivi. C'est cela, le changement de réalité ! Mais il y a plus. Que dire par exemple du 11 août 1999 ? Selon certains, cette date était extrêmement inquiétante – un alignement allait survenir, résultat d'une énergie différente de toutes les autres. « *Qu'allons-nous faire ?* » C'est la question que se sont alors posée les êtres humains. « *Cela ne va pas. Quelque chose est en train de se passer.* »

Arrêtons-nous quelque peu sur la vieille réalité. De nombreuses choses qui se sont produites depuis 1987 ont des potentialités et des énergies différentes en raison du changement de voie. Ces événements physiques sont maintenant de nouvelles réalités. Au lieu d'un grand nombre de morts, nous avons aujourd'hui à célébrer divers événements, et cette date du 11 août 1999 en fait partie. Je vous mets tous au défi. Réfléchissez à ce jour et souvenez-vous de ces mots : « Je vous invite à célébrer. » D'abord, faites le calcul numérologique : 11, 8, 1, 9, 9, 9. La somme de ces nombres est égale à 11. (Rappelez-vous qu'en numérologie, on considère les paires comme un nombre final.) Quelle est l'énergie de Kryeon ? Vous souvenez-vous de l'enseignement original que je vous ai livré en 1989 ? Il coïncide avec l'énergie du 11. Vous connaissez ceci depuis plus de dix ans maintenant. Nous vous avons également parlé de l'énergie du 9. Ce chiffre symbolise l'accomplissement et, de ce fait, le 9, avec le 11, représentent les attributs de Kryeon !

Voilà notre message qui, aujourd'hui, a un sens encore plus

profond qu'auparavant, car vous vivez les changements de réalité que vous avez créés – ceux dont il a été question il y a des années.

3. La spiritualité

Que dire de la spiritualité sur cette planète ? Nous avons déjà abordé ce sujet et c'est pourquoi nous serons brefs. Certains d'entre vous disent : « *D'accord, je peux constater des changements de réalité dans la politique, je peux voir des transformations sur la planète, mais une chose ne changera jamais, et c'est Dieu. Dieu est toujours le même (hier, aujourd'hui et demain).* » Vous avez raison, mais la relation entre Dieu et l'être humain n'est plus la même. Elle a changé, comme les instructions destinées à l'humanité.

Revoyez les informations que nous vous avons données dans la première partie. Vous rappelez-vous la métaphore sur l'être humain endormi ? Des milliers d'ouvrages ont été écrits sur la façon de prendre soin du sommeil de l'être humain. Mais, soudain, voilà que ce dernier se réveille. Que faites-vous alors de ces livres ? Ils sont devenus obsolètes. Vous êtes nombreux à vous éveiller au sein du nouveau paradigme spirituel. Vous sentez-vous angoissés ? Pensez-vous que votre connexion spirituelle a été interrompue ou, du moins, altérée ? Félicitations pour votre éveil ! L'ancienne façon de dormir ne fonctionne plus !

Un éveil de la spiritualité va avoir lieu sur cette planète, et d'une manière beaucoup plus importante que tout ce que vous avez pu voir jusqu'à ce jour. « *Kryeon, cela signifie-t-il que chacun deviendra un être métaphysique ?* » Non. Comme nous vous l'avons dit auparavant, cela ne se passera pas ainsi. Nous parlons plutôt d'une nouvelle sagesse qui s'appliquera à toutes les doctrines, à toutes les cultures. Soyez-y attentifs. De nombreuses croyances, apparemment solides comme le roc et figées dans leur proclamation de l'ancienne énergie, se transformeront pour s'adapter aux problèmes planétaires tels que la surpopulation, l'intolérance et les relations avec les anciens ennemis. Jamais auparavant n'eut lieu un tel bouleversement spirituel.

Soyez attentifs aux profonds changements qui vont survenir

avec la venue du nouveau pape. Il se retournera contre ce qui a été défendu jusqu'à ce jour et provoquera de profondes modifications de croyances chez ses fidèles. Au cours de ce processus, il sera très controversé. Soyez attentifs à la nation islamique qui se dirigera vers la tolérance envers les autres et apportera à ses fidèles une compréhension moderne de ce qui honore le mieux leurs croyances tout en respectant les droits humains, particulièrement ceux de la femme. Cette nation passera de l'ancien paradigme de ses croyances à un nouveau, sans cependant diminuer en aucune façon sa grande dévotion à Dieu. Il y aura encore beaucoup d'autres choses, et tout se déroulera devant vos yeux, y compris l'évolution d'un gouvernement qui conduit un pays abritant plus d'un quart de la population du globe et qui changera de mentalité et s'inclinera devant la spiritualité de son peuple.

Tout ceci ressemble-t-il à l'ancienne réalité ? Que se passe-t-il qui laisse place à une telle transformation ? Un changement de réalité, peut-être ?

4. La matière

La matière est variable et se trouve en relation avec la réalité comme avec le temps. Bien sûr, certaines règles s'appliquent à elle. Simplement, vous ne les connaissez pas toutes encore. Selon Kryeon, la matière se trouve également dans une dimension circulaire. Permettez-moi de vous définir cette notion. En résumé, la matière, la biologie, la conscience et la force vitale se trouvent dans une boucle. « *Kryeon, quelle est la différence entre un cercle et une boucle ?* » La voici. *Un cercle* n'a pas de point originel. Il se meut également avec l'énergie. Il n'y a aucune ambiguïté à ce sujet. *Une boucle* indique cependant un retour à la source. En définitive, nous sommes ici pour vous annoncer que vos savants finiront par découvrir des boucles dans tout élément de base constitutif de la matière. Les plus infimes particules concevables possèdent des boucles. Ceci apporte une réponse à certaines des questions les plus fondamentales concernant la raison pour laquelle il y a tant d'espace entre le noyau et le nuage d'électrons. *Recherchez les boucles !*

Dans le domaine de la biologie, vous avez d'ores et déjà trouvé certaines d'entre elles, et il ne s'agit là que d'un début. Qu'avez-vous pensé lorsque vos scientifiques découvrirent que l'ADN n'était pas seulement un simple filament (voir l'information contenue dans la première partie) ? Qu'est-ce que cela vous apprend maintenant à propos de l'ADN ? Que c'est une boucle ! Et pour quelle raison l'ADN doit-il se présenter sous forme de boucle ? Parce qu'il doit transporter du courant. De ce fait, l'ADN est un petit moteur électrique. Ce moteur est sensible aux influences magnétiques, car le courant transporté dans une boucle crée son propre champ magnétique. *Maintenant*, comprenez-vous comment la gaine cristalline peut altérer magnétiquement l'ADN par un flux d'informations d'éveil qui l'entrecroise (voir discussion dans la première partie) ? Tous ces éléments commencent-ils à s'assembler ? Votre nouvelle réalité vous procure le pouvoir sur votre propre ADN ! Souvenez-vous ! La conscience peut modifier la matière – interrogez les physiciens quantiques à ce propos. Et, pendant que nous y sommes, souvenez-vous également que l'intention est conscience.

« *Mais, Kryeon, la matière, c'est de la matière pour moi. Elle réagit toujours de la même façon, elle est constante. De plus, j'ai de la difficulté à comprendre toutes ces informations scientifiques.* » Eh bien, je vais vous fournir un exemple de ceux qui, sur cette planète, modifient et transforment la matière à volonté, juste sous vos yeux. Cela sera-t-il suffisant pour vous ? Dans cet esprit, portons maintenant notre attention sur les avatars sur terre, ceux-là qui peuvent utiliser l'intention, créer et modifier la matière à partir de rien apparemment. Nous voulons surtout parler de l'avatar Sai Baba et d'autres que vous ne connaissez pas et qui possèdent les mêmes attributs. Si vous pouviez constater ces phénomènes, vous seriez stupéfaits. Ceux d'entre vous qui souhaitent voir, ressentir, toucher, afin de savoir si cette matière transformée existe, devront se préparer à repenser leur conception de la réalité de la matière.

Il y a des années, nous vous l'avons déclaré : vous possédez un pouvoir important sur la matière. Très chers, il n'est pas nécessaire que vous deveniez un avatar. Permettez-moi de vous poser la question suivante : qu'arrive-t-il, selon vous, lorsqu'un miracle de guérison survient dans votre vie ? Peu importe le groupe spirituel auquel vous appartenez ou le nom qui figure sur la porte de l'immeuble dans lequel vous vous trouvez. Voyez-vous, les membres de tous ces groupes sont également membres de la famille humaine divine. Lorsqu'ils font appel à l'amour de Dieu, quand ils formulent une intention pure, des miracles se produisent. Et, lorsque les os se remettent en place, qu'un tissu apparaît là où il n'en existait pas auparavant et que des tumeurs sont enlevées, que pensez-vous qu'il se produise ? Ce sont l'intention, la conscience et la divinité qui apparaissent, sous la forme d'une baguette cristalline, au sein du cercle vital, propulsant ce dernier vers une autre réalité. Lorsque ce phénomène se produit, vous obtenez un miracle, une modification de la matière et de la biologie. Ceux qui étaient difformes et qui sont dorénavant capables de marcher miraculeusement, avec un os qu'ils ne possédaient pas, sont la preuve vivante de l'altération de la matière ! Il s'agit d'un phénomène divin, d'un miracle ! Et ce miracle provient de la divinité au cœur de chaque être humain, d'une divinité qui modifie la réalité.

5. La voie spirituelle

Je souhaite maintenant vous entretenir de votre voie spirituelle, comme nous l'avons fait dans cette première série de messages. Chaque être humain présent dans cette salle ou lisant ces lignes perçoit sa voie comme une ligne droite qui se dirige tout droit vers l'oubli. Vous ne pouvez voir où elle se dirige, car elle disparaît au-delà de l'horizon. « Ayez confiance », vous dit-on. On vous dit également que des « solutions de dernière minute » s'offrent à vous. Cependant, vous vous voyez tous vous acheminer vers un futur inconnu et certains, parmi vous, sont effrayés. Ce sentiment est différent de ce que vous aviez considéré comme une voie spirituelle dans le passé.

Nous vous avons enseigné que votre voie n'est pas linéaire, mais qu'elle est inscrite dans un cercle. Cette comparaison est exactement semblable à celle du train de la réalité dont il a été question déjà. Votre voie personnelle repasse encore et encore sur des traces anciennes. Aujourd'hui, vous vous trouvez sur une voie nouvelle, mais quelques-uns parmi vous ressentent une certaine angoisse. Nous avons discuté avec beaucoup d'entre vous, stoppés sur leur ancienne voie respective, et leur avons expliqué ce que cela signifie. Nous vous avons également donné des instructions au sujet de ce que vous deviez faire à ce propos : « Célébrez », avons-nous lancé. « Célébrez le fait que votre cercle dans ce puzzle concentrique se soit simplement arrêté pour quelque temps. » Pourquoi vous êtes-vous arrêtés ? *Parce que vous avez manifesté l'intention de parvenir à votre statut ascensionnel.*

Voici quel est votre pouvoir. Votre voie spirituelle attend véritablement les éléments de cocréation dont nous venons de discuter. Elle attend le divin catalyseur de votre nouveau pouvoir pour créer d'autres potentialités sur la nouvelle voie de la vie. Tant de choses sont différentes dans la façon dont fonctionne votre voie spirituelle que quantité d'humains sont effrayés, car tout cela leur paraît si étrange !

Rendez grâce ! N'est-ce pas là une preuve supplémentaire que votre réalité a changé ? Avez-vous déjà ressenti cette sensation dans le passé ? Il s'agit de quelque chose d'autre qui fait partie de votre nouveau bouleversement vibratoire.

6. La nature humaine

Avez-vous jamais pensé que vous assisteriez un jour à l'évolution de l'humanité au cours de votre vie ? Quelle est cette réalité qui permet la naissance d'enfants tellement différents que vous aurez besoin de réapprendre tout ce qui concerne la façon de les élever (allusion aux enfants indigo) ? Ce groupe d'enfants est soudainement apparu comme différent des autres.

Très chers, les enfants qui naissent en ce moment appartiennent à un nouveau type d'humains. Vous pouvez définir ce phénomène comme vous l'entendez, mais il s'agit en fait d'un changement de la nature humaine.

Certains diront : « La nature humaine recherchera toujours le pouvoir et la cupidité, et c'est ce qui conduit les humains à leur perte. Quel que soit votre avis à ce sujet, ces défauts perdront les êtres humains, systématiquement». Une nouvelle réalité s'annonce. Les enfants qui naissent actuellement ne représentent plus l'ancien paradigme de la nature humaine. Oh, bien sûr, ils posséderont toujours certains traits typiquement humains que vous êtes accoutumés à voir, mais, examinez-les (ainsi que leur future progéniture), car ils regardent la réalité qui les entoure et disent : « Pourquoi les choses sont-elles ce qu'elles sont ? » Et, au niveau cellulaire, ils possèdent la sagesse, la connaissance et les capacités nécessaires pour créer un monde dans lequel la paix incarne l'objectif principal. La tâche de l'humanité consiste à amener les diverses populations du globe à vivre et à travailler ensemble – des populations qui font du commerce, se tolèrent et ne possèdent pas de frontières fermées.

Nombreux sont ceux qui ont déclaré que, depuis des éons, l'histoire de l'humanité prouve que tout cela est utopique. « La nature humaine profonde finira par balayer ce vain espoir », voilà ce que répètent fréquemment les prophètes de malheur. Eh bien, la nature humaine telle que vous l'avez connue n'existe plus. Lorsqu'apparaîtra la seconde génération d'enfants indigo, vous constaterez l'apparition d'un nouveau genre de gouvernement. Vous commencerez à distinguer l'intégrité submerger l'ancienne nature humaine qui n'était guidée que par l'avidité et la recherche de pouvoir. Vous vous apercevrez qu'un profond désir d'améliorer l'humanité se fait jour, très différent de ce que vous appeliez la réalité A. Ces enfants sont différents et vous offriront une planète différente si vous le leur permettez. Les avez-vous examinés avec attention ? Ne représentent-ils pas un changement important de réalité ? Pensez-vous que vous constateriez ce grand changement si votre train n'avait pas emprunté une autre voie ?

Voici quelles sont vos potentialités, très chers, alors que vous faites passer ce train magnifique appelé humanité de la voie A à la voie B, puis à la voie C et, enfin, à la voie D. Lorsque vous plongerez votre regard dans celui de ces enfants, vous vous rendrez compte que les anciennes âmes sont présentes. Savez-vous quels sont leurs attributs ? Ils appartiennent à la Terre. Regardez-les profondément dans les yeux et voyez si vous reconnaissez en eux des membres de la famille. Leur but est différent de celui des autres humains qui naissent sur cette planète du libre choix ; il est grandiose. Et il y a une immense différence entre la façon dont s'est déroulée votre naissance et la manière dont se déroule la leur aujourd'hui. Voyez-vous, leur but est collectif, mais leur contrat est individuel. Vous n'avez jamais possédé de but collectif. Cette caractéristique ne pouvait figurer dans votre structure spirituelle. Soudain, vous la voyez chez ces enfants. Tout cela fait partie de la nouvelle voie que votre train a empruntée.

7. La parabole de la réalité

Cette dernière caractéristique est en soi une parabole déjà diffusée par channeling à cinq reprises. La première fois, ce fut dans un langage différent, sur un autre continent. Ce channeling sera donné en anglais sur ce continent et sur un autre à venir. Il s'agira ainsi de sa dernière transcription et il aura été présenté sur trois continents. Cette parabole vous est offerte ici, ce soir, parce que nous avons attendu que se produise le changement de réalité avant de vous la présenter. Nous vous offrons cette parabole avec laquelle vous êtes familiarisés afin que vous puissiez bien comprendre ce que signifie exactement le changement de réalité.

Aujourd'hui, j'ai entamé cette communication par la formule de bienvenue que j'utilise toujours. Je vous ai déclaré : « Salutations, très chers, je suis Kryeon, du Service magnétique. » Vous rappelez-vous ce dont il a été question dans la première partie ? La formule d'accueil JE SUIS est un identificateur sacré de nos origines familiales et non pas un identificateur de nom. Par conséquent, « Je suis Kryeon » signifie : « Je suis de la famille de Dieu, ainsi que vous-mêmes. » Comme vous vous en souvenez probablement, le « Suis » vous représente. L'expression « Je Suis ce que je Suis » est un cercle linguistique qui signifie que vous et moi sommes à jamais des entités universelles, éternelles dans les deux directions du passé et de l'avenir. Il s'agit d'une formule d'accueil sacrée. Souvenez-vous-en lorsque vous entendrez et lirez quelque chose que vous avez l'impression de connaître déjà. Ce qui suit pourrait bien changer votre compréhension des choses.

Le jour où Dieu se présenta à Abraham, il faisait très chaud. Lorsque Dieu lui fit connaître sa demande, consistant à sacrifier son précieux fils Isaac sur un autel, au sommet de la montagne, Abraham fut effondré. Il ne put en croire ses oreilles. Il s'agissait là du début d'une très belle leçon pour lui, une leçon dont nous pouvons d'ores et déjà vous révéler qu'elle contenait bien plus qu'une simple parabole d'obéissance à Dieu.

L'obéissance d'Abraham envers Dieu n'était pas aveugle. Cet homme était revêtu du manteau de la sagesse, ce qui lui permit de comprendre qu'il y avait quelque chose de sacré dans cette épreuve. Il ne douta pas un seul instant qu'il obéirait, mais il ne s'agissait pas d'une obéissance aveugle. Abraham ressentit immédiatement l'importance de ce défi et se mit à prier pour que cette leçon lui soit épargnée. Tout en demandant aux porteurs et à son fils de se préparer en vue de ce voyage au sommet de la montagne, il pria pour que cette leçon lui soit épargnée. Il n'informa aucun membre de son cortège du but réel de ce voyage. Seul lui-même le connaissait et supportait le fardeau de la réalité qu'il allait devoir affronter.

Ce voyage vers le lieu du sacrifice devait prendre trois jours. Ils devaient tous se diriger vers un endroit sacré où de nombreux agneaux avaient été sacrifiés dans le passé à titre d'offrandes aux esprits, selon les croyances de l'époque. Cette fois, il s'agissait de quelque chose de différent, et Abraham se sentit révolté par la réalité vers laquelle il allait, une réalité qui lui imposait d'assassiner son précieux fils, celui qu'il appelait son miracle de Dieu. Ce miracle lui avait été offert sur le tard par son épouse, une femme supposément incapable d'enfanter étant donné son âge.

Abraham n'avait pas dormi la nuit précédente et prit le pas tout à l'arrière de la colonne. Cela ne lui ressemblait guère d'être le dernier, mais cette fois-ci, il avait une excellente raison : il ne voulait pas que quiconque le vit pleurer. Son fils lui posa de nombreuses questions, mais Abraham resta inébranlable dans sa description d'un sacrifice qui devait avoir lieu au sommet de la montagne, un sacrifice spécial dont ils se souviendraient tous durant leur vie entière. Jamais, au cours de son existence, Abraham n'avait connu de moments aussi dramatiques. Il se sentait vidé, mais il essayait de tenir le coup durant le premier jour de cette rude ascension vers le sommet de cette montagne qu'il avait gravie déjà plusieurs fois auparavant.

Lorsque le moment fut venu d'établir le campement au cours de la première nuit, Abraham s'écroula littéralement comme une masse à l'extérieur du camp et commença à sangloter tout en priant son Dieu aimant et juste.

« Cher Seigneur, soulage-moi de ce fardeau ! Cher Seigneur, rien ne t'est impossible. Soulage-moi de ce fardeau maintenant que tu sais que j'exécuterai ta volonté. Aide-moi à comprendre tout ceci. Je t'en prie ! » À moitié endormi, épuisé, il entendit clairement, dans le silence, la voix de Dieu.

« Abraham, sois en paix et sache que Je Suis Dieu. »

Le patriarche ne sut comment interpréter cette réponse. « Cher Esprit, comment puis-je être en paix ? Mon cœur est brisé et mon âme, désespérée. Je m'efforce de croire qu'il ne s'agit que d'un rêve, d'un cauchemar, d'une horrible réalité. Où se trouve la paix dans tout cela ? Tu me demandes de rester calme ? Comment le puis-je ? » Puis il s'effondra, vaincu par le désespoir et la fatigue. À nouveau, il entendit la réponse.

« Abraham, sois en paix et sache que Je Suis Dieu. »

Abraham eut un sommeil très agité. Chaque fois qu'il se réveillait, la même prière était sur ses lèvres. Il était sur le sol, prosterné devant Dieu, implorant et suppliant afin d'obtenir une réponse différente de celle qu'il avait reçue. Ses rêves lui présentaient une réalité qui lui était absolument insupportable. Sur l'autel gisait Isaac, et son propre père s'apprêtait à lui plonger la dague du sacrifice dans le cœur. Au moment où il abaissait l'arme qu'il tenait fermement vers la poitrine de son fils, Abraham se réveilla.

Au petit jour, le groupe repartit en direction du sommet de la montagne et Abraham se tint à nouveau à l'arrière. Il n'avait pas assez dormi et se sentait complètement engourdi pour accomplir la simple tâche de placer un pied devant l'autre. Toute la journée, le soleil s'abattit sur lui et ses hommes et il ne pouvait quitter du regard son enfant, son fils précieux. Chaque fois qu'une période de repos était décidée, Abraham demandait à Isaac de rester à ses côtés, ce qui lui permettait d'admirer sa jeunesse et de l'aimer pendant les quelques moments qui lui restaient encore à vivre. La plus grande crainte de tous les parents n'est-elle pas de survivre à leurs enfants ! Et maintenant, Abraham était sur le point de vivre cette fatale réalité.

À nouveau, la nuit tomba. Il s'agissait de la dernière nuit, et le lendemain serait le troisième et dernier jour d'ascension vers le sommet, là où Abraham devait remplir son contrat. Une fois encore, il se réfugia dans un coin, à l'écart du reste du groupe. Il se construisit un autel et supplia Dieu de le sacrifier, lui, à la place de son fils. Il tenta de communiquer avec Dieu, mais ne reçut aucune réponse. Au moment précis où il pensait que Dieu n'était plus là, il entendit soudain et à nouveau une réponse. Cette fois-ci, elle fut légèrement différente :

« Abraham, écoute. Écoute ! Sois calme. Sache que Je Suis Dieu. »

Le patriarche leva la tête. S'agissait-il là d'une réponse, ou simplement de l'affirmation de la présence de Dieu ? Cette affirmation résonnait comme un message rempli d'espoir. Pourquoi Dieu agissait-il ainsi ? Il se souvint de ses enseignements, de quelque chose que Dieu lui avait dit un jour. Il se souvint que Dieu ne se réjouissait pas de la souffrance des êtres humains. Il se rappela que Dieu lui avait dit que toutes les leçons avaient pour but de trouver des solutions et ne concernaient pas seulement l'obéissance. Abraham comprit alors que quelque chose de différent était en train de se passer. Il commença à comprendre. Au début, il ne saisit qu'une fraction du message qui lui était adressé. Puis, soudain, tout lui parut clair.

Abraham comprit que pour créer la paix et la sérénité, il devait changer sa vision de la réalité de ce qui devait se dérouler au sommet de la montagne. Il se mit à se visualiser avec son fils en train de prendre un repas au sommet de la montagne. Il s'agissait d'un repas de fête célébrant l'amour de Dieu, et son fils était l'invité d'honneur. Abraham maintint cette vision au plus profond de son cœur. C'était le seul moyen qu'il avait d'obtenir la sérénité qu'on venait de lui commander de créer. Lorsque son cœur se calma et que son sentiment de bien-être revint, le reste du message lui fut délivré.

Est-ce que l'expression « Je suis » représentait un signal ? Un message ? En fait, il ne s'agissait absolument pas d'une référence à la personnalité de Dieu lui-même. Il s'agissait d'un message dissimulé derrière l'autre qu'il avait reçu, comme souvent dans les Écritures. Abraham savait parfaitement que les hommes de son époque utilisaient une écriture faite de cryptogrammes. Que pouvait bien signifier : « Sache que je suis Dieu » ? Alors, Abraham eut une révélation. Le « Je suis », c'était lui ! Il s'agissait du cercle divin et il savait parfaitement que celui-ci était représenté par son manteau spirituel. Le sens du message était donc le suivant : « Abraham, sois en paix dans la connaissance que nous sommes Dieu ! »

Abraham ne parvint pas à y croire. Il hurla de joie. Il s'était prosterné pendant des heures et des heures en priant : « Dieu peut tout / Dieu peut m'enlever ce fardeau. Dieu peut modifier la réalité. » Maintenant, il comprenait le sens de ces mots. Il était un fragment de Dieu ! Abraham allait changer sa réalité grâce au pouvoir absolu qui était en lui. Il était tout joyeux lorsqu'il prit la tête de la colonne en direction de la montagne, son fils sur ses épaules. Il allait accomplir ce qu'il avait demandé à Dieu de réaliser. Le message était clair, et il était habilité à réaliser lui-même la transformation.

Vous connaissez la fin de l'histoire. Abraham prit un repas avec son fils au sommet de la montagne. Ce n'est pas la morale dont vous vous souvenez ? Ce n'est pas non plus tout à fait la leçon qui vous fut enseignée lorsque l'on vous raconta cette histoire ? Il s'agit de la transformation de la réalité. Il s'agit du pouvoir de l'être humain de créer visuellement des solutions aux plus horribles leçons. Il s'agit de la sérénité et de la victoire sur la peur.

Interrogez-vous : « Sur quelle partie de la montagne me trouvé-je ? Suis-je en train de me lamenter ? De solliciter l'aide de l'Esprit ? Ou suis-je en train de célébrer la vision d'une solution définitive que je croyais véritablement impossible à trouver ? »

Quelle est votre réalité, très chers ? S'agit-il d'une réalité empreinte de crainte désespérante et sans espoir ? Cela, c'est l'ancienne voie. Pourquoi ne pas créer une nouvelle voie ? Vous êtes tout à fait aptes à le faire. Le sens du message d'aujourd'hui est le suivant : *vous êtes capables de changer votre réalité. Donc, agissez !* Visualisez d'abord l'espoir. Quel que soit votre problème, essayez de l'entourer de sérénité. Comprenez-le globalement et intégrez-le à votre vision d'ensemble. Puis, comme Abraham, formulez une intention pure et changez petit à petit la trame de la réalité qui vous entoure. Et cela se produira !

Nous vous adressons ce message en toute affection. Nous nous retirons de cet endroit où vous nous avez écoutés et où vous nous avez lus, mais nous sommes tristes que le temps passé ensemble ait été si court. Nous ne vous avons pas suffisamment enlacés. Nous ne vous avons pas raconté les innombrables autres histoires concernant la prise de responsabilité de l'être humain, toutes les autres histoires de joie, de révélations et de transformation de la réalité. Votre histoire en est pleine !

Nous le ferons, cependant, lorsque vous nous permettrez de revenir et de vous aimer à nouveau, comme ce soir.

Et il en est ainsi.

Kryeon

Quelques mots de l'auteur...

La popularité des livres de Kryeon dans la francophonie est aujourd'hui indéniable. En mai 1999, plus de 3 000 personnes se sont réunies à Amnéville, dans la région de Nancy en France, pour accueillir les paroles de Kryeon. Les revenus générés par cette conférence ont permis de financer la publication de ce tome dans sa version anglaise et, ainsi, apporter un support énergétique à sa diffusion dans le monde.

Une semaine plus tôt, nos hôtes de Montréal ont eux aussi accueilli un public fort impressionnant de 1 500 personnes.

Nous saluons les francophones et leur travail spirituel dans le monde.

Lee Carroll

« Jamais moment ne fut plus favorable à la création, dans ce bâtiment, d'un Conseil des sages, un conseil consultatif formé d'autochtones de cette planète. Et nous vous déclarons que la conscience de cet immeuble le soutiendra. De même que celle des peuples. La conscience de la planète vous incite à cette réalisation. Il s'agit de l'étape logique suivante – et lorsque vous présenterez cette réalisation, faites-le d'abord au public, car lui vous soutiendra. »

Kryeon aux Nations Unies – 1998

LE CHANNELING
AUX NATIONS UNIES
(1998)

New York, État de New York

Quelques mots de l'auteur...

En considérant cet événement très particulier, nous pouvons affirmer que tout commença véritablement dans le New Hampshire. Le channeling du 21 novembre 1998 à Bedford fut particulièrement profond. À plus de 300 participants, Kryeon délivra un message intitulé le « Treillis cosmique, IIᵉ partie » (voir chap. 4. Il s'agissait de la continuation et de l'explication de la physique non newtonienne qu'il appelle l'énergie de l'univers. Cet exposé, délivré en termes simples, expliqua comment cette énergie fonctionne, comment définir sa forme et sa taille, et de quelle manière s'en servir. Puis il présenta quelques métaphores qui aidèrent à sa compréhension. Ce channeling prépara la semaine, car le lendemain matin nous attendait un voyage à Manhattan, puis une lecture de Kryeon et un autre message chacun des quatre jours suivants – le point culminant de cette semaine étant la réunion du 24 aux Nations Unies.

Vous êtes nombreux à savoir que j'aime New York (Manhattan). Vous vous souvenez peut-être que ma première visite à la « grande pomme » [surnom attribué à la ville de New York (NDT)] fut effectuée à l'occasion d'un channeling aux Nations Unies ! Cette ville m'effrayait alors en raison de mon « contrat » durant cette année-là. Puis, je réalisai que mes craintes étaient vaines. New York (Manhattan) contient l'énergie de plusieurs de mes vies passées. Lorsque j'arrivai là-bas pour la première fois, je

« reconnus » pourtant chaque coin de rue ! Tout me semblait véritablement familier. Il s'agit d'une plaisanterie métaphysique, et j'en ris encore chaque fois que je me rends dans cette ville – ce qui se produit environ deux fois par an.

Jan et moi nous étions déjà présentés aux Nations Unies en 1995 et en 1996, et cette invitation de 1998 était attendue avec beaucoup d'impatience. Nous étions excités à l'idée de revenir et prêts à adopter une attitude formaliste (attitude rare chez nous, du fait de notre origine californienne), soit à respecter le protocole des réunions des Nations Unies. Je revêtis mon costume noir, celui que je porte lors des enterrements, des mariages et des réunions aux Nations Unies. Je m'examinai dans le miroir et me trouvai l'air d'un croque-mort. Jan était, elle aussi, en noir. C'était notre façon d'honorer la solennité de cet événement. Je m'excusai auprès de ma cravate en lui demandant de me pardonner de ne la porter qu'une fois l'an, espérant qu'elle ne m'en voudrait pas au point de m'étrangler au milieu de la réunion. J'étais à la fois fatigué par l'emploi du temps chargé de la semaine et surexcité par cet événement.

Pour ceux qui ne connaissent pas la SEAT (Société pour l'illumination et la transformation), il s'agit d'une organisation relevant des Nations Unies à New York. Avec le temps, cette organisation est devenue le lieu où se réunissent les délégués et leurs invités afin de partager les connaissances et l'énergie de ce que nous appelons le Nouvel Âge. Plusieurs auteurs, channels, conférenciers, musiciens et leaders spirituels ont été invités à partager leur sagesse au cours de ces réunions. Le public n'est pas admis et seuls ceux qui travaillent aux Nations Unies, ou qui sont membres de la société, peuvent assister à ces séances.

Depuis notre dernière visite, la sécurité avait été considérablement renforcée. Bien qu'informés de cette situation, nous demandâmes l'impossible : nous tentâmes d'inviter douze personnes de notre choix, dont Robert Coxon et son synthétiseur électronique ! (Robert Coxon est un artiste canadien.) Nous ignorions ce qui allait se passer, mais nous nous présentâmes au lieu de rendez-vous, à la porte d'entrée des visiteurs des Nations Unies.

Tout notre groupe pris place dans un coin, dans l'attente d'un miracle. Le temps passait et rien ne se produisait. J'informai alors nos amis que nous accorderions cinq minutes de plus à l'Esprit, ou qu'alors nous devrions changer nos plans.

Jennifer Borchers, présidente de la Société pour l'illumination et la transformation, nous rencontra dans le hall d'entrée. Elle faillit s'étrangler de surprise en apercevant l'ensemble de notre groupe, car le protocole est implacable dans cette enceinte, et nous représentions un nombre important de personnes et un équipement imposant, contrairement à la plupart des intervenants invités à prendre la parole. Mais Jennifer avait bien travaillé et était parvenue à certains arrangements que j'ignorais. Alors que je formulai l'intention d'attendre cinq minutes supplémentaires, notre miracle se produisit sous l'apparence de notre ange gardien, Fernando – un membre de la sécurité, fidèle de Sai Baba* et responsable de la diffusion des informations concernant Kryeon au sein des Nations Unies ! Fernando se contenta de faire un signe au poste de sécurité du FBI et trente minutes plus tard, nous pûmes tous pénétrer dans le saint des saints du bâtiment, y compris l'ensemble de l'équipement de Robert Coxon. Tout fut parfaitement programmé et Robert fut prêt lorsque la réunion débuta.

Notre problème eut été insurmontable sans la présence de Fernando et de Jennifer, tous deux guidés par la lumière. Zehra Boccia, qui nous avait accueillis pour notre première séance aux Nations Unies, était également présente, débordante d'énergie comme d'habitude. Les vidéos sont interdites au cours de ces réunions – seuls sont autorisés les enregistrements sonores. En général, une bonne semaine est nécessaire pour inspecter et approuver le matériel qui rentre dans l'enceinte des Nations Unies, mais nous pûmes franchir la porte d'entrée sans aucun problème ! Naturellement, nous passâmes par les détecteurs de métaux et notre identité fut vérifiée, mais nous ne fûmes pas fouillés.

---

* Sai Baba : né en 1926 dans le sud de l'Inde. Ses adeptes le considèrent comme un saint en raison de ses guérisons psychiques et de ses *siddhi* (le pouvoir de matérialiser des objets). (NDT)

Notre groupe d'invités comprenait essentiellement des membres de l'équipe Kryeon, ainsi que quelques personnes qui nous aident dans notre tâche : Robert Coxon et sa femme, Linda Chénier, Linda Benyo et Geoff Hoppe (créateurs du magazine *Kryon Quartely*), Peggy et Steve Dubro (la Technique d'harmonisation EMF), Marc et Martine Vallée (éditeurs québécois des livres de Kryeon en langue française), Sarah Rosman (qui enregistre et transcrit les messages de Kryeon) et quelques autres amis personnels, dont Bonnie Capelle, Pliny Porter et Guitanjali.

Jan et moi étions familiers des lieux pour y être déjà venus deux fois, et cette année-là, nous étions beaucoup plus détendus. Le mardi 24 novembre, à 13 h 15 précises, tout fut prêt dans la salle B, à peu de distance de la salle de l'assemblée générale où se tenait une réunion du Conseil de sécurité. Des reporters étaient également présents, dans l'attente d'un événement imprévu (ce qui arrive fréquemment). Il s'agissait d'un jour de travail typique aux Nations Unies et une grande activité régnait dans les couloirs où allaient et venaient de nombreuses personnes. Notre salle était remplie de délégués et d'employés en plus de nos invités. La réunion débuta exactement à l'heure prévue.

Je commençai par communiquer à cette assemblée une rapide mise à jour (quinze minutes) des travaux de Kryeon. Je présentai également le nouveau documentaire concernant le projet HAARP (*High Frequency Active Auroral Research Program*) – [en Alaska, dans un site ultrasecret, des scientifiques américains construisent une station qui servira à réchauffer l'atmosphère, grâce à l'utilisation de la technologie de Tesla. Ce projet aurait pour conséquence immédiate de créer un « trou » de 45 kilomètres de diamètre dans l'ionosphère ! Voir tome IV, *Partenaire avec le Divin* (NDT)] – sujet effleuré dans les messages de Kryeon de 1995 et 1996 transmis dans ce même immeuble. Je fis mention, par la même occasion, de la cassette vidéo *Holes in Heaven* [des trous dans les cieux (NDT)]. Je félicitai Paula Randol Smith pour ses efforts en vue de permettre la diffusion de cette réalisation dans une très importante émission télévisée. Je ne pouvais m'empêcher d'être étonné en pensant à tout ce qui s'était passé depuis notre première visite en 1995. J'évoquai également plusieurs sujets en relation avec l'œuvre de Kryeon et les Nations Unies, puis le moment de la lecture arriva. Pendant vingt minutes, Jan dirigea une séance d'équilibrage des chakras et d'harmonisation par les sons. Eh oui – tout le monde participa ! Il était extraordinaire de ressentir cette merveilleuse énergie spirituelle et d'entendre toutes ces voix emplir la salle au sein des Nations Unies. Jan effectua un superbe travail et respecta scrupuleusement l'horaire prévu. Robert Coxon (qui réalisa tous les branchements et procéda à toutes les vérifications en dix minutes) fut absolument admirable dans sa façon de créer l'énergie. Imaginez le musicien *New Age* canadien le plus connu accompagnant de sa superbe musique la méditation et le channeling ! (La dernière œuvre de Robert s'intitule *The Silent Path*.) Nous savions tous que cette réunion avait été strictement programmée et qu'il était impératif que nous finissions à l'heure prévue. Jan termina son travail et tout fut prêt pour Kryeon. Robert continuait de jouer. Je savais qu'il créait sa musique par channeling. Une atmosphère quasi religieuse emplissait la salle, atmosphère tout à fait appropriée à ce qui allait suivre.

L'énergie créée ce jour-là fut aussi puissante qu'à l'accoutumée. Bien que ce channeling fut le plus court jamais réalisé, comme nous approchions du nouveau millénaire, l'information délivrée fut particulièrement puissante. La saveur de cette réunion était celle d'une célébration.

Vous êtes nombreux à avoir assisté aux séminaires de Kryeon et à connaître le message fondamental de ses communications : nous avons modifié notre avenir et la conscience de la planète est en pleine transformation. La masse critique spirituelle a été atteinte et vous pouvez la découvrir tout autour de vous. Ce qui se passe dans le monde le prouve, bien que beaucoup n'en soient pas conscients (car on n'en parle pas dans les bulletins d'informations). Kryeon nous répète sans cesse que nous accomplissons quelque chose d'étonnant. Il s'agenouille fréquemment à nos pieds et se contente de nous aimer. Il nous parle régulièrement des êtres humains – les considérant comme des anges à apparence humaine.

Il nous a même délivré le message selon lequel nos enfants naissent aujourd'hui dotés de caractéristiques spirituelles dont nous ne disposions pas auparavant ! Ce message aux Nations Unies fut un message de félicitations et d'honneur, mais il fut délivré d'une façon très inhabituelle.

L'assistance était prête. Les délégués étaient attentifs. Le silence s'établit. Seule la musique sacrée de Robert Coxon se faisait entendre.

Puis, Kryeon commença.

Le channeling aux Nations Unies

Salutations, très chers, je suis Kryeon, du Service magnétique. Bien que ce soit la voix de mon partenaire (Lee) que vous entendiez, l'énergie de cette salle prouve qu'en cet instant, vous êtes « visités ». Visités non pas seulement par une entité, mais par tout un cortège qui emplit cette salle et se répand parmi vous – afin de vous féliciter et de baigner vos pieds. Car cette communication sera différente de toutes les autres.

Cher partenaire, vous m'avez dit avoir l'impression d'être « chez vous » ici (dans cet immeuble des Nations Unies). Il en est ainsi en raison de votre contrat – il en fut toujours ainsi. Nous sommes ici dans un espace que nous souhaitons emplir d'un amour incommensurable. Et, très chers, il ne s'agit pas seulement de cette pièce, mais de l'ensemble de cet immeuble, de cette ville, et même de l'endroit où vous avez décidé de prendre connaissance de ce message. Vous allez entendre un message très différent de ce que vous imaginez – beaucoup plus court que tous ceux que nous avons déjà délivrés. Il est particulièrement destiné à ceux qui se trouvent dans cette pièce et dans l'ensemble de ce bâtiment. Mais qu'il soit bien entendu que cette information est également destinée à tous – à ceux qui l'entendent et à ceux qui la lisent. Elle s'adresse à l'ensemble de la planète.

Vous n'êtes pas venus ici par curiosité ni pour vous délecter d'une certaine énergie. Cette réunion se tient dans cette salle, nimbée d'une énergie qui vous était promise depuis longtemps, lorsque vous avez décidé de revenir sur cette planète. Nous sommes assis en face de vous, chacun d'entre vous représentant un ange. Nous nous adressons à tous ceux qui assistent à cette réunion et qui prétendent être des humains ! Car nous savons qui vous êtes réellement (Kryeon fait ici référence au concept qui lui est cher, selon lequel nous appartenons tous à une famille angélique). Nous savons le courage dont vous faites preuve. Nous connaissons votre contrat et les épreuves que vous avez traversées. Nous connaissons toutes les affections physiques dont vous souffrez et les transformations que vous subissez, car nous sommes membres de la *famille*. Et cette famille désire se présenter à vous et accomplir quelque chose de tout à fait inédit.

Très chers, c'est la première fois que ce type d'information vous est délivré – et nous allons le faire rapidement. Dans le passé, nous vous avions promis que l'Esprit ne partagerait jamais avec les humains un message inspiré par la peur. *Jamais* ! Si vous rencontrez un jour une entité qui affirme appartenir à l'Esprit, qui vous présente un message empreint de peur et qui parle d'un programme précis, alors sachez qu'il ne s'agit pas de l'Esprit !

En venant ici, nous célébrons de nouvelles capacités de l'être humain, spécialement en cet instant. Jamais la Terre ne connut de moment semblable ! Ceci, grâce à vous, et vous devriez en être conscients. Il vous est possible de quitter cette salle avec davantage de puissance qu'en y pénétrant, en réalisant ce que vous avez accompli. Je vais m'adresser à vous d'une façon beaucoup plus imagée qu'auparavant. Ce message n'est pas inspiré par la crainte. Restez attentifs et n'arrêtez pas votre lecture avant d'en avoir compris l'intégralité. Qu'il vous soit totalement délivré et qu'il ne soit pas séparé de son contexte. Ceux qui altéreraient son sens véritable ne représenteraient pas la nouvelle énergie de cette planète.

L'avenir

Nous allons vous transporter sur une Terre future. Cela peut sembler étonnant, mais nous vous demandons d'attendre la fin de ce message avant de porter un jugement sur ce qui va vous être communiqué ici.

Nous allons peindre un tableau vivant de votre planète future, et cela va vous déconcerter.

(Pause)

Dans ce pays (les États-Unis), les eaux recouvrent l'ensemble des zones côtières. Des cités importantes sont ensevelies sous ces eaux. Les maladies se répandent, la confusion règne, les rayons des magasins sont vides, une guerre civile ravage ce grand pays ainsi que des conflits mineurs localisés un peu partout. Il n'existe plus de pouvoir central. Des forces de police cernent les villes, s'efforçant de maintenir l'ordre dans leurs secteurs respectifs. Le retour à la « cité/État » est proche et personne ne peut rentrer ni sortir des zones urbaines. Les frontières entre États n'existent plus. C'est le chaos. Des submersibles, chargés d'armes terrifiantes, se cachent volontairement au fond des océans, faute de pouvoir décider dans quel port se rendre. Chacun de ces ports obéit à ses propres lois. L'horreur et le désespoir règnent dans ce pays.

Voici l'avenir de la Terre.

Plus au nord, vous trouvez l'immense territoire du Canada, divisé en deux zones qui commencent à s'armer. Deux grandes cultures dotées de langages différents sont presque en guerre – incapables de s'entendre au sujet du partage du pays. Les plus importantes ressources sont surtout concentrées dans l'une des zones, et l'autre doit partager ces richesses avec la première afin de pouvoir subsister. Culture et conscience tribale les séparent. Comme aux États-Unis, tout contrôle central a disparu.

Voici l'avenir de la Terre.

Nous vous transportons maintenant sur d'autres continents pour voir ce qui s'y passe : nous constatons que le continent africain est en pleine régression de conscience – c'est là un retour à la vie tribale, comme cela se produisit il y a de nombreuses années. La civilisation est sur le point d'être enterrée là où elle naquit.

Au pôle Sud, la couche Larson s'est brisée, provoquant un énorme raz-de-marée qui a submergé la partie sud du continent australien, ensevelissant les villes, tuant des millions de personnes, provoquant chaos et douleur.

Le grand dragon (la Chine), composé d'un quart de la population de la Terre, est calme. Mais les habitants de ce pays surveillent attentivement la situation afin de déterminer où se situeront les effondrements de civilisations pour pouvoir s'y ruer et y implanter leur culture. Ces événements ne les prennent pas au dépourvu, car ils étaient inscrits dans leurs prophéties, annoncés par leurs anciens.

Voici le futur de la Terre.

Ah, mais il y a pire ! Nous vous emmenons au Moyen-Orient. Écoutez attentivement : dans cette zone, très chers, au cœur de l'énergie du saint des saints, la **bête** est arrivée. Et celle-ci, avec ses yeux brillants et sa taille de 12 000 mètres, a planté fermement ses pieds sur chacune des anciennes zones tribales. Elle est là pour régner pendant 4000 ans, ce qui représente la moitié de la durée de sa vie.

Très chers, cette bête représente la guerre nucléaire qui commence dans ce pays, où les humains ont décidé de s'exterminer au nom de Dieu.

Voici l'avenir de la Terre.

Je vais vous expliquer ce que tout ceci signifie. Nous vous avons demandé d'écouter l'intégralité de ce message – ce message très court –, car ce qui va suivre est fondamental ! Je vais vous communiquer la date du futur que je viens de vous décrire.

(Pause)

Il s'agit du mois d'octobre 1998 !

Certains d'entre vous vont penser : « Kryeon, vous devez faire erreur ! Cette date est écoulée ! Nous sommes en novembre 1998 ! »

Nous le savons. Oui, cette date est passée. Très chers, je vous ai juste décrit la prophétie des Écritures. Je vous ai simplement communiqué la prophétie de Nostradamus, vieille de 400 ans. C'est également la prophétie des maîtres du Nouvel Âge qui eurent des visions de la Terre, telle que mesurée et annoncée en 1962 (une mesure spirituelle semblable a eu lieu à la Convergence harmonique de 1987). Et ce que je viens de vous décrire représentait une possibilité bien réelle !

Cependant, rien de ce qui avait été prédit pour la Terre ne s'est réalisé. Rien du tout ! Ni catastrophes, ni guerres raciales, ni guerres nucléaires. La « bête » a été évitée et je me trouve à l'endroit précis qui fut responsable d'une telle modification de conscience. Écoutez ceci, très chers, écoutez bien : lorsqu'un cuisinier s'affaire dans sa cuisine, il n'a aucune idée de la façon dont son repas est apprécié par les clients du restaurant. (Une métaphore à l'intention de ceux qui, aux Nations Unies, sont quotidiennement confrontés aux luttes, à la négativité et au stress de l'existence, sans pouvoir vérifier le résultat de leur travail.)

La Terre et tous ses habitants devraient se réjouir massivement ! Et ils devraient commencer par vous baigner les pieds ! Nous nous adressons à ceux qui, dans cette enceinte, s'occupent des enfants du monde et des problèmes de déforestation. Nous nous adressons à ceux qui luttent contre les maladies. Vos efforts ne sont pas vains ! Oui, nous nous adressons à ceux qui imposent la paix à la guerre et qui souhaitent une planète où régnerait l'entraide.

La conscience de la planète participe à vos efforts. Cette planète où règnent, selon vous, luttes et querelles, est, en réalité et métaphoriquement, la cuisine dont nous venons de parler. Une grande partie de cette planète ressent un changement majeur, peut-être sans s'en rendre compte. Une planète fonçant tout droit vers un nouveau paradigme de coexistence et non pas vers une catastrophe généralisée ou une guerre totale. Il y aura, bien sûr, certaines complications, des luttes, mais, en contrepartie, voyez ce changement de conscience ! Aujourd'hui, l'accent porte sur la solution des conflits et sur les conclusions durables plutôt que sur « qui a raison » ou « qui mérite cela ». Il s'agit de la responsabilité de *tous* les humains, et non pas uniquement de celle d'une élite. Le monde entier met l'accent sur la création d'une existence pacifique de *tous* les peuples. Les habitants de cette planète se dirigent ensemble vers le nouveau millénaire qui, auparavant, était considéré comme la *fin du monde*. Je suis ici parmi vous pour vous annoncer, alors que le nouveau millénaire approche, qu'un potentiel spirituel d'élévation et de sagesse existe maintenant au lieu de l'horreur dont je viens juste de vous parler. Les potentialités sont celles de la Nouvelle Jérusalem – et elles sont entre vos mains.

Chacun d'entre vous est venu au monde sur cette planète pleinement conscient du potentiel de 1962. Vous connaissiez également toutes les possibilités de changement et le fait que l'année 2000 ne verrait peut-être pas se réaliser la catastrophe prévue, mais apporterait beaucoup plus de nouvelles pacifiques. Regardez autour de vous ! Aucune des prophéties ne se réalise ! Même si certains tentent d'insuffler la vieille énergie au sein de la nouvelle conscience, ils échoueront. Ils représenteront toujours la vieille énergie et seront rejetés par la planète.

Jamais moment ne fut plus favorable à la création, dans ce bâtiment, d'un Conseil des sages*, un conseil consultatif composé d'autochtones de cette planète. Et nous vous déclarons que la conscience de cet immeuble le soutiendra. De même que celle des peuples. La conscience de la planète vous pousse à cette réalisation. Il s'agit de l'étape logique suivante – et lorsque vous présenterez cette réalisation, faites-le d'abord au public. Ce sera lui qui vous soutiendra.

La réunion de ce soir est presque terminée, et les membres de la famille qui sont venus ici pour baigner vos pieds vous disent « merci ». Ils vous disent encore : « Nous allons, ensemble, pénétrer dans ce grandiose millénaire grâce à ce que vous accomplissez en ce moment. » N'est-ce pas parfaitement clair ? La raison de notre amour pour vous pourrait-elle être plus évidente ? Voici le message qui vous est destiné, en provenance de l'autre côté du voile.

Que cette transcription soit diffusée, afin que tous sachent ce qui s'est passé ici, aujourd'hui. Que tous sachent ce qui aurait pu se passer et ce qui s'est réellement produit. Aucune des prophéties ne s'est réalisée, aucune n'est programmée et ne le sera, grâce au travail que vous effectuez.

Ainsi se retire notre cortège. Il n'est resté ici que quelques minutes, mais ces dernières furent extraordinairement chargées d'amour. Quittez cette salle et sachez qui vous êtes réellement ! Peut-être pensiez-vous n'être qu'un individu parmi tant d'autres ? Je vous le déclare, la « famille », elle, vous a remarqué ! Vous

---

* Pour plus de renseignements sur les efforts actuels en vue de former un Conseil des sages, veuillez communiquer avec la Fondation Convergence, au 1209 av. Bernard O., #110, Outremont, Qc., Canada. H2V 1V7.

n'êtes jamais seul ! Lorsque vous rentrerez chez vous ce soir, contemplez-vous dans un miroir. Nous vous conseillons de regarder votre reflet, droit dans les yeux, et de prononcer, à haute voix, les mots suivants : « JE SUIS CE QUE JE SUIS. »

Et il en est ainsi.

Kryeon

Quelques mots de Lee

Kryeon termina son exposé à 14 h 15. Il nous resta quinze minutes pour répondre aux questions de l'auditoire, et le moment vint de nous séparer. Tout s'était passé si vite ! Puis, nous quittâmes rapidement cette salle pour céder la place au groupe de travail suivant. Nous nous dirigeâmes alors vers la cafétéria des Nations Unies, où nous sympathisâmes avec de nombreux délégués ayant assisté à la réunion.

Je remercie à nouveau Jennifer Borchers pour nous avoir permis de tenir cette réunion de 1998. La plupart d'entre vous ignorent que c'est Jean Flores, secrétaire de la Société pour l'illumination et la transformation, qui nous avait invités plusieurs mois auparavant. Lorsque cette femme mourut subitement, Jennifer prit le relais et nous permit d'organiser cette réunion. Elle fut une hôtesse parfaite.

Je sais que, d'une certaine manière, Jean est toujours présente parmi nous. Nous ressentîmes tous sa présence dans cette salle, ainsi que celle de tous les membres de la famille qui nous aimaient, nous enlaçaient alors que Kryeon baignait nos pieds.

L'énergie dégagée ce jour-là aux Nations Unies fut extraordinaire. Tous la ressentirent et, lors des réunions ultérieures que nous tînmes à Manhattan (y compris une méditation avec les membres de la Société pour l'illumination et la transformation dans un appartement de New York), nous convînmes que cette réunion avait été très différente de toutes celles tenues auparavant. Merci à vous tous pour votre énergie – nous la ressentîmes fortement ce jour-là !

Post-scriptum : Kryeon ne fait pas véritablement de prédictions, mais il nous offre des potentialités. Une fois de plus, je ne peux m'empêcher de me remémorer ce qu'il déclara en 1989, dans son tome I, *La Graduation des temps*, et qui, aujourd'hui, revêt une signification particulièrement profonde :

Le processus que je suis chargé de mettre en place prendra de dix à douze ans avant d'être terminé. De maintenant jusqu'à l'an 2002, vous observerez des changements graduels. Autour de l'an 1999, vous devriez savoir exactement de quoi je parle. Les gouvernements sont dirigés par des hommes de pouvoir et tous ne sont pas éclairés. Leur aptitude à s'adapter à la transformation de la conscience pourrait les déséquilibrer, et le chaos pourrait en résulter.

Je parle rarement des événements du moment présent, car cela tend à limiter dans le temps les propos de Kryeon. Cependant, alors que je termine la rédaction de cet ouvrage, nous sommes engagés dans un conflit entre l'ancienne et la nouvelle énergie concernant un dictateur (au Kosovo). Il ne s'agit pas d'une guerre avec des pays frontaliers, mais d'une guerre entre l'ancienne et la nouvelle conscience, d'un conflit mondial cherchant à trouver la meilleure solution à propos d'un leader gouvernemental empreint d'une ancienne énergie qui a créé le chaos dans son pays pour des raisons de purification ethnique. Le channeling de Kryeon de 1989 fut très clair à ce sujet. Et voici, dix ans plus tard, que ce problème est à notre porte.

LES CINQ ATTRIBUTS POUR ANCRER SUR TERRE LA SAGESSE DE LA SEPTIÈME DIMENSION
Montréal, Canada
Mai 1999

Salutations, je suis Kryeon, du Service magnétique. Certaines personnes présentes aujourd'hui se demandent si l'Esprit sait ce qui se passe ici, s'il connaît les gens assemblés. Je peux vous affirmer que non seulement l'Esprit sait tout cela, mais qu'en outre, il connaît jusqu'à votre nom. La vérité, la réalité, c'est que la puissance divine déferle dans cette salle ce soir afin de vous parler, à vous qui représentez la famille. Chaque membre de la famille porte en lui une partie du Tout. Le Tout possède la conscience de l'Un, et l'Un possède la conscience du Tout.

Depuis plusieurs années, un grand nombre ont lu les transcriptions de nos channelings. Aussi, vous êtes nombreux à vous attendre à ce que l'amour de l'Esprit inonde cet endroit. Plusieurs savent déjà que lorsque « l'entourage » arrive en un lieu, il circule entre les sièges en se préparant à vous étreindre. Par la suite, vous êtes au courant qu'il y aura un bain de pieds ainsi que quelques guérisons parmi ceux qui sont prêts et en ont accordé la permission. Si vous avez consenti à une telle chose, si vous êtes prêts, alors commençons dès maintenant, car la famille est impatiente de pouvoir vous étreindre.

Les membres de la famille qui pénètrent ici – cinq, six ou sept fois plus nombreux que les humains dans cette salle – sont venus inonder la région d'un amour immense. Ils signifieront à cette assemblée l'authenticité de la divinité, de sorte que vous puissiez atteindre un état bien au-delà de l'écoute et ressentir véritablement la teneur de ce message que nous vous apportons ce soir.

Chers amis, nous répétons que nous savons ce que vous avez

vécu ; nous connaissons la vie de chacun. Et nous savons tout cela parce qu'en chacun de vous existe la lumière de la divinité. Vous pouvez désigner celle-ci par les mots « ange » ou « soi supérieur ». Abondantes sont les descriptions de l'expérience spirituelle, mais aucune n'est juste, car votre conscience actuelle ne peut concevoir la vastitude de votre être. Laissez-moi toutefois vous dire que la famille la perçoit.

Quelques-uns ont demandé à connaître leur nom d'ange. Et de merveilleux sons dans vos langues vous furent attribués. Mais ce ne sont pas vos véritables noms. Laissez-moi vous rappeler vos noms, amis bien-aimés. Un jour, lorsque je vous verrai de l'autre côté du voile, chacun de vous étant éternel, vous viendrez à moi et je saurai votre nom. L'aspect que vous ne saisissez pas est l'interdimensionnalité de ce nom. Ce nom est un aspect de Dieu. Et vous viendrez et me chanterez ce nom en lumière, oui, en lumière. Vous vous demandez pourquoi nous prenons tant plaisir à votre *toning*. Lorsque vous déployez le chakra de votre gorge d'où surgissent les tonalités, vous chantez votre nom à l'Esprit.

Amis bien-aimés, ce soir nous partagerons avec vous de l'information ne concernant pas seulement le processus de l'ascension, mais un savoir additionnel directement lié à ce qui se produit actuellement sur votre planète. Croyez-vous que ces événements étaient imprévus [la guerre du Kosovo] ? Pas du tout. Croyez-vous que les conflits qui se déroulent alors que vous êtes assemblés ici étaient inattendus ? Pas du tout. Cependant, à quoi tout cela aboutira, nul ne le sait. Ni vous ni nous, parce que vous êtes en mesure de transformer votre réalité. Effectivement, les choses peuvent devenir fort intéressantes, car il existe en vous une source de pouvoir. Artisans de la lumière, ouvriers spirituels, à vous qui œuvrez à l'ascension, à la paix sur la planète, je souhaite dire où débutent les choses et les événements à venir.

Vous êtes au seuil d'une masse critique capable de sortir littéralement votre réalité du « sillon » où vous supposez qu'elle se trouve. Cet événement est susceptible de déplacer votre réalité vers une autre que vous créerez au fil de votre progression. Nous ne parlons pas que de l'avenir, ou du combat qui se livre actuellement dans une autre partie du monde, nous parlons de la transformation de l'humanité elle-même, qui pourra se nantir d'un nouveau paradigme de vie et d'une terre douée de sagesse. Et cela débute avec chacun de vous. Peut-être avez-vous déjà entendu ce genre de propos auparavant et vous dites-vous que ce sont là des banalités. Mais nous irons plus loin ici ce soir, en vous disant d'abord : *L'être humain individuel possède le pouvoir, le droit et le mérite de revendiquer tout ce avec quoi il est venu.* Précisons ce point.

Dans cet esprit, retournons à la prémisse que nous avons déjà abordée, car elle est d'envergure. Vous habitez des corps conçus pour vivre 950 ans ! Un aspect spirituel de vous-mêmes possède l'envergure de n'importe lequel des avatars connus en votre monde. Et cet aspect réside dans sa totalité en chacun de vous. Oui, dans sa totalité. Chaque humain qui naît sur la planète est complet. Et, bien que par les éons passés seulement une fraction de cette divinité et de cette longévité fut employée, aujourd'hui la situation change.

Nous avons beaucoup parlé de votre ADN depuis un an. Cela fait même plusieurs années que nous mentionnons vos potentiels latents, et puis voilà maintenant qu'ils se manifestent. Si vous pouviez vous percevoir tels que nous vous voyons, vous auriez raison de vous réjouir. Un groupe comme celui-ci, par exemple, possède de plus en plus la capacité de transformer la planète en cet instant même et à jamais. Voilà votre pouvoir. Si seulement un nombre suffisant d'entre vous comprenait la divinité et le pouvoir dont il est porteur !

Il s'agit ici d'une époque qui a été prophétisée. La race humaine pourra modifier le paradigme qui définit sa nature actuelle, la façon dont elle vit et la manière dont elle meurt. Le temps est maintenant venu. Lors de channelings précédents, nous vous avons entretenus des raisons de vos épreuves. La présente communication transcende ceci. Elle concerne l'élévation des vibrations de votre ADN d'une dimension à une autre. Abordons maintenant ce sujet.

Vous croyez vivre en trois dimensions. En réalité, vous vivez en quatre dimensions, car le temps constitue cette quatrième dimension. Quelques personnes se demandent à quoi ressemblent les cinquième et sixième dimensions. De quoi sont-elles faites, comment fonctionnent-elles ? En expérimentant avec la quatrième dimension, vous découvrirez les autres. Cependant, nous ne discuterons pas en ce moment de la cinquième ou de la sixième dimension. Nous explorerons directement la septième.

L'Esprit ne prend pas plaisir à dénombrer les choses, car cette attitude est contraignante. Pourtant, ce sont les compartiments dans lesquels votre mental aime à imaginer les choses. Nous nous y conformerons donc. Nous parlons d'un passage au plan de votre ADN, de votre conscience, de votre sagesse, de votre longévité, du trois au sept. Et nous aborderons ce soir les cinq attributs de ce passage qui vous permettront de comprendre davantage ce dont vous êtes capables.

Chers amis, l'Esprit ne vous offrirait pas ce type d'information si les talents pour l'étayer n'existaient pas. Un tel partage de connaissances n'aurait pu se produire il y a douze ans. Vous habitez, depuis, une Terre nouvelle. Et les paroles suivantes sont plus vraies que jamais : « Vous pouvez transformer votre Terre. » Elles sont sérieuses, éloquentes et recèlent des trésors d'énergie latente et d'émotions. La Terre possède le potentiel d'atteindre un niveau vibratoire dépassant tout ce que vous pensiez pouvoir créer. Mais tout doit partir de l'intérieur, car là repose la perfection.

Les humains croyaient jadis que les événements grandioses qui se produisaient étaient l'œuvre du ciel, d'un vague au-delà. Des choses merveilleuses apparaissaient sans que l'humain semble le mériter. Vous rendez grâce à Dieu tout-puissant de vous avoir accordé de si grandes bénédictions. Voilà comment agit la dualité. Elle vous convainc que vous n'avez pas mérité d'être ici, ne vous dit rien de l'amour de Dieu ni de votre vaste envergure. Laissez-moi vous préciser, en tant que membre de la famille qui vous aime, qui vous connaît, frères, sœurs, que tous les miracles dans votre vie furent générés depuis l'intérieur vers l'extérieur, parce que là réside la divinité.

Cinq domaines peuvent être élevés au septième niveau. Et nous employons la numérologie sciemment puisque nous expri-

{ mons les énergies liées au sept. Car vous passez du quatre au sept,
{ qui représente la divinité. Voilà ce qui arrivera à chacun d'entre
{ vous. Penchons-nous maintenant sur ces attributs.

LES CINQ ATTRIBUTS

Pour donner un sens à tout cela, il faut comprendre que le concept que l'on présente ici n'est pas uniquement de nature éthérique ou interdimensionnelle. Bien sûr, il agit aussi sur la troisième dimension. Vous savez qu'un jour viendra, avant deux générations humaines, où les scientifiques, en examinant sous leur microscope les deux chaînes chimiques de l'ADN, observeront que « quelque chose a changé ». Ils verront que l'ADN des enfants de vos enfants est devenu robuste et capable de résister à des maladies que ne peuvent combattre vos enfants à ce jour. Ils verront l'évolution qui s'est produite. Plusieurs sont déjà instruits du fait que les enfants actuels agissent différemment, qu'ils s'attendent à d'autres choses et veulent être traités comme des personnes dignes. Certains d'entre vous ont de tels enfants et savent ce dont je parle. Ces enfants savent qu'ils méritent d'être ici.

Cependant, les modifications sur le plan de l'ADN dont nous désirons vous parler concernent aussi d'autres plans que le physique. L'ADN possède douze chaînes. Les dix qui demeurent pour le moment invisibles contiennent les séries d'instructions sur votre lieu d'origine, sur votre identité, sur ce que vous avez fait dans l'univers, sur les couleurs que vous avez portées, sur votre karma, sur les empreintes de votre naissance, sur les influences de votre signe astrologique.

Nous avons déjà mentionné qu'une enveloppe ou un champ énergétique recouvre l'ADN et qu'il s'agit là d'un champ de mémoire cristallin qui communique avec l'ADN physique. Lorsque tous les deux sont en résonance parfaite, ils représentent le corps divin de l'humanité. À mesure que ce champ entourant l'ADN transmet les « souvenirs » aux différents plans des codes génétiques, ceux-ci changent, même ceux qui sont chimiques, et se mettront à élaborer un être humain très différent de celui que vous croyez être.

La responsabilité vis-à-vis du temps présent

Abordons d'abord le premier attribut : la responsabilité. Depuis plusieurs années, votre système de valeurs propose un concept de responsabilité que vous avez bien assumé. Vous avez admis être responsables de votre vie et de toutes les choses qui vous arrivent, dont celles qui posent un défi ou semblent négatives. Vous avez adhéré au concept et êtes allés jusqu'à remercier Dieu pour le défi. Aujourd'hui, vous devez aller encore plus loin. Auparavant, vous étiez dans les troisième et quatrième sphères de dimensionnalité, et vous allez maintenant passer directement à la septième. *Nous vous demandons d'assumer la responsabilité de créer une planète nouvelle.*

Pour ce faire, vous devez prendre la responsabilité d'une chose dont vous niez encore l'existence. C'est que seul le temps présent est réel. On exige de vous aujourd'hui d'être responsables du temps présent, de votre *maintenant*. Vous n'avez pas encore intégré notre concept du temps circulaire. Vous le comprenez lorsque vous êtes un être divin de l'autre côté du voile. Il s'agit maintenant de l'appliquer à votre dimension. C'est un temps interdimensionnel qui n'a rien à voir avec votre concept du temps linéaire. Il ne fonctionne ni avec les futurs potentiels ni avec les événements passés. Il fonctionne avec ce qui Est. Ainsi, chers amis humains, si vous ne l'avez pas assez entendu, nous vous le répétons : vous possédez le pouvoir de réaliser maintenant les choses par la visualisation et de rendre ainsi leur réalité effective dans le présent.

L'être humain qui développe une intention depuis la septième dimension est celui qui possède une compréhension à la fois dans le *maintenant* et dans le temps linéaire. Il s'agit de l'être humain qui sait comment prier et qui, plutôt que de prier pour demander d'obtenir ceci et cela, le fait en disant : « Cher Esprit, indique-moi ce que je dois savoir. » Il ne présume de rien, il crée la réalité. Ce n'est pas seulement l'être humain qui peut déplacer des montagnes, amis bien-aimés. C'est l'être humain qui peut se placer là où sont les montagnes afin de les empêcher de bouger [en référence aux différents cataclysmes possibles]. C'est l'être humain qui sait ce qu'est la responsabilité. Et envers qui avez-vous cette responsabilité, demanderez-vous ? À l'égard de la famille.

La raison de votre venue ici apparaît enfin. Ce qui doit survenir maintenant. Parmi les prophètes qui ont prédit la fin imminente des temps, peu ont vu au-delà de cette fin. Ils voient le grand vide et racontent que le temps a atteint son terme, que tout semble terminé. Ils ne peuvent rien voir d'autre. Et vous savez pourquoi ? Parce qu'ils se situent dans le trois et le quatre. Et au-delà des années dont nous avons discuté, dans l'avenir de votre planète et des potentiels ici présents, les trois et les quatre ne peuvent voir les sept. Les sept qui sont assis ici devant moi ou qui lisent ces lignes.

Un avenir riche, fort, paisible et sage pour l'humanité demeure certainement dans le domaine du possible. Nous voici au cœur d'une année conflictuelle et le combat continuera, et durement, amis très chers. Car l'ancienne énergie ne partira pas facilement. Elle s'agitera, protestera, vous attaquera. Elle ne se dissipera pas sans heurt. Imaginez une grange en ruine dans un champ. Du pinceau de votre énergie nouvelle, vous souhaitez lui donner une allure toute neuve. Et graduellement, doucement, vous la peignez et la reconstruisez. Les couleurs fraîches prennent peu à peu forme sur l'ancienne grange. Les passants, face à cette vieille grange, percevront surtout l'ancien et peu du neuf, parce que ce n'est alors que le tout début. Ils donneront leur opinion : « L'ancien prévaut toujours. » Vous peignez un peu davantage et la lumière se rassemble, apportant la conscience qui permet à une plus grande quantité de peinture nouvelle de recouvrir l'ancienne. Bientôt, plus d'un tiers de la grange aura été refait et repeint. Et les passants diront encore que l'ancien prédomine. Car ils n'ont pas la conscience du fait que la grange change vraiment. Et lorsque vous, résidant dans le sept et armé du pinceau, aurez terminé la grange et qu'elle s'érigera dans toute la splendeur de sa nouvelle énergie, certains regarderont en soulignant que jadis il y avait là une grange, car pour eux elle sera invisible. Sachez cependant que les visionnaires qui se déplacent dans les dimensionnalités et tentent de voir au-delà de l'année 2012 verront cette grange invisible aux yeux des autres.

Une humanité

Le second attribut a trait à l'humanité dans son ensemble, et c'est là un point d'importance. Chers amis, dans la conscience du trois et du quatre, même les plus excellents des artisans de la lumière du Nouvel âge voyaient l'humanité d'un point de vue limité. Bien sûr, vous vous aimiez les uns les autres, n'est-ce pas ? Cependant, ceux qui appartenaient à une culture particulière ne tentaient pas de rejoindre ceux d'une autre culture. Car c'est dans la nature humaine, n'est-ce pas, de s'attacher aux siens. Ce n'est pas là une faute ; c'est simplement la manière dont vous conceviez les choses.

J'aimerais toutefois vous préciser ce qui se produit lorsque l'intention est formulée dans le but de vibrer à un niveau plus élevé. Tout cela change. Je m'adresse ce soir à un groupe des membres de la famille dont certains s'éveillent. J'aimerais vous confier l'un des attributs d'un être humain qui s'éveille et qui devient spirituellement à l'écoute. Il s'éveille au fait que l'humanité ne fait qu'un, que les différences culturelles sont sur le point de disparaître. Et bien que dans votre esprit, votre langue soit votre langue et votre pays, votre pays, lorsque vous percevez la souffrance de personnes qui ne sont ni de votre race ni de votre langue, votre cœur chuchote à votre structure cellulaire qu'il s'agit de votre famille et vous pleurez pour eux. Lorsque vous passez du trois et du quatre jusqu'au sept, le terme « humanitaire » prend une tout autre portée. Car ce qu'ils subissent, vous le subissez aussi. Vous êtes de ce fait affectés très profondément par ce que ressent la famille, même depuis des endroits éloignés.

Nous avons un conseil à vous prodiguer si cela se produit, amis bien-aimés. La seule chose que vous puissiez faire pour les aider, c'est leur transmettre de la lumière. Ne prenez pas sur vous leurs fardeaux, car ils leur appartiennent. Enveloppez-les plutôt d'une lumière. Voilà votre pouvoir, ce que vous pouvez faire. Une telle pratique aide à les équilibrer et leur apporte la paix, soyez-en certains. Visualisez-les en paix, même si vous les voyez souffrants. Visualisez-les en paix. Visualisez une fin à ce qu'ils vivent. « C'est fini. Cela est terminé et tout va bien. » Voilà l'énergie que vous aurez à employer dans ces cas. Tout va bien. Tout est terminé, la paix règne. Et nous vous mettons au défi, chers amis, malgré ce que vous présentent les médias, de ressentir plutôt un apaisement, une conclusion, une paix. N'est-ce pas fantastique ? Pouvez-vous faire cela ? Parce que si vous en êtes capables, la planète se transformera et vous accéderez à la septième dimension.

La transmutation des résidus émotifs

Penchons-nous sur les émotions, le troisième attribut. Quelques-uns d'entre vous traînent ce qu'on peut appeler des résidus. Tous, vous savez ce dont je parle. Il existe certaines personnes de votre passé que vous préférez rayer de votre vie. Peut-être vous ont-elles fait du mal. Vous êtes d'excellents artisans de lumière, vous êtes conscients d'avoir planifié votre vie, vous savez être responsables de tout ce qui s'est produit. Néanmoins, il y a quelques humains envers qui vous traînez des résidus. J'entends tous ceux à qui vous ne voulez plus parler, envers qui persistent des sentiments, voire de la haine, du ressentiment. Je vous l'ai dit, nous savons à qui nous nous adressons. Peut-être êtes-vous venus ce soir pour entendre ce qui suit.

L'être humain dont l'ADN vibre de plus en plus sur le plan de la septième dimension et dont le champ cristallin de mémoire informe de sagesse la structure cellulaire se mettra à changer. Et ces situations tellement chargées d'émotions trouveront une solution radicalement différente, car ces sentiments se dissiperont peu à peu et il souhaitera y apporter une conclusion.

Dans votre vie, à qui sont destinés ces sentiments ? Aujourd'hui, l'entourage est venu afin de formuler l'intention silencieuse, de convertir ces situations, de les transmuer. Et vous n'avez nul besoin de demander pardon à un guide quelconque d'avoir éprouvé de l'aversion. Cela est inhérent à la nature humaine, amis bien-aimés, croyez-vous que nous ne le savons pas ? Les choses changent. Nous vous demandons de ressentir plutôt l'énergie entourant la raison de vos sentiments et de bénir les personnes en question. Entourez-les de lumière et remerciez-les d'avoir joué ce rôle dans votre vie. Puis, passez à autre chose. Concluez. Le temps est venu, voyez-vous. C'est là l'attitude d'un être humain qui se meut dans la septième dimension. Il comprend la sagesse de cette énergie et se montre capable de conclure et de passer à autre chose. Je vous assure que le résultat sera la paix. Ne vous étonnez pas si la paix découle de ces attributs divins appartenant au septième niveau. Car voilà la raison de votre présence ici ce soir.

Naviguer par synchronicité

Maintenant, nous discuterons des actions humaines et de ce à quoi se livrent la majorité des êtres humains, soit du quatrième attribut. Dans le trois et le quatre, les humains s'attachent à tout planifier. Cependant, avec un seul pied dans le temps linéaire, comment vous y prendrez-vous pour tout planifier ? Chers amis, voici un concept difficile. Il s'agit d'un paradigme d'existence nouveau qui dit : «Je serai en paix devant les inconnues de mon horaire et de ma vie.» Cette attitude de l'être humain qui désire sans cesse savoir où il va, ce qu'il fera et ce qu'il ressentira alors a changé. Nous vous convions à goûter au présent à son meilleur. Chères parcelles de Dieu qui évoluez vers la septième dimension, apprenez à naviguer d'une synchronicité et d'une cocréation à l'autre. L'être humain connecté à la septième dimension sait pleinement qu'il n'est jamais seul. Il sait avec certitude qu'en lui habite une divinité fraternisant avec la cocréation qui l'entoure.

La sagesse des sentiments

Le dernier attribut porte sur la dualité. Combien d'entre vous sortent vitement du lit le matin et, suivant leur nature humaine, se précipitent vers le miroir, allument la lumière et se regardent en se disant : « Je suis Dieu » ? On peut présumer que nul ne le fait. La dualité est puissante. Le miroir vous renvoie plutôt un visage défait, vieillissant, différent aujourd'hui de celui d'il y a un an. Certaines énergies, même en vous-mêmes, vous réveilleront au milieu de la nuit en chuchotant que vous n'êtes rien du tout. Cela alimente l'ancien leadership religieux sur terre qui vous affirme la même chose. Ainsi, comme à une paire de vieilles chaussures, vous vous êtes accoutumés à la situation. Plusieurs se sont habitués à vivre le drame au quotidien, à vivre même dans la terreur. Nous vous affirmons aujourd'hui que vous pouvez évincer la réalité de toutes ces choses hors du sillon qu'elle occupe et la placer dans un autre appelé « changement ».

Tout cela doit débuter sur le plan cellulaire de l'être humain. Vous savez déjà que la grille magnétique terrestre est responsable du positionnement de la dualité dans la nature humaine. La grille cristalline (de même caractère que le champ cristallin entourant votre ADN) qui se superpose actuellement à la grille magnétique infuse celle-ci d'instructions depuis le noyau de mémoire de l'univers. Bien que vous ne puissiez saisir cela facilement, nous sommes venus vous dire que tout cela se fait afin de pouvoir communiquer avec les codes de votre ADN susceptibles d'y réagir et pour vous permettre de passer de la quatrième à la septième dimension.

Bien-aimées parcelles de divinité, membres de la famille, il y a ici un entourage qui a commencé à baigner vos pieds. Cet entourage contemple une humanité qui s'éveille et pose son regard sur ceux que l'intérêt a poussés à venir passer la journée ici. Comme mon partenaire vous l'a affirmé, cela révèle votre intention. Qu'est-ce donc qui s'éveille à l'intérieur de vous ? Certains ressentent une sorte d'accélération, une angoisse ou une agitation. Je vous explique ce que c'est, à vous qui étiez déjà là dans le temps de la Lémurie. Ce qui s'agite en vous, ce sont les nouveaux dons de l'Esprit. N'est-il pas fascinant aujourd'hui de se sensibiliser à ceux-ci ?

Nous avons déjà dit que seuls l'humour, l'amour et le chagrin traversent intacts le voile qui nous sépare. Vous avez également appris aujourd'hui que l'un des ingrédients magiques du pouvoir de guérison, du pouvoir de changer le monde propre à l'humain, ce sont les sentiments. Ils représentent le nombre sept, l'aspect divin, l'aspect qui peut aimer, qui peut pleurer, l'aspect capable de larmes ou de joie, celui qui nous permet de venir à vous afin de baigner vos pieds. Nous le faisons avec des larmes de joie, parce que tout cela est vrai. Quelques-uns sentent à l'instant même l'énergie ainsi déployée, l'émotion. Celle-ci atteint le fond de la salle ; elle ne se limite pas aux abords de la scène. Car nous nous adressons à vous personnellement, chère famille. Vous partirez ce soir doués de facultés que vous ne possédiez pas à votre arrivée. Nous vous promettons qu'une portion de l'énergie présente dans cette salle s'appliquera à vous et vous suivra après votre départ. Il suffit simplement d'en avoir l'intention.

Il faut également comprendre que le passage dont nous parlons du trois ou du quatre au sept, à la sagesse de Dieu, est semblable à un vêtement que l'on peut revêtir mais qui ne s'enlèvera jamais. Lorsque vous l'enfilez, chers amis, votre lumière luit d'un éclat plus radieux. Aujourd'hui, nous vous offrons un avis dont le sens devient plus éloquent encore du fait de l'information que vous ont accordée ces artisans de la lumière, amoureux de Dieu et qui, depuis cette scène, vous ont donné quelque chose d'eux-mêmes [référence aux autres conférenciers, Gregg Braden et James Twyman]. Nous percevons les potentiels. Vous avez le pouvoir de vous déplacer depuis le lieu où vous êtes sur cette planète en compagnie des êtres spéciaux ici présents. Ils savent qui ils sont, et leur passion rend tout possible. Celle-ci se consume en vous également, et ce n'est pas là un accident. Vous savez de qui je parle. Voici donc cet avis encore une fois, pour que vous puissiez l'entendre : chers amis ici présents, il existe un potentiel que nous pouvons percevoir non loin dans l'avenir lorsque les humains, qui se seront élevés et qui auront illuminé cette planète, l'auront transformée et infusée d'une énergie que nous appellerons la Nouvelle Jérusalem. Même si vous savez déjà ce que cela signifie, je vous le répète, car je souhaite que vous l'entendiez encore une fois : cela veut dire le paradis sur terre.

Les choses ne semblent peut-être pas évoluer de cette façon
à l'heure actuelle, la grange n'est encore qu'à moitié repeinte.
Cependant, l'information est de plus en plus reconnue, n'est-ce
pas ? L'humanité parachevée se met à récupérer son pouvoir et
s'élève graduellement vers la septième dimension pour enfin
employer les portions des chaînes d'ADN présentes de tout temps
et qui s'éveillent à l'heure actuelle. Voilà le mécanisme du processus. Un jour viendra où la science reconnaîtra ce dont je parle
maintenant. La physique admettra ce que j'énonce ici. Le temps est
proche où les expériences scientifiques révéleront la réalité du
temps présent dans l'espace entre le noyau et les électrons, là où le
temps linéaire n'existe pas. Les scientifiques apercevront peu à peu
la divinité au sein même de la science physique et comprendront
cette divinité qui vous habite. Ils pénétreront l'ADN en transformation et étudieront les phénomènes qui permettent un prolongement de la vie, qui engendrent des êtres humains plus sages et,
éventuellement, la paix sur terre. Tout cela est vrai.

Vous vous demandez pourquoi nous vous aimons tant et
baignons vos pieds. Maintenant, vous en avez une meilleure idée.
À plusieurs reprises ces dernières années, nous vous avons
préparés à affronter l'année qui vient. Et vous y voilà. Parmi les
gens qui se sont dits spirituels par le passé, plusieurs répugnent au
fait qu'un être humain puisse devenir un avatar. Et lorsque vous
commencerez à le devenir, ils vous rejetteront et vous considéreront comme maléfiques. Chers amis, ces gens sont aussi de la
famille. Chérissez-les avec la sagesse de la septième dimension,
concluez, et passez à autre chose.

Chacun d'entre vous a eu l'occasion ce soir de ressentir, grâce
à l'intention, l'esprit de sa véritable identité, l'éclosion de la divinité
en lui au moment où il a été étreint, où il a été aimé. Peut-être
pensez-vous que tout se termine ici. Je vous assure que non.
Voyez-vous, il s'agit d'une voie à double sens. Car l'entourage
savait qui allait venir. Non par prédestination, mais en raison du
potentiel. Et ceux qui sont venus s'attendaient à voir les membres
de la famille présents ici. Ainsi, vous êtes venus recevoir de
l'amour. Nous vous l'avons déjà dit : les émotions sont de nature

divine et le sentiment possède un pouvoir. Vous comprendrez maintenant, comme nous l'avons souvent répété lors de nombreux channelings, qu'au fil de l'élévation de vos vibrations, vous prenez davantage conscience de notre présence. Avec votre élévation jusqu'à la septième dimension, la famille apparaîtra alors complètement.

Vous pouvez saisir que, pour nous, le moment est maintenant chargé d'émotion, car nous sommes sur le point de quitter cet endroit, nous en retournant par cette ouverture dans le voile que votre intention a autorisée. Mais il y a aussi la joie qui en découle du fait que vous avez consenti à ce que l'événement ait eu lieu. Imaginez ! Un moment où la famille peut venir et vous entourer de son amour. Quel miracle ! Ainsi, chers amis, la famille vous a rendu visite ce soir pour vous offrir un message à l'effet que la paix sur cette planète pourra être, car les Écritures l'affirment. Seulement, il n'en tient qu'à ceux qui, un par un, élèvent leur vibration jusqu'à la septième dimension, qui déplacent la vibration de leur ADN vers un autre plan.

Vous vous souvenez de cette permission qui fut accordée le 11:11 [11 janvier 1992] par tous les humains sur terre ? Eh bien, celle-ci prend de plus en plus effet. Elle vous tapote l'épaule en disant : « Vous vous souvenez, vous avez donné votre consentement. Le moment est-il venu pour vous ? » Dans l'affirmative, soyez prêts, car non seulement vous éprouverez la sagesse et comprendrez la responsabilité et le fait que l'humanité est la famille, non seulement vous cernerez les émotions, le pouvoir des sentiments et les actions du présent, mais encore, vous saisirez finalement la dualité. Et de ce fait, la peur ne doit plus avoir d'emprise sur vous.

Il faut savoir aussi que les problèmes de valeur personnelle qu'éprouvent plusieurs personnes peuvent trouver leur terme, leur conclusion et être mis au rancart, parce que vous êtes tous une parcelle de la famille. Nous vous le répétons comme jamais auparavant : nous vous aimons. Comme jamais auparavant, laissez l'énergie de cette soirée résonner en vous longtemps après avoir quitté les lieux, car elle était bien réelle.

Tous, vous savez que vous êtes éternels. Aucun d'entre vous ne pense disparaître pour de bon au moment de la mort, car chacun sait qu'il s'agit simplement d'un changement d'énergie, d'un splendide changement au cours duquel il rentrera à la maison.

Ainsi en est-il.

CHAPITRE SIX

ENTREVUE ACCORDÉE AU MAGAZINE ISRAÉLIEN
Haim Acherim

Quelques mots de Lee Carroll...

Alors que je terminais la rédaction de ce livre, je reçus un courriel en provenance d'un Israélien appelé Muli (diminutif de Shmuel) me priant de lui accorder un entrevue pour le magazine israélien *Haim Acherim* (Vie différente). Il me demandait de lui faire parvenir des messages spécifiquement destinés au peuple d'Israël (juif et non juif). Du fait que Kryeon a fréquemment mentionné les Juifs dans ses channelings et que ses livres sont maintenant traduits en hébreu, j'ai voulu faire quelque chose que j'aurais dû faire depuis longtemps et qui consiste à consacrer une partie spécifique d'un de mes livres au peuple juif, au sein duquel je compte beaucoup d'amis et de supporters de Kryeon. Quel meilleur moyen aurais-je pu trouver que celui d'accorder cette interview ?

Merci, Muli, de m'avoir offert l'occasion de communiquer ces informations directement à Israël.

Question : *Avant tout, pouvez-vous préciser certaines choses au peuple d'Israël ? Qui êtes-vous ? Qui est Kryeon ? Travaillez-vous toujours ensemble ?*
Réponse : Je m'appelle Lee Carroll, je suis ingénieur en acoustique et homme d'affaires dans le sud de la Californie. J'ai travaillé vingt-sept ans dans ce milieu aux considérations très concrètes et logiques.

Kryeon est le nom d'une entité très affectueuse qui s'est présentée à moi en 1989, tout au long d'une série d'événements très étonnants qui m'incitèrent à me pencher sur ma spiritualité. En 1989, j'écrivis le premier livre de Kryeon qui contenait de merveilleuses nouvelles concernant notre planète et, en 1993, ce livre fut publié. Entre 1989 et 1993, je n'ai pas tenté de publier ce livre, qui n'était pas encore d'actualité. Au lieu de cela, j'appris « qui j'étais ». Dans quelle entreprise étrange et même quelque peu effrayante m'étais-je lancé ? Étais-je véritablement prêt à devenir un channel ?

Aujourd'hui, après plus de 350 000 exemplaires diffusés en huit langues et trois invitations aux Nations Unies, je voyage dans le monde entier pour répandre le beau message de Kryeon. Mon channeling est une sorte de « fusion » entre mon Moi divin et Kryeon. C'est la seule approche acceptable à mes yeux. Le laps de temps de quatre ans qui s'est écoulé avant la parution du premier livre de Kryeon (sur un total de huit) fut consacré à me familiariser à cette fusion et au processus impliqué. Si je n'avais pas été un homme, ou un ingénieur, peut-être cette phase d'adaptation aurait-elle été plus courte.

Selon Kryeon, huit autres channels ont aussi accepté ce contrat de diffuser (ou de publier) ses informations dans le monde entier. La liste des endroits où ont lieu ces communications figure dans le premier livre de Kryeon. En ce qui me concerne, mon contrat me lie au continent nord-américain. N'importe qui peut recevoir les informations de Kryeon par channeling. Dieu (l'Esprit) n'est la propriété de personne, mais les prédispositions des neuf channels (dont je suis) sur cette planète nous ont permis de présenter les toutes premières informations dans nos cultures respectives. Selon Kryeon, chacun d'entre nous possède les attributs propres à la sienne.

Comme j'appartiens à la culture occidentale, mon message est surtout destiné aux chrétiens qui représentent le principal courant religieux en Amérique actuellement. Les lecteurs juifs de Kryeon sont très nombreux, cependant, parce que le message spirituel central est universel. Bien qu'il s'agisse de Juifs américains nés aux États-Unis, leur « véritable » ascendance est juive (demandez-leur). Dès la naissance, il existe une différence spirituelle fonda-mentale entre les Occidentaux et vous : en Amérique du Nord, nous ne naissons pas nécessairement avec une philosophie ou un système de croyances, comme c'est le cas chez vous. Notre héritage est social et culturel. Il n'est porteur d'aucune histoire spirituelle, comme l'est le vôtre. Par exemple, aucun d'entre nous n'est chrétien de naissance. D'autres cultures (comme la vôtre) possèdent un riche héritage spirituel, avec une histoire chargée de symbolisme.

Tout ceci pour vous dire que je suis profondément conscient de « qui vous êtes », en votre qualité de Juifs, et que Kryeon parle constamment de l'héritage juif. Je pense qu'il s'agit là d'une des raisons qui m'incitèrent à accorder cet entrevue.

Question : *Si vous aviez à choisir parmi l'ensemble du matériel que vous avez diffusé (la cocréation, l'implant, l'être humain nouveau, les éléments psychiques, l'intention, etc.), quel serait le plus important sujet pour mes lecteurs ?*
Réponse : Le fait que nous avons changé le futur de la Terre en l'éloignant d'une fin du monde prédite par de multiples sources au cours des siècles. Nous nous sommes élevés à un niveau où l'on nous demande si nous souhaitons bénéficier d'une plus longue durée de vie et, grâce aux caractéristiques physiques et spirituelles d'une planète en mutation, nous sommes en mesure de modifier l'évolution spirituelle de l'être humain. On nous annonce également une énorme transformation de la conscience de l'humanité. Il s'agit là du message principal de Kryeon. Le Moyen-Orient est fréquemment cité comme un lieu important où se déroulent ces profonds changements.

Question : *Kryeon a fait parfois allusion au peuple d'Israël en le qualifiant de groupe à part. Qu'est-ce que cela signifie réellement ? Les membres de ce groupe se réincarnent-ils toujours en qualité de Juifs ? Se rendent-ils toujours en Israël ? J'ai moi-même, aujourd'hui, en ma qualité de Juif d'Israël, entendu parler de réincarnations bouddhistes. Quel est le rôle des Juifs ? Ont-ils quelque chose de différent ?*
Réponse : Kryeon parle constamment des Juifs ! Votre question comporte différents volets et je vais vous rapporter ce que Kryeon

a déclaré :

1. Les tribus d'Israël ont une énorme importance spirituelle sur cette planète.

2. On a tenté de les éliminer depuis l'aube de l'humanité, car, sur le plan spirituel, elles représentent le *seul* « groupe karmique pur ». [Le concept de pureté se réfère ici uniquement au processus karmique de la réincarnation d'humains de peuples divers au sein du peuple juif, voir ci-dessous.] Au niveau cellulaire, et depuis des éons, ceux qui vivaient dans l'ancienne énergie ont compris que débarrasser la Terre des Juifs les rendrait purs. Cette lutte est rapportée dans toutes les annales historiques. Elle est aussi responsable des sentiments antisémites – tout comme de nombreuses personnes sont hostiles à la monarchie. (Il s'agit là d'une très grande simplification de ce problème, qui nécessitera plus tard une plus ample discussion.) Selon les anthropologues, les Juifs ne forment pas une « race » mais en possèdent tous les attributs.

3. Kryeon a dit : « Ce que vivent les Juifs est indicatif de l'état du monde. »

Kryeon nous a déjà dit que pour certaines raisons d'équilibre spirituel de la planète, un groupe karmique pur était nécessaire (peut-être nous indique-t-il ici le premier groupe à avoir développé du karma terrestre). Les Juifs représentent ce groupe. Quoi qu'il en soit, ce groupe karmique *doit* exister pour que la Terre accomplisse sa mission spirituelle. À de multiples reprises, Kryeon a même répété qu'ils jouent un rôle dans « le maintien d'une certaine énergie ». (Cela fera l'objet d'une discussion ultérieure.) À propos de la réincarnation des Juifs, il nous a fait la déclaration suivante : « Si vous vous incarnez en tant que Juif, vous resterez dans ce groupe durant plusieurs incarnations. Si (et quand) vous vous écartez de ce scénario, vous ne pourrez plus vous réincarner en Juif. Lorsque vous vous incarnez en tant que Juif, vous pouvez provenir de n'importe quel autre groupe d'êtres humains. Mais lorsque vous devenez juif, vous le restez longtemps (plusieurs incarnations). » Je pense que ceci est relié à la « pureté karmique », de ce groupe – les membres se connaissent entre eux depuis de nombreuses incarnations. Kryeon a dit aussi que pour toutes ces raisons, ce groupe « sait comment le monde fonctionne », et ce, de façon beaucoup plus précise que n'importe quel autre groupe karmique sur terre. Il s'agit là d'une remarque d'actualité, étant donné ce que nous constatons autour de nous. Plusieurs multinationales sont dirigées par des Juifs, hommes ou femmes, comme s'ils l'avaient toujours fait. À propos, beaucoup d'entre nous ont été juifs dans des vies précédentes et ne le seront jamais plus. Un peu comme si nous avions eu « notre tour » et que celui-ci était terminé.

Deux des plus importants avatars que le monde ait connus furent juifs, et peut-être y en eut-il d'autres que nous ne connaissons pas. Ce n'est pas un hasard si Jésus fut juif. Pensez à l'ironie de la situation ! C'est un Juif qui fut à l'origine de la chrétienté (et de quantité d'autres croyances dérivées).

Les Juifs forment un groupe très particulier, une famille qui couvre l'ensemble du globe (comme vous le savez déjà). Ils ne sont pas tous en Israël, mais la plupart d'entre eux sont très attachés à ce pays, où qu'ils se trouvent. Les Juifs d'Israël ont certains attributs karmiques très particuliers. Ils vivent dans une région de la Terre où se décidera le futur de l'humanité. J'honore et je respecte sincèrement leur rôle spirituel au sein de la famille spirituelle humaine.

Question : *Parlons maintenant d'Israël (de son emplacement géographique). Ce pays ne possède-t-il pas certaines qualités remarquables ?*

Réponse : Vous plaisantez ! Les trois religions majeures de la Terre tentent toutes de coexister au même endroit ! Votre pays est le point central des changements à venir et je sais que vous en êtes convaincus. La plupart d'entre vous le ressentent chaque jour. Ai-je tort en affirmant que vous êtes nombreux à attendre ces événements avec impatience et une certaine inquiétude ?

Question : *Kryeon nous a dit qu'il était ici pour une durée de onze ans. Aussi, qu'arrivera-t-il en 2002 ? L'œuvre de Kryeon prendra-t-elle fin ?*

Réponse : Kryeon a déclaré que son contingent était arrivé sur terre en 1989 et qu'il repartirait en 2002. Cette venue avait pour but de permettre une modification du champ magnétique terrestre (quelque chose dont nous avons apporté la preuve – voir le tome IV de Kryeon, *Partenaire avec le Divin*). Il y a longtemps, Kryeon révéla qu'il était sur terre pour nous apporter son aide depuis le début de cette transformation et qu'il resterait parmi nous. En effet, il ne partira pas : seul son groupe de travail sur la grille magnétique le fera. Au début, Kryeon fit souvent allusion à lui-même en recourant à l'expression « le Kryeon », ce qui fut quelque peu troublant. Je réalise maintenant qu'il faisait alors référence à son « groupe ». Kryeon demeurera relié à celui-ci même lorsqu'il aura quitté la Terre. Pour ma part, je continuerai à servir de channel à Kryeon aussi longtemps qu'il le souhaitera.

Question : *Il semblerait que le peuple de ce pays possède un karma chargé. Est-ce vrai, et pourquoi ?*
Réponse : Cette question exigerait une discussion approfondie. On ne peut y répondre en quelques mots, afin de lui conserver toute son importance. Je peux vous dire que tout pays comme le vôtre qui possède une descendance spirituelle forte est chargé d'un karma collectif très lourd. Regardez les épreuves qu'ont dû traverser les anciennes tribus. Quant au pays lui-même, pensez au temps qu'il vous a fallu pour le récupérer. D'un point de vue métaphysique, considérez les potentialités dont vous disposez pour le pardon et la purification – et ce, depuis le début de votre histoire. Je ne connais pas de peuple ni de pays sur cette terre qui aient dû subir un tel fardeau karmique spirituel. Selon Kryeon, il était logique que le groupe doté d'un karma pur soit celui dont on attendait les plus grands changements.

Question : *Kryeon parle beaucoup de l'amour et de son importance, mais ici, en Israël, notre vie quotidienne est empreinte de folie, de haine mutuelle et de colère. Il peut paraître parfois cynique de parler d'amour. Que nous suggérez-vous ? Peut-être avons-nous besoin d'une aide spéciale de la part des esprits ?*

Réponse : Je ne vis pas en Israël et ne peux imaginer à quoi ressemble votre vie quotidienne. Cependant, je peux vous assurer que si vous pouviez prendre un peu de recul et considérer votre problème global selon ma perspective, vous constateriez que quelque chose d'extrêmement important est survenu par rapport au niveau de conscience de votre région au cours des vingt dernières années. Jusqu'alors, les « solutions » proposées par les dirigeants de chaque camp reposaient sur les points suivants :

1. Établir qui avait raison, qui avait tort et qui « méritait » tel ou tel secteur géographique.
2. Reprendre par la force ce qui leur appartenait.
3. Combattre au nom d'une guerre sainte qui provoquerait la destruction d'Israël.
4. Se venger.

Bien que la haine paraisse toujours aussi forte, observez ce qui est arrivé. D'une certaine manière, la conscience des « solutions » s'est modifiée. Aujourd'hui, les dirigeants de votre pays voient la situation sous un angle différent :

1. Comment parvenir à une paix réelle ?
2. Déterminer ce que les Juifs sont prêts à négocier de précieux, afin de permettre un équilibre durable en Israël.
3. Quand le Moyen-Orient aura-t-il des dirigeants de chaque côté travaillant de concert pour résoudre le casse-tête ?
4. Définir la marche à suivre pour que leurs petits-enfants puissent vivre une existence moins angoissante et plus stable.

J'ai reçu confirmation de ces faits durant mes entretiens avec des Juifs dans certaines de vos villes particulièrement troublées, telle Hébron. De mon point de vue, vous avez profondément changé.

Vous ne le réalisez peut-être pas, mais les différences survenues en quelques années sont spectaculaires. Et vous pensez n'avoir accompli aucun progrès ? Votre colère et votre haine réciproques sont maintenant très différentes de ce qu'elles étaient auparavant. Des deux bords, certaines personnes commencent à réaliser que ce que vous accomplissez maintenant pourrait représenter le début d'une ère où les petits-enfants des deux camps n'entendraient parler de « colère et de haine » que dans leurs livres. Voilà le potentiel que vous portez en vous.

À nouveau, je le répète : je suis conscient que mon point de vue est très simplificateur. Mais vous vous trouvez au cœur de l'action, de la féroce colère de la « vieille énergie » frappant littéralement à votre porte. Je ne pense pas que beaucoup d'Occidentaux réalisent pleinement la difficulté d'une telle tâche. Je respecte énormément votre persévérance. Vous devez être véritablement las de cette situation. J'insiste de nouveau sur ce point : lorsque vous prendrez du recul, vous constaterez que beaucoup de choses ont changé.

Vous souvenez-vous des paroles de Kryeon, en 1995, aux Nations Unies ? Il a dit ceci : « Au Moyen-Orient, là où le sable aurait dû rougir de sang, deux pays cohabitent maintenant. » Il s'agissait là d'un « clin d'œil » de sa part indiquant que les choses ne se déroulaient pas comme l'avaient prédit les prophéties. Au lieu de cela, une nouvelle voie fut tracée, même si ce fut avec lenteur.

Soyez attentifs à la deuxième partie de la réponse de la prochaine question afin de comprendre ce qui sera nécessaire pour tempérer la colère et la haine dont vous parlez.

Question : *Que pense Kryeon de l'Exode traditionnel et de l'esprit de Moïse ?*
Réponse : Êtes-vous prêts à entendre quelque chose de très différent de ce que vous imaginiez ? Kryeon décrivit votre Exode dans son deuxième livre, *Aller au-delà de l'humain*. La plupart d'entre vous n'aimeront pas ce qu'il déclare, car il vous décrit quittant l'Égypte et traversant la mer Rouge sur un pont ! Vous parlez d'une déclaration, si l'on considère ce que les Écritures rapportent à ce sujet ! Tout ce que je peux dire, c'est que vous devriez lire *The Gold of Exodus* de Howard Blum. L'auteur raconte l'histoire de deux hommes qui passèrent dix ans à rechercher le « véritable » mont Sinaï. Ils déclarèrent l'avoir trouvé en Arabie

saoudite en même temps que diverses reliques bibliques qu'ils s'attendaient à y découvrir (pierres de bornage et piliers édifiés par Moïse), l'autel (décoré de dessins représentant des bœufs) utilisé par Aaron pour le culte du veau d'or, soit à peu près tout ce à quoi l'on pouvait s'attendre, à l'exception des colonnes de nuages et de feu. Le plus drôle ? Ils ont également retrouvé des traces du pont ! Le livre présente des photos de toutes ces trouvailles.

Il s'agit là d'un point de vue intéressant, mais qui n'est pas crucial quant à l'Exode lui-même. Ce n'est pas non plus crucial sur le plan métaphysique ou d'après la philosophie du Nouvel Âge. Il s'agit seulement d'informations intéressantes. J'aimerais beaucoup recevoir vos commentaires sur ce livre.

Les informations les plus intéressantes communiquées par Kryeon, sur l'Exode, ont un lien avec les quarante années que les Israélites ont passées dans le désert. Certains historiens estiment aujourd'hui que l'ensemble de la population de ces tribus aurait pu atteindre deux millions d'individus. Cela représente une énorme quantité de gens décrivant des cercles dans le désert pendant quarante ans ! J'ai interrogé Kryeon pour connaître la raison de cette errance. De toute évidence, le désert n'était pas si vaste ! La réponse a à voir avec ce qui vous arrive aujourd'hui, et je crois qu'elle est également contenue dans les Écritures.

Kryeon a dit ceci : « À cette époque, quarante années représentaient presque deux générations. La plupart de ceux qui avaient fui l'Égypte moururent et furent presque complètement remplacés par une nouvelle génération. De cette façon, aucun Juif n'aborderait la « Terre promise » avec l'ancienne conscience de l'esclavage. La mort représenta le seul remède en vue d'éliminer la haine et la mémoire collective d'une tribu qui avait été réduite en esclavage. Il s'agit là d'une réflexion extrêmement profonde. Veuillez remarquer que Moïse ne fut pas, lui non plus, autorisé à vivre sur la Terre promise !

Dans votre ascendance apparaissent quelques sauts majeurs dans l'évolution de votre conscience. L'Exode est probablement l'une des plus remarquables, et il exigea que des générations se déplacent en cercles jusqu'à ce qu'elles aient « lavé » leur mémoire de leurs origines. Il s'agit là d'une très puissante leçon d'estime de soi. Selon Kryeon, une autre modification importante concerne la création de l'État juif d'Israël. La prochaine sera le début d'un compromis et l'effacement progressif de la haine dans votre région, ce qui vous permettra d'entrer en toute sécurité dans le nouveau millénaire. Là encore, cela exigera une modification de conscience de la plus haute importance. Mais, cette fois-ci, sans avoir besoin d'errer quarante ans dans le désert !

En tenant compte des événements actuels et pour toutes ces raisons, Kryeon déclare que les dirigeants qui, finalement, trouveront un compromis et vous mèneront au seuil d'une ère de paix durable, devront être nés *après* l'année de la fondation de l'État d'Israël. Un seul leader politique remplit actuellement ce critère, mais il se peut qu'il ne reste pas au pouvoir (ce qui a été le cas). Tout ceci exige une conscience politique qui n'a pas connu l'époque où Israël n'était pas une nation. Vous ne pouvez pas non plus trouver parmi ces dirigeants un terroriste devenu politicien (vous savez de qui je parle). Tout cela est très clair pour moi maintenant. Soyez attentifs, vous aussi.

Question : *Qu'est-ce que la « Nouvelle Jérusalem » ?*
Réponse : C'est la description, selon Kryeon, des nouvelles potentialités de la planète Terre, dotée d'une conscience qui pourrait évoluer lentement à partir de 2012. Cela signifie littéralement le « paradis sur terre ». Mais, symboliquement, cela signifie « paix sur la Terre ». Et cette « Nouvelle Jérusalem », comme son nom l'indique, commence à votre porte.

Question : *Quelle devrait être la relation entre les anciennes religions (comme le judaïsme, l'hindouisme et l'islam) très orthodoxes et les théories du* New Age *? Le* New Age *est beaucoup plus ouvert et traite des libertés individuelles, contrairement au système de pensée traditionnel.*
Réponse: Là encore, des pages entières seraient nécessaires pour répondre à cette question et ce serait simplifier à outrance que d'essayer d'y répondre en profondeur. Mais je vais tenter de le

faire. Kryeon déclare qu'il existera toujours des divisions, aussi bien au sein de nos propres croyances qu'au sein de nos relations avec autrui. Par conséquent, la réponse devient : faisons preuve de compréhension, de tolérance et « aimons-nous les uns les autres ». L'illumination apporte la sagesse. La sagesse apporte la tolérance – ce sentiment qu'autrui a droit à ses propres croyances. Visiblement, cet effort doit être effectué par chacun et, lorsqu'il est couronné de succès, rien ne peut lui être comparé.

Cela sous-entend également des modifications quant aux doctrines, spécialement celles qui déclarent que l' « autre » doit s'effacer. Ce qu'il y a d'intéressant et que nous constatons dans le monde entier, c'est que même certaines des anciennes doctrines les plus enracinées peuvent changer si les dirigeants spirituels tiennent leurs fidèles à l'écart de celles-ci.

Du pape au chef spirituel de l'Iran, il semblerait que les dirigeants spirituels possèdent la capacité de modifier l'attitude de millions de fidèles et de transformer quelques-unes des règles les plus fondamentales de leurs vieilles religions. Cela signifie que tout dépend de nous et que les hommes et les femmes de sagesse et de lumière peuvent faire la différence. Ce que j'essaye de dire, c'est que « les systèmes de pensée traditionnels » sont aussi désuets que le décident les dirigeants spirituels.

N'avez-vous pas vous-mêmes des divisions entre l'ancienne pensée juive traditionnelle et la nouvelle ? Les changements spirituels consistent à demeurer en phase avec les nouvelles vibrations de la planète, et non pas simplement à répondre à l'engouement du moment. Pensez-y en changeant les règles spirituelles afin de vous adapter à la nouvelle condition spirituelle des humains responsables !

Je me souviens qu'en 1995, nous avons été invités à la Société pour l'illumination et la transformation des Nations Unies par son président, Mohammad Ramadan. Son nom, à lui seul, vous indique clairement ses croyances. J'aimerais que vous puissiez tous passer quelques instants en sa compagnie. Sa sagesse et sa conscience ont transmuté le système de pensée traditionnel. C'est un formidable guerrier de la lumière, un ami de toute l'humanité, mais il appartient toujours à un grand héritage spirituel dont il respecte les traditions.

Je le répète encore une fois : la clef se trouve dans la coopération. La tolérance est l'issue à emprunter et l'amour, le catalyseur. Cela peut-il se passer un jour ? Beaucoup d'entre vous pensent que non. On a dit la même chose à propos de l'Irlande et, malgré les difficultés et les nombreuses tentatives, les deux partis en sont venus à un accord. La situation en Irlande représente l'exemple classique d'une guerre de religion – situation qui doit vous être familière.

Question : *Travaillant pour ma part avec les énergies de mon pays, il me semble que l'année 1999 est essentielle pour cette région. Sur le plan énergétique, nous sommes à un carrefour, et sur le plan politique, nous sommes sur le point d'entrer en période électorale. Le processus de paix est bloqué. Seriez-vous assez aimable de demander à Kryeon ce qu'il a à dire au peuple de ce pays ? Quel message peut-il nous délivrer en cette période cruciale ?*

Réponse : Dans la plupart de mes déclarations à ce jour, j'ai véritablement répondu à l'essentiel de votre question. Oui, 1999 est une année cruciale. Oui, votre région représente un point focal important. En doutiez-vous ? J'ai aussi répondu au fait que vous étiez partie prenante dans ces problèmes et qu'il vous était, de ce fait, difficile d'avoir la vue d'ensemble que nous sommes nombreux à avoir et qui indique que des changements très positifs sont en cours de réalisation, quoique lentement.

Le message que Kryeon vous adresse ? Le voici :

Très chers, vous êtes les détenteurs de vos potentialités (votre futur est entre vos mains). Tout comme ceux qui vous ont précédés, vous serez, dans le futur, l'objet de l'attention des historiens de la Terre. Un autre exode vous attend, mais il s'agit, cette fois, du passage de « ce qui était » à « ce qui peut être ». Entravés par les chaînes de la colère et de la haine, vous disposez aujourd'hui des potentialités vous permettant d'élever votre pays et votre avenir au-delà de ce que vous pouvez distinguer, afin d'établir fermement la grandeur de votre héritage et de jouer le rôle que l'on attend de vous et que vous étiez prédisposés à jouer. Vous pouvez devenir les gardiens de la sagesse – ceux grâce à qui la paix sur terre est possible. Vous disposez de tous les atouts vous permettant de changer vos attributs karmiques et ceux de vos anciens ennemis. Quelle est votre intention ? Pensez-vous que vous pouvez modifier la façon dont vos anciens ennemis vous considèrent ? Vous le pouvez ! Les choses ne sont pas toujours ce qu'elles paraissent être, particulièrement à cette époque d'énergie nouvelle. Peut-être l'avez-vous remarqué, vos ennemis ont également changé. Il est temps de vous ouvrir au monde extérieur et de profiter de la vie. Vous représentez la clef des changements dont la Terre sera témoin au cours des douze prochaines années. Célébrez votre défi, puis assumez le commandement qui vous offrira ce que vous méritez, soit un nouvel exode spirituel vers une paix durable dans votre pays !

Question : *Lee Carroll, n'êtes-vous pas parfois fatigué des sujets et des problèmes abordés par Kryeon ?*
Réponse : Uniquement lorsque je suis confronté à ceux qui soulèvent des objections et qui remettent en question « celui qui a raison ». En fait, je réagis à ceux qui mettent en cause mon intégrité. Je ne fais pas de prosélytisme. J'honore toutes les recherches concernant Dieu, tout comme Dieu le fait lui-même ! Je me soucie peu que quelqu'un soit en désaccord avec moi ou que l'on mette en cause la réalité de Kryeon. Je me contente de bénir ces gens et de les féliciter de leur individualisme. Kryeon me répète que nous sommes tous membres d'une même famille, travaillant ensemble afin d'essayer de trouver le meilleur moyen de créer une Terre paisible au sein de la nouvelle énergie. Certains sont « englués » dans l'ancienne énergie, mais ils n'en restent pas moins membres de la famille. Certains nous détestent, mais n'en sont pas moins, eux aussi, membres de la famille. Quels bienfaits peut retirer un être humain en imposant sa volonté à un autre ? Dans ce cas, vous êtes alors un conquérant. Je préfère être un

pacificateur – celui qui crée la sagesse et la tolérance. Le conquérant ne crée que l'ego et le gourdin. À votre avis, lequel d'entre nous est spirituellement évolué ? Je suis un homme paisible.

Je ne me fatigue jamais de l'amour de Dieu.

Question : *Avez-vous une vision personnelle de l'existence ?*
Réponse : Oui, celle de la créer au jour le jour. De ne jamais prévoir ce que Dieu m'accordera. De ne jamais juger un autre être humain en me basant uniquement sur ce qu'on m'en a dit. D'éclairer mes ennemis afin que leur vie ne soit plus aussi sombre.

Selon l'Ancien Testament, Élie annonça à Élisée qu'il allait monter au ciel. Élisée souhaita porter le « manteau » d'Élie (en fait, une double part*), afin de poursuivre les enseignements de grande sagesse de celui-ci après son départ. Élie, dans toute sa sagesse d'avatar, déclara à Élisée que s'il pouvait le voir monter au ciel, il pourrait conserver son manteau. La suite est connue et nous possédons un merveilleux compte rendu, à la première personne, de l'ascension d'Élie. Il est également remarquable qu'Élisée fut rempli d'une merveilleuse sagesse et qu'il diffusa des enseignements de haute portée.

Je considère cette histoire comme un exemple pour moi et, comme Élisée, je souhaite porter le « manteau » de mon Moi divin ascensionné et bâtir à partir de sa sagesse, de façon que les autres *distinguent Dieu* en moi.

Présenté avec amour,
Lee Carroll

---

* Selon la Bible Thompson, version Louis Segond révisée, dite à la Colombe, Élie dit à Élisée : « Demande ce que tu veux que je fasse pour toi, avant que je sois enlevé d'avec toi. » Élisée répondit : « Qu'il y ait sur moi, je te prie, une double part de ton esprit ! »
Deux remarques :
1. Élie est, avec Hénoch, le seul homme qui ne mourut pas mais que Dieu enleva.
2. Élisée demanda, dans l'héritage spirituel d'Élie, la part du fils aîné, le double de ce qui est donné aux autres. [NDT]

LES QUESTIONS LES PLUS FRÉQUEMMENT POSÉES

Quelques mots de Lee Carroll...

Une fois encore, voici un chapitre consacré aux questions fréquemment posées ! Ce chapitre remporta un vif succès dans le tome IV, *Partenaire avec le Divin*. C'est la raison pour laquelle nous récidivons aujourd'hui. Parmi ces questions, nombreuses furent celles publiées dans notre magazine *Kryon Quarterly*, au cours de l'année écoulée. Certains sujets abordés dans ce livre sont similaires aux questions soulevées dans le passé, mais leurs réponses sont étoffées. De plus, certaines questions délicates concernant des sujets controversés ont également été incluses.

Mais avant de passer aux questions, voici quelques informations supplémentaires sur un point d'ordre scientifique qui me semble fort passionnant. Dans chacun de mes livres précédents, on trouve un chapitre où je présente les nouvelles scientifiques auxquelles Kryeon nous recommande de prêter attention. Dans le *Partenaire avec le Divin*, nous avons parlé du problème des rayons gamma, de la modification de la grille magnétique, de la physique des éléments plus rapides que la vitesse de la lumière, des cercles dans les champs de blé, des techniques de guérison et d'autres sujets que Kryeon avait abordés dans le passé. Dans ces chapitres, j'ai tenté de montrer que, fréquemment, cette entité nous donne des indices concernant certains phénomènes dont la réalité se vérifie parfois au cours des trois années suivantes ou qui deviennent le centre d'attention.

Je ne suis pas un scientifique (j'en suis même très loin), et c'est pourquoi les chapitres scientifiques de mes livres sont en général presque toujours placés à la fin des ouvrages de Kryeon, représentant ainsi une sorte de post-scriptum personnel. Je suis particulièrement enthousiasmé lorsque Kryeon nous annonce les potentialités liées aux découvertes à venir – et qui se produisent réellement ! C'est ainsi que fonctionne mon « cerveau d'homme » et je ferais preuve de négligence si je ne partageais pas ces informations avec vous.

Je souhaite présenter certains faits étonnants sur les déchets nucléaires.

Les déchets nucléaires

L'une des plus étranges potentialités scientifiques présentées par Kryeon fut délivrée dans une réponse à une question concernant les déchets nucléaires dans le tome II, *Aller au-delà de l'humain*, page 220, publié en 1996. Voici ce que répondit Kryeon.

Extrait du tome II *Aller au-delà de l'humain*

« **Question** : *Dans des écrits précédents, vous avez dit que nos déchets nucléaires constituent présentement l'un des plus grands dangers de la Terre. Cette matière semble indestructible et elle est volatile pour toujours. Que pouvons-nous faire à ce sujet ?*

« **Réponse** : Vos déchets atomiques actifs constituent en effet le plus grand danger auquel vous devez faire face. Vous avez vu comment un immense territoire peut être empoisonné à jamais après un seul accident atomique. Songez à la tragédie que représente la perte d'une partie de votre pays à cause de cela... Seulement parce que vous ne vous êtes pas préoccupés de certains matériaux enterrés profondément sous terre et qui continuent dangereusement d'être en activité. En ce moment même, alors que vous lisez ces lignes, il y a une petite ville sur votre continent américain dont le nom commence par un « H » et qui se trouve dans cette situation. Un désastre se produira effectivement si vous continuez d'ignorer cet état de fait ; c'est une loi physique élémentaire. Vous n'êtes toutefois par forcés d'attendre une catastrophe pour agir.

« La vraie réponse devrait être évidente. Ces déchets doivent être neutralisés. Je vous ai déjà parlé de ceci dans mes communications précédentes, mais je vais m'y attarder quelque peu cette fois-ci. Il y a plusieurs façons de neutraliser ces déchets. Celle qui est accessible à votre technologie est cependant simple et disponible actuellement. Vous devriez immédiatement vous tourner vers la biologie de la Terre ! Cherchez les micro-organismes que vous connaissez déjà et qui peuvent dévorer ces substances actives et les rendre inoffensives. Utilisez votre science pour accroître leur nombre et leur efficacité, puis laissez-les manger vos déchets !

« Vous vous demandez peut-être pourquoi ceci n'est pas en cours actuellement, puisque ces organismes ont déjà été découverts. Cherchez la réponse du côté des gouvernements de ce monde. Demandez que les recherches aboutissent et que le processus commence ! Cherchez à comprendre pourquoi vos gouvernements ne vous ont pas tout dévoilé ou pourquoi on n'a pas financé convenablement le projet. Ces micro-organismes sont petits, faciles à transporter et se multiplient aisément. En outre, ils peuvent se nourrir aussi bien d'une arme que d'un dépotoir à déchets.

« Il est temps pour les dirigeants de la Terre d'abandonner leur peur des technologies susceptibles de changer l'équilibre mondial des armements. Ironiquement, très souvent, les nouvelles découvertes de la science peuvent aussi bien servir la paix que la guerre ; seul votre degré d'illumination déterminera à quelle fin elles serviront. Aujourd'hui, vous êtes sur le point de découvrir quelques-uns des meilleurs outils jamais développés pour la protection de l'environnement... y compris celui dont je parle pour réduire vos déchets nucléaires. Vous êtes également sur le point de recevoir une grande quantité de nouvelles technologies fort utiles pour allonger la durée de la vie, accroître le contrôle des maladies et améliorer la santé en général. Ne permettez pas à quelques-uns de priver l'ensemble d'un grand bien à cause de la peur... »

Encore un mot de Lee

Deux points essentiels abordés par Kryeon doivent être mis en évidence :

1. Lorsque ce channeling eut lieu, en 1994, un micro-organisme pouvant véritablement dévorer les déchets nucléaires était déjà connu des scientifiques, mais son existence fut soigneusement dissimulée.

2. Il existe une ville sur laquelle nous devrions concentrer notre attention et dont le nom commence par un « H ». À l'époque de ce channeling, cette ville était sur le point de connaître de graves problèmes de déchets nucléaires (il s'avère aujourd'hui qu'il s'agit de la ville de Hanford, dans l'État de Washington).

Dans le tome IV, je rapportai aussi précisément que possible ce que Kryeon nous avait demandé de rechercher. Nous présentâmes un article scientifique selon lequel certaines plantes spécialement cultivées étaient utilisées à Tchernobyl, en Russie, afin de débarrasser l'eau du césium 137 et du strontium 90 (matières radioactives très puissantes). Il s'agissait de biologie. Bien que ce message ait atteint son but, j'aurais dû attendre, pour le publier, de savoir exactement de quoi Kryeon parlait – c'est-à-dire d'un micro-organisme qui dévorait des déchets nucléaires et qui était déjà connu des scientifiques.

Ci-après, vous trouverez un article tiré de *Science News*, n° 154, page 376. (Sur le plan métaphysique, la date de parution est amusante : 12 décembre 1998 – 12:12.) La découverte que révèle cet article est étonnante : un micro-organisme qui dévore les déchets nucléaires – découvert dans les années 50, redécouvert en 1988 et reconnu aujourd'hui seulement pour ses capacités. La photo qui accompagne l'article montre le centre de stockage nucléaire de Hanford.

« Cherchez les micro-organismes que vous connaissez déjà et qui peuvent dévorer ces substances actives et les rendre inoffensives. Utilisez votre science pour accroître leur nombre et leur efficacité, puis laissez-les absorber vos déchets. »
Kryeon, 1996 - Tome II, *Aller au-delà de l'humain*

Le nom scientifique de cet organisme est *Deinococcus radiodurans*. Il signifie « *baie étrange qui résiste aux radiations* ».

S'agit-il de quelque chose de nouveau ? Non. Mais voici une phrase extraite de l'article : « J'ai éprouvé beaucoup de difficulté à admettre que quelque chose de semblable pouvait exister », a déclaré John R. Battista de l'université d'État de Louisiane, à Baton Rouge. « Les scientifiques sont impressionnés, véritablement impressionnés. »

Cet article rapporta également une autre information : l'organisme en question ne se contente pas d'être à l'abri de la radioactivité, il a également la capacité de *réparer les dommages génétiques* ! Qu'en pensez-vous, êtres humains ? Êtes-vous intéressés ? Cette bactérie peut enfouir son code génétique sous dix couches de protection. Comme les rangées de dents du requin, lorsque la couche supérieure de cette bactérie est détruite ou endommagée par les radiations, elle est simplement remplacée par la couche suivante. Ceci a été mis en évidence par les travaux de Michael Daly, Kenneth Minton et de leurs collaborateurs des universités du Maryland et du Minnesota. Ensemble, ils tentent de transformer cet organisme afin d'essayer de le rendre encore plus puissant.

Cet article développe également un autre point intéressant : si jamais organisme fut en mesure de réaliser un voyage spatial, se transportant d'un endroit à un autre grâce aux comètes et aux astéroïdes, c'est bien celui-ci ! Il est réellement aussi puissant que cela – il peut survivre à toutes les situations !

Voici la conclusion de cet article scientifique : « L'utilisation de microbes pour procéder à un nettoyage est une stratégie connue sous le nom de "nettoyage biologique". Une récente expérience, au cours de laquelle ce micro-organisme fut utilisé pour dégrader une toxine organique très répandue dans les centres de stockage de déchets, offrit des résultats encourageants. »

Voici un extrait d'un autre magazine, *Nature Biotechnology*, publié en octobre 1998 : « Le *Deinococcus*, version 1998 (après avoir été altéré) peut oxyder le toluène et le dévorer. Michael Daly et son équipe espèrent que cette bactérie sera bientôt capable d'avaler et d'oxyder le toluène et le trichloréthylène radioactifs. Le *Deinococcus radiodurans* pourrait alors phagocyter de dangereux produits radiotoxiques (comme l'uranium) et les consommer avant qu'ils ne pénètrent et ne polluent à jamais le sol où ils sont stockés. »

Personnellement, je fus emballé de lire dans la presse scientifique officielle tout ce que Kryeon nous avait conseillé de rechercher, mais la réalité dépasse largement le cadre de ces révélations. L'existence de moyens efficaces pour nettoyer la planète de ses déchets nucléaires est un sujet passionnant, mais... comment le *Deinococcus radiodurans* parvient-il à cela ? Il s'agit d'un processus de régénérescence à un très haut niveau ! Devons-nous y voir une leçon ? Si un simple organisme monocellulaire peut parvenir à un tel résultat, que pourrait réaliser un organisme multicellulaire appelé l'être humain ?

Je suis heureux de partager ces connaissances avec nos lecteurs.

Voici la liste des questions qui seront couvertes par Kryeon dans ce chapitre :

- l'ascension,
- l'astrologie aujourd'hui,
- l'autisme,
- les contrats,
- les dauphins et les baleines,
- les sources d'énergies terrestres,
- l'évolution humaine,
- l'âme humaine (et le clonage),
- Jésus et Paul,
- la purification du karma,
- l'implant neutre libérateur,
- le gouvernement mondial secret,
- l'estime de soi,
- la perte de sommeil,
- les noms spirituels,
- l'énergie spirituelle,
- la fréquence vibratoire plus élevée.

L'ascension

Question : *Cher Kryeon, je me sens attiré par le processus de l'ascension. L'ascension affecte-t-elle la conscience de nos âmes ? Ou bien ces dernières sont-elles déjà totalement empreintes de la conscience issue de ce que nous appelons Dieu ? N'existe-t-il qu'une seule voie ascensionnelle, ou bien y en a-t-il plusieurs ?*
Réponse : Définissons le terme *âme* selon votre point de vue. Il s'agit de la part divine et éternelle de votre humanité. Elle représente une partie (et non l'intégralité) de votre Moi divin. L'âme est omnisciente et parfaite. Elle partage en permanence ses informations et interagit avec les entités qui l'entourent et avec la « famille » qui est reliée à elle de l'autre côté du voile. C'est ainsi que tout est planifié – à partir de l'âme.

Donc, la réponse à votre question se résume à ceci : l'âme participe au processus humain de l'ascension. Votre transformation de fréquence vibratoire est d'origine humaine, facilitée par votre intention. Votre âme représente la partie de la divinité qui est autorisée, aujourd'hui, à vous offrir les dons, les formes divines, les énergies et les outils qu'elle a toujours tenus à votre disposition. De ce fait, le processus ascensionnel est l'intégration de votre conscience humaine à trois dimensions à l'âme multidimensionnelle qui porte votre nom.

Une seule porte ouvre l'accès à l'ascension. Une porte à partir de laquelle naissent de nombreuses voies. Cette porte est l'**intention**, et les voies offertes sont les pas que vous choisissez d'effectuer pour augmenter en vous la conscience et la sagesse de votre âme. L'âme est véritablement ce que nous avons appelé « l'entité d'or », « l'ange béni en vous ».

Ne soyez pas aveuglés par le processus, la logistique, ou par ce que certains appellent les « règles absolues de l'ascension ». Lorsque vous ouvrirez la porte, vous découvrirez votre voie personnelle, qui sera peut-être différente de ce que l'on vous a enseigné. Soyez sages dans vos choix et comprenez bien que plusieurs voies vous mèneront à votre but – et non pas une seule. Méfiez-vous de ceux qui vous diront le contraire – qui vous demanderont d'agir d'une certaine façon – ou vous aurez à en subir les conséquences. La peur ne fait pas partie du processus ascensionnel. Tout comme votre vie est unique, votre voie d'apprentissage vers un portail vibratoire plus élevé l'est également. Certains s'élèveront rapidement. D'autres le feront par un processus qui semblera plus lent, uniforme et ardu. Cela n'a pas d'importance. Votre intention d'ouvrir la porte représente votre clef. Ensuite, tout dépendra de vous.

En revendiquant votre *Mer-Ka-Ba*, en vous dirigeant dans la quatrième dimension et même en cocréant un nouveau *vous*, vous permettez que tout cela se produise d'une façon unique en vue de votre processus d'élévation.

Le dénominateur commun pour tout ceci est l'**intention** et l'amour de Dieu manifesté dans votre vie. Étudiez tout cela, et vous serez guidés pour la suite. Faites preuve de discernement dans vos études et ne permettez à personne de définir pour vous ce qui devrait être sacré. Grâce à votre intention, vous revendiquez le JE SUIS ! Ne l'abandonnez pas ensuite à quelqu'un d'autre. Au lieu de cela, laissez les autres vous guider dans votre propre processus – celui qui est parfait pour vous. Laissez les autres vous *équilibrer*. L'intention de commencer votre statut ascensionnel d'illumination est une intention permettant de briser le moule qui vous oblige à « suivre le troupeau ». L'énergie du berger **vous** est ainsi transmise. Réclamez-la !

L'astrologie aujourd'hui

Question : *Cher Kryeon, dans le premier livre,* La Graduation des temps, *vous vous adressez aux « utilisateurs de systèmes », ces guérisseurs travaillant avec des systèmes tels que l'astrologie – afin de réaligner les aspects planétaires de deux à trois degrés vers la droite, aux environs de 1992. Nous sommes maintenant en 2000. Que nous conseillez-vous aujourd'hui pour changer nos systèmes ? La Terre a-t-elle été déplacée de plus de trois degrés vers la droite ? Quels autres aspects ont été modifiés ? Comment pouvons-nous fournir à nos clients les informations les plus précises ?*

Réponse : À nouveau, nous allons parler de la science du magnétisme. Comprenez-vous que l'astrologie est l'une des plus anciennes sciences de la planète ? Prenons un exemple pour mieux comprendre ses mécanismes actuels. Si les lois physiques de la planète – disons les fréquences vibratoires des plus infimes particules terrestres – étaient modifiées, savez-vous ce qui en résulterait ? La matière serait aussi profondément modifiée. Nous ne pourrions plus simplement dire aux astrologues : « Apportez une correction de quelques degrés sur la droite ! » Les changements impliqués seraient beaucoup plus complexes.

En fait, c'est ce qui arrive actuellement à la planète. Il nous est impossible de vous décrire toutes les caractéristiques dont votre science doit tenir compte maintenant à cause du glissement magnétique. Nous vous avons parlé de glissement de trois à cinq degrés, nous vous avons dit qu'un glissement « à droite » était en relation avec le mouvement réel de la planète. Nous vous avons fourni des informations précises. Cependant, vous êtes nombreux à avoir tenté de favoriser ce glissement vers la droite pour l'ensemble de vos chartes, comme si le glissement magnétique impliquait un changement en bloc. Des nuances s'imposent. Par exemple, face à ces changements, que pensez-vous que les astrologues qui utilisent d'autres corps planétaires comme point de référence (particulièrement les chartes planétaires basées sur la Lune) feront de cette information ?

En d'autres termes, il y a beaucoup plus à considérer qu'un simple réalignement de quelques degrés vers la droite. Vous allez devoir trouver cela par vous-mêmes – comme vous l'avez fait auparavant –, mais voici une indication. Ceux qui s'adonnent à l'astrologie solaire (l'astrologie occidentale) doivent commencer par ajuster la *taille* des Maisons. En ce moment (1999), tous les ajustements doivent représenter un total de 4,5 degrés. Quelles Maisons sont particulièrement affectées ? Selon vous, quelles sont celles qui changeront davantage du fait de l'éveil d'une partie de la population ? Quelles sont celles qui *devraient* changer afin de permettre aux limites d'une Maison de s'étendre sur celles d'une autre ? Ceux d'entre vous qui sont très impliqués dans l'astrologie trouveront ces réponses. Très souvent, l'ancienne méthode ne reflète pas la véritable réalité de l'individu, mais vous êtes nombreux à avoir déjà effectué les changements voulus en vous basant sur l'expérience réelle de la vie au sein de la nouvelle énergie.

Voici un autre indice : vous obtiendrez vos résultats les plus remarquables en traçant les cartes du ciel des nouveaux enfants. Tout vous semblera beaucoup plus clair en examinant l'énergie des êtres humains qui naissent en harmonie avec la nouvelle énergie plutôt que celle des humains qui entreprennent d'effectuer des changements au sein de cette énergie.

Nous honorons ceux qui se posent cette question. Nous souhaitons en effet que vous trouviez la réponse, mais il vous appartient à vous humains de la trouver. Cela a également pour but de vous inciter à travailler avec d'autres – mais cela, vous le saviez déjà, n'est-ce pas ?

L'autisme

Question : *Cher Kryeon, dans le tome IV,* Partenaire avec le Divin, *il est question des enfants autistes. Voudriez-vous, s'il vous plaît, me révéler la raison pour laquelle ces enfants sont si particuliers ?*
Réponse : Je souhaiterais pouvoir vous révéler tout cela, mais je ne le puis, car vous devez le découvrir par vous-mêmes. Un enfant autiste est un savant – un sage qui se réfugie dans une autre dimension en attendant que survienne son évolution. Ceux d'entre vous qui ont ressenti qu'un enfant autiste représente bien davantage que ne le montrent les apparences ont tout à fait raison. L'indice le plus flagrant est constitué par ses relations avec les cétacés et les dauphins. Réfléchissez à cela ! Découvrez ce qui se passe ! Il vous sera utile de comprendre ces humains particuliers ainsi que leur connexion avec ces créatures.

Les autistes ont fait partie intégrante de la nouvelle évolution des êtres humains. Leurs vieux schémas mentaux ont disparu. Le papillon ne pense plus comme une chenille et la société des chenilles ne parvient pas à comprendre ce phénomène. L'enfant autiste est accablé d'informations désordonnées et sans intérêt dans un monde de basse énergie. Il aspire à une communication élégante et raffinée et ne parvient pas à s'adapter au langage non évolué actuel qui lui est imposé. Si vous deviez vivre dans un pays où tout le monde s'adresserait à vous par des grognements inarticulés incompréhensibles, vous comprendriez peut-être ce que je vous explique. Vous vous sentiriez frustrés par le bruit et la confusion, et cela vous serait bien vite insupportable. Vous imploreriez que cela cesse ! Vous demanderiez que les choses soient simplifiées – afin de conserver votre équilibre mental !

L'enfant autiste n'est pas une anomalie. Il représente une lueur du futur. Au passage, tous ces enfants réagissent parfaitement à l'amour – le plus extraordinaire moyen universel de communication.

Les contrats

Question : *Cher Kryeon, je suis une détenue de cinquante ans. Je purge actuellement une peine de vingt ans pour avoir provoqué un accident fatal en état d'ivresse. Je ne me souviens plus exactement du déroulement de l'accident, mais je sais que j'en paie, aujourd'hui, le prix. J'ai commencé à lire des écrits spirituels en prison, y compris l'un des livres de Kryeon. J'ai lu ce qui concernait nos contrats spirituels, mais je m'efforce encore aujourd'hui de comprendre comment tout cela fonctionne. Était-il prévu que je tue « accidentellement » cet homme ? Celui-ci était-il d'accord au préalable ? S'il en est ainsi, cela signifie-t-il que nous avons tous deux accompli la volonté de Dieu ? Je suis en pleine confusion en ce qui concerne la façon dont les contrats fonctionnent dans de telles circonstances. S'il vous plaît, aidez-moi, car je me débats quotidiennement avec ce problème. Je souhaite sincèrement savoir comment faire amende honorable.*

Réponse : Merci, très chère, pour cette question d'importance. En effet, la tragédie humaine est très difficile à expliquer en termes de contrat, mais votre intuition est exacte quant à votre contrat avec cet homme. Les membres de sa famille ne seraient peut-être pas d'accord, mais, tout comme vous, ils souffrent d'une dualité très forte dans ce domaine – c'est-à-dire la mort apparemment injustifiée d'un être cher.

Vous avez tous deux décidé de provoquer une situation censée représenter un catalyseur ou un « cadeau » pour ceux qui vous entourent. Au cours de ce processus, vous avez permis d'aider votre entourage et le sien. Nous avons déjà parlé du fait que, fréquemment, il est nécessaire d'atteindre les tréfonds de la vie humaine pour pouvoir créer des attributs avec les potentialités du changement spirituel. Non seulement vous êtes-vous trouvés à l'endroit voulu, mais les potentialités furent également données à l'homme qui, tout comme vous, accepta de faire ce don.

Toute personne faisant face à sa mort ou à son incarcération peut agir de l'une des deux façons suivantes :

1. Se complaire dans le drame et la tragédie de sa vie – se lamenter et être constamment une victime.

2. Comprendre le « don » des possibilités de changement qui ont été spontanément offertes et célébrer l'événement en assumant les responsabilités de cette partie de l'accord.

Vous pouvez vous demander : « Et maintenant ? Qu'est-ce que cela signifie ? Que suis-je supposé faire de tout cela ? »

Si vous retenez la première option, vous avez choisi d'ignorer la vie – la rendant insensée et ignorant l'énergie de cette expérience – ainsi que l'amour qui fut nécessaire pour accomplir un tel acte.

Maintenant, en ce qui *vous* concerne, il n'est pas nécessaire de vous sentir punie pour un tort. Il est temps de regarder les choses telles qu'elles sont et de communiquer avec cet homme chaque jour, en célébrant le fait que tout s'est passé selon ce que vous aviez prévu. En assumant vos responsabilités spirituelles et morales, vous devez maintenant commencer à réfléchir afin de déterminer la raison pour laquelle vous êtes incarcérée. Vous avez accepté cette situation ; maintenant, ouvrez les yeux et attendez-vous à des synchronicités. Y a-t-il, dans votre prison, une activité qui vous permette de mieux affirmer votre lumière ? Peut-être avez-vous été enfermée dans cet endroit pour cette raison ? Que pouvez-vous retirer de positif de votre incarcération ? Lorsque vous ferez cette découverte, comprenez que l'homme que vous avez « accidentellement tué » savait très exactement ce qui allait lui arriver. Déplorez cette mort comme il convient, puis rendez grâce pour le don de l'amour qu'elle vous a offert !

Les dauphins et les baleines

Question : *Cher Kryeon, je me sens proche des dauphins et des baleines. Quelle est leur relation avec les humains de cette planète ?*

Réponse : Pour reprendre la question des cétacés et des dauphins, vous devez comprendre qu'une profonde connexion existe entre ces mammifères et les hommes. Je ne suis pas en mesure de révéler, pour le moment, en quoi elle consiste, mais si vous vous rappelez bien, j'ai qualifié ces créatures de « bibliothèques vivantes de la planète ». De plus, je vous ai déclaré qu'elles étaient sacrées et qu'elles réagissaient au magnétisme. Enfin, je vous ai dit qu'elles feraient partie de votre futur. Considérez tous ces éléments et adaptez-les à votre question, en utilisant le discernement qui vous a été donné. Alors, vous comprendrez.

Tous les humains connaissent la réponse, au niveau cellulaire, là où les grands secrets sont connus, où l'on sait qui vous êtes réellement et ce que vous faites sur cette planète, ainsi que les potentialités à venir. Ne trouvez-vous pas intéressant que le monde, dans son ensemble, indépendamment des cultures et des religions, ait décidé de sauver les baleines ? Pour la préservation de quelles autres espèces animales le monde s'est-il ainsi mobilisé ? *Aucune.*

Pourquoi ? Parce que ces créatures possèdent énormément d'énergie et savent ce qui va se produire. Au niveau cellulaire, tous les humains le savent également. J'appelle les dauphins les « pilotes » et les baleines, la « bibliothèque ». Ensemble, ils vous apporteront la connaissance du futur. Cela peut paraître étrange, mais c'est ainsi. En attendant, célébrez leur existence et adressez-vous à eux fréquemment. Ils savent exactement qui sont les humains et réagissent différemment de toute autre créature de la Terre.

Les sources d'énergies terrestres

Question : *Cher Kryeon, où devrions-nous, nous autres humains, rechercher de nouvelles sources d'énergie sur la planète ?*
Réponse : Là où elles se sont toujours trouvées. Commencez par les plus anciennes. Vous êtes nombreux à penser que les nouvelles sources d'énergie signifient automatiquement nouvelle technologie. Dans un sens, vous avez raison. La meilleure source d'énergie dont vous puissiez disposer est la chaleur à l'intérieur de la planète. Découvrez une nouvelle technologie afin de l'utiliser de façon efficace ! Arrêtez de *créer* de la chaleur ! Elle se trouve sous vos pieds. Les usines de haute technologie dont vous disposez actuellement transforment la chaleur en vapeur. Laissez la planète vous fournir la chaleur et transformez-la en vapeur. Cette énergie est à votre portée – sans déchet, sans danger et sans effet secondaire.

Puis, apprenez à maîtriser l'extraordinaire force des marées – le mouvement de flux et de reflux qui ne cesse jamais. Vous disposez des connaissances nécessaires pour cela depuis bien longtemps. Peut-être cela était-il trop simple ?

Finalement, quand vous serez capables de comprendre certaines de ces énergies de base de la planète et réaliserez qu'elles ont toujours été à votre disposition afin de vous fournir l'énergie nécessaire, commencez peu à peu à exploiter l'énergie la plus importante. Ce processus implique une connexion au Treillis cosmique, grâce à la connaissance des techniques d'utilisation de ses vibrations et à une stimulation partielle de ce Treillis, pour votre plus grand avantage. (Voir le chapitre 4 et les channelings sur le Treillis cosmique.)

L'évolution humaine

Question : *Cher Kryeon, comment l'évolution s'accorde-t-elle à* *la condition humaine présente ? Vous nous avez déclaré que l'homme, tel que nous le connaissons aujourd'hui, est apparu il y a cent mille ans, mais certains types humains existaient déjà il y a plus de trois cent mille ans. (Je cite de mémoire.)*

Réponse : La vie existe sur votre planète depuis très longtemps, de même que divers types humains. Certains types ont même disparu depuis. D'autres ont évolué pratiquement jusqu'à la forme que nous connaissons aujourd'hui. Nous vous avons dit que l'humanité actuelle possède une ascendance de cent mille ans seulement afin de vous faire comprendre que, bien qu'il y ait eu des êtres humains avant cela, le genre d'humains concernés par la leçon et les semences biologiques (fournies par les descendants des Sept Sœurs) apparurent à cette époque. Toute étude de l'humanité avant cette date porte sur des êtres différents de vous.

Vous devriez savoir également que l'être humain vivant actuellement sur la planète est absolument unique. Jamais, au cours de l'histoire de cette planète, un humain n'a possédé une conscience dotée d'attributs comme ceux dont vous disposez actuellement. Avec le temps, vous constaterez de légères modifications physiques – telles qu'une détoxication améliorée des organes – ajoutant au caractère unique de votre époque. Aujourd'hui représente véritablement le point de départ d'un tout nouvel être humain !

L'âme humaine (et le clonage)

Question : *Cher Kryeon, j'ai lu plusieurs textes concernant le travail à effectuer sur nous afin de retrouver des fragments de notre âme qui se sont dispersés dans le passé et qu'on doit maintenant réintégrer, afin de nous permettre de continuer notre processus ascensionnel. De plus, certains déclarent que vous ne pouvez le faire seul, car un « spécialiste » est nécessaire. Pourriez-vous nous expliquer ce que cela signifie ?*

Réponse : Nous avons souvent traité de cette question en termes différents des vôtres, mais nous répondrons à votre question. Le processus ascensionnel fonctionne par la captation de plus en plus importante de la divinité de l' « ange en vous ». En agissant ainsi, vous pourriez dire alors que vous récupérez davantage d'âmes divines et que vous vous fondez en elles. Donc, la réponse à la première partie de votre question est *oui*.

Cependant, vous avez la possibilité d'agir ainsi par vous-mêmes. Vous l'avez mérité et ceci a représenté le sujet de nos communications sur les responsabilités humaines, tout comme l'a été le message de votre Maître de l'amour donné il y a plus de 2000 ans. Vous pouvez aujourd'hui participer au statut ascensionnel grâce à votre intuition et à l'analyse de vous-mêmes. Toutefois, il existe plusieurs méthodes sur le travail de l'énergie qui, combinées avec des connaissances que certains trouveront très utiles au cours de leur progression, faciliteront votre tâche. Souvenez-vous ! Dans *Le Retour*, Michaël Thomas fut aidé par pas moins de sept anges afin « d'accélérer » son statut ascensionnel. En fait, il existe un précédent à ceci, mais il est important de bien comprendre que vous avez la possibilité de réaliser tout ceci par vous-mêmes. Il s'agit là du principal message de l'Esprit diffusé grâce aux channelings de Kryeon !

Question : *Cher Kryeon, les clones humains possèdent-ils une âme, comme nous ? Le clonage sert-il un but plus élevé ? Et si tel est le cas, de quelle façon ?*

Réponse : Très chers, il est important que vous compreniez que l'Esprit n'existe pas dans le vide ! C'est l'énergie de l'Esprit qui a apporté le clonage à la science et d'autres améliorations à ce que vous appelez les « naissances normales » sur cette planète. Laissez-moi vous poser cette question : lorsque les naissances sont « aidées », les enfants qui voient le jour de cette façon possèdent-ils une âme normale ? Et que dire de la congélation des cellules de reproduction et de leur usage ultérieur ? Les enfants engendrés de cette façon disposent-ils d'une âme humaine ?

La réponse à tout ceci et aux potentialités du clonage est oui ! L'entité qui naît sous la forme humaine, quelle que soit la technologie utilisée pour sa naissance, est totalement consciente des circonstances qui entourent cette dernière et a volontairement choisi de relever ce défi. Pensez à ce défi le jour où vous clonerez un être humain ! Cette âme aura attendu son tour – tout comme vous.

Jésus et Paul

Question : *Cher Kryeon, dans le tome IV,* Partenaire avec le Divin, *vous avez dit que l'apôtre Paul était un channel spirituel. Ne fut-il pas, en fait, responsable de la version déformée des enseignements de Jésus qui finit par devenir la base de la chrétienté traditionnelle ? En fait, je pense que les autres apôtres le considérèrent comme un hérétique de la pire espèce. D'autres commentaires au sujet de Paul ?*

Autre question : *Dans mon existence de guerrier de la lumière, je me sens très proche de Jésus. Parfois, j'ai même l'impression d'avoir vécu une vie à son époque. Cependant, je ne me sens pas à l'aise avec l'histoire de Jésus telle qu'elle est écrite dans la Bible, ou telle qu'elle est enseignée par l'Église. Ces versions semblent si éloignées de la réalité ! Quelle est la véracité de la description de Jésus dans la Bible ? S'il vous plaît, aidez-moi à comprendre.*

Réponse : Ces questions sont à considérer ensemble, car elles sont toutes deux inspirées par la recherche de la vérité.

Tout d'abord, abordons des questions pouvant éclairer certaines de vos hypothèses historiques. La chrétienté traditionnelle possède plus de 300 versions proposées par des gens qui estiment que Dieu ne sourit qu'à eux. Quels sont ceux qui détiennent une version déformée des enseignements de Jésus ? Quel est celui qui a raison ? Quelles guerres, quels carnages effectués au nom de l' « orthodoxie » de Jésus sont, à votre avis, bénis par l'Esprit (Dieu) ? Croyez-vous réellement qu'un homme riche ne puisse pas aller au ciel ? Pensez-vous que la vérité fut altérée lorsque les prêtres devinrent également chefs de gouvernement ? Confieriez-vous vos doctrines religieuses les plus fondamentales à vos représentants politiques afin qu'ils les conservent telles qu'elles ou procèdent à certains changements lorsqu'ils les jugent nécessaires ? C'est pourtant ce qui s'est passé. Pensez-vous réellement que Dieu *haïsse* les humains chargés d'un karma très lourd en matière de préférence sexuelle ? Pensez-vous qu'un Dieu tout-puissant, aimant, qui créa les humains à son image spirituelle (la famille), les tuerait ensuite un par un, y compris les enfants, ou les torturerait à jamais dans l'enfer, parce qu'ils n'auraient pas suivi certaines règles – ni *trouvé* la vérité au cours de leur vie ? Voici ce que l'on vous enseigne sur Dieu.

Et maintenant, vous vous interrogez pour savoir si vous disposez d'une histoire authentique ? Visiblement, certaines choses n'ont pas été traduites ou ont été égarées au fil du temps.

Je parle de ces choses uniquement d'un point de vue rhétorique mettant en valeur le fait que les informations auxquelles vous croyez sont erronées. Saviez-vous que Jésus fut appelé le « mauvais prêtre » par les autres prêtres juifs ? S'ils pensaient que Jésus était mauvais, est-il étonnant que certains disciples aient eu de la difficulté avec le leadership de Paul ? Quels autres apôtres furent touchés par un miracle, comme Paul sur la route de Damas ? Vous souvenez-vous de la différence entre un apôtre et un disciple ? Savez-vous qu'il existait une rivalité entre eux ? Cela vous rappelle-t-il certaines caractéristiques de vos religions d'aujourd'hui ?

J'évoque ces sujets pour vous rappeler ceci : même à l'époque de Jésus et immédiatement après, il y avait à l'intérieur de ces groupes des discordes à propos de l'immense pouvoir de Jésus, de ses préceptes et de ses actes. Très peu comprirent la vérité. De nombreuses scissions se produisirent immédiatement, certaines menant aux actions les plus viles qui aient été accomplies sur terre au nom de l'Esprit.

Pour répondre directement à votre question, vous ne disposez pas de tous les éléments. Pour rendre les choses encore plus intéressantes, sachez que la véritable histoire concernant la vie de Jésus existe, rapportée par certains manuscrits sacrés. Pourquoi alors, vous demanderez-vous, y a-t-il tant de versions différentes de ce qui s'est passé à cette époque ? Tant de règles diverses à suivre ? Tant de conceptions divergentes de ce culte ? Parce qu'on trouve tant d'humains différents !

Ces manuscrits révélateurs sont disponibles. Ils contiennent des informations qui choqueraient et déséquilibreraient les croyances fondamentales de ceux qui pensent tout connaître de Jésus. Pourquoi les chercheurs sont-ils si hésitants à en dévoiler le contenu ? Combien de temps faudra-t-il pour comprendre les messages qu'ils contiennent ? À ce jour, les chercheurs les étudient depuis quarante ans. Quelqu'un parmi vous connaît-il leur véritable interprétation, celle qui est maintenue sous le manteau ? Certains savent et hésitent quant à la façon de traiter ces connaissances. Certains souhaiteraient ne pas savoir. D'autres ont diffusé ce qu'ils savaient et ont été ridiculisés.

Par rapport à ce problème, nos instructions n'ont pas changé depuis dix ans, date à laquelle nous commençâmes à vous offrir nos messages. En ce qui concerne Jésus, nous réitérons qu'il fut un avatar et un chaman de grande importance qui a fourni à l'humanité des informations spectaculaires ayant trait à l'augmentation du pouvoir des êtres humains. Il inaugura une démarche spirituelle grâce à laquelle l'humanité eut la chance de comprendre peu à peu la modification vibratoire. Il rendit les humains responsables. Il enseigna l'amour. Il montra à Pierre comment marcher sur l'eau, et celui-ci y parvint **par lui-même** ! Ce fut seulement lorsqu'il douta qu'il se saisit de la main de Jésus afin d'être aidé. Cependant, de nombreux prêtres actuels interprètent cet événement en disant : « Pierre ne pouvait rien faire sans Jésus. » Ils oublient simplement le véritable message – celui du développement des capacités. Il s'agit là d'un exemple montrant comment tant d'enseignements de Jésus furent triturés, transformés en d'insignifiants messages qui n'ont rien apporté au développement des capacités de l'être humain, mais qui ont, bien au contraire, profité aux prêtres d'alors. Est-il étonnant qu'il y ait eu tant de prêtres puissants ? Tant de règles ?

À propos de la religion, nous vous avons dit ceci il y a dix ans : « Restez calmes, et que l'amour soit votre discernement. » À de nombreuses reprises, nous vous avons répété que chacun d'entre vous possède la vérité en soi. Vous n'avez pas besoin de vous affilier à un groupe quelconque ou de suivre un guide pour trouver cette vérité. Nous vous avons souvent recommandé de considérer comme votre priorité essentielle le fait de vous *aimer les uns les autres* malgré l'étendue de vos divisions, sur le plan de vos différences religieuses. Nous vous avons demandé de ne pas tenter de transformer les autres, mais seulement de les aimer. Nous vous avons incités à inviter la sagesse à pénétrer dans votre vie.

Nous vous avons dit plus tôt que vous n'élimineriez jamais les différentes doctrines et croyances terrestres. Vous ne devez pas vous attendre à les voir se fondre ensemble. Par contre, ce à quoi vous pouvez vous attendre est la sagesse – apportant avec elle la tolérance – de comprendre que les humains ont le droit de trouver Dieu/l'Esprit de la façon qui leur semble la plus confortable. Cessez de condamner les autres membres de la famille. Arrêtez de les inciter à penser comme vous. Occupez-vous de vos propres affaires spirituelles et permettez aux autres, au reste de la famille, d'exister – tout comme vous –, puis célébrez-les !

Très chers, vous sentez-vous proches de l'amour de Jésus ? Comme nous tous ! Vous sentez-vous proches de l'amour et des sages enseignements spirituels d'Élie ? Et qu'en est-il des autres grands maîtres des autres cultures ? Nous célébrons et ressentons l'amour ! L'amour est l'amour, et on le trouve dans de nombreux lieux de cette planète. Des avatars sont vivants aujourd'hui, qui disposent d'un vaste pouvoir spirituel sur la matière et l'énergie. Ils représentent une caractéristique essentielle de cette planète. Leur existence ne signifie pas qu'ils sont contre ceux qui croient en Jésus ! Comprenez bien que vous êtes tous ensemble en quête de l'illumination – maintenant, **aimez-vous les uns les autres** ! Acceptez même ceux qui, à votre avis, se trompent au sujet de Dieu. Permettez-leur de trouver leur propre intégrité, leur propre vérité –, puis célébrez leur existence !

La vérité fondamentale est la suivante : l'amour représente le cœur de la matière. Il est la clef des compétences humaines à venir afin de changer cette terre. La religion traite beaucoup des hommes mais pas de Dieu. Cependant, au sein de chacune de ces chapelles religieuses, on trouve des parcelles de vérité. Vous n'avez pas besoin de la religion pour être éclairés – vous n'avez besoin que de changer. Si vous souhaitez intégrer une religion, vous le pouvez. Et si vous souhaitez suivre quelque chose, suivez l'**amour** ! Le pouvoir réside en l'individu et non au sein d'une organisation – ni dans les multiples interprétations des événements ou les nombreux règlements établis par les hommes. Le véritable message de Jésus vous enseignait à vous saisir de votre puissance et vous apprend aujourd'hui que celle-ci est à votre disposition.

Le Maître juif, Jésus, fut l'un des nombreux maîtres qui apparurent au cours de l'histoire. Il est le plus visible dans votre culture, et c'est pourquoi on y fait si souvent allusion dans les pages des livres de Kryeon. Ce n'est pas le cas pour les autres channels de Kryeon des autres cultures. Comme tant de maîtres, Jésus enseigna l'amour aux hommes et aux femmes. Comme tant de maîtres, son message fut : **aimez-vous les uns les autres** ! Puis, lorsque vous serez capables d'assimiler ce concept, avancez et marchez sur les eaux.

La purification du karma

Question : *Cher Kryeon, si j'ai bien compris, notre karma est purifié par l'implant. Aussi, quel effet possède notre signe astral sur l'implant ? Notre carte du ciel est-elle toujours valide, même une fois que nous avons reçu l'implant ?*
Réponse : Ceci est un rappel, mais peut-être pas inutile, car les réponses à cette question furent fournies il y a déjà plusieurs années.

L'implant ne provoque pas d'incompatibilité avec votre signe astrologique. Celui-ci représente votre identité magnétique et vous appartient pour toute la durée de votre vie. L'intention de recevoir l'implant libérateur contrebalance d'autres attributs astrologiques qui influençaient votre signe.

Nous vous avons donné l'exemple d'une fougère. Il s'agit d'une plante, mais son empreinte spécifique est celle d'une fougère. Elle aime les emplacements chauds, la lumière indirecte du soleil, et son entretien obéit à un schéma bien défini (un arrosage régulier).

Lorsque la fougère formule l'intention de se transformer (l'implant libérateur), elle n'en reste pas moins une fougère : seuls changent les attributs qui l'entourent et qui la réduisaient à son état de fougère. Bien qu'elle continue à aimer l'ombre, elle peut s'adapter pour vivre au soleil. Elle apprécie toujours un arrosage précis et régulier, mais elle peut se retrouver dans le désert et survivre, ce qui lui était impossible auparavant. Quoi qu'il en soit, cette plante reste une fougère – vivante et en bonne santé.

Vous connaissez tous les prédispositions que vous accordent vos signes astrologiques respectifs. Vous en connaissez parfaitement toutes les caractéristiques. Cependant, aujourd'hui, vous possédez la capacité de les dépasser et de ne plus être ralentis par certaines énergies planétaires magnétiques interactives.

Y a-t-il eu des moments où l'on vous a conseillé de *ne pas faire ceci ou cela*, étant donné votre signe astrologique natal ? Aujourd'hui, les choses ont changé. Grâce à votre intention de recevoir l'*implant*ation d'une nouvelle conscience cellulaire, vous annulez quantité d'attributs de votre cycle astrologique. Ainsi, de nombreuses « interdictions » et « obligations » caractérisant votre signe n'existent plus. Allez-y, essayez. Si vous faites partie de ceux qui suivent soigneusement leurs aspects astrologiques, vous allez être surpris de ce que vous serez capables de faire – même aux pires moments annoncés par votre signe.

Cela ne sera pas une surprise pour vous, car la liberté spirituelle, la cocréation et le départ pour une nouvelle vie sont conditionnés par votre éloignement de la voie définie par votre contrat. De plus, vous aurez le sentiment d'être une nouvelle personne « magnétique ».

L'implant neutre libérateur

Question : *Cher Kryeon, combien de temps avons-nous pour demander notre implant neutre ? Y a-t-il une date limite ou une période optimale pour le réclamer ?*
Réponse : Rappelons encore une fois ce qu'est véritablement

l'implant. Au cours des dix dernières années, nous avons exposé en détail ce que représente, pour un humain, l'énergie qui accompagne ce processus. Souvenez-vous que vous seuls formulez l'intention pure et accordez la permission de franchir l'étape spirituelle suivante.

Cette implantation vous autorise à recevoir les dons en provenance de votre propre pouvoir intérieur. C'est l'ouverture d'une porte permettant la communication. Cela vous informe que vous êtes prêts à vous débarrasser de l'ancien contrat avec lequel vous êtes venus sur terre. Il s'agit de quelque chose de profond, mais de très simple. Certains en ont fait quelque chose de sinistre et d'effrayant. D'autres ont estimé qu'un tel processus était impossible et que seuls les prêtres et les dirigeants pouvaient vous l'accorder. Il est étrange de constater qu'ils reconnaissent le 11:11, c'est-à-dire la fenêtre qui permet à l'humanité de donner sa permission, mais qu'ils refusent d'accepter la possibilité de la permission individuelle. Telles sont les contradictions de la dualité.

La réponse à votre question est la suivante : vos guides vous accompagnent silencieusement tout au long de votre vie. Comme il a été dit au cours de channelings précédents, vos guides sont activés par votre intention de parvenir à une nouvelle fréquence vibratoire (l'implant libérateur). Ceci est perçu comme une action majeure par vos aides spirituels qui agissent très vite lorsque vous les activez grâce à votre intention ! Certains d'entre vous se sont même plaints à ce propos.

Pensez-vous réellement qu'ils allaient vous accorder une date limite ? Que vous ne seriez pas entendus ? Il s'agit de votre famille ! Le moment optimal pour formuler votre demande, c'est donc durant la durée de votre vie, et la date limite est représentée par le jour de votre mort.

Vous savez, nous vous aimons énormément. Vous pouvez formuler cette intention à tout moment. Vous seuls pouvez en définir les limites en faisant preuve d'une totale intégrité et d'une profonde pureté dans votre requête.

Question : *Cher Kryeon, j'ai réclamé mon implant neutre libéra-*

teur il y a plusieurs années déjà, mais je souffre toujours d'une
mauvaise santé. Cela signifie-t-il que je n'ai pas encore reçu
l'implant ? Que puis-je faire ?

Réponse : Le fait de réclamer l'implant est une requête humaine
visant à découvrir la divinité en soi et à entamer un processus de
modification vibratoire – la prise de conscience que vous êtes un
fragment de Dieu. Lorsque vous formulez cette requête avec une
intention spirituelle pure, elle vous est accordée sans que vous ayez
jamais besoin de la formuler à nouveau.

Certains ne réalisent pas la puissance dont cet attribut spirituel
est empreint. Certains expriment leur intention de façon condi-
tionnelle en disant : « Si je fais ceci, peut-être alors Dieu fera-t-il
cela. » Ils ne comprennent pas ce qu'est l'intention pure.

L'intention pure est définie par ce qui animait le bras
d'Abraham lorsque le poignard s'abaissait sur la poitrine de son
fils unique. Abraham aimait tellement Dieu que, même désespéré
à la pensée de ce qui pourrait arriver, il fit totalement confiance à
l'*amour* de l'Esprit. Il était confiant dans le fait que Dieu était son
partenaire et qu'il ne le tromperait jamais. Il eut raison, car au lieu
de déplorer une mort, on fit une grande fête sur la montagne.

En d'autres termes, votre requête et son exaucement ne
concernent pas votre condition physique. Cela viendra plus tard –
après que vous aurez commencé à célébrer votre vie, que vous
aurez compris la décision spirituelle et toutes ses implications, que
vous aurez continué à entretenir votre lumière dans la joie, même
dans votre condition physique actuelle, après que vous aurez
montré à ceux qui vous entourent la lumière spectaculaire de votre
être intérieur.

L'implant implique un processus qui dure toute la vie. Il
apporte autant de bienfaits qu'il existe d'humains sur la Terre.
Lorsque vous cesserez de vous préoccuper de la date à laquelle
votre guérison surviendra et que vous commencerez à célébrer
votre existence, votre organisme se transformera peu à peu. Pour
l'instant, détournez votre attention de ce qui est évident et
mettez-vous au travail avec le véritable don. Alors, joie, paix et
même guérison seront ajoutées à votre vie. Imprégnez-vous de

l'estime de soi de l'ange en vous. Puis, les choses que vous désirez se matérialiseront.

Le gouvernement mondial secret

Question : *Cher Kryeon, quels sont vos commentaires sur le « gouvernement mondial secret » ?*

Réponse : Ce « gouvernement secret » de votre planète a été évoqué dans de nombreux channelings précédents. Certains d'entre vous ont surnommé ses membres les « *Illuminati** ». Alors que cette puissante énergie conspiratrice progresse en direction de son but, qui consiste à contrôler la Terre (principalement par le contrôle des individus et d'énormes sommes tenues secrètes), ses membres sont aujourd'hui obligés de se battre pour leur survie et se trouvent confrontés à un ennemi qu'ils n'avaient jamais soupçonné.

L'ennemi qu'ils trouvent en face d'eux s'appelle la *vérité*. L'épée de la vérité est brandie par des millions de personnes, résultat de la technologie actuelle et de l'élévation du niveau de conscience de la planète. Dans le domaine de vos communications, les longues procédures sont soudainement devenues instantanées et informelles. Vous avez créé un réseau extrêmement dense d'accueil, de révélations et d'informations qui expose en pleine lumière le cœur même de ce groupe sombre et secret.

Comme nous vous l'avons dit auparavant : « Lorsque chacun peut parler instantanément à quiconque, il ne peut y avoir de secrets. » Aucun pouvoir ne peut se dresser contre la vérité. Considérez ce qui est arrivé à certains des hommes et des femmes les plus puissants de ce monde, quelles qu'aient été leur fortune ou leur appartenance politique, lorsqu'une révélation spectaculaire les concernant a été faite. Ils ne peuvent se cacher ! Aucune puissance, aucune richesse ne peut vaincre l'énergie de la vérité (l'épée). La

* *Illuminati* : les « Illuminés ». Secte créée en mai 1776 en Allemagne par le professeur allemand Adam Weishaupt, sous le nom des « Illuminés de Bavière ». [NDT]

connaissance (le bouclier) est le catalyseur de la vérité, et la sagesse consistant à communiquer cette vérité est ce que nous avons appelé le « manteau de Dieu » (l'armure).

Comme à l'autre question de cette série, nous avons répondu que la lumière est *active*. Rien ne peut s'opposer à sa vérité. Les ténèbres reculent et hurlent d'horreur lorsqu'elles sont révélées. Paradoxalement (étant donné son nom), quand ce groupe est *illuminé*, il ne peut fonctionner normalement. L'obscurité s'atténue et leurs travaux sont mis à jour. Les secrets ne peuvent être conservés et les agissements qui étaient aisés lorsque ce groupe opérait dans l'ombre deviennent de plus en plus difficiles à accomplir. Ce groupe est en train d'échouer. Voilà la réponse à votre question. Pourtant, il y en aura toujours qui souhaiteront vous effrayer et vous inciter à agir sous l'impulsion de la peur. Il s'agit d'une information sensationnelle et il est facile, pour un être humain, d'être en vue lorsqu'il déclare quelque chose comme : « Le ciel est en train de s'effondrer. »

C'est « l'ombre enfouie en chacun de nous » qui pousse à agir ainsi. C'est l'attitude intellectuelle du « je vous avais prévenus » qui incite les êtres humains à se pencher sur les ténèbres et à être attirés par le sensationnel. C'est là une réaction normale, mais la **connaissance** de la façon dont fonctionnent les choses crée la **vérité**. Puis, la **sagesse** crée la **lumière**.

L'estime de soi

Question : *Cher Kryeon, pourquoi nous autres humains éprouvons-nous des difficultés à nous aimer nous-mêmes ? L'amour de l'intégralité de notre être ne représente-t-il pas l'outil le plus important pour notre ascension ?*

Réponse : C'est tout à fait vrai, donc le test fonctionne ! L'amour de soi et l'estime de soi représentent un but vers lequel les humains doivent tendre. Il s'agit là d'une partie des obstacles que vous rencontrez lorsque vous découvrez « Dieu en vous ». Avec l'apparition graduelle des enfants indigo, vous disposez d'un attribut entièrement nouveau accordé à la conscience humaine. Les enfants, comme nous l'avons déclaré auparavant, viennent au monde dotés d'une grande estime de soi. Certains déclarent même qu'ils possèdent un ego très développé, ne comprenant pas exactement cet aspect de leur personnalité. Ces enfants seront les premiers humains à pouvoir s'aimer eux-mêmes, sans connaître les difficultés que vous rencontrez. Célébrez ce que vous avez accompli ! Ce que vous êtes en train de devenir !

La perte de sommeil

Question : *Cher Kryeon, pourquoi ne puis-je m'endormir que fort tard ? Je me couche à deux heures du matin, mais ne parviens pas à trouver le sommeil avant quatre heures. J'ai conscience d'être dotée de vibrations élevées, mais le fait de m'endormir tard est un réel inconvénient (j'exerce un travail à mi-temps). Ma santé est bonne et j'ai l'énergie suffisante pour accomplir ce que je souhaite. Je suis une femme de quatre-vingt-deux ans et je n'ai pas l'habitude de veiller aussi tard !*

Réponse : Soyez bénie pour cette question. Commencez à célébrer votre nouvelle biologie. Votre énergie ne sera pas affectée de façon négative. Ce que vous constatez est un don du changement vibratoire. Que l'information de votre âge biologique enseigne aux autres que ce processus est disponible pour tous les humains et pas seulement pour ceux qui estiment être en pleine période d'apparente productivité ! C'est un changement pour les humains, quel que soit leur âge.

Modifiez votre emploi du temps afin d'être en mesure d'assouvir vos passions. Qu'aimeriez-vous faire des heures supplémentaires d'éveil qui vous sont accordées ? Changez d'abord vos habitudes en fonction de votre nouvelle énergie. Afin d'occuper votre temps, trouvez de nouvelles occupations qui pourront vous aider, ainsi que les autres. Changez ce que vous avez « l'habitude de faire ». Adaptez votre nouvelle vie en fonction des dons qui vous sont offerts et ne comparez pas les attributs de l'ancienne énergie avec ceux de la nouvelle. Vous devenez différente de ce que vous étiez.

Célébrez ! Ces changements sont réels et vous sont offerts parce que vous les avez réclamés.

Les noms spirituels

Question : *Cher Kryeon, je voudrais connaître mon nom spirituel. Comment puis-je le découvrir ?*

Réponse : Il n'y a rien que vous puissiez faire pour découvrir ce nom. Voici néanmoins deux informations à ce sujet :

1. Aucun être sur terre ne connaît son véritable « nom spirituel ». Certains d'entre vous ont pu se voir communiquer certaines informations concernant la prononciation ou l'orthographe d'un nom humain qui s'adapte plus harmonieusement à leur énergie personnelle au cours de leur vie. Cela concerne une aide spirituelle humaine. Il ne s'agit absolument pas de votre nom spirituel.

Vous êtes-vous jamais demandé pourquoi certains reçoivent cette information et d'autres pas ? Il existe une présomption humaine selon laquelle ceux à qui cette information est fournie sont, en quelque sorte, meilleurs que les autres sur le plan spirituel. Mais ceci n'est pas exact. L'information spéciale concernant leur nom a pour but de les aider à modifier leur énergie actuelle. Il s'agit d'un appui leur permettant d'avancer sur la voie qu'ils ont choisie. La plupart des êtres humains n'ont pas besoin de cette information. Aussi, ceux qui la reçoivent se voient-ils offrir un outil susceptible de les aider dans une situation particulière. Cependant, la plupart d'entre vous ne considèrent pas les choses de cette façon.

Sachez donc que les « noms spirituels » sont un don de l'Esprit destiné à aider bon nombre d'entre vous à changer leur énergie. Mais il y a autre chose : ces modifications d'énergies ne sont pas permanentes ! Sachez que ceux d'entre vous qui se voient attribuer un certain nom peuvent s'en voir offrir un autre plus tard, afin de pouvoir s'adapter aux changements vibratoires. Ceci prouve que ces noms ne sont pas les vôtres, de l'autre côté du voile (où les changements n'existent pas).

2. Nous avons déjà diffusé cette information : très chers, ne

perdez pas votre temps avec des attributs qui ne correspondent pas à l'énergie de votre tâche sur terre. Êtes-vous anxieux de ne pouvoir plonger au cœur sacré de vos fonctions corporelles ? Non. Vous célébrez leur rôle et comprenez qu'elles représentent une partie vitale de vous-mêmes. Alors, vous les laissez œuvrer. Il en est de même en ce qui concerne votre nom de l'autre côté du voile. Il serait totalement inutile de connaître votre nom spirituel. Il ne s'agit pas de mots à prononcer. Il s'agit à la fois d'une énergie, d'une couleur et d'un message interdimensionnels qui possèdent une grande force lumineuse.

Après cette explication, voulez-vous toujours perdre votre temps à essayer de découvrir votre nom spirituel ? Relisez la parabole de Jason et la grotte. Elle explique la raison pour laquelle nous ne tentons pas de vous expliquer certaines choses, y compris votre nom spirituel.

L'énergie spirituelle

Question : *Cher Kryeon, chaque fois que je me connecte à vous par la méditation, ou que je lis un de vos livres ou votre magazine, je ressens de profondes émotions – entièrement inspirées par l'amour – qui, parfois, me submergent. Je n'éprouve ces sentiments avec aucun autre guide, channel ou entité. Je sais qu'avec vous, il se passe quelque chose de spécial que j'adore, mais j'ignore pourquoi cela est si intense. Il doit pourtant y avoir une raison. Suis-je sur terre pour aider l'équipe de Kryeon d'une façon ou d'une autre, ou bien ces émotions ne touchent-elles que ceux d'entre nous qui ont la chance d'avoir été choisis pour ressentir cette « magie » ?*
Réponse : En fait, vous ressentez l'essence de votre véritable foyer. Mon empreinte est celle de l'amour, même si je n'en suis que le vecteur. Lorsque cela survient, vous absorbez un fragment de la vérité vous expliquant qui vous êtes et d'où vous venez, et il existe une extraordinaire sensation de « souvenir ». Pourquoi ne connaissez-vous pas cela avec les autres channels ? Vous n'avez pas assez cherché, car l'Esprit offre toujours une information basée

sur l'amour si vous le lui permettez. Kryeon est l'un des nombreux channels qui sèment les semences du foyer. Mon message rencontrera un écho chez certains d'entre vous, car nous avons tous la même origine – un lieu d'immense majesté et d'amour illimité, un lieu où vous avez hâte de vous retrouver.

M'assister ? Vous le faites lorsque vous maintenez votre lumière haute afin que tous l'aperçoivent. Lorsque vous tolérez l'intolérable. Lorsque vous formulez l'intention que votre Moi divin parle à l'Esprit afin qu'il coopère de façon à guérir votre corps. Toutes ces actions aident l'ensemble dont je suis partie intégrante.

Je suis une partie de l'immense amour qui représente la vie elle-même, et vous aussi ! Quand votre fréquence vibratoire atteint un niveau plus élevé, la mienne aussi. Lorsque vous éprouvez l'impression d'être dans votre vrai foyer et que les larmes vous montent aux yeux, nous partageons cette émotion ensemble. Nous sommes tous liés, et plus vos vibrations s'approchent de mon côté du voile, plus vous ressentez ma présence.

Vous et moi représentons la famille – et je m'adresse aussi à chaque paire d'yeux qui formule l'intention de lire ce message.

La fréquence vibratoire la plus élevée

Question : *Cher Kryeon, vous avez parlé auparavant des niveaux vibratoires des êtres humains et de notre planète. J'aimerais savoir quelles activités, attitudes, substances ou quels autres éléments permettent d'élever notre fréquence vibratoire. J'aimerais également savoir ce qui blesse ou entrave nos vibrations. Merci.*

Réponse : La réponse à cette question paraîtra peut-être simpliste. Voici ce qui entrave votre développement vibratoire :

1. Éprouver de la crainte alors que vous connaissez la vérité sur la façon dont les choses fonctionnent.

2. Se faire du souci.

3. Dramatiser les choses qui ne le méritent pas.

4. Conserver certains aspects de votre existence dont vous

savez très bien qu'ils sont empreints de basses vibrations, parce que vous ne pouvez imaginer de vivre sans eux.

5. Ne pas faire confiance à l'ange/divinité en vous.

6. Faire preuve d'un manque de conviction en formulant votre intention en matière spirituelle.

Voici ce qui facilitera votre **développement vibratoire** :

1. Réclamer le pouvoir de votre guide intérieur.

2. Faire preuve de sérénité concernant le futur et d'une absolue conviction que tout est pour le mieux.

3. Créer des conditions harmonieuses dans les secteurs qui présentent des risques d'événements graves.

4. Rejeter de votre vie les énergies inadéquates qui, à une certaine époque, ont paru « sacrées », mais dont vous savez maintenant qu'elles ne vous sont plus indispensables.

5. Entrer en méditation avec l'Esprit d'une façon nouvelle : a) Célébrer tout ce qui vous arrive dans votre vie (quoi que ce soit), b) visualiser votre fusion avec votre Moi divin, c) vous poser la question suivante : « Que souhaitez-vous que je sache ? » au lieu d'essayer de deviner quelle pourrait être la solution à vos problèmes.

6. Accepter l'*estime de soi* afin de faciliter la création de l'*intention pure*.

Vous êtes tendrement aimés !

Kryeon

Site Internet
de Kryeon en français :
Kryon.org

puis sélectionnez le menu français

Quelques exemples de livres d'éveil
publiés par ARIANE Éditions

Marcher entre les mondes

Évolution consciente

L'Ancien secret de la Fleur de vie

Les Enfants indigo

Les Dernières heures du Soleil ancestral

Le Futur de l'amour

Famille de lumière

Lettres à la Terre

Série Conversations avec Dieu

L'Émissaire de la lumière

Le Réveil de l'intuition

Sur les Ailes de la transformation

Voyage au cœur de la création

L'Éveil au point zéro

Les Neuf visages du Christ

Partenaire avec le divin
(Série Kryeon)